ALTDEUTSCHE TEXTBIBLIOTHEK

Begründet von Hermann Paul · Fortgeführt von G. Baesecke
Herausgegeben von Hugo Kuhn

Nr. 80

Die Werke Notkers des Deutschen

Neue Ausgabe

Begonnen von Edward H. Sehrt und Taylor Starck
Fortgesetzt von James C. King und Petrus W. Tax

Band 10 A

Notker latinus

*Die Quellen zu den Psalmen, Psalm 101-150, den
Cantica und den katechetischen Texten
(mit einem Anhang zum Wiener Notker)*

Herausgegeben von Petrus W. Tax

 Max Niemeyer Verlag
Tübingen 1975

Dedicated to Professor Edward H. Sehrt

Geb. Ausgabe ISBN 3-484-20085-5
Kart. Ausgabe ISBN 3-484-20086-3

© Max Niemeyer Verlag Tübingen 1975
Alle Rechte vorbehalten. Ohne ausdrückliche Genehmigung des Verlages ist es auch nicht gestattet, dieses Buch oder Teile daraus auf photomechanischem Wege zu vervielfältigen. Printed in Germany

Notker latinus

Die Quellen

Abkürzungen und Zeichen im *Notker latinus* zu den Psalmen. (Für genaue Angaben zu den Ausgaben und Hss vergleiche man die Einleitung in Bd. 8A, § 3-5.)

A	= Augustin
Al	= Alkuin
Am	= Ambrosius
Br	= Ps-Hieronymus, *Breuiarium in psalmos*
C	= Cassiodor
CSg 27	= Randglosse in dieser Hs
Eglogae	= *Eglogae tractatorum in psalterium*
GS	= Glossa(e) Salomonis
HC	= Hieronymus, *Commentarioli in psalmos*
HT	= Hieronymus, *Tractatus in psalmos*
Hil	= Hilarius
Isidor, *Et.*	= Isidor von Sevilla, *Etymologiae*
Iul	= Iulianus von Eclanum
Pr	= Prosper[1]
R	= Remigius
Theod	= Theodorus von Mopsuestia
WS	= Walahfrid Strabo
=	= (faktisch) identisch
∿	= ähnlich (vgl. den Schlußparagraphen der Einleitung)

---

[1] 1972 erschien eine Neuausgabe von Prospers Psalmenkommentar in CC 68 A (hg. v. P. Callens), 1-211, in der auch CSg 184 herangezogen wurde (vgl. die Einleitung in Bd. 8A, § 4c)). Ich zitiere den Text nach dieser neuen Ausgabe, gebe aber in Klammern jeweils auch die Spalte(n) der älteren Ausgabe in PL 51 an.

DIE PSALMEN

Psalm 101

368,15 A 1425: Ecce unus *p a u p e r* orat, et non orat in silentio. Licet ergo audire eum et uidere quisnam sit, ne forte ille sit, de quo dicit apostolus: *Qui propter uos pauper factus est, cum diues esset, ut illius paupertate uos ditaremini* (II Cor. 8, 9). ... [1426] ... Addat ergo paupertatem paupertati, et transfiguret in se corpus humilitatis nostrae (vgl. Phil, 3,21); sit caput nostrum, simus membra eius, sint duo in carne una. ... quod autem de uirgine natus est, dimittat et matrem, et adhaereat[1] uxori suae, et sint duo in carne una (vgl. Eph. 5,31). Ita enim erunt duo et in uoce una, et in illa una uoce iam non mirabimur nostram uocem: *Cinerem sicut panem manducaui, et potum meum cum fletu miscebam* (v. 10). Dignatus est enim habere nos membra. Sunt et paenitentes in membris eius. ... [1427] ... Iam ergo audiamus quid oret caput et corpus, sponsus et sponsa, Christus et Ecclesia utrumque unus: ...[2] - Vgl. A zu 369,7.

369,1 C 899: Primo enim posuit *orationem*, nunc adiecit *c l a m o r e m*; ut studia supplicationis creuisse cognosceres, cuius *orationem* in *c l a m o r e m* maximum prorupisse sentires.

369,2 A 1427: Sed propter membrorum paupertatem: *Ne ... a me.* - Vgl. A zu 368,15.

369,5 A 1427: *T r i b u l o r* enim deorsum; tu autem[3] es sursum; si[4] me extollo, longe fis; si me humilio, *i n c l i* -[1428]*n a s   a u r e m   t u a m   a d   m e.*

---

1 CSg: hereat
2 R 205vb: Loquitur autem propheta in hoc psalmo et ex persona Christi clamantis in passione, et ex persona generis humani, et generaliter ex persona totius Ecclesiae, specialiter uero ex persona uniuscuiuscumque paenitentis.
3 CSg: enim
4 CSg: si enim

369,7   A 1428: *Tribularis* tu hodie, ego *tribulor*; *tribulatur* alius crastino, ego *tribulor*; post istam generationem alii posteri, qui succedunt posteris, *tribulantur*, ego *tribulor*; ... Orauit Petrus, orauit Paulus, orauerunt ceteri apostoli; orauerunt fideles temporibus illis, orauerunt fideles consequentibus temporibus, orauerunt fideles martyrum temporibus, orant fideles nostris temporibus, orabunt fideles posterorum temporibus: *i n ... t e, c i t o e x a u d i m e. C i t o e x a u d i*: iam enim hoc rogo quod dare uis. Non terrena quasi terrenus, sed ex prima captiuitate iam redemptus, regnum caelorum desidero; *c i t o e x a u d i m e*; non enim nisi tali desiderio dixisti: *Adhuc te loquente dicam: Ecce adsum* (Isai. 58,9).

369,14 A 1428: Vnde *inuocas*? de qua tribulatione? de qua egestate? ... *D i e s m e i*, tempora mea; unde *s i c u t f u m u s*, nisi propter elationem superbiae? Tales *d i e s* dignus fuit accipere superbus Adam, unde carnem Christus accepit.

369,16 C 901: Siue hic *c o n f r i g i t u r*[5] peccator, quoniam futuros[6] ignes incendiaque[6] formidat; nam qui se pauescit[7] arsurum, ipsius incendii terrore iam frigitur[5]. Quaeri solet quid sibi uelit, quod talia se dicant paenitentes perpeti, qualia humana natura non praeualet sustinere.[8]

369,18 A 1428: Et ipsa *o s s a m e a*, et ipsa fortitudo mea, non sine tribulatione, non sine ustione. *O s s a* corporis Christi, fortitudo corporis Christi, [1429] ubi maior quam in sanctis apostolis? Et tamen uide[9] *o s s a* frigi: *Quis scandalizatur, et non*[10] *ego*[10] *uror?* (II Cor. 11,29) Fortes sunt, fideles, boni intellectores et praedicatores uerbi, uiuentes ut loquuntur, loquentes ut audiunt; fortes plane sunt, sed omnes qui scandala patiuntur, *f r i x o r i u m* ipsorum sunt. Est enim[11] ibi caritas, et magis in *o s s i b u s*.

369,23 C 901: Bene autem genus humanum *f e n o* transitorio comparatur, quod et uiriditatis habet laetitiam temporalem et *p e r c u s s u m* facile sentit iniuriam; sic quamdiu in lege Domini mandatisque consistimus,

---

5 CSg: frigetur
6 CSg: futuri ignis incendia (!) (que *von ursprünglichem* incendiaque *radiert*)
7 CSg: pauescet
8 R 206rb: Dicit ergo paenitens: ...
9 CSg: uideo
10 CSg: ego non (!)
11 CSg: *fehlt*.

tamquam uiridia *f e n a* uegetamur; sed mox ut[12] ab eius praeceptis
fuerimus diabolica falce succisi, statim *a r e s c i m u s* et *c o r*
nostrum peccati sterilitate siccatur. ... Reddit causam cur *p e r -
c u s s u m   c o r* eius *a r u e r i t :   q u i a   o b l i t u s* [902]
f u e r a t   p a n e m suum *m a n d u c a r e ,* ...
A 1429: Sed tamen unde tibi hoc contigit?

369,26 A 1429: Dederat enim Deus *p a n e m* praecepti. Nam *p a n i s* animae
quid, nisi uerbum Dei? Suggerente serpente, praeuaricante[13] muliere,
tetigit uetitum, oblitus est praeceptum: merito *percussum est sicut
fenum,* ...

370,3 A 1430: Gemit hinc qui gemere nouit; qui capiti propinquat, qui recte
haeret[14] corpori Christi, gemit inde. ... *a d h a e s e r u n t* fortes
inualidis, *a d h a e s e r u n t* firmi infirmis. Vnde *a d h a e s e -
r u n t ?   A   u o c e   g e m i t u s* sui, non *a   u o c e   g e m i t u s*
illorum. Qua lege *a d h a e s e r u n t ,* nisi qua dictum est: *Debemus
enim nos firmi infirmitatem infirmorum portare* (Rom. 15,1)?

370,8 C 902: *P e l i c a n u s*[15] enim auis aegyptia est, ciconiis corporis
granditate consimilis, quae naturali macie semper affecta est, quoniam
(sicut physiologi uolunt) tenso intestino per uiscera quidquid escarum
accipit, sine aliqua decoctione transmittit. ... [903] ... Eorum unum
genus dicitur esse quod stagnis inhabitat, aliud (sicut dictum est)
quod in desertis locis secretisque uersatur.
A 1430: Nascitur [*p e l i c a n u s*] in solitudinibus, maxime Nili
fluminis, in Aegypto. - Vgl. Isidor, *Et.* XII, 7,26.[15a]

370,12 C 903: Sequitur: *f a c t u s   s u m   s i c u t   n y c t i c o r a x   i n
d o m i c i l i o .* Aliud genus introducitur paenitentis. *N y c t i c o -
r a x* graeco uocabulo dicitur noctis coruus, quem quidam bubonem, quidam
noctuam esse dixerunt; alii magis coruo magnitudine et colore consimilem,
quem specialiter in Asiae partibus inueniri posse testantur. Istum sicut
diei fulgor abscondit, ita aduentus noctis producit;
A 1430: *P a r i e t i n a e* dicuntur, quas uulgo dicimus ruinas, ubi
parietes stant sine tecto, sine habitantibus: ibi habitat *n y c t i c o -
r a x .*

---

12 CSg: *fehlt.*
13 CSg: *praeuaricata*
14 CSg: *adheret*
15 CSg: *Die CCSg schreiben:* pellicanus
15a Vgl. Friedrich Wilhelm, *Denkmäler* ... Bd I, 25; Bd II, 51.

HT 179: Dicuntur autem ista uolatilia latine onocrotali. (= Br 1195 B)
Vgl. Isidor, *Et.* XII, 7,32: Onocrotalon Graeci uocant rostro longo.
(Quorum duo genera sunt: aliud aquatile, aliud solitudinis.)

370,19 C 902: Per haec nomina uolucrum (ut arbitror) diuersa nobis paenitentium genera declarantur. ... [903] ... Per hoc igitur auium genus [= *pelicanus*] pulcherrime significantur eremitae, qui hominum consortio derelicto, timore Domini remota se afflictione discruciant. ... Ita et paenitens iste nocturno tempore escas animae sollicita curiositate perquirit; modo psalmodiae operam dando, modo eleemosynas faciendo, modo carceres occulte uisitando, solum Deum uult habere testem, cui caligo noctium non tollit aspectum. Et nota quia sicut *p e l i c a n u s* designat eremitam atque solitarium, ita *n y c t i c o r a x* illum declarat qui se domicilio suo retinens a publica uisione remotus est. ... *P a s s e r* est auis parua, ... Haec propter infirmitatem suam, ... inter aues unica cautione munita, ad domorum fastigia celsa concurrit, ... Huic merito comparatur, qui diaboli insidiosa formidans, specialiter ad Ecclesiae septa se conferens, in eius fastigio *u i g i l a n s* tutissime perseuerat.

370,25 A 1432: *P e l i c a n u s   i n   s o l i t u d i n e*. Puto ego hic intellegi Christum natum de uirgine. Solus enim sic, ideo *s o l i t u d o: i n   s o l i t u d i n e* natus, quia solus ita natus. Post natiuitatem uentum est ad passionem; a quibus crucifigebatur? numquid ab stantibus? numquid a lugentibus? Ergo tamquam in nocte ignorantiae ipsorum, et tamquam *i n   p a r i e t i n i s* ruinae[16] ipsorum. Ecce *n y c t i c o r a x* et *i n   p a r i e t i n i s*, amat et noctem. Nam nisi amaret, unde diceret: *Pater, ignosce illis, quia nesciunt quid faciunt* (Luc. 23,34)? Deinde natus *i n   s o l i t u d i n e*, quia solus ita natus; passus in tenebris Iudaeorum tamquam in nocte, in praeuaricatione tamquam in ruinis; quid postea? *V i g i l a u i*. Ergo dormieras *i n   p a r i e t i n i s*, et dixeras: *Ego dormiui* (Ps 3,6). Quid ergo est *dormiui*? Quia uolui, *dormiui*; noctem amando *dormiui*; sed ibi sequitur: *Et exsurrexi*. Ergo hic, *V i g i l a u i*. Sed posteaquam *u i g i l a u i t*, quid egit? Ascendit in caelum, factus est *s i c u t   p a s s e r* uolando, id est, ascendendo, *s i n g u l a r i s   i n   t e c t o*, id est, in caelo. Ergo *p e l i c a n u s* nascendo, *n y c t i c o r a x* moriendo, *p a s s e r* resurgendo: ibi *i n   s o l i t u d i n e*, uelut solus; hic *i n*

---

16 CSg: ruinis

p a r i e t i n i s, uelut ab eis occisus, qui stare non potuerunt in aedificio; hic uero iam *u i g i l a n s* et uo-[434]lans *s i n g u l a r i s   i n   t e c t o*, ibi interpellat pro nobis (vgl. Rom. 8,34).

371,10 Pr 7 (281 A): *E x p r o b r a t u r* Domino ... et [8] qui fuerant falsi laudatores, in occisione ipsius conspirabant.

A 1432: Ore *l a u d a b a n t*, cor-[1433]de insidias praeparabant. Audi laudem ipsorum: *Magister, scimus quia uiam Dei in*[17] *ueritate*[17] *doces, et personam non accipis: licet tributum dare*[18] *Caesari?* (Matth. 22,16.17) Quem *l a u d a s*, supplantas. Quare[19] nisi[20] quia *q u i   l a u d a b a n t   m e ,   a d u e r s u s   m e   i u r a b a n t*? Vnde autem hoc opprobrium, nisi quia ueni facere membra mea peccatores, ut agendo paenitentiam sint in corpore meo? Inde totum opprobrium, inde persecutio: *Quare magister uester cum peccatoribus et publicanis manducat?* (Matth. 9,11)

WS 132^b: Ore *l a u d a b a n t*, corde insidias praeparabant. Audi laudem ipsorum: *Magister, scimus quia uerax es, et in ueritate uiam Dei doces, non enim accipis personam.* Audi exprobrationem: *Quare magister uester cum publicanis et peccatoribus manducat?* Et inde opprobrium, quia uenit facere membra sua peccatores ut agendo paenitentiam sint in corpore eius. *Q u i a ... m i s c e b a m*. Hinc ergo opprobrium. O quid insultas, inuito te ad istum *p a n e m*. Non enim audes te dicere non esse peccatorem. ... Vide utrum audeas innocentiam profiteri. ... [133^a] ... Certe et pro te factum est ut *pauper* iste *c i n e r e m   s i c u t   p a n e m   m a n d u c a r e t*, id est, peccatores post dignam paenitentiam tamquam innocentes in corpore suo reciperet. (∿ A 1433)

371,19 HT 178: Discant qui agunt paenitentiam, quomodo debeant agere paenitentiam (zu v. 6). ... [179] ... In *c i n e r e* intingebam *p a n e m* meum, et sic comedebam. (= Br 1195A-C)

C 904: *C i n e r e m* nouimus exustorum reliquias esse carbonum, quas merito peccatis dicimus comparari; ... Merito ergo et ipsos *c i n e r e s* peccatorum sanctissimus paenitens consumere festinabat, ne quid esset residuum, quod eum promereri non sineret regna caelorum.

371,22 A 1434: Ipsa est illa *i r a* tua, Domine,[21] in Adam; *i r a* cum qua

---

17 CSg: *fehlen*.
18 CSg: *reddere*
19 CSg: Quare?
20 CSg: *fehlt*.
21 CSg: *fehlt*.

omnes nati sumus, cui nascendi cohaesimus;

371,23 A 1435: ideo sequitur me poena, quia dedisti mihi liberum arbitrium. Si enim mihi non dedisses liberum arbitrium, et per hanc rationem pecoribus me non faceres meliorem, non me sequeretur damnatio iusta peccantem. Ergo per arbitrium liberum *l e u a s t i   m e*, et per iustitiae iudicium *e l i s i s t i   m e*.

C 905: *E l e u a t* enim Dominus suis beneficiis creberrime peccatores, ... Sed dum in superbiam tumida mortalium corda conscenderint, tamquam moderator eximius a collata largitate subtrahitur;[22]

372,2 A 1435: Potuerunt enim esse *d i e s* tui non *d e c l i n a n t e s*, si tu a *d i e* uero non *d e c l i n a s s e s : d e c l i n a s t i*, et accepisti *d i e s   d e c l i n a n t e s*.

372,4 A 1435: tu autem quid?

372,6 A 1435: *Mei dies sicut umbra declinauerunt*, et *t u   i n   a e t e r - n u m   m a n e s*: temporalem saluet aeternus.

372,7 A 1435: *M e m o r i a l e   t u u m*, quia non obliuisceris; *i n   g e - n e r a t i o n e m*, non unam, sed *g e n e r a t i o n e m   e t   g e - n e r a t i o n e m*: promissionem quippe habemus uitae praesentis, et futurae.

C 906: *M e m o r i a l e* dictum est salutare promissum de Domini incarnatione uenturum, quod nulla saecula, nulla immutare possit obliuio, sed in memoriae sinu reconditum, immobile semper per infinita saecula perseuerat.[23]

372,10 C 906: *E x s u r g e n s* dicitur quasi dormienti, qui diutius subuenire distulerat. ... [907] ... *S i o n* uero mons est Ierosolymis constitutus, per quem (sicut saepe dictum est) significatur Ecclesia;

372,14 C 907: *S e r u o s* Domini dicit apostolos et prophetas, qui deuotis mentibus eius impleuere seruitium. Isti *l a p i d e s*,[24] id est, Christianos, qui diuina firmitate uiguerunt, *b e n e p l a c i t o s   h a b u e r u n t*, quando in eis praedicationem suam proficuam esse cernebant.

A 1436: *I n   l a p i d e s* cuius? *I n   l a p i d e s   Sion*.

---

22 R 207ra: *E l e u a n s   a l l i s i s t i*, dicit paenitens. Tu dedisti mihi prosperitatem et ego *e l e u a t u s   s u m* in superbiam, sed cum hoc fecissem, eiecisti me de altitudine superbiae, dum humiliatus sum ad paenitentiam.
23 CSg: a zu e *verbessert*.
24 CSg: lapides Christo sunt,

372,14.17 Al 590 A-B: *T e r r a* autem peccatores significat, ... *Lapides*
Domino miserante solidi sunt in aedificatione[25] Domini et firmitate sua
securi. *T e r r a* autem per misericordiam munda erit, ut digna sit in
aedificatione[25] Domini poni.

A 1436: Numquid non erat *p u l u i s*, qui Dominum crucifixit? ... De
ipso *p u l u e r e* uenit paries tot milium credentium, et pretia rerum
suarum ad pedes apostolorum ponentium. ... Subito primo tria, postea
quinque milia (vgl. Act. 2; 4);

372,22 A 1437: iam, quoniam *miserti sunt pulueris eius*, ut formaretur, uel
potius reformaretur homo uiuus ex *puluere*, hinc praedicatio creuit in
g e n t i b u s: ... ueniat et alius paries de *g e n t i b u s*,
agnoscatur lapis angularis, ibi haereant duo de diuerso uenientes, sed
iam non aduersa sentientes. - Vgl. C zu 373,18; 379,10.

372,22.24 C 907: Versus iste de superioribus pendet; quoniam omnes *gentes* ideo
timebunt Dominum et *reges* eius *gloriam* formidabunt, quia *a e d i f i -
c a t a   e s t   S i o n*, hoc est, mater Ecclesia[26], de uiuis *lapidibus*
fabricata, ...

A 1437: *Q u o n i a m ... S i o n*. Hoc agitur nunc. ... Sed *a e d i -
f i c a t a   S i o n*, quid fiet? ... *e t   u i d e b i t u r   i n
g l o r i a   s u a*, qui in illa primo uisus est in infirmitate sua.

373,1 A 1437: Ergo nunc oratur, nunc curritur; nunc, si quis aliter erat, et
aliter se habebat, manducet cinerem sicut panem, et potum suum cum fletu
commisceat (vgl. v. 10). Nunc tempus est, cum *aedificatur Sion*; nunc
intrant *lapides* in structuram: ...

373,3 Al 590 D: *S c r i p t a*[27] *s u n t   h a e c*[27] prophetarum dicta, quae modo
leguntur *i n   g e n e r a t i o n e   a l t e r a*.

A 1438: *s c r i b e b a n t u r* enim ad prophetandum Nouum Testamentum,
inter homines qui uiuebant ex Vetere Testamento. ... Sed quoniam *memo-
riale tuum in generationem et generationem* (v. 13), non iniquorum est,
sed iustorum: *i n*[28] una *g e n e r a t i o n e* pertinet ad Vetus Testamentum; *i n* alia autem *g e n e r a t i o n e*[28] pertinet ad Nouum
Testamentum.

---

[25] CSg: aedificio
[26] CSg: Ecclesiae
[27] CSg: Scriptura haec est,
[28] CSg: Nunc a generatione *statt* in bis generatione (*WS 135ᵃ stimmt fast ganz mit der Ausgabe überein*)

373,8 C 908: *C r e a b i t u r*, de futuro dixit, id est, per gratiam baptismatis regenerabitur.

A 1438: Hic praedicta est illa creatura de qua dicit apostolus: *Si qua igitur in Christo noua creatura, uetera transierunt, ecce facta sunt omnia*[29] *noua; omnia autem ex Deo* (II Cor. 5,17.18).

373,10 A 1438: *P r o s p e x i t   e x   a l t o*, ut ueniret ad humiles;

C 909: Causam reddidit cur *D o m i n u s ... p r o s p e x i t*, scilicet, *u t   a u d i r e t   g e m i t u m   u i n c u l a t o r u m*.

373,12 A 1439: Agnoscuntur et compedes disciplinae Dei et timoris eius, de quo dictum est: *Initium sapientiae, timor Domini* (Eccli. 1,16).

373,14 C 909: ut ... et *f i l i o s   i n t e r e m p t o r u m*, qui diabolica fraude perempti sunt, a paternis erroribus diuina fortitudine liberaret; quod in Ecclesia cotidie per charismata sollemnia declaratur.

A 1440: *S o l u i t u r* enim unusquisque a uinculis cupiditatum malarum, uel a nodis peccatorum suorum. Remissio peccatorum, solutio est.

373,18 C 909: *A n n u n t i a t u m   e s t* enim *i n   S i o n   n o m e n   D o m i n i* Christi, dum ibi primum diuersis linguis magnalia Dei locuti probantur apostoli. Hinc factum est ut a locali *I e r u s a l e m* uelut a purissimo fonte per Ecclesiam generalem pia Domini praecepta decurrerent.[30]

A 1440: post illas pressuras *a n n u n t i a t u r   i n   S i o n   n o m e n   D o m i n i*, ... in ipsa Ecclesia. Ipsa enim *S i o n*: ...

373,21 C 909: Dicendo enim, *i n   u n u m*, uirtus catholicae unitatis ostenditur; ... [910] ... Quae omnia ad Ecclesiam catholicam pertinere manifestum est.

373,22 A 1441: Superiora uerba indicant *r e s p o n d i s s e   e i*, aut *laudem eius*, aut *Ierusalem*; ... Si enim uocat te Deus, et praecipit ut bene uiuas, et tu male uiuis, uocationi eius non *r e s p o n d e s*, nec *laus eius r e s p o n d e t   e i* de te, ... cum autem sic uiuimus, ut per nos laudetur Deus, *r e s p o n d i t   e i* laus eius. De uocatis et sanctis eius, *r e s p o n d i t* et *Ierusalem*. Vocata est enim et *Ierusalem*, et prima *Ierusalem* noluit audire, et dictum est ei: *Ecce dimittetur uobis domus uestra deserta* (Matth. 23,38). ... [1442] ... *I n   u i a   f o r t i t u d i n i s   s u a e*. Christus est, ipse est; *Ego sum*, inquit,*uia, ueritas, et uita* (Ioh. 14,6).

Al 591 C: Quae est *u i a   u i r t u t i s   s u a e*, nisi Christus qui ait: *Ego sum uia et ueritas et uita* (Ioh. 14,6), sine quo nihil possumus

---

29 CSg: *fehlt*.
30 CSg: *discurrerent*

in bonis operibus *r e s p o n d i s s e* praeceptis Domini?

WS 136b: Cum enim sic uiuimus ut per nos laudetur Deus, *r e s p o n d e t e i laus*, de uocatis sanctis eius. Ideo praecipitur: *Videant uestra bona opera, et glorificent Patrem uestrum, qui in caelis est* (Matth. 5,16).

374,2 A 1443: Quomodo *a n n u n t i a u i t*? ... [1444] ... Audite quid dicat: quae Ecclesia? Quae congregauit *populos in unum*. Quae Ecclesia? Quae congregauit *regna ut seruiant Domino*. Mota uocibus uestris et falsis opinionibus uestris, quaerit a Deo ut *e x i g u i t a t e m d i e r u m* suorum *a n n u n t i e t* sibi, et inuenit Dominum dixisse: *Ecce ego uobiscum sum usque in consummationem saeculi* (Matth. 28,20). ... Pereant haeretici, pereant quod sunt, et inueniantur ut sint quod non sunt. *E x i g u i t a s d i e r u m* usque in finem saeculi erit; *e x i g u i t a s* ideo, quia totum hoc tempus, ... exigua³¹ gutta³¹ est comparata aeternitati. Non ergo blandiantur sibi contra me haeretici, quia dixi: *E x i g u i t a t e m d i e r u m m e o r u m*, quasi non permansuram usque in finem saeculi.

Pr 11 (283 B-C): Vita enim temporalis in comparatione aeternitatis exigua est, cuius *d i e s* ideo sibi *a d n u n t i a r e* Ecclesia postulat, ut nouerit se usque in finem saeculi esse mansuram, ...

374,8 A 1444: Noli, quomodo haeretici loquuntur, sic mecum agere. Vsque in finem saeculi me perduce, non *i n d i m i d i u m d i e r u m m e o r u m*, et perfice mihi *d i e s* exiguos, ut dones mihi postea *d i e s* aeternos.

Pr 11 (283 C): Non imminuantur, inquit, *d i e s m e i* quos usque in consummationem saeculi spopondisti, ...

374,10 A 1444: Ideo ego³² de *diebus* exiguis quaesiui, quia licet usque in finem saeculi durent mecum isti *dies*, exigui sunt in comparatione *dierum* tuorum: ... [1445] ... Illi ergo *a n n i t u i* aeterni, *a n n i t u i* qui non mutantur, *i n g e n e r a t i o n e g e n e r a t i o n u m* erunt. ... sed *a n n i* Dei, aeternitas Dei est;

374,14 Al 592 B: Solum Deum inmutabilem esse declarat, ...

A 1447: Tu qui dixisti: *Ego sum qui sum* (Exod. 3,14), *i d e m i p s e e s*.

374,19 A 1448: Iam ergo dixit *p e r i s s e c a e l o s* per³³ diluuium³³: ... Excreuit enim aqua, et totam istam capacitatem ubi aues uolitant,

---

31 CSg: exiguitas (!)
32 CSg: ergo
33 CSg: *fehlen*.

occupauit; ac sic utique *c a e l i   p e r i e r u n t* propinqui terris: *c a e l i*, secundum quos dicuntur aues *c a e l i*. Sunt autem et *c a e - l i   c a e l o r u m* superiores in firmamento; ; sed utrum et *i p s i p e r i t u r i   s u n t* igne, an hi soli *c a e l i* qui etiam diluuio *p e r i e r u n t*, disceptatio est aliquanto scrupulosior inter doctos, nec facile, maxime in angustia temporis, explicari potest. ... Forte hic *c a e l o s* etiam non importune intellegimus ipsos iustos, sanctos Dei, in quibus manens Deus intonuit praeceptis, coruscauit miraculis, imbrificauit terram sapientia ueritatis; caeli enim enarrauerunt gloriam Dei (vgl. Ps 18,2). Sed numquid etiam *i p s i   p e r i b u n t*? ... *S e - c u n d u m   u e s t i m e n t u m*. Quid est, *s e c u n d u m   u e s t i - m e n t u m*? *S e c u n d u m* corpus. *V e s t i m e n t u m* enim animae corpus; ... Quomodo ergo *p e r i t   u e s t i m e n t u m*? *Etsi exterior homo noster corrumpitur, sed interior renouatur de die in diem* (II Cor. 4,16). ... Si ergo *s e c u n d u m* corpus *p e r i b u n t*, ubi ergo resurrectio carnis? ... Vis audire? *M u t a b i t u r*; non tale erit quale fuit. Audi apostolum dicentem: *Et mortui resurgent incorrupti, et nos immutabimur. Quomodo immutabimur? Se-*[1449]*minatur corpus animale, surget*[34] *corpus spiritale* (I Cor. 15,52.44). Ergo *seminatur* mortale, resurget immortale; *seminatur* corruptibile, resurget incorruptibile. Mutationem itaque expectamus; ita *p e r i b u n t   c a e l i*, et *immutabuntur c a e l i*. Sed fortasse sanctorum corpora non recte dicuntur *c a e l i*? Si non *portant Deum*, non sint *c a e l i*. Et unde, inquit, mihi probas quia *portant Deum*? Vsque adeone excidit tibi: *Glorificate et portate Deum in corpore uestro* (I Cor. 6,20)? Ergo tales *c a e l i   p e r i - b u n t*, sed non in aeternum; *p e r i b u n t* ut *m u t e n t u r*. ... Vestem audis, coopertorium audis, et aliud quam corpus intellegis?

375,13 A 1449: Vbi nisi in *annis non deficientibus*? ... Aut si nos *f i l i i* sumus *s e r u o r u m*, quia *f i l i i* sumus apostolorum, quid dicturi sumus?

Al 592 C: id est, *h a b i t a b u n t* annos aeternitatis sancti, sanctorum patrum *f i l i i*, prophetarum scilicet et apostolorum, uel doctorum Ecclesiae.

375,15 C 913: Et intende quare sit positum, *d i r i g e t u r*; scilicet quoniam quae ibi suscepta fuerint, in aeterna directitudine collocantur, ubi nihil prauum, nihil potest esse distortum, sed sancti eius cum Domino

---

34 CSg: resurget (!)

Saluatore recta atque stabili uoluntate gaudebunt.

C 898: incohauit enim a lacrimis, finiuit in gaudio.

Psalm 102

375,18 CSg 27, 417: Propheta uniuersitatem ad Dei laudes hortando, de beneficiorum plurimo-[418]rum quae suis fidelibus administrat munere gratulatur.

375,21 Pr 12 (284 C): *Interiora* autem eius sunt ratio intellegentiae, spes fidei, humilitas[1] timoris, fortitudo caritatis, et si quae sunt aliae affectiones, quibus mens in admirationem sui auctoris erigitur. C 914: *Interiora* sunt animae, cogitatio multiplex uirtusque rationis.

375,24 A 1452: Retribuisti tu mala pro bonis; retribuit ipse bona pro malis. ... [1454] ... Audite *omnes retributiones eius*. C 914: Sed quae istae sint *retributiones* Domini consequenter enarrat, ...

376,4 Isidor, *Et.* XIX, 30, 1: Prima ornamenta corona insigne uictoriae, siue regii honoris signum; quae ideo in capite regum ponitur, ad significandum circumfusos in orbe populos, quibus adcinctus quasi caput suum coronatur.

376,8 A 1459: Resurrectionem enim quamdam significauit nobis. Et quidem *renouatur et iuuentus aquilae*, sed non ad immortalitatem. Data est enim similitudo, quantum de re mortali potuit trahi[2] ad rem utcumque significandam immortalem, non ad demonstrandam. Dicitur *aquila*, cum senectute corporis pressa fuerit, immoderatione rostri crescentis cibum capere non posse. Pars enim rostri eius superior, quae supra partem inferiorem aduncatur, cum prae senecta immoderatius creuerit, longitudo eius incrementi non eam sinit os aperire, ut sit aliquod interuallum[3] inter inferiorem partem et uncum superiorem. Nisi enim aliquod interuallum pateat, non habet morsus quasi forcipem, unde uelut tondeat[4] quod transmittat in fauces. ... Itaque modo quodam naturali in mensura reparandae quasi *iuuentutis*, *aquila* dicitur collidere et percutere ad petram ipsum quasi labium

---
1 CSg: humilitatis,
2 CSg: *ursprüngliches* trai *durchgestrichen*, apta *darübergeschrieben*.
3 CSg: receptaculi interuallum
4 CSg: tundeat (e *durch Punkt darüber und darunter getilgt*)

suum superius, quo nimis crescente edendi aditus clauditur; atque ita
conterendo illud ad petram excutit; et caret prioris rostri onere, quo
cibus impediebatur. Accedit ad cibum, et omnia reparantur: erit post
senectutem tamquam *i u u e n i s   a q u i l a*; ... fit in ea quaedam
resurrectio. Ad hoc enim exposita est ista similitudo; ... Sic ergo et
hoc quod de *a q u i l a* dictum est: non ad immortalitatem *a q u i l a*
reparatur, nos autem ad uitam aeternam; sed tamen propterea inde ducta
est similitudo, ut quod nos impedit, petra nobis auferat. ... [1460] ...
firmitas petrae tibi excutit uetustatem: *Petra autem erat Christus* (I Cor.
10,4). In Christo *r e n o u a b i t u r   s i c u t   a q u i l a e
i u u e n t u s* nostra. (∼ C 915)[4a]

C 915: Sic anima in pristinam sanitatem reuertitur, si peccata sua in
petra quae est Christus Dominus expolire non desinat.

376,18 C 916: Hoc illis promittitur qui patientiae munere decorantur, de quibus
ait: *Mihi uindictam et*[5] *ego retribuam* (Rom. 12,19; Hebr. 10,30). Nam qui
se manu desiderant ulcisci, furoremque suum inimici persecutione satiare
contendunt, uindictam Domino non reseruant, ... (∼ A 1465)

376,21 Br 1198 A: *N o t a s   f e c i t   u o l u n t a t e s*. Ei qui legem spiritaliter intellegit, uel ei qui eum mentis oculis contemplatur.

A 1465: Tamen per *M o y s e n* data est lex, et habet aliquid obscurum
traditio ipsa legis. ... Ergo quia [1466] hoc ibi mysterium est, ideo
docet[6] datam legem, ut conuincerentur peccatores, et[7] ad gratiam acci-
piendam medicum inuocarent. ... Quare lege subintrante abundauit peccatum
(vgl. Rom. 5,20)? Quia nolebant se confiteri homines peccatores, addita
lege facti sunt et praeuaricatores. Praeuaricator enim non est quisque,
nisi cum legem transgressus fuerit. Ipse apostolus hoc dicit: *Vbi enim
non est lex, nec praeuaricatio* (Rom. 4,15). Abundauit ergo peccatum, ut
superabundaret gratia. ... istae sunt *u i a e* occultae, quas *n o t a s
f e c i t   M o y s i*, per quem legem dedit, qua peccatum abundaret, ut[8]
superabundaret gratia.

376,25 Pr 14 (285 C-D): Istae sunt *u i a e* occultae quas *n o t a s   f e c i t
M o y s i*, per quem legem dedit, qua peccatum abundaret, ut superabundaret gratia quam utique ueri Israelitae intellexerunt et Deo reuelante

---

4a Vgl. Friedrich Wilhelm, *Denkmäler* ... Bd I, 24f.; Bd II, 51.
5 CSg: *fehlt*. (!)
6 CSg: *fehlt*.
7 CSg: & *durch Unterstreichung getilgt*, ut *darübergeschrieben*.
8 CSg: &

uiderunt, ...

A 1465: Languores in aegrotis latebant, dati sunt quinque libri Moysi: cincta est piscina quinque porticibus; produxit languidos, ut ibi iacerent, ut proderentur, non ut sanarentur. Quinque porticus prodebant languidos, non curabant; piscina curabat descendente uno, et hoc piscina turbata (vgl. Ioh. 5,2-4): turbatio piscinae in passione Domini. ... turbauit aquam, id est, turbauit populum; et in tota illa perturbatione aquae unus sanabatur, quia in passione Domini unitas sanatur. ... [1466] ... Numquid omnibus *f i l i i s   I s r a e l*? Sed ueris *f i l i i s   I s r a e l*, immo omnibus *f i l i i s   I s r a e l*. Qui enim dolosi, qui insidiosi, qui hypocritae, non *f i l i i   I s r a e l*. Et qui *f i l i i   I s r a e l*? *Ecce uere Israelita, in quo dolus non est* (Ioh. 1,47).

377,7 C 916: *M i s e r a t o r*, quando misericordiae suae dona largitur.

377,13 A 1468: Adtende et *c a e l u m*: ubique, undique protegit *t e r r a m*, et nulla pars *t e r r a e* est quae non *c a e l o* protegatur. ... Inde lux ad oculos, inde aer, inde spiritus, inde pluuia ad *t e r r a m* propter fructus[9], inde omnis *m i s e r i c o r d i a   a   c a e l o*. Tolle auxilium *c a e l i   a   t e r r a*, statim deficiet. Sicut ergo protectio *c a e l i* permanet *s u p e r   t e r r a m*, sic protectio Domini permanet *s u p e r   t i m e n t e s   e u m*.

377,21 A 1469: Quando *p e c c a t u m* remittitur, *o c c i d u n t   p e c c a t a   t u a, o r i t u r* gratia tua; *p e c c a t a* tua tamquam in occasu sunt; gratia qua liberaris, in *o r t u* est. ... Ad *o r t u m* adtendere debes, ab occasu auerti debes.

377,24 A 1469: Iam saeuiat quantum uult, *p a t e r* est[10]. Sed flagellauit nos, et afflixit nos, et contriuit nos: *p a t e r* est. *F i l i*, si ploras, sub *p a t r e* plora; noli cum indignatione, noli cum typho superbiae. Quod pateris, unde plangis, medicina est, non poena; castigatio est, non damnatio. Noli repellere flagellum, si non uis repelli ab hereditate; noli adtendere quam poenam habeas in flagello, sed quem locum in testamento. (~ C 918)

C 918: Dum dicit, *i t a*, designat nobis paternae correctionis affectum.

378,1 A 1469: Nouit quid fecerit, ... Ecce facti sumus de limo: ...

378,3 A 1470: *M e m e n t o*, quasi obliuiscatur Deus; sic *cognoscit*, sic nouit, ut non obliuiscatur.

---

9 CSg: fructum
10 CSg: sit

C 919: Dicit enim, memor esto, *D o m i n e* , non quia nos ex limo creasti, non quia immortales tua largitate fecisti, non quod ad imaginem et similitudinem tuam plasmare dignatus es (vgl. Gen. 1,26), ... sed quia in *p u l u e r e m* nunc redacti sumus ariditate peccati.

378,5 C 919: Quemadmodum si interroges, quid est *h o m o*? respondetur, *f e n u m   d i e s   e i u s*, ...

378,7 C 919: *F l o s   a g r i* multo celerius transit quam *feni* uiriditas permanere monstratur. Sed quamuis pulcherrimum uideatur esse dum pubet, multum fugitiuum cernitur esse dum corruit.

378,10 C 920: ... *e t   n o n   c o g n o s c e t   a m p l i u s   l o c u m   s u u m*, hoc est, in hoc saeculum non potest redire, ubi suam uitam possit iterare.

A 1471: Videte quotidie morientes; et hoc erit totum[11], ipse erit finis[11]. Non[11] alloquitur enim *fenum*, sed propter quod et Verbum *fenum* factum est. ... Illud quod manet in aeternum, non dedignatum est suscipere *fenum*, ne de se desperaret *fenum*. ... noli extolli: quidquid melius eris, gratia illius eris, *misericordia* illius eris.

378,14 C 920: Et nota quod dixit *a   s a e c u l o*, id est, cum administrari coeptus est mundus, et diuersae creaturae auctoris sui munere proruperunt. Vnde et mihi uidetur hic conuenienter aduerti et Adam (sicut multi patrum dixerunt) ad Domini fuisse gratiam reuocatum, quando ipse primus in *s a e c u l o* fuit, sicuti etiam Abel, Noe, Abraham et ceteri patres, qui tamen in *s a e c u l o*, sed *a   s a e c u l o* non fuerunt. Nam quod sequitur *e t   u s q u e   i n   s a e c u l u m   s a e c u l i*, aeternitatem Domini absolute designat, quoniam et ille et ante *s a e c u l u m* et in *s a e c u l o* et post istud *s a e c u l u m* misericors esse monstratur.

378,19 A 1471: sed *f i l i o s* nostros dicit opera nostra; *f i l i o s   f i l i o r u m*, mercedem operum nostrorum. ... sed uide ut praecepta teneas. Sed quomodo teneas? Non *m e m o r i a*, sed uita. ... Quis tenet omnia mandata Dei? ... Ecce uolo non solum *m e m o r i a* tenere, sed et operibus meis facere; sed quis tenet omnia *m e m o r i a*? Noli timere; non te onerat. *In duobus praeceptis tota lex pendet, et prophetae* (Matth. 22,40). ... Quod tenes, tene; caritatem tene: *Finis prae-*[1472]*cepti est caritas* (I Tim. 1,5).

---

11 CSg: totum? ... finis? Non.

378,25 C 921: Hoc ad illud pertinet, quando *D o m i n u s* Iesus ascendit in *c a e l u m*, sedet ad dexteram Patris, ...

379,4 A 1472: Ergo tu uerbo Dei nondum iustus es aut fidelis, nisi cum facis.
Br 1199 A: *B e n e d i c i t e   D o m i n u m   a n g e l i   e i u s.*
Nuntii ueritatis. *P o t e n t e s   u i r t u t e,   f a c i e n t e s   u e r b u m   i l l i u s.* Illico quae fuerit locutus, explentes. *A d   a u d i e n d a m   u o c e m   s e r m o n u m   e i u s.*[12]

379,10 A 1473: Sic ubique est, ut ubique *b e n e d i c a t u r*;
C 922: Nam cum dicitur *i n ... e i u s*, nihil excipitur[13], quia ubique dominatur. Significans forte Ecclesiam catholicam, quae per totum mundum erat (Domino praestante) creditura; - Vgl. C zu 370,19.

P s a l m   103

379,13 A 1474: *B e n e d i c a t   a n i m a* nostra *D o m i n u m*, pro tantis beneficiis eius, pro tam multis et magnis muneribus gratiarum eius; quae munera inuenimus in hoc psalmo intenti, ...

379,15 C 924: Sed *m a g n i f i c a t u r   D o m i n u s* apud homines, quando eis magnus atque excelsus esse claruerit;
A 1474: Nonne semper magnus? nonne semper magnificus? ... [1475] ...
D o m i n e   D e u s ... e s   n i m i s. Hoc est: *sanctificetur nomen tuum* (Matth. 6,9), sanctum sit apud homines nomen tuum. Sanctum est enim semper nomen tuum, sed quibusdam immundis nondum[1] est sanctum nomen tuum. ... *D o m i n e* ... inquit, ... *n i m i s*, id est, qui nondum te intellegebam, intellego te magnum. Magnus semper, etiam occultus; sed mihi tunc magnus, quando apparuisti.

379,18 A 1478: Ergo tu, Ecclesia, habes *d e c o r e m*; ... Dicitur de te: *Quae est ista quae ascendit dealbata?* (Cant. 8,5 nach LXX) Quid est: *dealbata*? Illuminata: non *dealbata*, sicut *fucata*[2], quemadmodum se *dealbant* feminae quae uolunt uideri quod non sunt; ... sed *dealbata*, illuminata, quia non per se alba. ... Quantae felicitatis est ista *dealbata*, ut cum esset nigra,

---

12 R 210[va]: Laudate *D o m i n u m   o m n e s   a n g e l i   e i u s   q u i   u e r b u m*, id est, iussionem illius *f a c i t i s* cum *u i r t u t e* potentiae *a d   a u d i e n d a m* et ad implendam *u o c e m   s e r m o - n u m   e i u s.*
13 CSg: accipitur

1 CSg: non
2 CSg: fuscata

pulchrum ad se deponeret, qui pro impiis moreretur? Ergo *i n d u i t*
se Dominus Deus noster *c o n f e s s i o n e m   e t   d e c o r e m*,
i n d u i t se Ecclesiam: ipsa enim Ecclesia *c o n f e s s i o   e t*
*d e c o r*³. Ante *c o n f e s s i o*, postea *d e c o r*³; *c o n f e s s i o*
peccatorum, *d e c o r*³ recte factorum: ...

C 925: Sed eo ueniente, qui tamen absens numquam exstitit diuinitate et
*c o n f e s s i o   e t   d e c o r*³ supernae maiestatis innotuit, eisque
rebus *i n d u t u m* dicit Dominum, quibus Ecclesiam catholicam constat
ornatam.

379,22 A 1478: Ipsa [1479] est uestis eius, de qua iam dixi: *Non habens maculam,*
neque rugam (Eph. 5,27). *L u x* uocatur; et hoc iam dixi: *Fuistis ali-*
quando tenebrae, nunc autem lux in Domino (Eph. 5,8). (∾ C 925)

379,24 A 1480: *p e l l e s* autem detrahi non solent, nisi animalibus mortuis;
... Quid ergo⁴, hic⁴ si diuina scriptura significatur *p e l l i s* nomine, quomodo Deus de *p e l l e* fecit *c a e l u m*⁵, et⁶ *e x t e n d i t*
c a e l u m   s i c u t   p e l l e m? Quia per quos nobis scriptura praedicata est, mortales fuerunt. ... Si ergo est Verbum Dei Deus apud Deum,
lege si potes (vgl. Ioh. 1,1). ... adhibita lingua mortali exhibuit
[Deus] sonos mortales, adhibita dispensione mortalium adhibuit instrumen-
ta mortalia, et in eo tibi factum est *c a e l u m*, ut in re mortali
cognosceres Verbum immortale, et fieres tu quoque eiusdem Verbi participatione immortalis. ... Mortuus est Ieremias, et tot prophetae mortui
sunt; ... [1481] ... Quod ad diuinam scripturam adtinet, *e x t e n d i -*
t u r sermo mortuorum; ergo ideo *t e n d i t u r   s i c u t   p e l -*
l i s ; et multo magis tenditur, quia illi mortui sunt. Nam post mortem
plus innotuerunt prophetae et apostoli; non erant tam noti cum uiuerent:
Prophetas uiuos sola Iudaea habuit, mortuos omnes gentes. Cum enim uiuerent, nondum *e r a t   e x t e n t a   p e l l i s*, nondum *e r a t   e x -*
t e n t u m   c a e l u m, ut tegeret orbem terrarum.

380,5 A 1481: Cuius *s u p e r i o r a* ? *Caeli*. Et quid *caelum*? Sancta scriptura. Quae sunt⁷ *s u p e r i o r a* sanctae scripturae? quid inuenimus in
scripturis sanctis *s u p e r i u s*? ... Si ergo nihil supereminentius

---

3 CSg: *decus*
4 CSg: *ergo hic?*
5 CSg: *caelum?*
6 CSg: *fehlt.*
7 CSg: *fehlt.*

in scriptura sancta inueniri potest quam caritas, *s u p e r i o r a
caeli* quomodo in[8] aquis proteguntur, si *s u p e r i o r a* scripturae
praecepta caritatis sunt? Audi quemadmodum: *Caritas*, inquit, *Dei diffusa
est in cordibus nostris per Spiritum sanctum, qui datus est nobis* (Rom.
5,5). Iam nomine diffusionis intellege aquas in caritate Spiritus sancti.

380,9 C 926: Hoc quidem et ad litteram congruenter accipitur, quando Dominus
post resurrectionem uidentibus apostolis ascendit in caelum; sic enim in
Actibus apostolorum (1,9) legitur: *Haec cum dixisset, nubes suscepit
eum ab oculis eorum.* (∼ A 1483)

A 1483: Habes *n u b e s   a s c e n s u m   caeli*: ostendam et *n u b e s
a s c e n s u m*[9] *caeli* huius, id est, diuinarum scripturarum. ... [1484]
... omnes tamen praedicatores uerbi ueritatis *n u b e s* accipite[10].
Quicumque ergo infirmi non possunt ascendere in hoc *caelum*, id est, ad
intellectum scripturarum, per *n u b e s* ascendant.

380,13 A 1485: Velocitatem uerbi fortasse commendat scriptura; ... Quia nihil
u e n t i s uelocius norunt homines[11]. ... sic et hic insinuans Deum uel
Verbum eius ubique praesentem, uelocitate motus nihil deserere, quia tu
non noueras aliquid *u e n t o* uelocius, *a m b u l a t*, inquit, *s u p e r
p e n n a s   u e n t o r u m*, id est, uelocitas eius superat uelocitatem
u e n t o r u m; ut per *p e n n a s   u e n t o r u m* intellegas uelocitatem *u e n t o r u m*, et uerbum Dei intellegas uelocius omnibus
u e n t i s. ... *V e n t o s* quidem intellegimus in figura non absurde
animas; ... [1486] ... *P e n n a e* ergo animarum uirtutes, bona opera,
recta facta. In duabus alis habent omnes *p e n n a s*; omnia enim praecepta in duobus praeceptis sunt. Quisquis dilexerit Deum et proximum,
animam habet pennatam[12], ... [1487] ... Sed quantumuis sint praeditae
uirtutibus caritatis, quid ad illam dilectionem Dei, qua sunt dilectae,
etiam cum uisco essent implicatae? Maior ergo in[13] nos dilectio Dei[13],
quam nostra in illum. Nostra dilectio *p e n n a e* nostrae sunt: sed
ille *a m b u l a t* et *s u p e r   p e n n a s   u e n t o r u m*. ...
Iam dat illis caritatem: iam dat illis alas et *p e n n a s*. *Vt possitis,*

---

8 CSg: *fehlt.*
9 CSg: *ascensuum* (um *hinzukorrigiert*)
10 CSg: *accipi possunt*
11 CSg: *omnes*
12 CSg: *pennarum*
13 CSg: *dilectio in nos Dei* (*Syntax der Liebe?*)

inquit, *comprehendere quae sit latitudo, longitudo*[14], *altitudo*[14] *et profundum* (Eph. 3,18). Fortassis crucem Domini significat. ... *Latitudo* enim est in bonis operibus, *longitudo* in perseuerando usque in finem, *altitudo* propter Sursum cor, ... *Profundum* autem quod dixi, ubi fixa erat pars crucis, et non uidebatur; inde surgebant quae uidebantur. Quid est quod occultum est, et non publicum in Ecclesia? Sacramentum baptismi, sacramentum eucharistiae. Opera enim nostra bona uident et pagani, sacramenta uero occultantur illis; ... Et quid postea? Cum hoc dixisset apostolus, adiecit: *Scire etiam supereminentem scientiam caritatis Christi* (Eph. 3,19) ... Sed numquid amatis quantum uos ille amauit? Amando autem quantumcumque amatis, uolatis ad ipsum, ut cognoscatis quemadmodum ipse uos amauerit; hoc est, ut sciatis supereminentiam caritatis Christi.

C 926: Siue magis *u e n t o s*, iustorum animas debemus accipere, ...

Br 1200 B: *S u p e r* omnem alacritatem *u e n t o r u m* Dominus incedit, sed et super sanctorum animas ...

381,3 A 1488: tamen esse *a n g e l o s* nouimus ex fide, et multis apparuisse scriptum legimus, ... *S p i r i t u s* autem *a n g e l i* sunt; et cum *s p i r i t u s* sunt, non sunt *a n g e l i*; cum mittuntur, *f i u n t a n g e l i*. ... *S p i r i t u s* spiritales dicit. Bene *f a c i t a n g e l o s*[15] *s u o s* spiritales[15], id est, nuntios uerbi sui. ... Vide spiritalem *f a c t u m a n g e l u m* Dei. ... De spiritali quadam affectione[16] missus est ad carnales, tamquam *a n g e l u s* de caelo ad terram.

381,8 A 1488: Quomodo dicit *e t m i n i s t r o s s u o s i g n e m f l a g r a n t e m*, nisi quomodo dicit: *Spiritu feruentes* (Rom. 12,11)? Sic enim *feruens*[17] spiritu, *i g n i s* ardens est omnis *m i n i s t e r* Dei. ... Cum audis: *I g n i s* est *m i n i s t e r* Dei, incensurum illum putas? Incendat licet, sed fenum tuum; id est, carnalia omnia desideria tua urat[18] *m i n i s t e r* Dei, praedicans uerbum Dei. Audi illum: ... [1489] ... Incipite *feruere*[19] caritate[19] per uerbum quod audis, et uide quid in te fecerit *i g n i s m i n i s t e r* Dei.

---

14 CSg: altitudo, longitudo (!)
15 CSg: spiritales angelos suos
16 CSg: effectione
17 CSg: feruet
18 CSg: curat
19 CSg: per ueram caritatem

381,10 A 1489: *F u n d a u i t*[20] *t e r r a m*, intellego Ecclesiam. ... Quae est *f i r m i t a s* eius *s u p e r* quam *f u n d a t a   e s t*, nisi fundamentum eius? ... Quod est illud fundamentum? *Fundamentum, inquit, nemo potest ponere praeterquam quod positum est, quod est Christus Iesus* (I Cor. 3,11).

C 927: Sed hic magis firmatam *t e r r a m*, solidatam aduertamus Ecclesiam; ... Huius *s t a b i l i t a s* recte dicitur Christus, qui est immobile fundamentum et[21] inuiolabilis petra;

381,12 A 1489: De *terra* ista hoc accipere, nescio utrum habeat ullum exitum, utrum recte dicatur: *N o n ... s a e c u l i*, de qua dictum est: *Caelum et terra transient*[22] (Matth. 24,35). Laboratur hic, si ad litteram quaeras accipere.

Pr 19 (290 A): De *t e r r a* ista laboriose adseritur quod *n o n   i n c l i n a n d a   s i t   i n   s a e c u l u m   s a e c u l i*, cum dictum sit: *Caelum et terra transibunt*[22].

381,15.18 A 1494: *A b y s s u s* enim dicitur immensa aquarum copia: ... Terrae enim quasi *u e s t i m e n t u m* est aqua, circumdans eam et contegens eam. ... [1495] ... Fuit enim tempus aliquando, quo terram Dei, Ecclesiam Dei coopuerant aquae persequentium;

C 927: *A b y s s u s* enim dicitur aquarum copiosissima multitudo; ... Haec merito hic superstitiosis atque persecutoribus comparatur, quia sicut *p a l l i u m* subiecta cooperit, ita illi mundum foedissima superstitione texerunt; ut non solum mediocres homines, sed in perniciem suam ipsos quoque sanctos uiros atque eminentissimos tormentis corporum obruere uiderentur.

381,18 A 1494: Legimus hoc, ut dixi, factum in diluuio. ... [1495] ... et ita cooperuerant, ut non apparerent nec ipsi magni, qui sunt *m o n t e s*. ... et fugiebant ubique Christiani, et fuga quadam occultabantur apostoli. Vnde fuga occultabantur apostoli? Quia *s u p e r   m o n t e s   s t a b a n t*[23] *a q u a e*. Erat potestas *a q u a r u m* magna. Sed quamdiu? Audi quod sequitur.

381,21 C 928: Qui *f u g i e n t* nisi *abyssi*, ...?

381,23.26 Br 1200 C: Tamquam *t o n i t r u u m* uero, ut hi timeant, cum

---

20 CSg: Firmauit (!)
21 CSg: et inuiolabile fundamentum et
22 *Auch WS 153ᵃ hat* transibunt
23 CSg: stabunt

minaris, cum ais²⁴: *Nisi paenitentiam egeritis, omnes simul*²⁵ *peribitis* (Luc. 13,5). *A s c e n d u n t   m o n t e s*. Sancti in spiritalem proficiunt intelligentiam. *E t   d e s c e n d u n t   c a m p i*. Populi²⁶ eorum doctrinis subditi²⁶, ut uirtutum floribus repleantur.

381,26 WS 155ᵇ (zu v. 10): *M o n t e s* ergo sunt magni praedicatores uerbi excelsi, ... (∼ A 1497)

382,1 C 928: Illi scilicet qui *c a m p i* iam facti sunt, ad locum fundatissimae *d e - [929] s c e n d u n t* Ecclesiae et in eius penetralibus permanebunt. - Vgl. v. 5.

382,4 Br 1200 C-D: *T e r m i n u m ... t r a n s g r e d i e n t u r*. Catholicam utique fidem, quam usque ad *t e r m i n u m* praesentis uitae custodiunt. *N e q u e   c o n u e r t e n t u r   o p e r i r e   t e r r a m*. In flagitiis quibus prius uixerant.

C 929: Si uero spiritaliter quaeras, potest hoc et de paganorum ritu accipi congruenter; qui licet a sua prauitate recesserint, numquam in illam licentiam Deo sibi obuiante remeabunt, ut humanum genus superstitionum suarum inundatione cooperiant.

382,8 A 1496: ualles autem uel *c o n u a l l e s*, humilitates terrarum. Noli contemnere humilitates; inde fluunt *f o n t e s*: ... [1497] *Non ego*, inquit, *sed gratia Dei mecum* (I Cor. 15,10). *Non ego, c o n u a l l i s* est; et²⁷ *gratia Dei mecum*,²⁸ *f o n s* est. ... *De Spiritu dicebatur quod modo commemoraui: Si quis sitit, ueniat ad me, et*²⁹ *bibat*²⁹. *Qui credit in me, flumina aquae uiuae fluent de uentre eius. Hoc autem dicebat de Spiritu, quem accepturi erant hi qui in eum fuerant credituri* (Ioh. 6, 37-39).³⁰

382,10 A 1497: *I n t e r* apostolorum *m e d i u m   p e r t r a n s i b u n t* praedicationes uerbi ueritatis. Quid est: *I n t e r   m e d i u m* apostolorum? Quod *m e d i u m* dicitur, commune est.

382,8.10.12 A 1499: *B e s t i a s   s i l u a e*, gentes intellegimus; ... [1500] ... Ergo non miremur si de illis *aquis inter medium montium pertransien-*

---

24 CSg: agis
25 CSg: similiter
26 CSg: Populis ... subdunt (*Ist popul*i *se zu lesen?*)
27 CSg: *fehlt*.
28 CSg: *fehlt*.
29 CSg: *fehlen*.
30 R 211ᵛᵃ: *Q u i ... c o n u a l l i b u s*, id est, doctrinam sanctam in hominibus.

tibus, in illa doctrina apostolica fluente in *medio* propter concordiam communionis, *o m n e s   b e s t i a e   s i l u a e* bibunt.

382,13 C 930: *o n a g r o s* tantum posuit *s i t i m   s u a m   e x p e c t a - r e*, scilicet Iudaeos qui neglexerunt fluenta diuinae pietatis haurire. ... Nam quod dicitur *e x p e c t a b u n t*, illud significat quod frequenter dictum est, quia in finem saeculi Elia et Enoch uenientibus, creditura est multitudo Iudaeorum.

382,15 C 930: sed potius animas sanctas pontificum caelesti se conuersatione tractantes mauult intellegi, qui supra populos Domini praedicationibus sanctis inhabitant. ... Quapropter omnes de *p e t r a r u m* firmitate praedicant, qui apostolorum ac prophetarum traditionibus sua dicta confirmant.

A 1503: Spiritales quasdam animas significat hoc nomen: ... [1504] ... Modo si dicam uobis: Credite, hoc enim dixit Cicero, hoc dixit Plato, hoc dixit Pythagoras, quis uestrum non irridebit me? ... [1505] ... Habes ante te *p e t r a s montium*, de *medio p e t r a r u m* mihi *d a u o c e m   t u a m*. ... Audiantur qui[31] a *p e t r a* audiunt[32]: audiantur, quia et in illis multis *p e t r i s p e t r a* auditur: *Petra enim erat Christus* (I Cor. 10,4).

382,18 A 1505: Ipsi *m o n t e s* et illae *petrae* unde *habent uocem*? Vt enim *r i g e m u r*[33] scripturis, confugimus ad apostolum Paulum. Ille unde habet? Confugimus ad Isaiam. Isaias unde? Audi inde: *R i g a n t e s ... s u i s*. ... Hoc fecit Petrus, hoc fecit Paulus: de *medio petrarum damus uocem* nostram. ... Dicit hoc Paulus, tamquam *m o n s*; inde nos dicimus, sonantes de *petra*. *R i g e t* Dominus ipsam *petram d e s u p e r i o r i b u s   s u i s*.

C 931: nunc ipsos quoque *m o n t e s* supernis aquis praedicat esse complutos, ne quid a Domini munere uideretur exceptum. Paulus enim prius ingens atque arduus persecutor Ecclesiae, *r i g a t u s* aqua spiritali, quam fecundos fructus est edere Christianis! Quod cotidie Dominus agit, ut doctores paganorum post conuersionem magistros faciat esse fidelium.

Br 1201 A: *R i g a n s m o n t e s*. Hoc est, apostolos. *D e   s u - p e r i o r i b u s   s u i s*. De caelestibus, effundens super eos Spiritum sanctum. (∼ CSg 27,425)

---

31 CSg: quia
32 CSg: audiuntur
33 CSg: regamur

382,18.22 WS 157ᵃ: *M o n t e s   d e   s u p e r i o r i b u s* ...Dei inrigantur, quia per Spiritum sanctum sublimiter docentur. ... Benedicamus ergo Domino, et laudemus eum, qui *r i g a t   m o n t e s   d e   s u p e r i o r i b u s   s u i s*. Vnde ueniet inrigatio ad terram, inde et humilia satiabuntur. Sequitur enim: *D e   f r u c t u* ... [157ᵇ] ... *t e r r a*.

382,22 C 931: *F r u c t i b u s* autem *t e r r a   s a t i a t u r*, quando peccatores in melius commutati, utilia nimis et salutaria ipso largiente percipiunt. Sic enim *t e r r a   s a t i a t u r*, quando aliquis ab obstinatione liberatus, praeconia Domini didicisse cognoscitur. - Vgl. 382,8.10.

382,24 A 1506: Sed uideo et alia *i u m e n t a* Domini quae significantur, cum dicitur: *Boui trituranti os non infrenabis* (I Cor. 9,9; I Tim. 5,18).

382,22.26 Pr 23 (292 C-D): *Terra* igitur iustificata et supernis rigationibus fecundata *p r o d u c i t   f e n u m* ... *h o m i n u m*, ut agri Dominici cultoribus semen uerbi seminantibus necessaria praebeantur, et qui euangelium annuntiant, de euangelio uiuant (vgl. I Cor. 9,14). ... Praebenda ergo sunt pabula praesidentium *s e r u i t u t i*.

A 1507: Accipis spiritalia, redde carnalia: debita sunt militi[34], militi reddis; ... [1508] ... Ergo praedicatores uerbi, et *iumenta* et serui sunt.

383,1 A 1511: Quem *p a n e m*? Christum. *D e* qua *t e r r a*? De Petro, de Paulo, de ceteris dispensatoribus ueritatis. Audi quia *d e   t e r r a*: *Habemus*, inquit, *thesaurum istum in uasis fictilibus, ut eminentia sit uirtutis Dei* (II Cor. 4,7). ... *V t   d e*[35] qua *t e r r a   p a n i s   e d u c a t u r*? Verbum Dei de apostolis, de dispensatoribus sacramentorum Dei, ...

383,4 A 1511: Inebriamini, sed uidete unde. Si uos inebriat calix Domini praeclarus (vgl. Ps 22,5), uidebitur ista inebrietas in [1512] operibus uestris, uidebitur in sancto amore iustitiae, uidebitur postremo in alienatione mentis uestrae, sed a terrenis in caelum. ... Videtur iam dicere de spiritali *u i n o*;

C 932: quapropter *u i n u m* ... *h o m i n i s*, cum sacratum fuerit in sanguinem Domini Christi. ... Ebrietas sobria, satietas felix, ...

383,6 A 1512: Quid est exhilaratio *f a c i e i   i n   o l e o*? Gratia Dei, nitor quidam in manifestationem[36]; sicut dicit apostolus: *Vnicuique*

---

34 CSg: sua *statt* sunt militi
35 CSg: uide e (e² *übergeschrieben*) *statt* Vt de
36 CSg: manifestatione

autem datur Spiritus ad manifestationem[37] (I Cor. 12,7). Gratia quaedam[38] quae est hominum ad homines perspicua, ad conciliandum sanctum amorem, *o l e u m* dicitur, in nitore diuino; - Vgl. I Cor. 12,4.10.28.30.31.

383,12 A 1512: est alius *p a n i s* qui *c o r   c o n f i r m a t*, quia *p a - n i s* est *c o r d i s.*

Pr 23 (293 B): *P a n i s* enim uisibilis uentrem satiat stomachumque *c o n f i r m a t.* Iste autem cibus *c o r d i s* est et animae fortitudo, ...

C 932: *P a n i s* autem quemadmodum poterit *c o n f i r m a r e   c o r* solum, quod pro totius corporis refectione percipitur? Sed haec potius ad animae partes referenda sunt, quae perfectos efficiunt Christianos. - Vgl. 564,6f.

383,13 A 1513: *S a t i a b u n t u r   l i g n a   c a m p i*: sed[39] de ista gratia *educta de terra. L i g n a   c a m p i*, plebes populorum. - Vgl. v. 14f.

C 932: Haec indicant homines utique mediocres.

383,13.14 A 1513: *C e d r i   L i b a n i*, potentes in saeculo, et ipsi *satiabuntur. Peruenit panis, et uinum, et oleum Christi ad senatores, ad nobiles, ad reges;* ... Prius humiles *satiati sunt*, deinde etiam *c e d r i L i b a n i*, sed *q u a s   p l a n t a u i t* ipse[40]: piae *c e d r i*, religiosi[41] fideles; ... *L i b a n u s* enim mons est; ibi istae arbores etiam secundum litteram annosissimae sunt et excellentissimae. ... Nam *a r b o r*, inquit, *quam non plantauit Pater meus, eradicabitur* (Matth. 15,13).

C 932: *C e d r i* autem *L i b a n i* declarant nobiles ac potentes, qui in humano genere tamquam *c e d r i* eminere noscuntur. Sed ut ipsos quoque sequestraret ab haereticis et paganis, qui in hoc saeculo maxima potestate subuecti sunt, addidit: *q u a s   p l a n t a s t i*, id est, quae tua praedestinatione sunt in religionis amoenissimo paradiso constitutae, sicut dicit in euangelio: *Omnis plantatio quam non plantauit Pater meus caelestis, eradicabitur* (Matth. 15,13).

383,20 A 1513: In his *cedris   p a s s e r e s   n i d i f i c a n t.* Qui sunt *p a s s e r e s?* Aues quidem et uolatilia caeli sunt *p a s s e r e s,*

---

37 Das Zitat lautet WS 158[b]: *Vnicuique autem datur manifestatio Spiritus ad utilitatem* (= Vulgata).
38 CSg: quidem
39 CSg: &
40 CSg: *fehlt.*
41 CSg: pios scilicet, religiosos, *statt* piae cedri, religiosi (*WS 159*[a] = *CSg A*)

sed minuta uolatilia solent dici *p a s s e r e s*. ... Et non tantum hoc audierunt magni, sed audierunt et parui, et uoluerunt hoc facere et parui, et esse spiritales; non iungi uxoribus, non macerari cura filiorum, non habere proprias sedes quibus deligarentur[42], sed ire in uitam quamdam communem. ... [1514] ... dant agros, dant hortos, aedificant ecclesias, monasteria, colligunt *p a s s e r e s*, ut in *cedris Libani n i d i f i c e n t   p a s s e r e s*.

WS 159[a]: *I l l i c ... n i d i f i c a b u n t*, in *cedris* scilicet *Libani*. *P a s s e r e s* minuta uolatilia sunt; significant quosdam non habentes altitudinem dignitatis saecularis qui, audientes in euangelio: Vende omnia tua, et da pauperibus (vgl. Matth. 19,21) ... faciunt hoc, et parui et effecti spiritales transeunt in uitam quandam communem; quibus cum nobiles, diuites, excelsi huius saeculi ... praebent res [159[b]] suas et uillas et omnes superfluas copias, quibus uidentur excelsi, aedificantes ecclesias, monasteria construentes.

C 933: *P a s s e r* enim minuta et cautissima nimis auis est, monachorum significans paruitatem, qui in *cedris Libani*, id est, in patrimonio potentium Christianorum ... monasteria sibi quasi nidos aliquos aedificare monstrantur, ... Caelestis in terra uita, imitatio fidelium angelorum, spiritaliter in carne uiuere et mundi uitia non amare; ... et caelesti caritate flammati, bona quae sibi euenire cupiunt, aliis communicare contendunt.

383,22 A 1514: *F u l i c a*, sicut omnes nouimus, marina auis est; uel in stagnis est, uel in mari est. Habet quamdam domum non facile in litore terrae, aut numquam, sed in iis quae in media aqua sunt; plerumque ergo in petris quas aqua[43] circumdat[43]. ... In quali petra? In mari con-[1515]stituta. Etsi tunditur fluctibus, frangit tamen fluctus, non frangitur; ... Quanti fluctus contuderunt petram nostram, Dominum Christum? Elisi sunt in illum Iudaei; illi fracti sunt, ille integer mansit. ... In *cedris* quidem *nidificant passeres*, propter praesentem necessitatem; sed petram illam habent *d u c e m*, quae fluctibus tunditur, et non frangitur; imitantur enim Christi passiones. Et si forte *cedri Libani* iratae fuerint, et aliquid molestiae et scandali seruis Dei in ramis suis commouerint, uolabunt quidem inde *passeres*; sed uae *cedro* remanenti sine nidis *passerum*.

---

42 CSg: delicarentur (*ursprüngliches g durch Punkt darunter getilgt, c darübergeschrieben*)
43 CSg: aquae circumdant

Passeres enim non naufragabunt, non peribunt; quia *f u l i c a e   d o m u s   d u x   e s t   e o r u m.*

C 933: Reuera [*p a s s e r e s*] milites Christi, ...

384,2 Br 1201 B: *E r o d i i   d o m u s   d u x   e s t   e o r u m. E r o d i u s* maior est omnibus[44] uolatilibus[44], qui aquilam uincit et comedit. Igitur talis homo, qui in domo Dei habitat, ducatum praebeat ad uincendum diabolum, quia aquila saepe pro diabolo ponitur. (∼ HT 185)

384,5 WS 159^b: Quid enim mirum, si *passeres* minuti, pauperes quique et ignobiles, spretis mundi cupiditatibus spiritalem uitam sectantur, cum huius uirtutis exemplum a diuitibus, et quondam in saeculo excelsi accipiantur? *H e r o d i u s* namque auis rapax, quid aliud quam potentes, rebus temporalibus inhiantes significat, qui cum supernae patriae amore opes suas pauperibus erogant, nudam crucem nudi sequuntur, caelestis sibi conuersationis *d o m u m* sibi piis operibus construunt, profecto in spiritalis uitae studio *passerum* doctores fiunt? [160^a] *H e r o d i i* itaque *d o m u s   d u x   e s t   e o r u m*, quia inlustris conuersi diuitis uirtus pauperibus quibusque contemptus mundi, et amoris Dei praebet incitamentum.

384,8 A 1515: *C e r u i*, magni, spiritales, ... Teneant *m o n t e s   a l t o s,   a l t a* praecepta Dei; sublimia cogitent, ...: *c e r u i s*[45] enim sunt illi *m o n t e s   a l t i s s i m i*. Quid de humilibus bestiis?

384,10.11 C 934: *H e r i n a c i u s* uero est quem uocamus hericium, animal omnino timidum, natura prouidente semper armatum; cuius cutem in uicem setarum sudes acutissimae densissimaeque communiunt, cui tamen non sufficit natiua munitio, sed ne aliqua fraude possit intercipi, *r e f u g i - u m* habet semper in saxis. Huic competenter aptatur, qui peccatis suis hispidus futura iudicia metuens, *p e t r a m* Christum firmissimum noscitur habere *r e f u g i u m.*

HT 186: Qui timidus est, *r e f u g i u m* habet *p e t r a m: petra autem est Christus* (I Cor. 10,4). (= Br 1201 C)

WS 160^a: *E r i n a c i u s*, infirmum animal et pauidum, significat peccatores, conscientia peccatorum suorum timidos, non ualentes tenere *excelsa* illa et perfecta praecepta, sed tamen confugientes ad *p e t r a m*, quae illos docuit dicere: *Dimitte nobis debita nostra, sicut et nos dimittimus debitoribus* [160^b] *nostris* (Matth. 6,12). Sciendum quippe *e r i n a c i -*

---

[44] CSg: omnium uolatilium (!)
[45] CSg: cerui

        u m, ut beatus Hieronymus docet[46], animal esse non maius ericio, habens similitudinem muris et ursi; cuius in Palestina magna copia est, semperque in cauernis petrarum et terrae foueis habitare consueuit.

        A 1515: *e r i c i u s* etiam spinosum: ... Spinae quid significant, nisi peccatores? ... Quia factus est Dominus *r e f u g i u m* pauperi. ... Vbique ergo *p e t r a   r e f u g i u m* nostrum: ...

384,15 A 1516: Intellegimus spiritaliter Ecclesiam crescentem de minimo, et ista mortalitate uitae quodammodo senescentem; sed ut propinquet ad *solem*. ... Hic enim temporaliter transit Ecclesia; non enim hic erit semper ista mortalitas: augeri[47] et minui aliquando transibit; *i n   t e m p o r a* facta est[47]. (∼ C 934)

384,17 A 1516: Et hic quis *s o l*, nisi *s o l* ille iustitiae, ...? Ei *s o l* iste oritur, qui intellegit Christum. ... *S o l* Christum significat. ... [1517] ... Christus *a g n o u i t*[48] passionem suam: *o c c a s u s* Christi, passio Christi. ... quid est: *a g n o u i t* ? Adprobauit, placuit ei. ... Si enim ei displiceret, quomodo pateretur? ... Ille autem non pateretur, nisi ei placeret;

        Pr 25 (294 B): Voluntate enim suscepit crucem et mortem.

384,20 A 1517: Factae sunt quaedam *t e n e b r a e* in apostolis, defecit spes eorum, quibus primo magnus et redemptor omnium uidebatur.

        C 935: Tunc reuera *n o x   f a c t a   e s t* discipulis atque credentibus, quando Petrus anxio errore confusus negando tertio, fidei perdiderat claritatem.

384,22 A 1519: *Hac nocte, inquit, postulauit satanas uexare uos sicut triticum; et ego rogaui pro te, Petre, ne deficiat fides tua* (Luc. 22,31-32). Nonne Petrus[49] cum ter negauit, iam inter dentes leonis erat (vgl. Eccli. 21,3)?

384,26 A 1518: quid intellegam nisi mala daemonia, quae daemonia pascuntur

---

46 In seiner *Epistula* 106 (CSEL 55, 282): Sciendum autem animal esse non maius ericio, habens similitudinem muris et ursi, unde et in Palaestina ἀρκόμυς [CSg: arcomus] dicitur. Et magna est in istis regionibus huius generis abundantia semperque in cauernis petrarum et terrae foueis habitare consuerunt. Kurt Ostberg, 20f., hat auf diese Briefstelle als Quelle für Notker als erster aufmerksam gemacht; vgl. auch seinen Aufsatz: Interpretations and Translations of *animal/animans* in the Writings of Notker Labeo, PBB (Tübingen) 81 (1959), 16-42, hier 32 sowie Anm. 4 und 5. Ob diese Quelle Notker direkt aus Hieronymus oder indirekt via Walahfrid zugeflossen ist, muß wohl offenbleiben.
47 CSg: ut habeat augeri et minui. Aliquando transibit, quę in tempora facta est. (ut habeat *und* quę *übergeschrieben*)
48 CSg: cognouit
49 CSg: *fehlt*. (!)

erroribus hominum? ... Ista daemonia seducere animas quaerunt, sed ubi
sol non *ortus est*; *tenebrae* enim sunt. (∾ C 935) - Vgl. A und C zu
384,20.

HT 186 (zu v. 21): Bene dixit *a D e o*: siquidem sanctos cupit decipere,
uerbi gratia, Iudam, Dauid, Salomonem, Petrum, sicut scriptum est:
Escae eius electae (Abacuc 1,16). (∾ Br 1202 A)

384,26; 385,2 Pr 25 (294 B): In hac *nocte* desperationis et in his *tenebris* ignorantiae insidiabantur *b e s t i a e   s i l u a e*, id est, maligni
spiritus, et *c a t u l i   l e o n u m*, hoc est, saeuiores quique
daemonum furentes ad *r a p i e n d o s* in *e s c a m* suam, quos in
tenebris infidelitatis inuenerint.

385,4 A 1518: Ideo *q u a e r e n t e s   a   D e o   e s c a m   s i b i*, quia
nec temptari quis potest a diabolo, nisi permittente Deo.

385,6 C 935: Tunc autem quando *o r t u s   e s t   s o l*, id est, resurrectio
sancta declarata est, in^{50} maiestatem eius minime sustinentes, *i n
s u i s* se trepidi *c u b i l i b u s* abdiderunt, id est, in pertina-
cium pectoribus *c o l l o c a r u n t*;

A 1519: *O r t u s   e s t   s o l*, quia occidit *s o l*, sed non exstinctus
est *s o l*. ... Modo iam quia nemo eorum persequi audet Ecclesiam,
o r t u s ... s u n t. ... *C u b i l i a* eorum, corda infidelium.

Pr 25 (294 C): Id est, Christus mortuus resurrexit, ... Vnde illi spiritus, qui ad persequendos Christianos impiorum animos incitabant, in tanta luce ubique receptae ueritatis saeuire non audent, et in sua *c u b i -
l i a   c o n g r e g a t i* intra infidelium corda cohibentur.

385,12 A 1520: Operetur ergo iste *h o m o   o p e r a* bona in securitate pacis
Ecclesiae, operetur usque in finem.

C 935: ... *u e s p e r a*, id est, saeculi probatur fine concludi.

385,13 C 935: uenit propheta ad modum secundum, ubi laudes paternas post tanta
miracula conuenienter exclamat. ... [936] ... Et merito sic coepta est
laus eius, cuius praeconia nulla^{51} sufficienter praeualet complere
creatura.

385,15 A 1520: Ergo *o m n i a* in Christo *f e c i s t i*. (∾ C 936)

385,16 A 1523: et adtendimus plenam *t e r r a m* Christianis credentibus in
Deum, ...

A 1521: Noua *c r e a t u r a* quae facta est^{52}, omnes credentes in

---

50 CSg: *fehlt*.
51: CSg: nulla non
52 CSg: est?

Christum, ... *R e p l e t a   e s t   t e r r a   c r e a t u r a   t u a*.
(∼ C 936)

385,18 WS 163ᵃ: *M a r e* dicitur *s p a t i o s u m   m a n i b u s*, quod quasi expansas *m a n u s* habeat et in se cuncta suscipiat.

385,21 A 1524: *a n i m a l i a   p u s i l l a   e t   m a g n a* sunt in hoc *mari*. Pr 26 (295 B-C): In *hoc mare* sunt infideles, et inter aquas amaras sterilesque uersantur *p u s i l l i   e t   m a g n i*, id est, et infirmi et primates istius saeculi. Qui licet christianae religioni aduersentur, tamen inter ipsos tutus est nostrarum nauium commeatus, hoc est, inter procellas et fluctus maris gubernante Christo ecclesiarum tutus est cursus. (∼ WS 163ᵃ⁻ᵇ)

A 1524: Video[53] enim adhuc in *mari* isto formidoloso nondum credentes; ... Oderunt Ecclesiam, premuntur Christi nomine; non saeuiunt, quia non permittuntur; in manus non erumpens, clausa est in corde saeuitia. ... Ecce in eo quod terrebat, naues natant, et non merguntur. Naues ecclesias intellegimus, commeant inter tempestates, inter procellas temptationum, inter fluctus saeculi, inter *a n i m a l i a   p u s i l l a   e t   m a g n a*. Gubernator est Christus in ligno crucis suae. ... [1525] ... Commeabunt secure, commeent perseueranter, uenient ad finem debitum, perducentur ad terram quietis[54].

386,2 A 1525: O Ecclesia, caput serpentis obserua. Quod est caput serpentis? Prima peccati suggestio. Venit tibi in mentem nescio quid illicitum; noli ibi tenere mentem tuam, noli consentire. ... caput calca, et euades ceteros motus. Quid est, caput calca? Ipsam suggestionem contemne. ... [1526] ... Pereat mundi lucrum, ne fiat animae damnum. ... Hic ergo *d r a c o*, antiquus hostis noster, ira feruidus[55], insidiis astutus, in *mari magno* est. ... Iam tu *i l l u d e   d r a c o n i*: ad hoc enim hic factus est *d r a c o*. Ipse cadens peccato suo de sublimi habitatione caelorum, et ex angelo factus[56] diabolus, accepit quemdam locum suum in *hoc mari magno et spatioso*. Regnum eius quod putas, carcer eius est. Multi enim dicunt: Quare tantam potestatem diabolus accepit, ut dominetur in isto saeculo, et tantum ualeat, tantum possit? ... Nisi permissus, nihil potest. ... [1529] ... Putaremus quod Deus illi *i l l u d e r e t*, nisi scriptura Iob soluisset quaestionem; ibi enim dictum est: *Ad illu-*

---

53 CSg: Vide
54 R 213ʳᵇ: *N a u e s* etiam possunt intellegi sanctae animae quae adhaerentes ligno dominicae crucis ad portum uerae quietis tendunt.
55 CSg: perfidus
56 CSg: factus est (!)

dendum ei ab angelis meis (Iob 41,24 nach LXX). Vis *i l l u d e r e
d r a c o n i?* Esto angelus Dei. ... Magnum aliquid illi putas esse has
sedes, quia non nosti sedes angelorum unde lapsus est: quae tibi uidetur
eius gloriatio, damnatio est.

C 937: Hic aperte diabolum significat, ... sed postquam sua uoluntate
peccauit, a Deo ita formatus est, ut *e i i l l u d e r e t u r* ab
angelis, quando propter exsecrabilem peruersitatem natiua dignitate
priuatus est. ... *I l l u d i t u r* enim *e i* ab angelis Dei, siue per
iustissimas increpationes, ut qui creatus est ad obsequium Dei, foedis
uideatur peruersitatibus implicari. Siue magis *i l l u d i t u r*, quando
ei animae confitentium[57] imperio superno de perniciosa potestate tollun-
tur. ... Audis *d r a c o n e m*, sed non omnimodo timeas atrocem;

386,11 A 1530: *O m n i a,* et *repentia*[58] *quorum non est numerus,* et *animalia
pusilla et magna,* et ipse *draco,* et *omnis creatura*[58] *tua, qua implesti
terram:* ... [1531] ... Quid dictum est ipsi *draconi? Terram manducabis*
(Gen. 3,14). ... *C i b u s* serpentis esse non uis? noli esse *terra.*
Quomodo, inquis, non ero *terra?* Si *terrena* non *sapias.* Audi apostolum, ut
non sis *terra.* ... *Si resurrexistis,* inquit, *cum Christo, quae sursum
sunt quaerite, ubi Christus est in dextera Dei sedens; quae sursum sunt
sapite, non quae super terram* (Col. 3,1-2). Si non *sapis* terrena[58a], non
es *terra;* si non es *terra,* non *manducaris* a serpente, cui[59] *c i b u s
d a t a e s t terra*[59]. *C i b u m* suum *d a t* Deus serpenti, quando
uult, quem uult; bene autem iudicat, falli non potest, non ei *d a t*
aurum pro *terra.*

386,17 C 938 (zu v. 27): Nam et *draco* spiritalis, cuius *e s c a* hominum
deceptio est, nisi Domino permittente non praeualet quidquam sua
potestate perficere[60].

A 1531: si non *d e d e r i s,* non *c o l l i g e n t.* (∿ C 938)

386,19 A 1531: *M a n u s t u a* Christus est. - Vgl. 386,12f.; 385,10f.
WS 164[a]: Reuelante *t e* Christum tuum, *u n i u e r s a i m p l e -
b u n t u r b o n i t a t e,* id est, *cibo* possessionis tuae (vgl.
v. 24).

---

57 CSg: confidentium
58 WS 164[a] hat in Übereinstimmung mit Notker und der Vulgata: reptilia ...
possessio.
58a CSg: terram
59 CSg: cui *bis* terra *fehlen.*
60 R 213va: *D a n t e ... c o l l i g e n t,* id est, [213vb] tribuente te
i l l i s potestatem *c o l l i g e n t,* hoc est, trahent in potestatem
suam.

386,22 A 1531: *a u e r t i t*[61] ab illo *f a c i e m* suam, et decidit[61] in temptationem; et ostendit[61] illi quia quod iustus erat, et recte ambulabat, ipso regente fiebat.

Pr 27 (296 A): Et qui uidebatur plenus *bonitate*, *t u r b a t u r*, ut per subitam inopiam intellegat, illam boni abundantiam non sibi fuisse de proprio.

386,25 A 1532: *S p i r i t u s   e o r u m*, superbia eorum erat: ... Inuenit se homo paenitens de peccato suo, quia non habebat uires ex se; et confitetur Deo, dicens se esse terram et cinerem. O superbe, *c o n u e r s u s   e s   i n   p u l u e r e m* tuum *a b l a t u s   e s t   s p i r i t u s* tuus; - Vgl. C zu 387,3.

387,3 Vgl. zu *uuíso* den Anfang des dem Hrabanus Maurus zugeschriebenen Hymnus *Veni Creator*:

  Veni, Creator Spiritus,

  mentes tuorum uisita, ...

A 1532: *Auferes spiritum eorum, e m i t t e s   t u u m: auferes spiritum eorum*, non habebunt *spiritum* suum. ... [1533] ... *e t   i n n o u a b i s   f a c i e m   t e r r a e*, id est, nouis hominibus, confitentibus se iustificatos esse, non a se iustos, ut gratia Dei sit in illis. Vide quales sint, quibus *i n n o u a t a   e s t   f a c i e s   t e r r a e*.

Pr 28 (296 B): Deus enim iustificat impium (vgl. Rom. 4,5) *e t   r e n o u a t   f a c i e m   t e r r a e*, condens in toto mundo nouam creaturam per spiritum gratiae, ut deposito uetere homine in nouitate uitae ambulemus (vgl. Eph. 4,22; Rom. 6,4).

WS 164b: Noluerunt habere *spiritum* suum, habebunt Dei *e t   c r e a b u n t u r*; ipsius enim sumus figmentum, dixit apostolus (vgl. Eph. 2,10), creati in Christo Iesu in operibus bonis.

... Exuentes ueterem hominem cum actibus suis induamus nouum qui secundum Deum creatus est ... (vgl. Eph. 4,22.24; Col. 3,9).

C 939: Recreati sunt utique, qui se *puluerem* humiliter agnouerunt; ... Toties enim nos Dominus *c r e a t,* quoties de uetustate peccati in nouum hominem instaurare dignatur, ...

387,6 A 1533: Non tua, non mea, non illius, aut illius; *g l o r i a   D o m i n i   s i t*, non ad tempus, sed *i n   a e t e r n u m*. (∼ C 939)

387,8 A 1533: Non in tuis, quasi tuis; quia et *o p e r a* tua si mala, per iniquitatem tuam; si bona, per gratiam Dei.

---

61 CSg: auertet ... decidet ... ostendet

387,10 A 1533: Si cum tremore exultandum est, Deus *a s p i c i t*[62], fit
t e r r a e motus: *a s p i c i e n t e* Deo, *t r e m a n t* corda
nostra[63]; tunc ibi requiescet Deus. Audi illum alio loco: *Super quem
requiescet*[64] *spiritus meus? Super humilem, et quietem, et trementem
uerba mea* (Isai. 66,2)[65]. (∼ C 940)

387,14 A 1533: *M o n t e s* superbi erant, iactabant se, non eos *t e t i g e -
r a t* Deus: *t a n g i t* illos *et f u m i g a b u n t*. Quid est
f u m i g a r e m o n t e s? Precem Domino reddere. ... [1534] ... quando coeperit *f u m i g a r e*, dabit Deo precem, tamquam sacrificium
cordis. *F u m i g a t* ad Deum, deinde tundit pectus; incipit et flere,
quia et fumus excutit lacrimas.

C 940: *M o n t e s* hic peccatores nimia elatione turgentes debemus
accipere, qui dum fuerint Domini indignatione percussi ..., tunc ad
salutares lacrimas currunt, ...[66]

387,17 A 1534: *C a n t e m u s D o m i n o i n u i t a* nostra. *V i t a*
nostra modo spes est; *u i t a* nostra postea aeternitas erit: ... Ne
forte cum coeperimus *p s a l l e r e D e o* in illa ciuitate, putemus
nos aliquid aliud acturos: tota *u i t a* nostra erit *p s a l l e r e
D e o*.

C 940: Sic enim fit *u i t a* ista reuera uitalis, si laudes Domini continua exultatione *c a n t e n t u r*.

387,21 A 1534: Te illi indica scienti, ut indicet se tibi nescienti. ... Ipsa
est mutua *d i s p u t a t i o* quam dixit: ... *S u a u i s* est ei
confessio tua, *s u a u i s* est tibi gratia ipsius. ... *E g o a u t e m
i o c u n d a b o r i n D o m i n o*.

387,24 C 941: *D e f i c i u n t a t e r r a p e c c a t o r e s*, dum terrena
cupiditate priuati, per Dei gratiam ad meliora studia concitantur;

387,25 A 1535: Plane *deficiant; auferatur spiritus eorum, et deficiant,* ut
emittat spiritum suum, et recreentur. ... Quid *n o n s i n t*, nisi
i n i q u i?

388,1 A 1535: et reuocat uersum primum psalmi[67]: *B e n e d i c*[67] ... *D o m i -
n u m*.

C 941: Sequitur *b e n e d i c ... D o m i n u m*. Dignum initium psalmi,
dignus et finis, illum semper *b e n e d i c e r e* ...

---

62 CSg: aspexit
63 CSg: *fehlt*.
64 CSg: requiescit (!)
65 R 214ra: *Q u i ... t r e m e r e*. Homines habitantes in *t e r r a* et
  f a c i t eos *t r e m e r e*.
66 R 214ra: *E t f u m i g a n t*, hoc est, emittunt lamentum paenitentiae.
67 CSg: psalmus. Benedicat

Psalm 104

388,2   CSg 27, 429: Hoc uerbi decus a praesenti psalmo fecit initium. *A l l e -
l u i a*   apud Hebraeos dicitur: Laudate Dominum. ... (∼ C 942)

A 1535: ... *A l l e l u i a*. Cuius uerbi, uel potius duorum uerborum,
interpretatio est: Laudate Deum¹.

388,4   A 1535: In laude enim intellegenda est ista confessio, ... *C o n f i t e -
m i n i*, inquit, *D o m i n o* ... quod tale est, ac si diceret: laudate
Dominum, ... (∼ C 943)

388,6   C 943: Primo dicit *c o n f i t e m i n i   D o m i n o*, ... Deinde *D o -
m i n u m*   commonet *i n u o c a r i*, ut post ministerium sanctissimae
laudis grate possimus audiri.

388,8   C 943: quod bene potest gloriosis euangelistis et sanctissimis apostolis
et nunc sacerdotibus conuenire, qui per *g e n t e s*   uniuersas magnalia
eius *a n n u n t i a r e*   noscuntur.

388,9   A 1536: Verbo et opere laudate: ore quippe *c a n t a t u r*; psalterio
autem, hoc est manibus, *p s a l l i t u r*.

388,12 C 944: *O m n i a*   enim, significat ista quae dicturus est. Non est enim
humanarum uirium *o m n i a   n a r r a r e*   quae uirtus diuinitatis
operatur, ...

388,14 A 1536: illud autem [referatur] ad opus bonum, quo *psallitur* ei, ne uelit
quisque de opere bono² tamquam in sua uirtute *l a u d a r i*. (∼ C 944)

388,16 A 1536: sic enim mites iocundantur, qui non amaro zelo eos iam bene operantes aemulantur.

388,17 A 1536: ut eum *q u a e r e n d o*   atque ad eum accedendo, et illuminemur;
ne caecitate quid faciendum sit non uideamus, aut infirmitate non faciamus etiam quod uidemus. Quod ergo est ad uidendum: *Accedite ad eum, et
illuminamini* (Ps 33,5), hoc est ad faciendum: *Q u a e r i t e   D o m i -
n u m   e t   c o r r o b o r a m i n i.*

388,20 A 1536: Quae est   *f a c i e s*   [1537] Domini, nisi praesentia Dei? ...
Iam quippe illum inuenit fides, sed adhuc eum *q u a e r i t*   spes.
Caritas autem et inuenit eum per fidem, et eum *q u a e r i t*   habere³
per speciem, ubi tunc sic inuenietur, ut sufficiat nobis, et ulterius
non *q u a e r a t u r*. ... An forte etiam cum *f a c i e*   ad *f a c i e m*

---

1 CSg: Dominum
2 CSg: *fehlt*.
3 CSg: *fehlt*.

uiderimus eum sicuti est (vgl. I Cor. 12,13; I Ioh. 3,2), adhuc perquirendus erit, et sine fine *q u a e r e n d u s*, quia sine fine amandus?

388,24 C 945: *M i r a b i l i a* itaque pertinent ad diuisionis maris Rubri; - Vgl. 394,5f.

388,26 C 945: *p r o d i g i a* [pertinent] ad plagas quas misit in Aegyptum; Isidor, *Et.* XI, 3,3: Prodigia, quod porro dicant, id est, futura praedicant. - Vgl. C zu 392,10.

389,2 C 945: *i u d i c i a   o r i s   e i u s*, quoniam cuncta compleuit quae Moysi suo famulo promisisse dignoscitur.

389,3 A 1538: Vos *s e m e n   A b r a h a m*, uos *f i l i i   I a c o b*, mementote mirabilium eius ... Ne quis autem uni genti hoc tribueret Israelitarum secundum carnem, et non intellegeret magis esse *s e m e n   A b r a h a e   f i l i o s* promissionis quam *f i l i o s* carnis, quibus apostolus dicit, cum gentibus loqueretur: Vos ergo Abrahae[4] semen[4] estis, secundum promissionem heredes[5] (Gal. 3,29), sequitur et dicit: *I p s e   ... n o s t e r*;

C 945: Subaudiendum est quod superius dixit, *mementote*.

389,8 A 1538: quia *i n   o m n i   t e r r a* Ecclesia eius[6], ubi praedicantur *i u d i c i a   e i u s*. (∼ C 945) Quid ergo ait in alio psalmo (147,19): *Qui annuntiat uerbum suum Iacob, iustitias*[7] *et iudicia sua Israel*;

389,10 A 1538: Alii codices habent: *i n   a e t e r n u m*; ... [1539] ... Et ideo Vetus *T e s t a m e n t u m* uocatur, quia per Nouum aboletur. ... Proinde mihi uidetur non hic Vetus *T e s t a m e n t u m* intellegendum, quod Nouo esse tollendum dicitur per prophetam: ... sed *t e s t a m e n t u m* fidei, quod laudat apostolus, cum Abraham nobis proponit imitandum, et de legis operibus gloriantes inde conuincit, quod Abraham etiam ante circumcisionem credidit Deo, et reputatum[8] est illi ad iustitiam (vgl. Gal. 3,5.6). Denique cum dixisset: *M e m o r   ...   s u i*, quod *i n   a e t e r n u m* intellegere debemus, *t e s t a m e n t i* scilicet iustificationis et hereditatis aeternae, quam fidei promisit Deus: *V e r b i*, inquit, *q u o d   ...   g e n e r a t i o n e s*.

389,14 A 1539: Mandatum ergo fides est, ut iustus ex fide uiuat (vgl. Rom. 1,17); ... *M i l l e* ergo *g e n e r a t i o n e s*, propter numeri perfectionem, pro omnibus intellegendae sunt;

---

4 CSg: semen Abrahae
5 *WS 168ᵃ hat das Zitat genau wie Notker.*
6 CSg: *fehlt.*
7 CSg: iustitiam
8 CSg: deputatum (*WS 168ᵇ hat* reputatum)

389,16 Vgl. A zu 389,10.

389,17.20 C 946: Illa enim quae in Veteri *T e s t a m e n t o   A b r a h a e
et   I s a a c* patriarchis promissa sunt uel[9] iurata[9], *s t a t u i t*
ea, id est, firmauit *I a c o b* et *I s r a e l*, in Nouo scilicet
T e s t a m e n t o quod est *a e t e r n u m. I a c o b* enim et *I s -
r a e l* christiana tempora plerumque significare saepe iam dictum est.
A 1540: Ipsi sunt tres patriarchae quorum specialiter se dicit Deum,
quos et Dominus nominat in *T e s t a m e n t o* Nouo, ubi dicit: *Multi
ab oriente et occidente uenient, et recumbent cum Abraham, et Isaac, et
Iacob in regno caelorum* (Matth. 8,11). Ista est hereditas *a e t e r n a.*
... Hoc ergo *uerbum quod mandauit, memor in aeternum testamenti sui*, hoc
est, *uerbum* fidei quod praedicamus, *s t a t u i t ... a e t e r n u m,*
id est, quod ex ipso *uerbo* et *p r a e c e p t o* impleto daturus esset
aliquid *a e t e r n u m, d i c e n s : T i b i ... u e s t r a e.* - Vgl.
A zu 389,3.

389,22.24 A 1540: Ipsa enim dicta est *t e r r a* promissionis, *t e r r a*
fluens lac et mel (vgl. Exod. 3,8.17). Quod totum significat gratiam, in
qua gustatur quam suauis est Dominus (vgl. Ps 33,8), ad quam non omnes
homines pertinent; non enim omnium est fides. Ideo addidit: *F u n i c u -
l u m   h e r e d i t a t i s   u e s t r a e.* Vnde[10] in alio psalmo (vgl.
15,6), *semen Abrahae*, quod est Christus, intellegitur loqui, ubi dicit:
*Funes ceciderunt mihi in praeclaris; etenim hereditas mea praeclara est
mihi.* ... Ideo excluso Chananaeo, datur *t e r r a* promissionis *semini
Abrahae.*

C 946: *C h a n a a n* interpretatur humilis. Ergo humilium *t e r r a m*
conuenienter Christianos accepturos esse significat. Hoc est quod superius
dixit, *testamentum aeternum.* Haec enim *t e r r a* humilitatis et in-
clinationis sic a fidelibus accipitur, ut aeterno munere teneatur. ...
Illius [= Domini] enim susceptio carnis nostra probatur *h e r e d i t a s,*
in qua aeterna patrimonia uitae caelestis accipimus, si ea fixe atque
integerrime credere mereamur. Nam ista comparatio ab eis tracta[11] est,
quibus agri et possessiones tenso fune diuidebantur.

390,5 A 1540: ... *i n   e a*, id est, in *terra Chanaan.* ... [1541] ... *N o n
d i m i s i t*[12] *h o m i n e m   n o c e r e   e i s*, id est, non permisit.

---

9 CSg: *fehlen.*
10 CSg: Eundem
11 CSg: tractata
12 CSg: reliquit

390,9   A 1541: Nam et r e x Gerarum[13] et r e x Aegyptiorum diuinitus admoni-
        ti sunt ne nocerent Abrahae (vgl. Gen. 12,17-20; 20,3-7), ...
        HT 190: Idipsum dicit, Pharaonem et Abimelech. (= Br 1204 D)

390,11 HT 190: De ipsis patriarchis dicit. Erubescant ergo Iudaei qui dicunt,
        quoniam si non aliquis unguatur regali unguento, non potest christus
        uocari. Hoc enim dicunt, quoniam Dominus noster non est Christus, quia
        non est unctus unguento regali. Ecce ante legem patriarchae, non uncti
        regali unguento, christi dicuntur. Christi autem sunt, qui Spiritu
        sancto unguntur. [191] Ergo et Dominus noster iuste uocatur Christus.
        Quod illi negant, euntes contra scripturas. (= Br 1204 D - 1205 A)

390,16 C 947: Significat tempora Pharaonis, quando in Aegypto septem annis
        f a m e s saeua grassata est.

390,17 A 1543: c o n t r i u i t enim dixit pro eo quod est:[14] consumpsit.
        C 947: id est, triticeum[15] fructum perduxit ad nihilum; quod reuera
        hominum esse noscitur f i r m a m e n t u m, sicut in superiori
        psalmo dixit: Et panis cor hominis confirmat (103,15).

390,21 A 1543: Quem u i r u m? I o s e p h. Quomodo[16] m i s i t?
        C 947: A n t e patriarchas quos superius memorauit, m i s i t I o s e p h,
        ... Considerandum est etiam quod dicit eum Dominum m i s i s s e, qui
        fratrum suorum iniquitate detractus est. ... Nam u e n u n d a t u s
        I o s e p h ad seruitium peruenit ad gloriam, et ipse postea fratrum
        misertus est, qui eum crudeliter perdere decreuerant[17].

390,25 C 947: A praeposito Pharaonis [948] Putiphar, Ioseph quidem est redactus
        in carcerem; c o m p e d e s autem accipisse non legitur. Sed fieri
        potuit ut qui in ergastulo retrusus est et ferreis nexibus ligaretur,
        maxime qui in tanto crimine fuerat accusatus.

391,1   A 1543: F e r r u m autem quod dicit p e r t r a n s i s s e a n i -
        m a m e i u s, tribulationem[18] durae necessitatis accipimus; ... Talis
        enim[19] locutio est quaedam in euangelio, ubi Simeon dixit ad Mariam: ...
        et tuam ipsius animam pertransiet[20] gladius, ... (Luc. 2,35). (∼ C 948)

391,3   A 1543: In illa uero tribulatione fuit Ioseph, d o n e c ... e i u s.
        quo fuerat interpretatus ueraciter somnia; (∼ C 948)

---

13 CSg: gerarum (rum durch Unterstreichung getilgt, ram darübergeschrieben)
14 CSg: est: fehlt.
15 CSg: triticum
16 CSg: Quomodo Ioseph (WS 171a stimmt mit der Ausgabe überein)
17 CSg: decreuerunt
18 CSg: in tribulatione (WS 171b stimmt mit der Ausgabe überein)
19 CSg: fehlt.(= WS 171b)
20 C hat dasselbe Zitat, aber mit transibit statt transiet.

391,5 A 1544: Merito Spiritus sanctus quando a Domino missus est, uisae sunt illis linguae diuisae uelut ignis (vgl. Act. 2,3);[21]

C 948: *I n f l a m m a u i t*, utique ad loquendum uiuaciter incitauit, ut coram principe futura diceret cum[22] fiducia[22] ueritatis. Intus enim caelestis flammae lumen accepit, ut praeuideret talia quae regni illius sapientes doctoresque superarent.

391,8 C 948: ... *d o n e c* tempus *u e n i r e t*, ubi *u e r b u m e i u s* a rege Pharaone pro interpretando somnio quaereretur. ... *M i s i t* significat ministros qui regiis ius-[949]sionibus obsecundant. *R e g e m*, Pharaonem dicit, in cuius regno fuerat carceri mancipatus. ... Ipse est *p r i n c e p s* Pharao, quem superius *r e g e m* dixit;

A 1544: Ipse est *r e x*, qui *p r i n c e p s p o p u l o r u m*, ...

391,14 C 949: Hoc secundum gentilem intellectum Pharaonis debemus accipere, qui credebat primarios populi sui in hanc sapientiam peruenire potuisse, ut et ipsi somniorum interpretes esse mererentur et ad tantam doctrinam scientia eorum potuisset adduci, ut consulti de re dubia certa loquerentur. ... sed tantum diuinationis eius gloriam quaesissse credendus est more gentilium, qui ad futura cupidi, unde proueniat ipsa reuelatio, non[23] appetunt intueri.[24]

391,17 C 949: *C o n s t i t u i t ... p o s s e s s i o n i s s u a e*, quando eum currum fecit ascendere et praeconis uoce celeberrima nuntiari hunc secundum dominum esse post regem. ... In subsequenti autem uersu, supra ipsum cognoscitur esse quod tribuit; dicit enim, *u t e r u d i r e t ... s i c u t s e i p s u m*.

391,19 A 1544: Quod est *I s r a e l*, hoc est *I a c o b* (∿ C 949); et quod est *A e g y p t u s*, hoc est *t e r r a C h a m* (∿ C 950). ... Melius autem interpretatum est *a c c o l a f u i t*, quam, sicut alii codices habent, *i n h a b i t a u i t*: quod tantumdem esset, si et incola diceretur; ... Incolatus porro, uel accolatus, non indigenam, sed aduenam ostendit.

Isidor, *Et*. X, 15.16: Alienigena, qui ex alia gente genitus est, et non ex ea ubi est. Accola, eo quod adueniens terram colat. *Ebda* 147: Indigena

---

21 R 215rb: *E l o q u i u m ... e u m*, id est, Spiritus sanctus.
22 CSg: *fehlen*.
23 CSg: *ursprüngliches n̄ [= non] radiert*. (!)
24 R 215rb: *V t ... s e m e t i p s u m*, id est, ut *p r i n c i p e s* Pharaonis *e r u d i r e t Ioseph* in interpretatione somniorum sicut erat ipse *e r u d i t u s*, ...

uocatus quod inde sit genitus, id est, in eodem loco natus. Vgl. auch *ebda* IX, 4, 38-40.

391,24 C 950: *A u x i t   p o p u l u m   s u u m* fecunditate nascendi, ...
A 1545: sed quando in manu potenti, per signa et portenta[25] Domini Dei sui, metuendi et honorandi facti sunt, donec duri regis contentio uinceretur, et mare Rubrum persecutorem cum exercitu obrueret.

391,24; 392,4 A 1545: sed maligni et impii tales erant, qui facile incolis suis felicibus inuiderent. In eo ergo quod *p o p u l u m   s u u m* multiplicauit, hoc beneficio suo malos ad inuidendum *c o n u e r t i t.* ...
Sic ergo *c o n u e r t i t   c o r   e o r u m,* ut per inuidentiam *o d i s s e n t   p o p u l u m   e i u s, e t   d o l u m   f a c e r e n t   i n   s e r u o s   e i u s.* ... [1546] ... Quo illorum odio, et ad[26] exercitationem[26] *p o p u l i* sui, et ad gloriam nominis sui, quae nobis est utilis, quomodo sit usus, consequentia docent;
C 950: Consequens erat ut post conceptum odium saeuiens *p o p u l o s* ad dolosas machinas peruenerit.

392,10 C 950: Istos ad Pharaonem quasi quosdam testes constat a Domino destinatos, ut *populum* sibi placitum abire permisisset illaesum. ... *P o s u i t* significat colloca-[951]uit in eis, *M o y s e* scilicet et *A a r o n*, *u e r b a   s i g n o r u m   e t   p r o d i g i o r u m*, quae ab eis praedicabatur Dominus esse facturus. *S i g n a* sunt quasi uestigia aliqua futurarum siue praeteritarum rerum; *p r o d i g i a* uero pertinet ad mirabiles euentus, qui in rerum ordine antea non fuerunt. ... Sed haec *s i g n a   e t   p r o d i g i a* in Aegyptiis facta sunt, ...
A 1546: *P o s u i t   i n   e i s*, id est, fecit per eos. - Vgl. 388,26.

392,15 C 951: Leguntur quidem[27] Aegyptii[27] aeris[27] *t e n e b r a s* inter plagas reliquas pertulisse; sed melius intellegamus corda eorum fuisse potius obscurata, qui Domini praecepta temnebant.

392,18 C 951: *E x a c e r b a u e r u n t* autem significat acerbe acceperunt, aut certe iniuriosis abominationibus respuerunt.

392,21 C 951: *P i s c e s   e o r u m   o c c i s i   s u n t*, ne spes uiuendi in hominibus relicta uideretur, quando illud est inter[28] latices[28] mortuum, quod natiuo elemento probabatur enutritum[29].

---

25 CSg: potentiam
26 CSg: exercitatione
27 CSg: *fehlen.*
28 CSg: in latice
29 Zu 392, 23: R 215ᵛᵇ: ... *i n   p e n e t r a b i l i b u s   r e g u m   i p s o r u m*, id est, in secretis cubilibus Pharaonis et *principum* eius.

392,25 C 952: *C y n o m y i a* significat muscam caninam, quae ceteris muscis omnino mordacior est, et importunitate sua uiolentior, unde infesti ac saeuissimi animalis deriuatiuum nomen accepit. *C i n i p h e s* genus est culicum fixis aculeis permolestum, ... (~ Isidor, *Et.* XII, 8,12.14)

393,2.4 A 1547: Hoc ui *g r a n d i n i s* et fulminibus factum est; unde et *i g n e m* dixit *c o m b u r e n t e m*.

C 952: *I g n e m* uero *c o m b u r e n t e m*, fulmina[30] significat, quae solent excitata tempestate desaeuire. ... Quod dicit, *p e r - c u s s i t*, ad superiora respicit, siue *g r a n d i n e m*, siue fulmina[30], quae caelestis potentia terris uelut tela infesta iaculatur.

393,7 A 1547: Vna plaga est *l o c u s t a e e t b r u c h i*[31]; quoniam altera est parens, altera est fetus.

393,10 A 1547: sed ut duo diceret, duobus fortasse quae dixerat, numero uoluit consonare[32], id est, *l o c u s t a e e t b r u c h o*.

393,13 WS 174b: In hebraico legitur: *p r i m i t i a s u n i u e r s i p a r t u s e o r u m*. Haec enim plaga nouissima est, excepta morte in mari Rubro; qua plaga non solum hominum, sed etiam pecorum *p r i m o - g e n i t a*, quae hominum *l a b o r e* et studio nutriuntur, extincta sunt.

393,16 A 1547: nec in eo quod Aegyptios deceperunt, a quibus sibi ut commodaretur[33] [1548] *a u r u m a r g e n t u m*que petiuerunt, putandus est Deus huiuscemodi dolos, eis qui sursum cor habent, uel iubere, uel, si fecerint, adprobare. Magis enim per illa Dei uerba, ... permissi sunt facere ista, quam iussi;

C 953: *A u r u m e t a r g e n t u m* israeliticum populum ab Aegyptiis praecepto Domini discedentem legimus accepisse, ... [954] ... Et quia dubitari non potest omnia Dominum iusta praecipere, sine culpa uidetur factum, quod eius imperio constat impletum.

393,19 A 1548: Etiam hoc magnum Dei beneficium fuit, ut in[34] illa necessitate migrandi nullus esset aegrotus. (~ C 954)

393,21 A 1548: Sed intellegendum est, post illam ultimam Aegyptiorum mortem, et tantam stragem in mari Rubro tam magni persequentis exercitus, Aegyptios timuisse residuos ne redirent Hebraei, et eorum reliquias magna facilitate contererent[35].

---

30 CSg: flumina (*sic*)
31 *Die CCSg haben das Wort überall ohne h.*
32 CSg: consonari
33 CSg: commodarentur
34 CSg: *fehlt.* (*WS 175a stimmt mit der Ausgabe überein*)
35 CSg: continerent (*WS 175b stimmt mit der Ausgabe überein; vgl. auch Pr !*)

Pr 35 (301 B): Intellegendum quod hoc tunc factum sit, quando oppresso aquis Pharaone cum exercitu suo, residui Aegyptiorum timere potuerunt, ne ad delendos eosdem Hebraei reuerterentur.

393,25 C 954: *N u b e s* data est, ut solis temperaret ardorem;

394,1 A 1548: Non *c o t u r n i c e m* con-[1549]cupiuerunt, sed carnes. Quia uero et *c o t u r n i x* caro est, ... ipsi intellegendi sunt *p e - t i s s e* ut *u e n i r e t* unde amaricantium murmur opprimeretur[36]. (∿ C 954)

394,2 A 1549: manna quidem non nominauit, sed nulli obscurum est qui illas litteras legit. - Vgl. Pr 35 (301 C): Id est manna.

C 954: manna quoque ut iudaeus populus satiaretur, accepit. Sed ut haec in praefigurationem facta monstraret, non dixit, manna, sed *p a n e m c a e l i*, quatenus in illo munere Domini Saluatoris sentiretur aduentus. Ipse est enim *panis uiuus qui de caelo descendit* (Ioh. 6,51).

394,5 A 1549: Et hoc factum tam cito intellegitur, quam legitur. - Vgl. 388,24f.

394,7 C 955: In his duobus uersibus, miraculorum quae superius dixit causa narratur; ideo enim dicuntur facta, quoniam *A b r a h a e* constabant esse promissa.

394,10 A 1549: Quod ait: *p o p u l u m s u u m*, hoc repetiuit: *e l e c t o s s u o s*; et quod ait: *i n e x u l t a t i o n e*, hoc repetiuit; *i n l a e t i t i a*.

394,12 A 1549: Quod sunt: *r e g i o n e s g e n t i u m*, hoc sunt: *l a b o r e s p o p u l o r u m*; et quod dictum est: *d e d i t i l l i s*, hoc repetitum est: *p o s s e d e r u n t*.

394,15 A 1549: Et tamquam quaereremus cui bona ista *d a t a s u n t*, ne hoc ipsum putaretur summum bonum, quod ista felicitas rerum temporalium populo Dei *d a t a e s t*, continuo eam ad aliud retulit, ubi summum bonum oportet inquiri: *V t c u s t o d i a n t*, inquit, ... *r e q u i - r a n t*.

C 955: Quod enim dixit *r e g i o n e s g e n t i u m*, ad possessionem uidetur pertinere terrarum;

---

[36] CSg: premeretur

Psalm 105

394,17 A 1552: Psalmus centesimus quintus etiam ipse praenotatur: *A l l e -
l u i a*: ... [1553] ... Video autem istos duos centesimum quartum et
centesimum quintum ita inter se coniunctos, ut in uno eorum, qui praecedit, commendetur populus Dei in electis eius, de quibus nulla querela
fit[1], quos ego arbitror ibi fuisse[2] in quibus beneplacitum est Deo; in
isto autem qui sequitur, eos commemoratos qui in eodem populo amaricauerunt; nec tamen etiam ipsis Dei misericordiam defuisse.

394,21 A 1553: Quapropter potest hic quidem intellegi etiam confessio peccatorum; ... [1554] ... nec aliter pia est confessio peccatorum nisi non[3]
desperans[3], et poscens misericordiam Dei.
HT 192: O uos qui grauiter peccatis, et desperatis de uestra salute, et
putatis quoniam propter magnitudinem peccatorum non potestis ueniam
adipisci: ego uobis praecipio, hoc est, propheta, *c o n f i t e m i n i
D o m i n o, q u o n i a m b o n u s*. Grandia sunt peccata uestra: sed
magnus est Dominus, qui miseretur uestri. (= Br 1208 C)

394,23 HT 192: Nemo est enim qui possit in inferno agere paenitentiam. Dum
estis *i n* hoc *s a e c u l o*, hortor uos agere paenitentiam. ... Hic
misericors est, ibi iudex. (= Br 1208 C-D)
C 958: *I n s a e c u l u m*, uitae huius significat cursum, ubi miseri
sunt quicumque delinquunt; ubi fas est corda nostra conuerti et *m i -
s e r i c o r d i a m* postulare. Ibi enim damnatio est *confiteri* peccatum, ubi iam constat esse iudicium.

394,26 C 958: *Q u i s* enim, significat nullum. Cui[4] enim aut ingenium suppetit
ad cogitandum, aut lingua ad depromendum, ut [959] tanta immensitas unius
possit ore narrari?
A 1555: An forte quia sequitur: *B e a t i ... t e m p o r e*[5], eas dixit
l a u d e s e i u s[6], quae[7] intelleguntur opera eius in praeceptis eius?
Deus est enim, ait apostolus, *qui operatur in uobis* (Phil. 2,13). ...
Hic ergo ipsa Dei praecepta considerans, quorum praeceptorum opera

---

1 CSg: fuit
2 CSg: .i. [= id est] memoratos *übergeschrieben*.
3 CSg: unde sperans (unde *durch Unterstreichung getilgt*, inde sit *darübergeschrieben*). WS 177^b *stimmt mit der Ausgabe überein*.
4 CSg: Cum
5 CSg: hora
6 CSg: *fehlt*.
7 CSg: qui (*danach* bus *übergeschrieben*)

l a u d e s sunt *e i u s* qui operatur in suis, ait: *Q u i s   l o - q u e t u r   p o t e n t i a s   D o m i n i?* quoniam[8] haec ineffabiliter operatur. Quis *a u d i t a s   f a c i e t   o m n e s   l a u d e s   e i u s?* id est[8], quis cum *a u d i e r i t, f a c i t   o m n e s   l a u d e s   e i u s?* quae sunt opera praeceptorum eius. Quia in quantum *f i u n t*, etsi non omnia quae *a u d i t a   s u n t   f i u n t*, ille laudandus est, *qui operatur in* nobis *et uelle et*[9] *operari, pro bona uoluntate* (Phil. 2,13). Ideo cum posset dicere: Omnia mandata eius, uel, omnia opera mandatorum eius, maluit dicere: *l a u d e s   e i u s*;

395,6 C 959: *C u s t o d i r e* enim *i u d i c i u m* est, qui inter alios recte iudicat; *i u s t i t i a m* autem *f a c i t*, qui aequabiliter agit.

A 1555: tamen si proprie dicantur, aliquid interesse non dubito, ut [1556] *i u d i c i u m   c u s t o d i r e* dicatur[10] qui recte iudicat[10], *i u s t i t i a m* uero *f a c e r e* qui recte agit[10].

395,8 A 1556: id est, ut in eis simus in quibus *b e n e p l a c i t u m* est tibi; quia non in omnibus illis *b e n e p l a c i t u m* est Deo.

395,10 A 1556: hoc est: in Christo tuo.

C 959: Orant deuoti, ut inter eos debeant aestimari, qui Domino fideli opere placuerunt. Nouimus enim israeliticum populum partim contumacem fuisse, partim in Domini constitisse mandatis. Vnde isti suppliciter precantur ut in illorum societate debeant annumerari, quibus potest aeterna beatitudo gratia diuinitatis attribui.

HT 193: scio quoniam prior populus offendit te, et nouus populus creatur, qui seruiet [194] tibi: scio quia ueniet Filius tuus, et saluabit omne genus humanum, et credent in eum qui *electi* erunt: propterea ergo rogo, quoniam ego prius natus sum in ueteri lege, ut inputes mihi mercedem cum nouo populo. ... *V i s i t a* ... *t u o.* Hoc est, in Filio tuo, quando uenerit. (= Br 1209 C)

395,13 A 1556: Sed quid est: *V i s i t a   n o s, u t   u i d e a m u s   i n*[11] *b o n i t a t e*[11] *e l e c t o r u m   t u o r u m*, id est, *i n* ea *b o n i t a t e* quam[12] praestas *e l e c t i s   t u i s*, nisi[13] ut non remaneamus caeci, ... ? ... [1557] ... *a d   u i d e n d u m*, id est, ut

---

8 CSg: quoniam *bis est fehlen.*
9 CSg: *fehlt.* & posse *über* operari *übergeschrieben.*
10 CSg: dicantur ... iudicant ... agunt (!)
11 CSg: bonitatem
12 CSg: qua
13 CSg: *fehlt.*

uideamus, *in bonitate electorum tuorum; ad laetandum*, id est, ut laetemur, *in laetitia gentis tuae*.

Pr 37 (302 D): *Visita nos*, inquit, *ad uidendum*, id est, illumina nos, ne simus caeci et extra *bonitatem electorum tuorum*. ... *In* hac ergo *bonitate* fac et nos *uidere*, et *laetari in laetitia* populi tui, quae non est praeter te, quia omnes tui non gaudent nisi de te.

395,18 A 1558: Quid est: *cum patribus nostris* ? An sicut habet epistola ad Hebraeos (vgl. Hebr. 6,1-10), ... sic et isti *peccauerunt cum patribus* suis, in quorum lumbis erant ... ? ... An sic potius accipiendum est quod ait ... tamquam diceret: *Peccauimus* sicut *patres nostri*, eorum uidelicet imitando peccata? (~ C 960)

HT 194: Filii secuti sumus *patres*: hoc fecimus quod et *patres nostri* fecerunt. (= Br 1209 D - 1210 A)

395,23 A 1558: Quid est ergo: *Patres ... tua*, nisi, non cognouerunt quid per illa *mirabilia* eis praestare uolueris? Quid utique nisi uitam aeternam, et non temporale sed incommutabile bonum, ...? Ideo impatienter murmurauerunt, et amaricauerunt, et bonis praesentibus fallacibus et fugacibus beatos se fieri quaesierunt. *Non ... tuae*. Et intellectum redarguit, et memoriam. Intellectu quippe opus erat, ut cogitarent ad quorum bonorum aeternitatem per illa temporalia uocaret Deus; memoria uero, ut saltem quae temporaliter *mirabilia* facta sunt, non obliuiscerentur, fideliterque praesumerent quod eadem potestate quam fuerant iam experti, Deus illos ab inimicorum persecutione liberaret; obliti sunt autem quid eis in Aegypto ad inimicos eorum conterendos per tanta prodigia praestitisset.

C 961: et contra Moysen locuti sunt melius sibi fuisse duro subiacere seruitio, quam tota gens perire potuisset in eremo (vgl. Exod. 16,2-3). - Zum Bibelzitat vgl. Ps 77,19.

396,5 A 1559: Qui illam legit historiam, quando exierunt de Aegypto, et per *mare*[14] *Rubrum*[14] transierunt, dolet eorum infidelitatem, in quanta trepidatione et desperatione fuerint, post recentia tot et tanta miracula in Aegypto, cuius *multitudinis misericordiae* Dei non eos *fuisse memores* dicit.

---

14 CSg: Rubrum mare

C 961: *A s c e n d e n t e s* autem *in Rubrum mare*, dictum constat positione terrarum, quoniam cunctis regionibus Aegyptus perhibetur humilior et inde discedentes loca petere uisi sunt altiora. (∼ A 1559) - Vgl. 557,22f.

396,10 A 1559: non propter ulla bona[15] merita eorum. (∼ C 961)

396,12.13 C 962: Siccatum *mare* non pro uniuersitate debemus accipere, sed tantum quantum illis iter aperiret.

396,14 A 1559: Valde occulta et abstrusa uis est qua Deus agit, ut etiam illa quae sensu carent, confestim eius obtemperent uoluntati.

C 961: Increpationem uocauit occultum diuinitatis imperium: quia *mare* in Exodo uoce Domini nusquam legimus *i n c r e p a t u m*. Agit enim ille occultis motibus uniuersa quae praecipit et qua-[962]si ad audientes loquitur, quae sensum non habent attributum. Tanta enim uirtus iussionis est, ut parere praeualeant, quae audire non nouerunt.

396,16 Br 1210 C: Tamquam si per sicca *d e s e r t i* gradiantur, ita nullis[16] sunt fluctibus occupati.

C 962: *D e s e r t u m* est maxime quod aquarum inundatione deseritur, ... (∼ A 1559)

396,20 A 1559: An prophetia est, quod in figura baptismi hoc factum est[17], ubi[17] *r e d i m i m u r*[17] *de manu* dia-[1560]boli magno pretio, quod sanguis est Christi? Vnde non quocumque *mari*, sed *mari Rubro* id conuenientius figuratum est: sanguis enim *rubrum* colorem habet[18].

396,22 A 1560: non *ex* omnibus Aegyptiis, sed *ex eis* qui persequebantur profectos, adprehendere uel interimere cupientes. (∼ C 962)

WS 180[b]: Allegorice uero significatur omnia in baptismo peccata deleri.

396,25 C 962: *R e m a n s e r u n t* enim de Aegyptiis, qui *laetarentur in profectione eorum*, sicut in psalmo superiore dixit: *Laetata est Aegyptus in profectione eorum* (104,38);

397,1 C 962: Post miraculum tale dicendo[19], *c r e d i d e r u n t*, duritiam cordis demonstrat, quod non ante euentum rei, sed post effectum miraculorum *c r e d e r e* maluerunt.[20]

---

15 CSg: *fehlt. (!)*
16 CSg: nulli
17 CSg: sit ut redimamur (*ursprüngliches* est *durch Unterstreichung getilgt,* sit *darübergeschrieben*)
18 CSg: facit
19 CSg: dicendum
20 R 217rb: *C r e d i d e r u n t* uidelicet cum Aegyptios uidissent mortuos et se liberatos. Nam prius non *c r e d e b a n t*.

A 1560: *L a u d e m* porro Dei notissimam illam commemorat, ubi dicitur: *Cantemus Domino; gloriose enim magnificatus est: equum et equitem proiecit in mare* (Exod. 15,1). (∿ C 963)

397,4 Br 1210 C-D: Multi enim in Ecclesia male uiuendo et non recte sentiendo de Deo, perdunt baptismi gratiam.

397,6 C 963: Sed illi anticipauerunt *c o n s i l i u m* supernum, qui eius noluerunt expectare dispositum;

A 1560: Debuerunt enim cogitare tanta erga se *o p e r a* Dei non esse inania, sed uocare ad aliquam sine fine felicitatem, quae per patientiam *s u s t i n e n d a   e s t*; sed *f e s t i n a u e r u n t* beati fieri temporalibus rebus, ...

397,11 A 1560: id est, quod *p e t i t i o n e* petierunt. ... Itaque hoc loco *a n i m a m* non secundum id quod rationalis est, dixit, sed secundum id quod animans corpus animal facit.

397,15 C 964: *I r r i t a r i* aliquem dicimus, ad iracundiam prouocari aut actionibus aliorum improbis, aut uerbis asperrimis. Illud enim significat, quando *Dathan* et *Abiron* honorem sibi contra *M o y s e n* et *A a r o n* excitatis contentionibus assumebant.

397,18 A 1561: Amborum autem, id est, *D a t h a n* et *A b i r o n*, una erat causa superbissimi et sacrilegi schismatis.

397,20 C 964: Hoc factum est supra ducentos quinquaginta complices *Dathan* et *Abiron*, qui eorum infeliciter uota secuti sunt, ... *S y n a g o g a* uero hic non templum significat, sed adunationem, ...

397,22 C 964: ... deum metallicum sibimet effecerunt. Sed quanto ipsis iumentis deteriores erant, qui nec uiuum pecus aestimabant irridendis deuotionibus *a d o r a n d u m! H o r e b* uero interpretatur Caluaria, ubi postea Dominum crucis patibulo carne constat occisum: ut in ipso eodemque nomine iam tunc et in illo deserto *H o r e b* culturam Domini perfidi[21] nefanda praesumptione uiolarent, quorum posteritas erat in Caluariae loco crucifixura Dominum Christum.

397,26 A 1561: Deus enim erat *g l o r i a* eorum, si eius sustinerent consilium, et non *festinarent*;[22]

398,8 A 1562: Non ita dixit *s t e t i s s e   i n   c o n f r a c t i o n e*, quasi ut frangeret *i r a m* Dei; sed *i n   c o n f r a c t i o n e*,

---

21 CSg: perfide
22 R 218ra: Iudaei *g l o r i a m* et laudem quem Deo impendere debuerant, *u i t u l o* obtulerunt. *G l o r i a* enim eorum erat quod soli inter omnes gentes Deum caeli *a d o r a b a n t*. (∿ C 695)

id est, in plaga qua erant illi feriendi; id²³ est²³, nisi²⁴ obiecisset²⁵ seipsum pro eis, dicens: *Si dimittis illis peccatum, dimitte; sin autem, dele me de libro tuo* (Exod. 32,31.32). Vbi demonstratum est intercessio sanctorum quantum pro aliis ualeat apud Deum. Securus enim **M o y s e s** de iustitia Dei, qua eum delere non posset, impetrauit misericordiam, ne illos quos iuste posset, deleret.

C 966: Haec omnia Exodi textus enarrat, quando Dominus ad **M o y s e n** locutus est, ut tam acriter peccantem populum *i r a* sua consumere permississet; sed ille *i n c o n f r a c t i o n e*, id est, in perditione illa quam populus merebatur excipere, *s t e t i t* contra Dominum dicens: *Si dimittis ... tuo* (Exod. 32,31.32).

398,10 Br 1211 B-C: Adtende haec, o sacerdos. Perierat enim populus, nisi **M o y s e s c o n f r e g i s s e t i r a m** omnipotentis Dei. Et tu, cum uideris populum delinquentem, cane tuba, annuntia²⁶ eis delicta eorum, et *s t a i n c o n f r a c t i o n e* ad Deum, ut *a u e r t a t u r f u r o r e i u s* ab eis²⁷. (∼ CSg 27,443)

398,16 A 1562: Profecto nisi *t e r r a* illa significaret aliquid magnum, quae *t e r r a* dicebatur fluens lac et mel (vgl. Exod. 3,8), per quod uisibile sacramentum ad inuisibilem gratiam regnumque caelorum duceret eos qui²⁸ *mirabilia eius intellegebant*, nullo modo isti culparentur, quia *p r o n i h i l o h a b u e r u n t* illam²⁹ *t e r r a m*, ...³⁰

398,18 C 966: Siue hoc ad litteram congruenter aptatur, quia ideo *m u r m u r a u e r u n t*, quod eius promissionibus minime *c r e d e r e* maluerunt.

398,21 A 1562: ... *u o c e m D o m i n i*: uehementer eos a murmuratione prohibentis.

398,25 C 967: Deinde ut *s e m e n e o r u m*, id est, reliquos eorum humiliatos inter *n a t i o n e s* redderet, ...

---

23 CSg: *durch Unterstreichung getilgt*.
24 CSg: *fehlt*.
25 CSg: obiecisse (*ursprüngliches* set *durch Unterstreichung getilgt*, se *darübergeschrieben*)
26 CSg: adnuntians
27 Vgl. zu dieser angeblichen Hieronymus-Stelle die Einleitung in Bd 8 A, § 7 d).
28 CSg: *fehlt*; & in hoc *übergeschrieben*.
29 CSg: *fehlt*.
30 R 218ʳᵇ: *N o n ... u e r b o e i u s*. Illi scilicet quo dixit se introducturum eos in terram repromissionis.

399,1   A 1563: id est, idolo gentium consecrati: ... (~ C 967) Tamquam ad hoc distulerit, ... ut dati in reprobrum sensum, etiam illud admitterent, in quo immaniore crimine euidenti iustitia punirentur; quemadmodum dicit apostolus: ... *tradidit illos Deus in reprobam mentem*, ... (Rom. 1,28).

399,1.5 WS 183^b: *I n i t i a t i   s u n t   B e h e l p h e g o r*, id est, idolum gentium turpissimum, quem Latini Priapum nominant, consecrati.
Isidor, *Et.* VIII,11,24: Belphegor interpretatur simulacrum ignominiae. Idolum enim fuit Moab, cognomen Baal, super montem Phegor, quem Latini Priapum uocant, deum hortorum[31].

399,5   C 967: Sed intende sollicite quod *m u l t i p l i c a t a m   r u i n a m* super eos dicit quibus erat sancti sui precibus parciturus. Illud enim quod debebatur, *m u l t i p l i c a t u m* dixit mole peccati; ut maior fieret clementia quibus numerosior relaxabatur[32] offensa.

399,7   C 967: Pulcherrime autem dictum est, *s a c r i f i c i a   m o r t u o r u m*, quia defunctis hominibus impendi cultura ipsa probabatur, quos gentilitas immortales deos esse iudicabat.[33]

399,9   A 1563: Tamquam ad hoc distulerit, quod *leuauerat manum super eos prosternendos in deserto*, ... *M u l t i p l i c a t a   e s t* ergo *i n   e i s   r u i n a*, cum pro suis grauibus peccatis grauiter uastarentur.

399,10 A 1563: Denique tantum fuit scelus eorum, ... ut aliter se *p l a c a r i* Deus nollet, nisi quomodo eum *p l a c a u i t   P h i n e e s* sacerdos, qui masculum et feminam in complexu adulterino deprehensos pariter interemit (vgl. Num. 25,8). ... Quae autem[34] hic posita est *q u a s s a t i o*, haec superius *confractio* (vgl. v. 23); - Vgl. C zu 398,8.

399,18 C 968: ... quando post tot ostensa miracula sub nefandis murmurationibus *aqua* petebatur, quae sic noscitur expetita, ut *c o n t r a d i c t i o* magis quam postulatio esse uideretur. Ibi enim *M o y s e s*, ... diffidenter excrepuit dicens: *Audite me, rebelles et increduli, num de petra hac uobis aquam poterimus eicere?* (Num. 20,10) Quo sermone et ipse quoque peccauit, qui iam tantis miraculis praeacceptis[35] non credidit Dominum quae fecit esse facturum. Quod dictum *l a b i i s   s u i s* a priore constantia omnino *d i s t i n x i t* atque separauit, quando istud ambi-

---

31 Vgl. Hans Herter, *De Priapo*. Gießen 1932, *passim*, bes. 175-77 und 295.
32 CSg: *relaxabitur*
33 R 218va: *E t ... s u i s*. Ad iracundiam prouocauerunt, adinuenientes idola diuersarum gentium quae colerent. *E t ... r u i n a*, quoniam omnes maiores natu perierunt.
34 CSg: *fehlt*.
35 CSg: *peracceptis*

gue locutus est dum illa certissima fide promisisset. ... Hic autem
M o y s e s, sanctitate seruata, hac tantum meruit ultione percelli, ne
in terram introiret promissionis, qui de Domino magna promittere non
praesumpsit.

A 1564: Quid est: *d i s t i n x i t* ? Quasi illud non posset Deus facere,
qui tanta iam fecerat, ut *aqua de petra* proflueret. Dubitanter enim
petram uirga percussit, et ideo hoc miraculum distinxit a ceteris miraculis, in quibus non dubitauerat. Hinc offendit, hinc audire meruit ut
moreretur, ne intraret in terram promissionis. Perturbatus enim murmure
populi infidelis, non tenuit fiduciam qualem debuit.

400,1 A 1564: Illi autem de quorum iniquitatibus iste loquitur psalmus, cum in
illam temporalem terram promissionis intrassent, *N o n ... s c a n d a -
l u m*.

400,6 C 968: Tamquam parum fuisset quod peccauerat in deserto populus Hebraeorum, sic postquam terras promissionis intrauit, oblitus Domini mandatorum, cum illis se magis *g e n t i b u s* uetita societate coniunxit,
quas propter idolorum culturas eis fuerat delere praeceptum; addentes
malum sceleribus suis, ut se eorum quoque superstitione polluerent; ...
S c a n d a l u m graecum nomen est, [969] significans sinistrum, quod
mentes eorum in laeuam partem peruersa imitatione deduxit.[36] - Vgl.
169,10; 478,23; 515,9f.

400,14 Isidor, *Et.* V, 26,12.15.16: Sacrilegium proprie est sacrarum rerum furtum.
Postea et in idolorum cultu haesit hoc nomen. ... Homicidii uocabulum
conpositum est ex homine et caede. Qui enim caedem in hominem fecisse
conpertus erat, homicidam ueteres appellabant. Parricidii actio non solum
in eum dabatur qui parentem, id est uel patrem uel matrem interemisset,
sed et in eum qui fratrem occiderat; et dictum parricidium quasi parentis
caedem.

WS 185[a]: Tria inmania scelera in una re hos commisisse demonstrat, homicidium scilicet, quia *i n n o c e n t e m s a n g u i n e m e f f u -
d e r u n t*; parricidium, quia *f i l i o s e t f i l i a s s u a s*
iugularunt; sacrilegium, quia eosdem idolis *s a c r i f i c a u e r u n t*.
(∿ A 1564:) Quod licet illa historia taceat, tamen Spiritus Dei, qui hic
loquitur, mentiri non potest. Habuisse uero istam consuetudinem gentes,
nec illorum litterae tacuerunt.

---

36 R 219[ra]: ... *i n s c a n d a l u m*, id est, in ruinam et offensionem.

400,19 A 1564: Quod est ergo: *Interfecta est terra*, nisi hoc
refera-[1565]tur ad homines qui habitabant in *terra*, tropica locutione, qua significatur per id quod continet, id quod continetur, ...
Ergo, *Interfecta ... eorum*, cum ipsi *interfecti
sunt* in anima, *et contaminati in operibus
suis*. ... Non itaque sic dictas arbitremur *adinuentiones*,
quasi ab ipsis institutas, nullo in aliis praecedente quod imitarentur
exemplo. Vnde alii interpretes nostri, non *adinuentiones*,
sed *studia*; alii uero *affectiones*, uel *affecta-
tiones*, alii *uoluptates*[37] dicere maluerunt;
C 969: *et fornicati sunt in obseruationibus
suis*. ... Nam illi *fornicati* uidentur in Domino, qui se
adulterinis superstitionibus polluerunt.[38]

401,1 A 1565: Quando eos *hereditatem* Dei uocauit, manifestum est
quod non ad perditionem, sed ad disciplinam *eos abominatus
est, et tradidit in manus inimicorum*.[39]

401,7 C 970: Talis ergo uicissitudo recipitur, ut qui amanti[40] Domino seruire
noluerunt, *odientibus inimicis* iusto iudicio proba-
rentur esse subiecti.[41]

401,13.15 C 970: Duplici modo hic misericordia diuinitatis exponitur. Praemisit
beneficia et humana non cessauit *iniquitas*; intulit uindictam
et afflictis iterum dignata est donare clementiam;

401,16 A 1566: utique *Testamenti* aeterni *quod disposuit ad Abraham*
(Ps 104,9), non Veteris quod aboletur, sed Noui quod etiam in Vetere
absconditur. (∼ C 970)

401,18 Vgl. C zu 401,13.15.
Pr 42 (306 A): *Paenituit* dictum est, quia sententiam qua eos
puniturus uidebatur, in *misericordiam* uertit. (∼ A 1566)

401,21 C 970 (zu v. 45): propter *testamentum* scilicet nouum quod est aeternum,
ubi Domini aduentus eluxit, qui nulla successione mutabitur. Ipse enim
promissus est Abrahae, quia de eius erat semine nasciturus;

---

37 CSg: uoluntates (= WS 185[b])
38 R 219[rb]: *Et fornicati sunt in adinuentionibus
suis*, id est, in uoluntatibus suis, adulteros quaerentes deos et uerum
Deum relinquentes.
39 R 219[rb]: *Et abominatus ... suam*, id est, abiecit *populum* Israhel, qui eius *hereditas* proprie dicebatur.
40 CSg: amante
41 Zu 401, 9: R 219[rb]: *Saepe liberauit eos*, per diuersos
scilicet iudices.

401,23 C 971: Populus ille cui ab initio psalmi istius uerba dedimus, ...
Patrem Dominum deprecatur ut Ecclesiam suam *d e gentium c o n g r e -
g a t i o n e* perficiat.

A 1568: Non enim *d e g e n t i b u s* solas congregat oues quae
perierunt domus Israel, sed etiam eas quae non sunt de illi ouili; ut
sit grex unus, ut dictum est, et unus pastor (vgl. Matth. 15,24). ...
[1569] ... Habebat enim alias oues quae non erant de illo ouili: istas
uniuersas oues, et de Israelitis, et *d e g e n t i b u s*, diabolus
et eius angeli captiuauerant.[42]

402,1 C 971: non in humana iactantia, sed in te, ubi est reuera fixa gloria et
sine fine laetitia.

402,4 A 1569: *E t d i c e t o m n i s p o p u l u s*: iste *p o p u l u s*
praedestinatorum de circumcisione et praeputio, gens sancta, *p o p u -
l u s* in adoptionem: *F i a t, f i a t*[43].

P s a l m   106

402,6 Br 1213 C: Iste psalmus omnem causam conditionis humanae, quam uel
delinquendo sumpsit, siue paenitendo suscepit, siue multitudinem
miserationum Dei (ut in praesenti ait: *Quis sapiens, et custodiet haec,
et tunc intelleget misericordias Domini?* [v. 43]) narrare dignoscitur;
sed et repulsionem Iudaeorum, et uocationem gentium euidentissime pandit. -
Vgl. HT 199 (gegen Schluß dieses Psalms): Sed hoc tantum significatum est,
quoniam de uocatione gentium dicitur et de repulsione Iudaeorum.

A 1570: Psalmus iste miserationes Dei commendat nobis, ... Non tamen uni
alicui uel duobus, sed populo Dei conscriptus est, ...

402,11 HT 195: Si autem *b o n u s* non esset, non uobis diceret, *c o n f i -
t e m i n i*; ... Hic est *m i s e r i c o r d i a*: ceterum supra iustitia est. ... Quamdiu estis *i n s a e c u l u m, c o n f i t e m i n i.*
(= Br 1213 D)

402,12 Vgl. 394,23f.

A 1571: Hic enim ita positum est, *i n s a e c u l u m*, quia et in non-

---

[42] R 219va: *S a l u o s ... n o s t e r*. Orat propheta ex persona Iudaeorum
dispersorum, ut quos peccatum disperserat, a peccatis liberarentur et in
unitatem congregarentur. *E t ... n a t i o n i b u s*. Spiritaliter petit
congregari gentes ad fidem Christi in uitam aeternam, ...
[43] CSg: *fügt* amen *hinzu.*

nullis scripturae locis, *i n   s a e c u l u m*, id est, quod graece εἰς αἰῶνα¹ dicitur, in aeternum intellegitur. Neque enim *m i s e r i c o r d i a   e i u s* ad tempus est, et non in aeternum; cum ideo sit super homines haec *e i u s   m i s e r i c o r d i a*, ut uiuant cum angelis in aeternum.

402,16 C 974: *D i c a n t* utique *Alleluia*, quod titulus ait et se iocundis exultationibus consolentur qui ad *D o m i n i* gratiam uenire meruerunt. Significat autem specialiter populos gentium, qui *D o m i n i* sanguine *r e d e m p t i* et de potestate diaboli ipsius miseratione sublati sunt. Tanta enim duritia rigens atque stupida *m a n u s* illius fuit, ut nisi fuso sacro sanguine laxari nullo tempore potuisset.

A 1571: multae enim etiam unius prouinciae *r e g i o n e s* sunt. ... [1572] ... et *d e   m a n u   i n i m i c o r u m* pretioso sanguine *r e d i m u n t u r*.

WS 188ᵃ: *I n i m i c u m* uero manifeste diabolum dicit, de cuius² ut postea *r e d i m e r e t u r*, illud pro nobis pretium datum est de quo ait apostolus Petrus: *Non enim corruptibilibus auro uel argento redempti estis de uana uestra conuersatione paternae* [188ᵇ] *traditionis, sed pretioso sanguine tamquam agni inmaculati et incontaminati Iesu Christi* (I Petr. 1,18-19).

402,24 C 974: Cum tres cardines mundi designauerit, pro quarto, id est, pro australi posuit *m a r e*: ... Vnde euidenter aduertitur hanc generalem adunationem non de Iudaeis dici, sed de Ecclesia catholica, quae ex toto orbe noscitur congregata.

402,26 WS 188ᵇ: Priusquam *redimerentur de manu inimici*, desolati a Deo et diuersis implicati erroribus, *u i a m* supernae *c i u i t a t i s* quae Christus est (vgl. Ioh. 14,6) *i n u e n i r e* non poterant. (∼ A 1572)

403,2.8 HT 198: Multi fuerunt qui repromitterent istam *u i a m*, quae duceret ad *c i u i t a t e m*. Promisit Socrates, promisit Plato, promisit Aristoteles. ... (zu v. 7:) Ergo ostendit quia ante *i n u e n e r u n t* quidem *u i a s*, sed prauas et non rectas. (= Br 1215 B-D)

403,6 C 975: *E s u r i e n t e s* autem *e t   s i t i e n t e s* curiosos huius saeculi significat uiros, qui ueritatis semitas diuersis opinionibus exquirebant. ... *I n   i p s i s*, utique laboribus atque studiis eorum

---

1 CSg: iseôna
2 *Im CSg wie auch in der Zürcher und Wolfenbütteler Hs. des WS fehlt ein Wort; es ist etwa* manu *oder* potestate *zu erwarten.*

animositas lassata succubuit, quia sic Deum desiderabant quaerere,
quemadmodum non poterant *inuenire*.

403,11 C 975: Quae tamen compunctio a Domino uenit, ...

403,13 WS 189[a]: [*Dominus*] *d e d u c e n s   e o s   i n   u i a m   r e c t a m*, id
est, ad fidem Christi qui dixit: *Ego sum uia, et ueritas, et uita* (Ioh.
14,6), *u t* per illum *i r e n t   i n   c i u i t a t e m* aeternae
h a b i t a t i o n i s, ... (∼ HT 198f. = Br 1215 D – 1216 A)

403,19 C 975: Venit ad secundam sectionem, in qua commonet iam fideles ut
Domino gratias referre non desinant, qui eius copiosa beneficia perceperunt.

403,22 C 976: Quod factum est in gentibus, ... Gentium quae ante aduentum
Domini fuerunt, in hoc uersu uita describitur; ... Et cum dicit *s e -
d e n t e s*, ostendit eos longo situ ibidem fuisse uersatas. ...
V i n c u l i s utique *l i g a t i* erant, qui dominatione diaboli,
peccatorum tenebantur nexibus obligati. *M e n d i c i t a s* ad indigentiam boni pertinet, ... *F e r r u m* significat duritiam malorum, ...

403,24; 404,1 A 1572: Prius enim in errore erat, et famem ueritatis patiebatur;
accepit autem iam cibum ueritatis, et positus est in uia; ... [1574] ...
Prima temptatio erroris et famis uerbi; ... [1575] ... *S e d e n t e s*
... *f e r r o*. Vnde hoc, nisi quia tibi tribuebas, quia gratiam Dei non
agnoscebas, quia consilium Domini circa te reprobabas? Nam uide quid
adiungat: *Q u o n i a m   i n a m a r i c a u e r u n t   e l o q u i a
D o m i n i*, per superbiam[3] iustitiam[3] Domini nescientes, et suam uolentes constituere (vgl. Rom. 10,3). ... Et[4] nunc[4] pugna contra concupiscentiam. Deo desistente ab adiutorio, laborare potes, uincere non potes.
... [1576] ... Quid ergo restat, nisi quare factum est?

C 977: Additum est *n e c   f u i t   q u i   a d i u u a r e t*, subaudiendum, alter. Nemo enim praestat periclitanti, nisi cui omnipotens Deus
praeceperit subuenire.

404,9 A 1576: Liberati sunt de secundo temptatione, ...

404,3.15 A 1576: Quia sibi tribuebant, non Deo; quia suam iustitiam constitue-
bant, ignorantes Dei[5] iustitiam[5] (vgl. Rom. 10,3), humiliati sunt.
Inuenerunt se non[6] posse sine eius adiutorio, qui de suis solis uiribus
praesumebant.

---

3 CSg: superbam iustitiam, (*ursprüngliches* i *nach* b *getilgt*)
4 CSg: in hunc & (in hunc *durch Unterstreichung getilgt*, ł [=uel] nunc *darübergeschrieben*.
5 CSg: iustitiam Dei
6 CSg: non *durch Unterstreichung getilgt*, nil *darübergeschrieben*.

A 1572: Secunda er-[1573]go temptatio est difficultatis in bene operando,
sicut illa prima erroris et famis. ... Quis enim nescit se ab ignorantia
uenisse ad ueritatem, ... ?

404,20 A 1576: Iam fastidium patiuntur, fastidio languent, fastidio periclitantur: ... Quid ergo restat?

C 978: Sed hic spiritalem *e s c a m*, id est, legem Domini et salutaria
praecepta potius debemus aduertere, ... de qua impiorum mens exitiosa fame
ieiuna est, dum aegrotante anima bonarum rerum noscitur sustinere
penuriam.

404,20.24 C 978: Hic agnoscimus qualis languor sit spiritales delicias fastidire,
ut sola caelestis medici praesentia tale potuisset periculum aegritudinis
amputare. [979] Venit enim Dominus Saluator, qui nos reficeret et sanaret, ...

404,24 Br 1216 D: Tunc *m i s i t ... e o s*. Ipsum Filium ... qui in euangelio
sanat omnem languorem et omnem infirmitatem in plebe[7].

405,3 Vgl. vv. 8 und 15.

405,5 A 1573: Tertia temptatio priori contraria: prius enim periclitabatur
fame, postea fastidio. ... [1577] ... non cum taedio, non cum maerore,
non cum anxietate, non cum fastidio, sed *i n e x u l t a t i o n e.*

405,8 C 979: Cum dicit, *d e s c e n d u n t i n m a r e*, [980] significat
sacerdotes qui saeculi istius procellosa *d e s c e n d u n t*. ...
I n n a u i b u s autem (ut saepe diximus) ecclesias significat, quae
ligno crucis mundi istius tempestates enauigant. ... Sacerdotes sunt
enim qui operantur in aquis multis, id est, praedicant populis christianis.

A 1577: ... *i n a q u i s m u l t i s*, id est, in populis multis. ...
Quid enim profundius cordibus humanis? Inde plerumque uenti erumpunt,
tempestates seditionum[8], et dissensionum[8] *n a u e m* perturbant. ...
Volens Deus ut ad eum clamarent et hi qui gubernant, et hi qui portantur,
D i x i t, e t s t e t i t s p i r i t u s p r o c e l l a e. Quid est:
s t e t i t ? Permansit, perdurauit: adhuc turbat, diu iactat, saeuit,
et non transit.

405,16 A 1577: Et quid egit iste *spiritus procellae*?

---

7 R 220[vb]: *M i s i t u e r b u m s u u m* Deus Pater, id est, Filium suum
e t s a n a u i t Iudaeos et gentiles ab aegritudine et languore peccatorum. *E t e r i p u i t e o s d e i n t e r i t i o n i b u s
e o r u m*, id est, a morte perpetua quae de multitudine peccatorum procedit.
8 CSg: seditionum & dissensionum,

405,18 A 1577: *A s c e n d u n t ... c a e l o s*, audendo; *d e s c e n d u n t ... a b y s s o s*, timendo.

Br 1217 B: *A s c e n d u n t ... c a e l o s*. Eleuantur in superbiis suis, ad sanctorum iniuriam. *E t ... a b y s s o s*. Humiliantur in confessione.

405,20 A 1577: Qui sedent ad gubernacula, et qui fideliter *nauem* amant, sentiunt quod dico: *T u r b a t i ... e b r i u s*.

405,21 C 981: *T u r b a t i   s u n t*, ad confusionem pertinet sensus; *c o m m o t i   s u n t*, ad iras protinus euomendas.

405,24 A 1578: Et quid restat, nisi quod sequitur?

406,4 A 1578: Vbique omnino, ubique *c o n f i t e a n t u r* Domino, non merita nostra, non uires nostrae, non sapientia nostra, sed *m i s e r a t i o n e s   e i u s*.

406,8 C 982: omnes doctores praecipit laudes Domini personare, qui *i n   c a t h e d r a   s e n i o r u m* residere noscuntur;

A 1573: Liberatus autem ab errore, liberatus a difficultate bene operandi, liberatus a taedio fastidioque uerbi Dei, fortassis dignus eris cui populus committatur; constituaris in guberna-[1574]culis *nauis*, recturus Ecclesiam. Ibi quarta temptatio[9]. Tempestates maris quatientes Ecclesiam, *turbant*[9] gubernatorem. ... Post haec quattuor temptationes. ... quattuor liberationes, ... generaliter in hoc psalmo consequenter ipsa commendatur Ecclesia; ... Commendatur autem ita ut nobis in omnibus Dei gratia praedicetur, qui *superbis resistit, humilibus autem dat gratiam* (Iac. 4,6); ... [1579] ... Audite haec duo: Deus primo quemadmodum *superbis resistat*, deinde quemadmodum *humilibus det gratiam*.

406,12 C 983: sed facta est *s a l s i l a g o*, cum Domini praecepta contempsit. Humor enim salsus fructibus probatur aduersus, ...

Pr 47 (309 C): Propter hanc superbam *m a l i t i a m* Iudaeos deseruit gratia, et facta est *t e r r a* eorum sterilis atque deserta, ...

A 1579: Currebant ibi *a q u a e*, currebant prophetiae: quaere modo apud Iudaeos prophetam[10], non inuenis. ... Quaeris ibi fidem Christi, non inuenis; quaeris prophetam, non inuenis; quaeris sacerdotem, non inuenis; quaeris sacrificium, non inuenis; quaeris templum, non inuenis. Quare hoc? Quia *p o s u i t ... f r u c t i f e r a m   i n   s a l i n a s*.

---

9 CSg: temptatio, tempestatis maris quatientis Ecclesiam, turbantis
10 CSg: *fehlt*.

Vnde, quo merito? *A malitia inhabitantium in ea.* Ecce quomodo *superbis resistit*: audi quomodo *humilibus det gratiam.*

407,3 C 983: Nam cum uerba Dei contumax populus Hebraeorum spiritaliter nequaquam suscipere uoluisset, uelut fons irriguus deriuatus ad gentes omnes diuinus[11] sermo translatus est et facti sunt uberrimi, qui prius siccati fuerant ariditate peccati. ... *Terra* enim *sine aqua,* incredula significat corda gentilium, quae rigata unda baptismatis, sancta praedicatione floruerunt. ... [984] ... et ideo qui *fructum* spiritalem faciunt, benedictione Domini perfruuntur, quos uero infecundos esse contigerit, absciduntur; sicut euangelii illa ficulnea, quae luxuriantibus foliis sterilis uidebatur in pomis (vgl. Matth. 20,19). *Multiplicati sunt* autem, quando fideles benedicti sanctas operas intulerunt, et gloriosiores facti sunt per Dei gratiam fecunditate meritorum. ... *Iumenta* simplices homines debemus accipere, fidei quidem probitate pollentes, sed nulla disertitudine gloriosos, meliores uita quam lingua; plurimum ualentes, non sermone, sed corde, ... Tales ergo non sunt minores facti, qui magnam uidentur Domini gratiam consecuti.

A 1580: *Iumenta* et pecora dicuntur, in Ecclesia simpliciter ambulantia, sed utilia; non multum docta, sed fide plena. Ergo et spiritales et carnales *benedixit eos,* ...

407,11 A 1580: Ad populum enim Dei pertinent, etsi non per uirtutem, certe per speciem pietatis; ... Manifestum est[12], fratres, omnes[12] qui se diuidunt ab unitate, *pauci fiunt.* Multi enim sunt, sed in unitate, dum non separantur ab unitate; cum enim coeperit ad eos non pertinere multitudo unitatis, in haeresi et schismate *pauci* sunt.

407,16 A 1580: Reprobati enim sunt ab Ecclesia Dei: et magis, quia *principes* esse uoluerunt, ideo contempti sunt, ...

C 984: Breuiter sacerdotes haereticorum designati atque notati sunt, a quibus merito dicitur *effusa contentio*;

407,18 A 1580: *Tradidit illos*[13] *Deus*[13] *in concupiscentias cordis eorum* (Rom. 1,24). ... Nam si proprie quaeras, ipsi se *seducunt. Qui enim putat se esse aliquid, cum nihil sit, seipsum seducit* (Gal. 6,3).

407,22 A 1582: Quid est hoc, fratres: Contempti sunt *principes*, et *adiutus est pauper*? Abiecti sunt superbi, et instructus est humilis. ...

---

11 CSg: diuinitus
12 CSg: est. Patres omnes
13 CSg: *fehlen.*

Mendicus est ille, nihil sibi tribuens, totum de misericordia Dei expectans; ... Istum mendicum, hunc *p a u p e r e m*, hunc humilem *a d - i u u i t* Deus plurimum, ... (∿ C 985)

407,24 CSg 27,457: *E t p o s u i t ... f a m i l i a s*, ut audientes uocem ueri pastoris, fide sequantur.

WS 198 (Nachtrag auf dem unteren Rand): ... uidentes *f a m i l i a s* ecclesiarum quasi *o u e s* purissimas sub manu pastoris sui, ...

407,26 C 985: Hoc cum sancti uiderint, sine dubitatione gaudebunt, quia fidelem[14] respiciunt suis coetibus acquisitum.

408,2 C 985: Quo facto diaboli *i n i q u i t a s* obmutescit, quando electis Domini non erit quod possit opponi.

408,4 C 985: *Q u i s s a p i e n s* ? ac si diceret: Qui uere *s a p i e n s* est *c u s t o d i t* ea quae dicta sunt, ...

Vgl. Luc. 2,51 (nach Christi Auftreten im Tempel): *Et mater eius conseruabat omnia uerba haec in corde suo.*

P s a l m   107[1]

408,8.13 CSg 27,458: Christus Patri gratias agit, quod post passionis triumphum perpetuam resurrexit in *g l o r i a m* (∿ C 986)

408,8 C 986: Per totum psalmum, sicut dictum est, loquitur Dominus Christus. A 705: ego *c o r* non *p a r a b o* ad perpetiendum[2]? ... ego *c o r* non *p a r a b o* ad tolerandum?

408,12 A 705: glorificetur[3] Iesus post passionem. ... una caro resurrexit, et duo organa resurrexerunt. ... [706] ... Per carnem suam Dominus duo genera factorum operatus est, miracula et passiones: miracula desuper fuerunt, passiones de inferiore fuerunt. Vgl. 195,15-22 zu Ps 56,9.

408,16 C 512: caelestem significat actum uniuersalis Ecclesiae, quae per omnes *g e n t e s* linguis uariis psalmodiam Domino deuota mente persoluit.

---

14 CSg: fidele

1 Dieser Psalm ist fast mit Ps 56, 8-12 plus Ps 59, 6-14 identisch. Augustin hat denn auch keine eigene Erklärung dieses Psalms verfaßt, sondern verweist auf seine Exegese von Ps 56 und 59. Darauf hat Notker zurückgegriffen. Cassiodor aber hat eine neue *expositio* von Ps 107 geschrieben. Notker zieht diese heran, aber auch Cassiodors Erklärungen von Ps 56 und 59.
2 CSg: percipiendum
3 CSg: glorificatus

408,20 A 706: *C a e l u m* autem sursum est, habitationes angelorum, ... Etenim in *c a e l o* angeli laudant Deum, ... [707] ... *E t* ... *t u a*, id est, mandabo apostolis meis, ut ... euangelizent in terra bona gentium, ... Nouimus ergo *n u b e s* Dei esse praedicatores *u e r i t a t i s*, prophetas, apostolos, ... (∿ C 988)

408,22 Vgl. 194,25.

A 703: Homo in cruce, et *super caelos Deus*.

408,24 C 532: Populus ille fidelium, ... secundam partem supplicationis ingreditur, ...

C 988: Et ut euidenter intellegas passionem Domini ad utilitatem fidelis populi fuisse collatam, *s a l u u m s e f i e r i* deprecatur, ut credentium turba *l i b e r e t u r*[4]. - Zu *dextra* = Christus vgl. 336,3; 293,23; usw.

409,2 A 759: *I n* quo *s a n c t o s u o* ? *Deus erat in Christo, mundum reconcilians sibi* (II Cor. 5,19). ... uox Ecclesiae est: ... *S i c h i m a* humeri interpretantur. ... [760] ... Quomodo *d i u i d i t* [Ecclesia] humeros, secundum nominis interpretationem? *D i u i d u n t u r* humeri, ut alios grauent peccata sua, alii tollant sarcinam Christi.

C 533: *D e u s* Pater *l o c u t u s e s t i n s a n c t o s u o*, id est, *i n* Christo, ... *S i c h i m a* interpretatur humeri; et quoniam ad onus portandum diuinum humeri decenter aptantur, hic dixit: *d i u i d a m S i c h i m a m*, id est, onus deuotionis diuinae, quod unicuique caelesti distributione conceditur.

C 989: Hanc ergo humilitatem *m e t i t u s e s t* Dominus, quando unicuique fidelium, prout uoluit, charismatum dona distribuit, ...[5]

409,6 Vgl. 205,4f.

C 533: Patriarcha Iacob ... uenit ad *c o n u a l l e m* Syriae, ubi mansionem ponens, oues eius quieuisse narrantur, loco ipsi[6] ex habitatione sua *t a b e r n a c u l a* nomen imponens;

409,7 C 989: *G a l a a d* latina lingua dicitur transmigratio, quae reuera Domini est, quando gentes, ipsius uocatione compunctae, ad eum feliciter emigrarunt. *M a n e s s e s* interpretatur obliuio, quo uerbo significatur populus Iudaeorum, ... (∿ A 761)

---

4 R 222[va]: Orat propheta se saluandum cum gentibus per *d e x t e r a m* Patris dicens: *S a l u u m f a c*, Domine, id est, per Filium tuum *l i b e r a m e, e t e x a u d i* petitionem meam.
5 R 222[va]: *D e u s* ... *s u o*, id est, Deus Pater ǀ *i n* Filio *s u o l o c u t u s e s t*.
6 CSg: ipse (e *auf Rasur*)

409,9   A 761: *E p h r a e m* fructificatio interpretatur. ... Cecidit ergo in
        terram Christus in passione, et secuta est fructificatio in resurrecti-
        one. (∽ C 534)
409,10 A 761: quis *I u d a* ? Qui de tribu *I u d a*.
        C 534: *I u d a* Christus significatur, qui secundum carnem de *I u d a e*
        stirpe descendit.
409,11 C 989: *M o a b*, sicut Hieronymo (vgl. HT 205f.) placet, significat ex
        patre, quod est sine patre. Vnde diabolum uult intellegi, qui malis
        operationibus Deum non habet patrem, sed iustum iudicem. Iste ergo
        o l l a e comparatur, quae carnes susceptas decoquit et in quamdam
        suauitatem feruido uapore perducit; sic ille sibi traditos incessabili
        consumptione castigat, eosque nolens in humilitatem confessionis assidua
        insecutione perducit. Ergo more humanitatis Dominus dicit de diaboli
        persecutione *s p e m* [990] sibi esse, quia multi quos ille festinat
        affligere, conuersi nituntur ad Domini beneficia remeare.
        C 534: *M o a b* pro gentibus ponitur, unde congregandam praedicebat
        Ecclesiam. *O l l a   s p e i* tribulatio significatur, sed illa quam in
        hoc mundo sanctissimi sustinent Christiani, quae ad [535] *s p e m* uitae
        aeternae, Domino praestante, porrigitur, ...
409,15 C 990: *I d u m a e a* terrena significat et sanguinea, quam Dominus
        per euangelii praedicationem possessurum se esse significat. *C a l -
        c e a m e n t u m* enim in quinquagesimo nono psalmo (v. 10; vgl. C 535)
        euangelium diximus significari, quod Dominus usque ad homines terrenos
        e x t e n d e n s, lege sua mundum uniuersali praedicatione compleuit.
        (∽ A 763)
409,17 A 763: *A l l o p h y l i*, qui sunt? Alienigenae, ...
409,20 C 990: *C i u i t a s   m u n i t a* forte significat infernum, quam nulla
        humana uis potuit aperire, nisi qui portas eius cognoscitur infregisse.
        Vnde in praecedenti psalmo dictum est: *Quia contriuit portas aereas, et
        uectes ferreos confregit* (v.16). ... *I d u m a e a m* diximus terrena
        significare.
409,22 C 991: *R e p u l i s t i   n o s* significat distulisti, quia et ipsum
        ad glorificationem suam constat esse dilatum cum in hac uita moraretur;
        et omnium fidelium hodieque gloria suspenditur, donec ad resurrectionis
        praemia ueniatur.
409,24 A 764: Quid est: *n o n   e g r e d i e r i s* ? Non apparebis. Certe enim
        quando catenati martyres ducebantur, ...
        C 991: Tempus illud significat quando tentus et traditus est a turba

Iudaeorum, quando flagellis caesus a praeside, dementium Iudaeorum
sputa sustinuit. Tunc enim si uoluisset diuinitas ista *repellere*, omnis
aduersitas confracta cecidisset. Sed distulit miraculum suae potestatis
ostendere, ut dispensatum ordinem proficuae passionis impleret. Hoc
et fidelibus usu prouenit, cum ad probationem suam diuersis cladibus
affliguntur.

410,1 A 764: Quomodo Deus operabatur intus? quomodo intus consolabatur? ...
quomodo non deserebat corda eorum, ubi homo habitabat in silentio, ...?

410,3 A 765: Eant nunc qui salem[7] non habent, et optent *s a l u t e m*
temporalem suis, quae est *u a n a* uetustas.

410,4 A 765: Conculcati sunt martyres: patiendo, perferendo, usque in finem
perseuerando, *i n   D e o   f e c e r u n t   u i r t u t e m.*

P s a l m   108

410,7 A 1585: Sicut enim quaedam dicuntur quae ad apostolum Petrum proprie
pertinere uideantur, nec tamen habent illustrem intellectum, nisi cum
referuntur ad Ecclesiam, cuius ille agnoscitur in figura gestasse
personam, propter primatum quem in discipulis habet; sicuti est: *Tibi
dabo claues regni caelorum* (Matth. 16,19), et si qua huiusmodi; ita
Iudas personam quodammodo sustinet inimicorum Christi Iudaeorum, qui
et tunc oderant Christum, et nunc per successionem perseuerante
genere ipsius impietatis oderunt. De quibus hominibus et de quo populo
possunt non inconuenienter intellegi, non solum ea quae apertius de
ipsis in hoc psalmo legimus, uerum etiam illa quae proprie de ipso
Iuda dicuntur expressius;

410,14 C 992: Per totum quidem textum (sicut dictum est) loquitur Domi-[993]nus
Christus. ... Dominus ac[1] Saluator noster[2] petit ... ut *l a u d e m*
eius resurrectionis silere non faciat Pater, ... Hoc est enim: *l a u -
d e m   m e a m   n e   t a c e a s*, id est, ne *t a c e r e* facias. Est
enim decora diuersitas; ut quoniam inimici mendacia loquebantur, contra
eos toto orbe ueritatis testimonia canerentur. ... Sed ista *l a u s*
certa erat, quia de ueritate manabat.

---

7 CSg: salutem

1 CSg: *fehlt.*
2 CSg: *fehlt.*

A 1585: Vnde apparet et falsam esse uituperationem quam non *t a c e t peccator* et *d o l o s u s*, et ueram esse *l a u d e m* quam non *t a c e t D e u s. D e u s* enim uerax, omnis autem homo mendax (vgl. Ps 115,11), nisi in quo *l o q u i t u r D e u s.*

410,20 A 1586: tunc utique quando eum tamquam magistrum bonum captiosa adulatione laudabant. Vnde alibi dicitur: *Et qui laudabant me, aduersus me iurabant* (Ps 101,9). Deinde quia eruperunt clamantes: *Crucifige, crucifige* (Luc. 23,21; Ioh. 19,6), secutus adiunxit: *E t s e r m o n i b u s o d i i c i r c u m d e d e r u n t m e.* Illi qui *lingua dolosa*, quasi non *o d i i*, sed dilectionis uerba *locuti sunt*, ideo *a d u e r s u s*[3] *m e*, quia hoc insidiando faciebant; postea *s e r m o n i b u s*, non falsae et *dolosae* dilectionis, sed aperti *o d i i c i r c u m d e d e - r u n t m e*, ... (∿ C 993f.)

410,24 C 994: *E x p u g n a u e r u n t* autem *g r a t i s*, quando ante praesidem innocentis sanguinem falsis accusationibus impetebant. ... ita impii gratis exsecrantur, quia causam iusti *odii* reperire non possunt;
HT 209: Dupliciter intellegitur *g r a t i s*. Hoc est, sine causa: nec enim peccaueram, et non merebar ut debellarent me. (= Br 1225 A)

410,26 A 1586: *Dilectionem* quippe debebant tantis Domini beneficiis; ... [1587] ... Quapropter impii ex illa benignitatis summitate delapsi, ubi redduntur *bona pro malis*, ad quantam[4] malignitatis profunditatem uenerunt, retribuendo *mala pro bonis!* (∿ C 994)

411,2 A 1587: Non quidem dixit quid *o r a b a t*; sed quid melius intellegimus, quam pro eis ipsis? ... de qua cruce ille dixit: *Pater, ignosce illis, quia nesciunt quid faciunt* (Luc. 23,34), ... (∿ HT 210)

411,6 A 1588: Hanc *d i l e c t i o n e m* in euangelio commemorat, ubi dicit: *Ierusalem, Ierusalem, quoties uolui colligere filios tuos, tamquam gallina pullos suos sub alas suas et noluisti* (Matth. 23,27). Deinde quae pro ipsa impietate recipiant, incipit prophetare; ... [1589] ... Audiamus ergo deinde quid diuinus sermo contexat; et in uerbis quasi mala optantis, intellegamus praedicta prophetantis;

C 994: ita Dominus summum illud *b o n u m* perfecta pietate restituit; ut in cruce positus pro illis *oraret* qui eum decreuerunt impia uoluntate trucidare[5].

---

3 CSg: aduersum
4 CSg: tantam *über durch Unterstreichung getilgtem* quantam
5 R 223va: *M a l u m* mortis et *m a l u m* detractionis *p o s u e r u n t* Iudaei contra Dominum, ...

411,9.11 A 1589: Cum igitur hic Iudam traditorem secundum scripturam Actuum
Apostolorum (vgl. Act. 1,20) supplicio debito praenuntiet puniendum,
quid est: *C o n s t i t u e   s u p e r   e u m   p e c c a t o r e m*,
nisi eum quem sequenti uersu indicat, ...?

C 994: Quapropter certissimus futurorum praedicit supra Iudam traditorem *c o n s t i t u e n d u m   e s s e* diabolum; qui merito *p e c c a -
t o r* dicitur, quoniam delictum traditionis ab ipso sumpsit initium.

411,12 A 1589: Hoc itaque meruit, ut super se habeat *d i a b o l u m*, id est,
d i a b o l o subditus sit, qui Christo subditus esse noluit. *S t e t*
autem *a   d e x t r i s   e i u s*, dictum est, quia opera *d i a b o l i*
praeposuit operibus Dei. Hoc enim cuique non immerito dextrum dicitur,
quod praeponit; sicut sinistrae *d e x t r a* praeponitur. ... *D i a -
b o l u s* ergo *s t e t i t   a   d e x t r i s   e i u s*, quando praeposuit auaritiam sapientiae, et pecuniam saluti suae, ut eum traderet, ...

411,16 C 995: Hoc dicitur de futuro iudicio, ...

A 1590: sed talis de quo dicitur: *Proicite illum in tenebras exteriores*
(Matth. 25,30).

411,19 A 1590: quia non fit per Christum, quem noluit sequi, sed persequi.

411,20 A 1590: si misericordiam[6] speraret[6], non sibi desperatione collum ligaret.

C 994 (zu v. 6): scilicet quia nulla meruit confessione saluari, sed
desperatione malorum laqueo praefocatus occubuit;

411,21 A 1590: Quod si quis quemadmodum factum sit, scire desiderat, Actus
Apostolorum legat (vgl. Act. 1,15-26). (~ HT 212)

A 1585: quando Matthias in locum Iudae ordinatus, numero apostolorum
duodecimus adiunctus est, ...

411,24 A 1590: *N u t a n t e s* dictum est, incerti quo eant, ...

412,1 A 1590: *E i c i a n t u r ... s u i s*. Exposuit quod supra dixerat, *trans-
ferantur*. Hoc autem totum quomodo *uxori eius filiis*que contigerit, sequentes indicant uersus.

412,3 C 996: Debitor quando ad persoluendum idoneus non est, *f e n e r a t o r*
eius, a iudice percepta [997] fiducia, ingreditur domum obnoxii sui et
omnia quaecumque habere potest *d i r i p i t* et satisfacit sibi pro
pecunia mutuata: ... *A l i e n i* quoque sunt spiritus immundi, ... Et
bene dicti sunt *a l i e n i*, qui a regno Domini probantur extranei.

412,11 A 1591: id est, quod de illo generatum est, iam non generet, et cito
transeat.

---

6 CSg: spem haberet

C 997: Siue magis *u n a   g e n e r a t i o* illa dicenda est, quando nascimur in peccatis. Et ideo petit ut ad secundam, id est, regenerationem[7] non perueniant (qui tamen in praedestinatione repulsi sunt), ut in prima peccatorum suorum faece dispereant, nec secundae natiuitatis beneficio laqueum mortis euadant. (∼ A 1594)

412,15 A 1591: An[8] intellegendum est, ut reddantur ei *p e c c a t a* etiam parentum suorum? Ei quippe non redduntur, qui fuerit mutatus in Christo, et coeperit esse non filius iniquorum, non imitatus mores eorum; quia et illud uerissime scriptum est: *Reddam peccata*[9] *patrum in filios* (Exod. 20,5); ... dicit enim [propheta] parentum *i n i q u i t a t e s* eis non obesse, qui iustitiam faciendo dissimiles fuerint. Illud autem quod dictum est: *Reddam peccata patrum in filios*, additum est, *qui oderunt me*, hoc est, sicut *me oderant* parentes eorum;

Pr 52 (313 B): Si Iudas maneret in eo ad quod uocatus est, nullo modo ad eum uel sua praeterita, uel parentum *i n i q u i t a s* pertineret. (∼ A 1591)

412,19 A 1591: id est, *patres eius* et *mater eius   f i a n t ...   C o n t r a   D o m i n u m* enim dixit: in conspectu *D o m i n i*; nam et alii interpretes sic transtulerunt: *F i a n t   i n   c o n s p e c t u   D o m i n i   s e m p e r*; alii uero: *F i a n t   c o r a m   D o m i n o   s e m p e r*; sicut[10] alibi dictum est[10]: *Posuisti iniquitates nostras in conspectu tuo* (Ps 89,8). ... [1594] ... *F i a n t ... s e m p e r, iniquitas* et *peccatum* eorum;

C 998: *D i s p e r i t* autem *d e   t e r r a* uiuentium, qui in beata patria non uidetur.

412,24 A 1594: *P r o ... e s t   r e c o r d a t u s*, uel ille Iudas, uel ipse populus, *f a c e r e   m i s e r i c o r d i a m*. Sed melius de populo accipitur quod ait: *n o n   e s t   r e c o r d a t u s*; nam si Christum occidit, saltem *r e c o r d a r e t u r* paenitendo, et *f a c e r e t   m i s e r i c o r d i a m* super membra eius, quae perseuerantissime [1595] *p e r s e c u t u s   e s t*. Ideo dicit quia *p e r s e c u t u s ... m e n d i c u m*. Potest quidem accipi de Iuda; quia non est dedignatus Dominus pauper fieri, cum diues esset, ut illius paupertate nos ditaremur (vgl. II Cor. 8,9). *M e n d i c u m* autem quomodo intellegam,

---

7 CSg: regerationis
8 CSg: Ad (A *durch Strich darunter getilgt*, i *darübergeschrieben*)
9 CSg: iniquitatem
10 CSg: sicut *bis* est *fehlen*.

nisi forte quia dixit mulieri Samaritanae: *Da mihi bibere* (Ioh. 4,7) et in cruce ait: *Sitio* (Ioh. 19,28)? Sed quod sequitur quomodo accipiatur in ipso capite nostro, id est, sui corporis Saluatore, quem Iudas p e r s e c u t u s   e s t[11], non[11] inuenio[11]. Cum enim dixisset: *E t p e r s e c u t u s ... m e n d i c u m*, adiecit atque ait: *E t   c o m p u n c t u m   c o r d e   m o r t i f i c a r e*: id est, ut mortificaret; nam quidam etiam sic sunt interpretati. *C o m p u n c t u s* autem *c o r d e* non solet dici, nisi stimulis peccatorum in dolore paenitendi; ... populus Iudaeorum non est *r e c o r d a t u s   f a c e r e   m i s e r i c o r d i a m; p e r s e c u t u s   e s t* hominem[12] inopem et *m e n d i c u m*, sed in membris suis: ... plane *c o m p u n c t u m   c o r d e*, sed in membris suis.

413,2 A 1595: Quamquam et Iudas *m a l e d i c t i o n e m   d i l e x e r i t*, [1596] et furando de loculis, et Dominum uendendo atque tradendo, tamen apertius populus ille *d i l e x i t   m a l e d i c t i o n e m*, quando dixit: *Sanguis eius super nos et super filios nostros* (Matth. 27,25). *E t   n o l u i t   b e n e d i c t i o n e m, e t   e l o n g a b i t u r*[13] *a b   e o*. Et Iudas quidem, quia Christum[14] *n o l u i t*[14], in quo est aeterna *b e n e d i c t i o*; sed apertius *n o l u i t   b e n e d i c t i o n e m* populus Iudaeorum, cui dixit ille illuminatus a Domino: *Numquid et uos uultis discipuli eius fieri*? Et *n o l u i t   b e n e d i c t i o n e m*, et pro maledicto habuit; et respondit: *Tu sis discipulus eius* (Ioh. 9,27.28): et longe facta est *a b   e o   b e n e d i c t i o*, quia transitum fecit ad gentes.

413,12 A 1596: siue Iudas, siue ille populus. ... Ergo et foris et intus: foris *s i c u t   u e s t i m e n t u m*, intus *s i c u t   a q u a*; quoniam in eius incidit iudicium, qui potest et corpus[15] et[15] animam occidere in gehenna (vgl. Matth. 10,28); corpus foris, animam intus.

413,15 A 1596: Ostendit eum cum delectatione malefacere, ...

C 999: Dicendo enim *o l e u m* significat delectationem facinoris, quod sic corpus nostrum molliter ingreditur, ut nos quadam iocun-[1000]ditate permulceat.

---

11 CSg: est. Ait autem inueniam.
12 CSg: *fehlt*.
13 CSg: prolongabitur
14 CSg: noluit Christum
15 CSg: *fehlen. (WS 208^b stimmt mit der Ausgabe überein)*

413,20 A 1596: Induitur enim quisque tunica, operitur pallio. Et quid est hoc, nisi etiam in conspectu hominum de iniquitate gloriari? ... Maxime homines ideo *p r a e c i n g u n t u r*, ut ad operandum sint aptiores, ... Ergo *maledictione* se *p r a e c i n g i t*, qui malum non repentinum, sed dispositum aggreditur, et ita discit malefacere, ut semper paratus sit; ... manifestum est enim quod indumento, et opertorio, et *aqua*, et *oleo*, et *z o n a*, ipsa opera describebat quibus aeterna *maledictio* comparatur. Non ergo est unus Iudas, sed multi, de quibus dicitur: *H o c   o p u s   e o r u m* ...

413,24 A 1597: Sed qui magis *d e t r a h u n t* Christo *a p u d   D o m i n u m*, nisi illi[16] qui[16] ipsis uerbis *D o m i n i   d e t r a h u n t*, dicentes non esse ipsum quem lex Domini et prophetae praenuntiarunt?

C 1000: Hunc uersum contra omnes quidem perfidos debemus accipere; sed tamen specialiter duas haereses uidetur impetere. *A p u d* Deum[17] Patrem *d e t r a h u n t* Ariani, quando ei Filium minorem esse testantur, et impudenter inferiorem dicunt quem Creatorem omnium communiter confitentur. Apollinaristae quoque ...

Pr 56 (316 A): Potest autem et sic intellegi quod ait: *F a c   m e c u m*, ac si dixisset: Adiuua me. Pater quippe adiuuat Filium, in quantum Deus hominem propter formam serui. Nam in ea forma, in qua aequalis est Patri, non indiget adiuuari, quia utrisque unum opus est, et par atque inseparabilis potestas (vgl. Glosse !). (∾ A 1597)

414,1 WS 209^b: Filius dicit Patri: *f a c   m e c u m*, quia eadem opera sunt Patris et Filii, ... (∾ A 1597; Pr 56 [316 A])

A 1597: *F a c   m e c u m*, id est, adiuua me. ... [1598] *p r o p t e r   n o m e n   t u u m*, gratiam commendauit. Nullis enim operum meritis praecedentibus in tantam celsitudinem subuecta est humana natura, ut totum simul Verbum et caro, hoc est, Deus et homo, unigenitus Filius Dei diceretur. (∾ C 1001)

414,4 Vgl. A zu 414,2 und 414,26.

414,6 C 1001: *E g e n u m* se dicit *e t   p a u p e r e m* humilitate[18] carnis, ...

A 1597: Pater quippe adiuuat Filium, in quantum Deus hominem, ...

---

16 CSg: qui nonnulli
17 CSg: Dominum
18 CSg: humilitatem

414,8 A 1598: Hoc ad illud refertur, quod ait propinquante passione: *Tristis est anima mea usque ad mortem* (Matth. 26,38). (∿ C 1001)

414,10 A 1598: Hoc ipsam mortem significauit. Sicut enim ex *u m b r a   d e -
c l i n a n t e* fit nox, sic ex mortali carne fit mors.

C 1001: Hic facilitatem persecutionis ostendit, quia tanta celeritate de medio discipulorum raptus est a turba Iudaeorum, quanta solet uelocitate *u m b r a* noctis solis lumine ueniente discedere.

414,12 C 1001: *E x c u s s u s   e s t* autem *s i c u t   l o c u s t a*, dum persecutionibus crebris loca uidebatur diuersa mutare; scilicet quando de Nazareth uenit ad Capharnaum, de Capharnaum in Bethsaida, de Bethsaida in Ierusalem, quae loca prospiciendo magis peccatoribus circumibat, ne scelus suum populus persecutor impleret. (∿ HT 217)

A 1598: uel quod transilierunt de loco in locum.

414,14 C 1002: melius *g e n u a* ad ipsius membra referantur, quae reuera *i n f i r m a t a* sunt, quando apostoli eius passione dispersi sunt. Quid enim plus esse potuit infirmius quam ut Petrus negaret et reliqua fidelium turba latuisset?

A 1598: An et hoc in membris eius, hoc est, in sanctis eius, aptius intellegitur? *E t   c a r o ... p r o p t e r   o l e u m*: propter gratiam spiritalem. ... Cum itaque dixisset: *G e n u a ... s u n t   a[19]
i e i u n i o*[19], ubi significatum esse arbitror eos qui in membris eius fortes uidebantur, tamquam praesentia panis quo sustentabantur abstracta, in eius passione defecisse usque ad negationem, quae apparuit in Petro; tamquam ad eos confirmandos, ne succumbendo penitus caderent, *E t   c a r o   m e a*, inquit, *i m m u t a t a   e s t   p r o p t e r   o l e u m*, ut eos mea morte deficientes, mea resurrectione firmarem, et[20] misso[20] Spiritu sancto unguerem, qui[21] non ad eos uenisset, nisi ego abiissem.

414,20 C 1002: Illa tangit quae plebs erat Iudaeorum sub detractione dictura, ...: *Vah! qui destruit templum Dei et in triduo reaedificat illud* (Matth. 27,40);

A 1599: ... *o p p r o b r i u m   i l l i s*, per mortem crucis.

414,23 A 1599: Quia *u i d e r u n t* pependisse, non *u i d e r u n t* resurrexisse; *u i d e r u n t* quando *genua* eius *sunt infirmata*, non *u i d e r u n t* quando *est caro immutata*.

---

19 CSg: *fehlen.*
20 CSg: emisso
21 CSg: quia

414,26 A 1599: Hoc ad totum referri potest, id est, et ad caput, et ad corpus: ad caput, propter formam serui; ad corpus, propter ipsos seruos. ... *secundum misericordiam tuam*, gratuita gratia commemoratur, non ex operum debito.

415,2 A 1599: Intellegamus itaque[22] *manum* Dei esse Christum; unde alibi dicitur: *Et brachium Domini cui reuelatum est?* (Isai. 53,1) Haec *manus* et erat, et *fecit* eum, quia *in principio erat Verbum, et Verbum caro factum est* (Ioh. 1,1.14); et erat sine tempore secundum diuinitatem, et factus est ei ex semine Dauid secundum carnem (vgl. Rom. 1,3).

C 1002: *Vt sciant ... eam*. Ne sibi iudaicus populus arrogaret potestate [1003] propria persecutum Dominum Saluatorem, per id quod passus est dicit ad Patrem: *Sciant* homines hanc dispensationem a te, Domine, fuisse praeparatam, ne applicent stulti uiribus suis, quod tu ad salutem mundi fieri magna pietate decreuisti. *Vt sciant*, dicit, persecutores, qui utique nesciebant.

CSg 27,467: *Et sciant*, id est, intellegant Iudaei quoniam non ipsi praeualuerunt in Christum, sed sua et Patris uoluntas erat, ut sustineret crucem pro nobis.

Pr 57 (317 A): De eis dixit: *sciant*, pro quibus saeuientibus et orauit, quia inter illos erant etiam hi qui in eum postea crediderunt. (∼ A 1599) - Vgl. A zu 412,24.

C 1003: Sequitur *quia manus tua haec*, id est, potestas, et subaudiendum, operata est.

415,7 A 1599: Vana est ergo et falsa maledictio filiorum hominum, ... [1600] ... Deus autem cum *benedicit*, facit quod dicit.

415,9 A 1600: sed cum exaltatus fuero super caelos, et esse coeperit super omnem[23] terram gloria mea, *confundentur*.

415,11 A 1600: siue in dextera Patris, siue in membris suis *laetantibus*, et inter temptationes in spe, et post temptationes in aeternum.

415,16 A 1600: *Diplois* duplex pallium est. ... Intellegitur autem, confundantur et intus et foris, id est, et coram Deo et coram hominibus.

415,19 A 1600: Si autem cor est tamquam hominis *medium*, nihil melius intellegitur dictum, quam *in* cordibus *multorum* laudabo eum.

---

22 CSg: utique
23 CSg: *fehlt*. (!)

Habitat enim Christus per fidem in cordibus nostris; et ideo ait: *i n
o r e   m e o*, id est, in *o r e* corporis mei, quod est Ecclesia.

415,22 A 1601: De Iuda dictum erat: *Et diabolus stet a dextris eius* (v. 6),
qui suas diuitias augere uoluit Christo uendito; hic autem Dominus
astitit a dextris pauperis, ut diuitiae *pau -
peris* sint ipse Dominus. ... *S a l u a   f i t* autem *a p e r s e -
q u e n t i b u s   a n i m a*, si non eis consentiatur ad malum; non eis
autem[24] consentitur, cum assistit Dominus *a d e x t r i s p a u p e -
r i s*, ne ipsa paupertate, id est, infirmitate, succumbat. Hoc adiutorium
praestitum est corpori Christi in sanctis martyribus omnibus.

P s a l m   109

416,4 A 1603: Ex his promissionibus est[1] psalmus iste, Dominum et Saluatorem
nostrum Iesum Christum certe aperteque[2] prophetans; ut omnino dubitare
non possumus Christum annuntiari psalmo hoc; ... Nam cum ipse Dominus
noster et Saluator Iesus Christus quaereret a Iudaeis, cuius *filium* dicerent esse Christum, et respondissent: *Dauid*, ille continuo retulit
respondentibus, et ait: *Quomodo ergo Dauid in spiritu dicit eum Dominum,
dicens: Dixit Dominus Domino meo: Sede ad dexteram meam, donec ponam inimicos tuos sub pedibus tuis? Si ergo in spiritu*, inquit, *uocat eum Dominum, quomodo filius eius est?* (Matth. 22,42-45). ... [1604] ... Dicit
apostolus: *Qui factus est ei ex semine Dauid secundum carnem* (Rom. 1,3);
... credamus, inquam, et dicamus et *filium Dauid* et *Dominum Dauid*. ...
[1605] ... In principio eras Verbum, et Verbum eras apud Deum, et Deus
eras Ver-[1606]bum; omnia per te facta sunt (vgl. Ioh. 1,1.3): ecce *Dominus Dauid*. Sed propter infirmitatem nostram, quia caro desperata
iacebamus, Verbum caro factum es, ut habitares in nobis (vgl. *ebda* 14):
ecce *filius Dauid*. ... Audiuit hoc *Dauid*, audiuit *in spiritu*, ...
Audiuit ergo prorsus, audiuit in quodam secretario ueritatis, in quodam
mysteriorum sanctuario; ubi prophetae in occulto audierunt, quod in
aperto praedicauerunt; ... Illud enim quod natum est ex semine *Dauid*,
ita honoratum est, ut esset et *Dominus Dauid*. Ita admiraris hoc, [1607]
quasi et in rebus humanis ista non fiant. Si enim contingat filium

---

24 CSg: *fehlt.*
1 CSg: Et
2 CSg: danach ē [= est] *übergeschrieben.*

cuiusquam regem fieri patre priuato, nonne erit dominus patris? Admirabilius est quod potest contingere, ut non solum rex factus priuati filius, dominus sit patris sui; sed episcopus factus laici filius, sit pater patris sui. Ergo et eo ipso quod carnem accepit Christus, quod in carne mortuus est, quod in eadem carne resurrexit, quod in eadem ascendit in caelum et sedet ad dexteram Patris, et in eadem ipsa carne sic honorata, sic clarificata, sic in caelestem habitum commutata, et *filius* est *Dauid*, et *Dominus* est *Dauid*.

HT 222: *D a u i d* est qui loquitur, propheta, uir sanctus, rex. Rex ergo quid dicit? rex et propheta quid dicit? *D i x i t ... m e o.* Istum locum Saluator in euangelio exposuit dicens: *Si Christus est,* inquit, *filius Dauid, quomodo in spiritu uocat eum Dominum?* (Matth. 22,43) ... Nobis ergo qui *filius* Dei est, ipse est et *filius Dauid:* ... Vide ergo quid dicat. *D i x i t ... D o m i n o   m e o:* huic *D o m i n o,* cui praecipitur ut *s e d e a t.* Deus non *s e d e t,* assumptio corporis *s e d e t.* Huic ergo praecipitur ut *s e d e a t,* qui homo est, qui assumptus est. Hoc aduersus Arrianos dicimus, et aduersus eos qui dicunt: Maior est Pater, qui iubet ut *s e d e a t,* quam ille cui iubetur. (= Br 1233 B-D)

C 1006: Sanctissimus propheta in secretum altissimae contemplationis euectus, in primo uersu inaestimabilia uerba refert, quae omnipotens Pater omnipotenti et coaeterno sibi Filio dixerit, naturam simul deitatis et humanitatis ostendens. Nam cum pronuntiat: *d i x i t ... m e o,* naturam eius deitatis ostendit. Cum subiungit: *s e d e ... i n i m i c o r u m   t u o r u m,* humanitatis eius substantia declaratur, quae potuit quod non habebat accipere. ... Vna deitas, una potestas, una aeternitas. ... [1007] ... Sequitur *s e d e   a   d e x t r i s   m e i s.* Victori Filio et per sanctam incarnationem totius mundi triumphatori, post resurrectionis gloriam honorabilis consessus offertur, ut per hunc situm susceptae humanitatis gloria declaretur. ... Nam quod dicit Filio *d e x t e r a m* datam, non ut maiorem quisquam credere debuisset, sed ne Ariani minorem (sicut praedicant) concepto scelere mentirentur.

416,16 A 1606: Quid ergo dicit *Dauid?* ... Quod est: *s c a b e l l u m   p e d u m   t u o r u m,* hoc est: sub *p e d i b u s   t u i s: s c a b e l l u m* enim *p e d u m* sub *p e d i b u s* est. ... [1609] ... *i n i m i c u s* eras[3]; eris[4] sub *p e d i b u s* eius, aut adoptatus[5], aut uictus. Quaere

---

3 CSg: erat
4 CSg: erit
5 CSg: optatus

ergo quem locum habeas sub *p e d i b u s* Domini Dei tui; nam necesse est ut habeas, aut gratiae, aut poenae. *S e d e t* ergo ad *d e x t e - r a m* Dei, *d o n e c   p o n a n t u r   i h i m i c i* eius sub *p e d i - b u s* eius. Hoc fit, hoc agitur; ... Fremuerunt enim gentes, et populi meditati sunt inania (vgl. Ps 2,1); ... numquid fremendo, numquid meditando inania, ... efficient ut non impleatur: *Dabo tibi gentes hereditatem tuam, et possessionem tuam terminos terrae* (ebda 8)?

Pr 60 (318 C): Omnis enim qui ei aduersatur, erit ei subditus aut per correptionem aut per condemnationem. Nam necesse est ut omnis, aut adoptatus, aut uictus, sub *p e d i b u s* eius sit siue per gratiam siue per poenam.

416,24 C 1008: *D o m i n u s* autem *e x   S i o n* dicitur et Filius, sicut Isaias dicit: *Quia de Sion exibit lex et uerbum Domini de Ierusalem* (2,3). (∼ HT 223)

A 1610: Nemo dicat non posse impleri quod coeptum est. Quid finem coepti desperas? ... Quae *S i o n*, ipsa est Ierusalem. ... *Et praedicabitur in nomine eius paenitentia et remissio peccatorum per omnes gentes, incipientibus ab Ierusalem* (Luc. 24,47). ... *V i r g a m   u i r t u t i s   t u a e*, hoc est, regnum potentiae tuae;

417,2 A 1610: ... *d o m i n a r e   i n   m e d i o* paganorum, Iudaeorum, haereticorum, falsorum[6] fratrum[6].

417,4 C 1008: ... per hos duos uersus uerba Patris accipienda sunt, ut fas fuit de genera-[1009]tione Filii sancta locuturus. - Vgl. HT 224: Dicit enim Pater ad Filium: *Ex utero ante luciferum genui te.* (= Br 1234 D)

A 1611: Nam panis ille angelorum, in *p r i n c i p i o* erat Verbum (vgl. Ioh. 1,1): ... [1614] ... Respondit enim interrogantibus: *Tu quis es?*, et ait: *Principium, quia et loquor uobis* (Ioh. 8,25), cum sit *p r i n c i p i u m* et Pater, de quo unigenitus Filius[7], in quo *p r i n c i p i o* erat Verbum, quia Verbum erat apud Deum. Quid ergo, si et Pater *p r i n c i p i u m*, et Filius *p r i n c i p i u m*, duo *p r i n c i p i a*? Absit. Sicut enim Pater Deus et Filius Deus, Pater autem et Filius non sunt duo dii, sed unus Deus, sic Pater *p r i n - c i p i u m* et[8] Filius *p r i n c i p i u m*, Pater autem et Filius non duo, sed unum *p r i n c i p i u m*. ... *T e c u m   p r i n c i p i u m*; nec umquam a te separatus est Pater. (∼ C 1009; HT 223f.)

---

6 CSg: fratrum falsorum (!)
7 CSg: *fehlt.*
8 CSg: *fehlt.*

417,9.12 A 1614: Sed quando uidebitur *t e c u m* esse *p r i n c i p i u m*, tunc manifestum erit omnibus[9] similibus iam tibi factis; quoniam uidebunt te sicuti es (vgl. I Ioh. 3,2); ... Tunc ergo uidebitur quod nunc creditur; tunc *t e c u m   p r i n c i p i u m* uidentibus sanctis, uidentibus iustis, sublatis de medio impiis, ne uideant honorem Domini. ... Cum ergo uentum fuerit ut uideamus, tunc apparebit: *T e c u m ... t u a e. V i r t u t i s   t u a e*: non *u i r t u t i s* infirmitatis *t u a e*, quia ibi *u i r t u s*.

417,12 A 1615: Hoc erit: *I n   s p l e n d o r i b u s   s a n c t o r u m*, quia *tunc iusti fulgebunt in regno Patris sui, sicut sol* (Matth. 13,43) ... In quo *regno*? Videte si uisio quaedam seruatur, de qua nobis dictum est: *Tecum principium*.

WS 217[b]: Quando erunt *i n   s p l e n d o r i b u s   s a n c t i*? Nimirum quando corruptibile hoc induet incorruptionem, et mortale hoc induet inmortalitatem (vgl. I Cor. 15,53), quando iusti fulgebunt sicut sol in regno Patris sui.

C 1009: *S p l e n d o r e s* autem *s a n c t o r u m* sunt, quando in resurrectione lucebunt sicut angeli Dei et ita purificati atque perspicui erunt, ut illam maiestatem queant cordis oculis intueri.

417,14 A 1616: Quid est: *e x   u t e r o*? Ex secreto, ex occulto; de me ipso, de substantia mea; ... Quid est ergo *a n t e   l u c i f e r u m*? *L u c i f e r* pro sideribus positus est, ... Si ergo et in signis et in temporibus posita sunt sidera, et *l u c i f e r* nominatus est pro sideribus, quod est *a n t e   l u c i f e r u m*, hoc est ante sidera, et quod est ante sidera, hoc est ante tempora; ... De Patre non est natus in tempore, per quem facta sunt tempora. Dictum est ergo, ut dici oportuit, figurate[10], prophetice, ut et[11] *u t e r u s* pro secreta substantia, et *l u c i f e r* pro temporibus poneretur. ... Et hoc ipsum *a n t e   l u c i f e r u m* signate dictum, et proprie dictum, et sic impletum. Noctu enim natus est Dominus de *u t e r o* uirginis Mariae: indicant testimonia pastorum, qui uigilias exercebant super gregem suum (vgl. Luc. 2,7-15).

C 1010: *E x   u t e r o   g e n u i   t e*, id est, ex arcano substantiae meae, ex ipsa scilicet deitate, ...

---

9 CSg: *danach* sanctis *übergeschrieben*. (!)
10 CSg: figurate et
11 CSg: *fehlt*.

417,21 A 1616: Ad hoc enim natus *ex utero ante luciferum*, ut *e s s e s   s a -
c e r d o s   i n   a e t e r n u m   s e c u n d u m   o r d i n e m
M e l c h i s e d e c.* ... [1617] ... sed *s a c e r d o s* propter
carnem assumptam, propter uictimam quam pro nobis offerret a nobis
acceptam.

417,24 A 1617: Ergo Dominus *i u r a t*, qui prohibet hominem a *i u r a n d o*?
An forte ideo magis hominem prohibet a *i u r a n d o*, ne in periurium
prolabatur, et ideo Deus magis *i u r a t*, quia non potest esse periurus?
Homo enim qui per consuetudinem *i u r a n d i* potest lingua in periurium prolabi, bene prohibetur *i u r a r e*; ... Qui enim *i u r a t*
homo, falsum et uerum *i u r a r e* potest; qui autem non *i u r a t*,
falsum *i u r a r e* non potest, quia omnino non *i u r a t*. ... Quid
ergo tu facis, cum *i u r a s*? Testaris Deum: hoc est *i u r a r e*,
Deum testari; et ideo molestum, ne ad aliquam falsitatem testem adhibeas
Deum. Si ergo tu *i u r a n d o* testaris Deum, cur ergo non et Deus
i u r a n d o testetur seipsum? ... De sacerdotio ergo *s e c u n d u m
o r d i n e m   M e l c h i s e d e c, i u r a u i t   D o m i n u s, e t
n o n   p a e n i t e b i t   e u m*. Quid de sacerdotio *s e c u n d u m
o r d i n e m* Aaron? ... Sed *s a c e r d o s, s e c u n d u m* quid?
Numquid erunt illae hostiae, uictimae oblatae a patriarchis, arae
sanguinis et tabernaculum, et illa primi Testamenti Veteris sacramenta?
Absit. Iam illa sublata sunt, ... [1618] haec nec Iudaei habent. Vident
perisse iam sacerdotium *s e c u n d u m   o r d i n e m* Aaron, et non
agnoscunt sacerdotium *s e c u n d u m   o r d i n e m   M e l c h i s e -
d e c*.

C 1011: Sequitur: *T u ... M e l c h i s e d e c h*. Hoc etiam propheta
promisisse Filio commemorat Patrem. Cui enim potest ueraciter et euidenter aptari, nisi Domino Saluatori, qui corpus et sanguinem suum in panis
ac uini erogatione salutariter consecrauit? ... Quem *o r d i n e m* per
mysticam similitudinem *M e l c h i s e d e c h* iustissimus rex insti-
tuit, quando Domino panis et uini fructus obtulit.

HT 225: *S e c u n d u m   o r d i n e m*: nequaquam *s a c e r d o s
e r i s   s e c u n d u m   u i c t i m a s   i u d a i c a s*, sed *e r i s
s a c e r d o s   s e c u n d u m   o r d i n e m   M e l c h i s e d e c h*.
Quomodo enim *M e l c h i s e d e c h*, rex Salem, obtulit panem et uinum
(vgl. Gen. 14,18), sic et tu offeres corpus tuum et sanguinem, uerum
panem et uerum uinum. Iste *M e l c h i s e d e c h* ista mysteria quae
habemus dedit nobis. ... *s e c u n d u m   o r d i n e m   M e l c h i -*

s e d e c h tradidit nobis sacramentum suum. (= Br 1235 D)

418,7 C 1011: Illud au-[1012]tem mouere potest, cum in psalmi huius initio Pater dixerit Filio: *Sede a dextris meis;* nunc iterum propheta dicit *a d e x t r i s* Filii Patris operatam fuisse uirtutem.

A 1618: Iste ergo *D o m i n u s* qui est *a d e x t r i s t u i s*, de quo *iurasti*, et cui *iurasti* dicens: *Tu es sacerdos in aeternum ..., c o n q u a s s a u i t*[12] *... r e g e s.* ... Conati enim sunt multum delere nomen christianum de terra, et non potuerunt; ... *Offenderunt* ergo *in lapidem* offensionis, et ideo *c o n q u a s s a t i s u n t r e g e s*, cum dicunt: Quis est Christus? Nescio quis Iudaeus, nescio quis Galilaeus, sic occisus, sic mortuus. *Lapis* est ante pedes tuos, quasi uiliter et humiliter iacens; ideo contemnendo *offendis, offendendo cadis, cadendo* quassaris. Si [1619] ergo tanta est *i r a occulti*, quod erit iudicium manifesti? Audistis *i r a m occulti*, de qua psalmus inscribitur: *Pro occultis filii*; nonus psalmus, si bene memini, inscribitur: *Pro occultis filii*; et ibi ostenditur iudicium *occultum i r a e occultae*. Irato Deo uiuunt qui in *lapidem* illum *offendunt; conquassantur;* ... Audi et de iudicio futuro: *Quia qui offenderit in lapidem illum,* ait, *conquassabitur; super quem uero*[13] *ceciderit lapis ille, conteret eum* (Luc. 20,18). Cum ergo *offenditur in* eum, quasi humilis iacet; tunc *conquassat;* cum autem *conteret,* desuper ueniet. Videte quemadmodum his binis uerbis, *conquassabit* et *conteret, offendit in* eum et ueniet super eum, distributa sunt duo tempora, humilitatis et claritatis Christi, *occultae* poenae et iudicii futuri.

418,21 A 1619: Sed nunc: *Pro occultis*; erit enim et iudicium manifestum: ...

418,23 A 1619: Bonum est ut teipsum deicias, humilis reddaris, *sedentis*[14] ad *dexteram* Patris *pedibus* prouoluaris[14], ut fiat in te *r u i n a* construenda. Nam si permanes in mala altitudine, tunc deicieris, quando non aedificaberis. Etenim de talibus dicit in alio loco scriptura: *Destrue eos, et non aedificabis eos* (Ps 27,5).

Pr 62 (320 C): Qui in superbiam eriguntur et in sua elatione persistunt, sic destruentur ut non aedificentur. Non enim desinunt destrui, qui non desinunt eleuari. Qui autem per humilitatem cadunt et se prosternunt, ut fiant sub *pedibus* eius [= Christi] ... reparabuntur in integrum, quia non damnauit has *r u i n a s* Dominus, sed *r e p l e u i t.* Quod fit

---

12 CSg: conquassabit
13 CSg: *fehlt. (WS 219^b stimmt im Wortlaut des Zitats genau mit Notker überein)*
14 CSg: sedenti ... reuoluaris

in hoc tempore, cum uniuersis gentibus *r u i n a r u m* reparationem
Christus operatur. - Zum ersten Bibelzitat vgl. Luc. 3,5.

419,1 A 1620: Hic, *s u p e r   t e r r a m*, in hac uita, *c o n q u a s s a b i t
c a p i t a   m u l t a*. De superbis humiles facit.

419,4 A 1620: Primo quis est *t o r r e n s* ? Profluxio mortalitatis humanae.
Sicut enim *t o r r e n s* ... currit, et currendo decurrit, id est,
cursum finit, sic est omnis iste cursus mortalitatis. Nascuntur homines;
uiuunt, moriuntur; ... *D e* hoc *t o r r e n t e   b i b i t* ille; ...
B i b e r e enim *d e* hoc *t o r r e n t e*, illi erat nasci et mori.

419,6 A 1620: *Exultauit enim sicut gigas ad currendam uiam* (Ps 18,6). *De
torrente ergo in uia bibit*, quia *in uia peccatorum non stetit* (Ps 1,1).
Quia ergo[15] *de torrente in uia bibit, p r o p t e r e a   e x a l t a -
u i t*[16] *c a p u t*; id est, quia humiliatus est, *et factus est subditus
usque ad mortem, mortem autem crucis; propterea eum Deus exaltauit a
mortuis*, ... (Phil. 2,8.9).

P s a l m   110

419,10 C 1014: *A l l e l u i a*. Quamuis hoc nomen laudis generale esse uideatur,
tamen ibi maxime apponitur, ubi magna exultatione gaudetur. Laudat enim
Dominum populus suus, ... Quae laus futurae figuram noscitur portare
laetitiae, ...

A 1621: Sicut enim dies isti praeteritis diebus Quadragesimae, quibus
ante resurrectionem Dominici corporis uitae huius significatur maeror,
sollemniter grata hilaritate succedunt, sic dies ille qui post resurrectionem dabitur plenario corpori Domini, hoc est, sanctae Ecclesiae, cunctis
uitae huius aerumnis atque doloribus exclusis, perpetua beatitate succe-
det. ... et significatur quadragenario numero, quo et Moyses et Elias et
ipse Dominus ieiunarunt. ... Quinquagenario uero numero post resurrectionem Domini, quo cantamus *A l l e l u i a*, non cuiusdam temporis finis
et transitus, sed beata illa significatur aeternitas; ... Audiamus itaque
plenum diuina laude pectus populi Dei.

---

15 CSg: *fehlt*.
16 CSg: exaltabit

419,16 A 1621: Non semper confessio peccatorum est, sed et laus Dei [1622] deuotione confessionis expromitur[1]. Illa luget, haec gaudet; illa medico uulnus ostendit, haec de sanitate gratias agit. (∾ C 1015)

419,19 A 1622: credo: qui sedebunt super duodecim thronos, iudicantes duodecim tribus Israel (vgl. Matth. 19,28).
C 1015: Sed qui hic *toto corde confitentur*, iam uidentur *in* illa *congregatione iustorum* psallere, quam de cunctis gentibus in futurum manifestum est Dominum congregare. ... *Consilium iustorum* est, quando beati cum Domino resurrectionis tempore iudicabunt, ... - Vgl. 565,15-21.

419,23 C 1015: *Exquisita*, id est, singularis, [1016] exacta, cui nihil potest simile reperiri. ... Quidquid enim facit, eximie atque incomprehensibiliter operatur, ...

419,25 A 1622: Quid magnificentius quam iustificare impium? Sed *opus* fortasse hominis praeuenit istam[2] *magnificentiam*[2] Dei, ut cum fuerit peccata confessus, iustificari mereatur. *Descendit enim de templo iustificatus publicanus magis quam pharisaeus*, ... (Luc. 18,14).
WS 223[a]: Quid ... mereatur. (= A 1622) Non hoc docet psalmus iste qui ait: *Confessio ... eius*. Ipse ergo inspirat pium *confessionis* affectum, ipse ex impio facit iustum.

420,1 C 1016: *Iustitia quippe eius manet in saeculum saeculi*, cum peccatoribus dixerit: *Ite in ignem aeternum*, ... Iterumque *iustitia ... saeculi*, quando fideles aduocauerit, dicens: *Venite, benedicti Patris mei*, ... (Matth. 25,41.34).

420,4 A 1623: Quid autem profuerunt miracula, nisi ut timereretur? Quid porro prodesset timor, nisi, *misericors et miserator Dominus escam daret timentibus se? escam* quae non corrumpitur, panem qui de caelo descendit (vgl. Ioh. 6,17.51), ...

420,8 A 1623: Quod si tantum *dedit* huic uitae, si Verbum carnem factum peccator iustificandus accepit, quid in futuro *saeculo* glorificatus accipiet? *Memor* enim *erit ... sui*. Nec totum *dedit* qui pignus *dedit*.

420,10.13 A 1623: Non contristentur Israelitae sancti, qui dimiserunt omnia sua et secuti sunt eum; ... quoniam quae homini-[1624]bus difficilia sunt, Deo[3] facilia sunt[3] (vgl. Matth. 19,26). ... Itum est enim ad *gentes*,

---

1 CSg: exprimitur
2 CSg: ista magnificentia (*ursprünglicher m-Strich über a beide Male radiert*)
3 CSg: facilia sunt Deo

... Sic enim multi uocati sunt, sic occupata est *h e r e d i t a s
g e n t i u m*, sic factum est ut etiam plurimi qui non dimiserunt omnia
sua in hac uita ut sequerentur eum, uitam etiam ipsam pro nominis eius
confessione contemnerent; - Vgl. Matth. 19,27-29, auch für die Bibelzitate.

420,17 C 1017: *O p e r a* quippe uirtutis eius est, quando confitentibus parcit
et beatos ex impiis facit, deinde cum obstinatis poenas debitas reddit.
... *V e r i t a s* est enim, cum fidelibus promissa restituit; *i u d i -
c i u m*, quod impiis comminatur, ...[4]

A 1624: Teneatur *u e r i t a s* ab iis qui iudicantur hic. Iudicantur
hic martyres, et ad *i u d i c i u m* perducuntur, quo non solum eos a
quibus iudicati sunt, sed etiam angelos diiudicent, ...

420,21 C 1018: Domini autem sermo *c o n f i r m a t u s* permanet in aeternum.

A 1624: Hoc est uerum et iustum, ut hic laboremur, illic requiescatur, ...

420,24 C 1018: ... Dominum Saluatorem pronuntiat esse uenturum, ...

A 1624: Vnde autem redimuntur, nisi a captiuitate peregrinationis huius?

420,26 A 1624: Non ergo requies nisi in caelesti patria requiratur. Dedit quidem
Deus Israelitis carnalibus terrenam Ierusalem, *quae seruit cum filiis
suis*; sed hoc Vetus *T e s t a m e n t u m* est, ad ueterem hominem
pertinens. Qui autem ibi figuram intellexerunt, heredes etiam tunc Noui
T e s t a m e n t i exstiterunt; quoniam *quae sursum est Ierusalem
libera est, quae*[5] *est mater nostra*[5] (Gal. 4,25.26) aeterna in caelis.
Vetere[6] autem illo[6], re ipsa probatum est transitoria promisisse:
M a n d a u i t quippe *i n a e t e r n u m T e s t a m e n t u m
s u u m*. Sed quod, nisi Nouum? Cuius heres quisquis esse uolueris, nolo
te fallas, nec terram trahentem lac et mel carnaliter cogites, ...
Cum enim sit radix omnium malorum cupiditas (vgl. I Tim. 6,10), perimen-
da est ut hic consumatur, non differenda ut ibi satietur.

421,4 C 1018: *S a n c t u m* pertinet ad incarnationem, ... *T e r r i b i l e*
ad omnipotentiam deitatis excelsae, ...[7]

421,5 A 1624: Primo poenas fuge, gehennas deuita: antequam desideres promitten-
tem Deum, caue minantem. ... [1625] ... sed prius tibi donanda sunt
debita, quam praemia flagitanda.

---

4 R 227vb: *V e r i t a s* pertinet ad remunerationem iustorum, *i u d i c i u m*
ad condemnationem impiorum.
5 CSg: quae *bis* nostra *fehlen.*
6 CSg: Veterem ... illā (a *aus* o *verbessert*)
7 R 227vb: *S a n c t u m* pertinet ad humanitatem, *t e r r i b i l e* ad
diuinitatem quae in *iudicio t e r r i b i l i s* erit.

421,8 A 1625: Quis negat? sed intellegere et non facere, periculosum est[8].

Psalm 111

421,11 A 1625: Nondum erant hi prophetae, cum ista cantata sunt. Namque inter tempus Dauid, et transmigrationem populi Israel in Babyloniam, quattuordecim generationes numerantur, ... euersi autem *templi* renouatio secundum sancti Ieremiae prophetiam (vgl. 25,12; 29,10), ex illa transmigratione post septuaginta annos sperabatur; qui cum complerentur, sub Dario rege Babylonis impleti sunt Spiritu sancto hic duo prophetae, *A g g a e u s* et *Z a c h a r i a s*; ... Sed quisquis corporaliter gestis oculum cordis infigit, neque inde in gratiam spiritalis intellectus extenditur, habitat cogitatione in lapidibus *templi*, quibus uisibilis fabrica manibus hominum instructa consurgit; nec ipse lapis uiuus efficitur, *templo* illi accom-[1626]modatus atque aptus, quod in suo corpore primum Dominus figurauit, cum ait: *Soluite templum hoc, et triduo suscitabo illud* (Ioh. 2,19). Est enim corpus Domini plenius ipsa sancta Ecclesia, cuius caput ascendit in caelum, qui est maxime lapis uiuus, lapis angularis, ... Ergo ut[1] fiat quisque lapis uiuus ad talem fabricam idoneus, spiritaliter intellegat *templi* renouationem ex ruina uetere quae in Adam facta est, reparationem noui[2] populi[2] secundum nouum hominem atque caelestem: ut sicut portauimus imaginem terreni, portemus et imaginem eius qui de caelo est, ... Quisquis igitur[3] se ad opus huius coaedificationis, et ad spem sanctae firmaeque compaginis, tamquam lapidem uiuum ab huius mundi ruinosa labe conuertit[3], intellegit titulum psalmi, intellegit *c o n u e r s i o n e m A g g a e i et Z a c h a r i a e.*

421,19 HT 232: Qui *t i m e t D o m i n u m*, qui *b e a t u s* est, *m a n d a - t a* ipsius libenter facit. ... *I n m a n d a t i s* suis *u o l e t*, hoc est, uult, *m a n d a t a* eius facere desiderat. (= Br 1239 C)

421,21 A 1627: *S e m e n* futurae messis, opera esse misericordiae apostolus testis est, qui dicit: *Bonum autem facientes non deficiamus* (Gal. 6,9); ... Quid autem, fratres, potentius, quam ut regnum caelorum, non solum Zacchaeus emat dimidio rerum suarum (vgl. Luc. 19,8), sed ut uidua duobus minutis (vgl. Marc. 12,42), et tantumdem ibi uterque possideat? quid

---
8 CSg: *fehlt*.
1 CSg: *fehlt*.
2 CSg: populi noui
3 CSg: legitur (ur *fast ganz verwischt*) ... conuerti

potentius, quam ut idem regnum et thesauris diuiti⁴ et calice aquae frigidae pauperi ualeat?

C 1021: Iam illius *beati* quem superius dixit, praemia describuntur. ... In illa scilicet [t e r r a] qua cum Domino regnaturi sunt sancti, ... S e m e n opera significat bonarum rerum, ...

421,26 A 1628 (zu v. 6): Audiet ergo: *Venite, benedicti Patris mei* (Matth. 25,34), quia g e n e r a t i o   r e c t o r u m   b e n e d i c e t u r.

422,3.5 A 1627: At iste *uir qui timet Dominum*, et in *templum* sanctum Dei *conuersione recti* cordis aptatur, nec g l o r i a m hominum quaerit, nec terrenas d i u i t i a s concupiscit; et tamen: G l o r i a ... e i u s. D o m u s enim eius, cor eius est; ubi, Deo laudante⁵, opulentius habitat cum spe uitae aeternae, quam, hominibus⁶ adulantibus, in marmoratis laqueatisque tectis cum timore mortis aeternae. Huius enim i u s t i t i a   m a n e t   i n   s a e c u l u m   s a e c u l i: ipsa eius g l o r i a, ipsae d i u i t i a e.

Pr 66 (323 B): Qui talis est in d o m o sua, id est, in corde suo ubi templum Dei est, g l o r i a m et d i u i t i a s habet, quia spe non dubia futura iam possidet, et regnum Dei intra ipsum est.

422,5 C 1021: I u s t i t i a quidem hominis dicitur, sed quae, Deo largiente, praestatur. Nam cum sit nomen generale, aduertitur tamen propria, cum diuina dispensatione ad unumquemque hominem res concessa peruenerit. Et ne aliquis se temporaliter existimaret fieri *beatum*, addidit m a n e t   i n   s a e c u l u m   s a e c u l i. ... nunc unde fieri possit *beatus* edicitur, ne tantum desiderium mouisse, non etiam et causam docuisse uideatur.

422,10 A 1628: Delectat quod m i s e r i c o r s   e t   m i s e r a t o r, sed terret fortasse quod i u s t u s   D o m i n u s   D e u s. Nulla desperatione formides, *beate uir, qui times Dominum et in mandatis eius uoles nimis*; ... Ita enim i u s t u s est⁷ D o m i n u s   D e u s, ut iudicium illi sine misericordia faciat, qui non fecit misericordiam. C 1021: Venit ad admonitionem secundam, in qua Domini primus significatur aduentus, qui confitentes⁸ *beatos* fecit⁹ et superbos pro sua iniquitate damnauit. Sed iste aduentus Do-[1022]mini mirabili proprietate describitur. Venit enim lux quod superat omnem lucem, ... Sed cum

---
4 CSg: diuitis
5 CSg: nte *durch Unterstreichung getilgt,* to *darübergeschrieben.*
6 CSg: cum hominibus
7 CSg: fehlt. (= WS 228a)
8 CSg: confidentes
9 CSg: facit

rectis corde dicitur, peruersi ab isto *lumine* separantur. - Zum Bibelzitat vgl. Ioh. 1,11.12.

422,15 C 1022: *Qui miseretur*, id est, qui egentibus donat. *Commodat* uero, qui recepturus aliquid in hoc mundo sperantibus in necessitate mutuatur, ...

A 1628: In eo quod dimittis, ut dimittatur tibi, *misereris*; in eo quod das, ut detur tibi, *commodas*. ... Haec duo benignitatis officia, ignoscendorum peccatorum et beneficiorum erogandorum, sicut in euangelio quod commemorauimus: *Dimittite, et dimittetur uobis; date, et dabitur uobis* (Luc. 6,37.38), sic in isto uersu arbitror esse distincta: *Suauis uir qui miseretur et commodat*. ... Gloriam quaerit qui desiderat uindicari se[10]; sed adtende quod scriptum est: *Melior est qui uincit iram, quam qui capit ciuitatem* (Prou. 16,32). Diuitias quaerit qui non uult *dare* pauperibus; adtende quod scriptum est: *Habebis thesaurum in caelo* (Matth. 19,2). Non ergo eris inglorius ignoscendo, quia de *ira* uicta laudabilius triumphatur; non egenus[11] tribuendo, quia *thesaurus* caelestis certius possidetur.

422,26; 423,5 A 1628: Facta ipsa *sermones* sunt quibus *in iudicio* defendetur; quod ei non erit sine misericordia, quia et ipse fecit misericordiam. *Quoniam in aeternum non commouebitur*, qui ad dexteram segregatus[12] audiet[12]: *Venite, benedicti Patris mei* (Matth. 25,34), ...

C 1022: Dispositio *sermonum* ordinem significat imperturbatum atque tranquillum, ... Venienti quippe patrifamilias dicendum est: *Domine, quinque talenta dedisti mihi, ecce quinque alia superlucratus sum* (Matth. 25,20). ... Reddidit cau-[1023]sam quare uir *iustus disponat sermones suos in iudicio*; scilicet *quia in saeculum non commouebitur*, id est, a gloria Domini nullatenus separabitur.

423,6 C 1023: *In memoria* utique[13] *aeterna erit iustus*, quia uocatur ad praemium. Impiis enim dicitur: *Non noui uos* (Luc. 13,25).

423,8 A 1629: ... *et ab auditu malo non timebit*, quod dici audiet iis qui a sinistris erunt: *Ite in ignem aeternum, qui praeparatus est diabolo et angelis eius* (Matth. 25,41).

---

10 CSg: *fehlt*.
11 CSg: nus *durch Unterstreichung getilgt*, nis *darübergeschrieben*.
12 CSg: segregatur. Audiet
13 CSg: *fehlt*.

C 1023: Illum *a u d i t u m   m a l u m* dicit, quem audituri sunt impii: *Ite in ignem aeternum* et reliqua (Matth. 25,41).

423,11 A 1629: Itaque qui[14] hic non sua quaerit, sed quae Iesu Christi, labores patientissime sustinet, promissa fidenter expectat: ... Neque ullis temptationibus frangitur: ...

423,13 A 1629: Sed magnum est, *c o n f i r m a t u m* habere *c o r* et *n o n   c o m m o u e r i*, cum illi gaudent qui amant quod *u i d e n t*, et insultant ei qui quod non *u i d e t   s p e r a t*: ...

423,16 A 1629: Illi enim uolunt *u i d e r e* bona hominum in terra morientium; nos credimus *u i d e r e* bona Domini in terra uiuentium. ... et *n o n   c o m m o u e b i t u r   d o n e c   u i d e a t* et ipse, non deorsum quod *i n i m i c i* eius, sed sursum *s u p e r   i n i m i c o s   s u o s*[15], ...

423,18 A 1629: Propter hoc et ille *s p a r s i t, d e d i t   p a u p e r i - b u s*: ...

423,20 A 1629: sed ille thesaurum seruabat in caelo, qui esurire et sitire in *pauperibus* dignabatur in terra. Non mirum est igitur si *i u s t i t i a ... s a e c u l i*, ...

423,22 C 1024: *C o r n u* pro potestate poni saepe iam dictum est, ...

Br 1241 D: *C o r n u ... g l o r i a*, hoc est, regnum ipsius *e x a l - t a b i t u r   i n   g l o r i a*, hoc est[16], cum Deo erit.

423,24 Br 1242 A: *E t   i r a s c e t u r*, hoc est, contra se ipsos; eo quod non fecerunt bona, sera paenitentia erit illi[17].

A 1629: ... *i r a s c e t u r*: sera illa scilicet atque infructuosa paenitentia.

423,25 A 1629: quia illic erit[18] ploratus et stridor *d e n t i u m*. Non enim frondebit[19] et uirescet[20], sicut fieret si opportuno eum tempore paeniteret; sed tunc paenitebit, cum *d e s i d e r i u m   p e c c a t o - r u m   p e r i b i t*, nullo succedente solatio.

---

14 CSg: *fehlt*.
15 CSg: eius
16 CSg: *fehlt*.
17 CSg: illis
18 CSg: *fehlt*.
19 CSg: frendet (= WS *229b*) (!)
20 CSg: reuirescet (= WS *229b*) (!)

Psalm 112

424,7 A 1630: et multis aliis locis Dominus noster, per[1] singulare[2] humilitatis exemplum[3] superbiam ueteris hominis ad innouandam[4] humiliter[5] uitam similitudine puerilis aetatis accusat. Quapropter, carissimi, cum cantari auditis in psalmis: *L a u d a t e, p u e r i, D o m i n u m*, ne arbitremini ad uos istam exhortationem non pertinere, ... omnibus enim uobis dicit apostolus: *Nolite effici pueri mentibus; sed malitia paruuli estote, ut mentibus perfecti sitis* (I Cor. 14,20). Qua *malitia* maxime, nisi superbia? Ipsa enim de uana granditate praesumens non sinit hominem ambulare per artam uiam, et intrare per angustam portam (vgl. Matth. 7,13.14): *p u e r* autem facile intrat per angustum; et ideo nemo, nisi ut *p u e r*, intrat in regnum caelorum. Quid autem superbiae *malitia* deterius, quae praepositum non uult habere nec Deum? Nam scriptum est: *Initium superbiae hominis, apostare a Deo* (Eccli. 10,14).

424,12 A 1631: Ecce *u s q u e i n s a e c u l u m*, accipio usque in aeternum; cur autem *e x h o c*, et non ante[6] *h o c*[6] et ante omnia *s a e c u l a* ... ? ... *s i t a*[7] uobis[7] *n o m e n D o m i n i b e n e d i c t u m*, *e x h o c* utique ex quo uobis dicitur. Incipitis enim *laudare*, sed sine fine *laudate*.

C 1025: dicit et modo in *h o c* saeculo prae-[1026]dicandum et in illa quoque aeternitate laudandum.

424,13 A 1631: Quacumque autem in paruulis sanctis Ecclesia Christi diffunditur, *L a u d a t e n o m e n D o m i n i*; hoc est enim: *A s o l i s o r t u u s q u e a d o c c a s u m*, ...

C 1026: Hic uniuersalem designat Ecclesiam, ut per totum mundum, cuius fabricator est Christus, eius praeconia debeant non taceri.

424,16 A 1631: *G e n t e s* homines sunt: quid mirum si *s u p e r* homines *e x c e l s u s* est *D o m i n u s*?

424,17.23 A 1631: Sed non solum *excelsus* ... *Dominus*, uerum etiam *s u p e r c a e l o s g l o r i a e i u s. C a e l i* supra se suspiciunt eum,

---

1 CSg: fehlt.
2 CSg: singulari (e durch Unterstreichung getilgt, i^2 darübergeschrieben
3 CSg: exemplo (u [= um] durch Unterstreichung getilgt, o darübergeschrieben)
4 CSg: innouandum, danach p [= per] übergeschrieben.
5 CSg: humilitatem (ta übergeschrieben, r zu m^2 verbessert), danach nostram übergeschrieben.
6 CSg: et ante
7 CSg: fehlen.

et humiles eum secum habent, constituti carne infra *c a e l u m*, qui pro illo non colunt *c a e l u m*.

C 1026: *c a e l o s* uero spiritales debemus accipere, ut supra omnes creaturas Altissimus sentiatur, ...

424,20 A 1631: Quisquam putaret quod *i n   a l t i s   c a e l i s   h a b i t e t*, unde *h u m i l i a* terrena *r e s p i c i a t*; sed *h u m i l i a   r e s p i c i t   i n   c a e l o   e t   i n   t e r r a*. ... [1632] ... Et excitauit nos etiam quaerere utrum eadem *i n   c a e l o*, quae *i n   t e r r a*; an alia *i n   c a e l o*, alia *i n   t e r r a   h u m i l i a   r e s p i c i a t   D o m i n u s   D e u s   n o s t e r*. ... Proinde quisquis intelligit et conuersationem apostoli *i n   c a e l i s*, et in carne mansionem *i n*[8] *t e r r i s*[8] (vgl. Phil. 3,20; 1,24), simul oportet intellegat *D o m i n u m   D e u m   n o s t r u m   i n   e x c e l s i s   s a n c t i s*[9] *h a b i t a n t e m*, quemadmodum tamen eosdem sanctos *h u m i l e s* sibi et *i n   c a e l o   r e s p i c i a t*, quoniam quae sursum sunt sapiunt, qui[10] spe[10] resurrexerunt cum Christo (vgl. Col. 3,1); et *i n   t e r r a*, quoniam nondum soluti sunt carnis uinculo, ut ex tota uita sua possint esse cum Christo (vgl. Phil. 1,23). Si uero alia *D o m i n u s   D e u s   n o s t e r   h u m i l i a   r e s p i c i t   i n   c a e l o*, et alia *i n   t e r r a*, credo quod *i n   c a e l o* iam *r e s p i c i t* quos uocauit, et *h a b i t a t   i n* eis; *i n   t e r r a* autem *r e s p i c i t* quos uocat, ut *h a b i t e t   i n* eis.

425,5 A 1634: *a   t e r r a* tamen *i n o p s   e r i g i t u r*, et *d e   s t e r c o r e   p a u p e r*[11] *e x a l t a t u r*. An forte non *e s t   e x a l t a t u s   d e   s t e r c o r e*[11], qui seruiebat desideriis et uoluptatibus uariis (vgl. Tit. 3,3)? ... Cur, ne forte se extollat, colaphizatur, et subditur angelo satanae, stimulo carnis suae (vgl. II Cor. 12,7)?[12] - Vgl. 546,14-16.

425,5.9 C 1027: Rex denique ipse mundanus *i n o p s* est munerum Dei et in *s t e r c o r e* uoluitur, cui carnis uitia dominantur. Eleuat ergo ab istis Dominus quoslibet ordines, quaslibet aetates, cum misericordiae suae dona largitur. ... *P r i n c i p e s* enim *p o p u l i* sunt

---

8 CSg: *fehlen.*
9 CSg: *fehlt.*
10 CSg: Quippe
11 CSg: pauper *bis* stercore *fehlen durch homoioteleuton.*
12 CSg: R 229rb: *I n o p s* est qui non habet uirtutum diuitias. Hunc Dominus suscitat *a   t e r r a*, quando in illo *e r i g i t* uirtutes.

patriarchae, prophetae, apostoli ... Sed hic principatum, non honorem credas qui hominum suffragio conquiritur, sed illum qui Domino largiente praestatur, qui humilitate altus est, qui fide certus, qui mentis robore solidatus.

425,9 A 1633. Ecce *humilia* quae *respiciuntur in caelo*. Spiritales enim sunt, et omnia iudicant: sed tamen *humiles*, ne deiecti iudicentur. Quid de seipso [Paulo] singulariter? nonne talia sunt quae commemorat? *Qui non sum*, inquit *idoneus uocari apostolus, quia persecutus sum Ecclesiam Dei* (I Cor. 15,9);

425,11 C 1027: scilicet in Ecclesia, quae ante aduentum Sponsi sui s t e r i - l i s fuerat; sed facta est m a t e r laeta f i l i o r u m, quando praedicationibus apostolorum ex aqua et Spiritu sancto copiosos f i l i o s in toto orbe procreauit.

P s a l m   113

425,18 A 1635: *Illa* enim, sicut dicit apostolus, *in figura contingebant illis; scripta sunt autem ad correptionem nostram, in quos finis saeculorum obuenit* (I Cor. 10,11). ... [1636] ... A e g y p t u s autem, quoniam interpretatur afflictio, uel affligens, uel comprimens, saepe in imagine ponitur huius saeculi, a quo spiritaliter recedendum est, ne simus¹ iugum ducentes cum infidelibus. ... [1638] ... Dedit enim uobis potestatem filios Dei fieri (vgl. Ioh. 1,12). ... [1639] ... hi [= c o l l e s, v. 4] sunt quibus dicitur: *Non ut confundam uos haec scribo, sed ut filios meos carissimos moneo* (I Cor. 4,14);

C 1028: Primo modo [propheta] commemorat quae miracula Dominus Hebraeis praestiterit, et populo christiano. ... [1029] ... Hic e x i t u m illum debemus accipere, quando nos a peccatorum uinculis contingit exire. Tunc enim ab Aegyptiorum, id est, a daemonum turba liberamur, quando barbaricae seueritatis illius iura non patimur; ... I u d a m diximus non solum ad Hebraeorum pertinere nationem, sed ad omnes fideles posse respicere. ... P o t e s t a s autem e i u s I s r a e l dicta est, quoniam in ipso magna miracula propriae² uirtutis ostendit. Nam ubi ille non habet p o t e s t a t e m, qui omnia facit quae uult in caelo et in terra (vgl. v. 11 [3])?

---

1 CSg: zu sitis *verbessert*.
2 CSg: propriae alleluiae

425,23 C 1029: *M a r e* frequenter diximus peccatores istius saeculi debere suscipi, qui more undarum tumidis cogitationibus fluctuant[3]; *I o r - d a n e m* uero pro quolibet flumine debemus accipere, qui uariis desideriis homines rapiunt et in mare illud magnum nefanda praecipitatione deducunt. Ista enim duo quae genus humanum diuersa delectatione rapiebant, aduentu Domini respecto, a suis consuetudinibus *r e t r o r - s u m* praecipitata redierunt.

Pr 71 (326 C-D): Iam hic recordetur unusquisque qui sub dura dominatione diabolicis in hoc saeculo operibus subditus laborat, quomodo ab hoc iugo liber effectus sit, quomodo inter dissuadentium retinacula et obsistentium impedimenta ad uiam libertatis et ad spem aeternae hereditatis euaserit. *M a r e* ergo *u i d i t e t f u g i t*, cum obstacula saeculi uerbo Dei tremefacta cesserunt. *I o r d a n i s ... r e t r o r s u m*. Quoniam qui auersus a principio suo Creatorem suum deserit, tamquam fluuius in *m a r e* labitur, cui bonum est ut *r e t r o r s u m c o n u e r t a t u r* et rediens ad auctorem retro sibi faciat *m a r e*, id quod ante tendebat, et sic *I o r d a n i s c o n u e r t a t u r r e t r o r s u m*, cum illi *c o n u e r t u n t u r* ad Dominum, qui gratiam baptismi perceperunt. (∿ A 1638f.) - Vgl. 419,3f.

A 1639: Increpat enim Dominus quosdam qui dorsum ad eum posuerunt, et non faciem. Et quisquis principium suum deserit, et a suo Creatore auertitur, tamquam fluuius in *m a r e*, labitur in huius saeculi amaricantem malitiam. Bonum ergo est illi ut *r e t r o r s u m c o n - u e r t a t u r*, fiatque illi Deus ante faciem redeunti, quem sibi a tergo posuerat;

426,3 A 1639: *M o n t e s g e s t i e r u n t u e l u t a r i e t e s*: fideles dispensatores uerbi ueritatis sancti apostoli, sancti euangelii praedicatores. *E t c o l l e s u e l u t a g n i o u i u m*. Hi sunt quibus dicitur: *In Christo Iesu per euangelium ego uos genui* (I Cor. 4, 15); ... hi sunt de quibus dicitur: *Afferte Domino filios arietum* (Ps 28,1).

C 1030: *M o n t e s* apostolos et euangelistas, uel omnes uerbi praedicatores accipi posse manifestum est, ... Isti enim *e x u l t a u e - r u n t* in operibus suis *t a m q u a m a r i e t e s*, qui fidelissimum gregem ad caulas Domini diuino iuuamine perducebant.

---

3 CSg: fluctuantur

426,7 A 1639: Quid est, o saeculum, quod tua impedimenta cesserunt? quid est,
o tot milia toto orbe fidelium, huic mundo renuntiantium, quod ad uestrum
Dominum c o n u e r t e m i n i? Quid est quod gaudetis, quibus in fine
dicitur: *Euge, bone serue, quoniam in paucis fidelis fuisti, supra*[4] *multa
te constituam* (Matth. 25,21)? - Vgl. A zu 425,23.

C 1030: Secundum ingreditur modum, in quo decora interrogatio praemitti-
tur, ut dulcissima responsio subsequatur.

426,16 A 1640: Quid est: *a f a c i e D o m i n i*, nisi eius praesentia qui
dixit: *Ecce ego uobiscum sum usque in consummationem saeculi* (Matth.
28,20)? *C o m m o t a e s t* enim *t e r r a*; sed quia male pigra
remanserat, *c o m m o t a e s t*, ut solidius firmaretur *a f a c i e
D o m i n i*. (∼ C 1031)

426,22 A 1640: Seipsum enim et quamdam duritiam liquefecit ad irrigandos fideles
suos, ut fieret in eis fons aquae salientis in uitam aeternam (vgl.
Ioh. 4,14); quia prius, cum ignoraretur, durus uidebatur. Inde illi
turbati sunt, et non expectauerunt donec scripturis apertis influeret
atque inundaret in eos, qui dixerunt: *Durus est hic sermo, quis potest
eum audire?* (Ioh. 6,61) Ista *p e t r a*[5], ista duritia[5] *c o n u e r s a
e s t i n s t a g n a a q u a r u m*, et ista *r u p e s i n f o n -
t e s a q u a r u m*, cum resurgens exposuit[6] eis, incipiens a Moyse
per omnes prophetas, quia sic oportebat Christum pati (vgl. Luc.
24,27.26); et misit Spiritum sanctum, ...

C 1031: *P e t r a m* (ut arbitror) Iudaeorum duritiam debemus aduertere,
quam *i n* sacri baptismatis *s t a g n a c o n u e r t i t*, cum eos
ad religionem fecit uenire tranquillam. Quam similitudinem Dominus in
euangelio dicit: *Potens est Dominus de lapidibus his suscitare filios
Abrahae* (Matth. 3,9).

427,6 A 1640: Gratia quippe ista erumpentis *aquae de petra* (*petra autem erat
Christus* [I Cor. 10,4]), non quasi operibus praecedentibus data est,
sed miserante illo qui iustificat impium (vgl. Rom. 4,5). Etenim
Christus pro impiis mortuus est (vgl. Rom. 5,6), ne ullam suam homines,
sed *n o m i n i s* Dei quaererent *g l o r i a m*. (∼ C 1031)

---

4 CSg: super (!)
5 CSg: duritia ... petra
6 CSg: aperuit (iens *durch Unterstreichung getilgt*, uit *darübergeschrieben*);
   WS 235ᵃ stimmt mit der Ausgabe überein.

427,9   C 1031: *M i s e r i c o r d i a* est enim, cum miseris ac delinquentibus peccata dimittit; *u e r i t a s*, cum beatitudinis futurae promissa restituit;[7] - Vgl. 432,26.

427,9.11 C 1031: Subsecuta est causa quare dignetur Dominus deuotis *misericordiae* suae dona praestare. ... [1032] ... Nefandam quippe imputationem petit amoueri[8], quam in isto saeculo patiuntur creberrime Christiani. Nam quoties martyrum corpora diuersis suppliciis affliguntur, ipsa uox est tyrannorum, ipsa gentilium: *V b i   e s t   D e u s   e o r u m*? Quasi non possit eripere quos ut coronet tormenta patitur sustinere.

427,13.20 A 1640: Non *i n   c a e l o*, ubi solem et lunam uident, opera Dei quae colunt, sed *i n   c a e l o   s u r s u m*, quod transgreditur omnia corpora caelestia et terrestria. Nec[9] sic est *i n   c a e l o* Deus noster, quasi subtracto *c a e l o* ruinam sine sede formidet. *I n   c a e l i s   e t   i n*[10] *t e r r a   o m n i a   q u a e c u m q u e   u o l u i t   f e c i t*. Nec indiget operibus suis, tamquam in eis collocetur, ut maneat; sed in sua aeternitate [1641] persistit, ... Ergo in quibus est ipse, tamquam indigentia continet, non ab eis tamquam indigens continetur. Siue sic intellegatur: *I n   c a e l i s   e t   i n   t e r r a ... f e c i t*, uel in superioribus, uel in inferioribus populi sui uoluntarium gratiam suam constituit, ne quis de operum meritis glorietur; ... quia inuisibilem Deum colimus, qui nullorum corporeis oculis, cordibus autem paucorum mundissimis notus est; tamquam ideo possint dicere gentes: *V b i   e s t   D e u s   e o r u m*?, quia ipsi possunt ostendere oculis deos suos; ... Et quasi diceret: Ostendant gentes deos suos, *S i m u l a c r a*, inquit, *g e n t i u m ... h o m i n u m*: id est, quamuis Deum nostrum[11] carnalibus oculis uestris[12] non possimus ostendere, quem per opera intellegere debuistis; nolite tamen seduci uanitatibus[13] uestris, quia uos ea quae colitis digito potestis ostendere.

C 1032: Sequitur *o m n i a* eum *f a c e r e   q u a e c u m q u e* uel in minimas uel in maximas creaturas suas *u o l u e r i t* operari, ut

---

7 R 230ra: *M i s e r i c o r d i a* Dei fuit, quia uenire dignatus est. *V e r i t a s*, quia quod promisit adimpleuit, uidelicet quod in lege et prophetis de sua incarnatione continetur.
8 CSg: amori
9 CSg: Non
10 CSg: *fehlt.*
11 CSg: *fehlt.*
12 CSg: nostris
13 CSg: a uanitatibus

eum omnipotentem esse cognoscas, dum ubique effectum suae uoluntatis ostendat.

428,6 A 1642: Iam ergo artifex melior est eis, quia ea potuit membrorum motu atque officio fabricare; quem tamen artificem te utique puderet adorare. Melior et tu, quamuis ea non feceris, quoniam quae illa non possunt facis. Melior et bestia: ad hoc enim additum est: *N o n   c l a m a - b u n t   i n   f a u c i b u s   s u i s.* ... quod rursum hominibus pecoribusque commune est. ... lectorem uel auditorem fecit intentum, ut dum quaerit cur additum sit, admoneri se inueniat *s i m u l a c r i s   g e n t i u m* non tantum homines, sed etiam belluas se debere praeponere; ... [1643] ... Quanto ergo melius mures atque serpentes, et id genus animantium cetera, de *s i m u l a c r i s   g e n t i u m*, si ita dicendum est, quodammodo iudicant, in quibus quia non sentiunt humanam uitam, non curant humanam figuram? Itaque in eis plerumque nidificant, et nisi humanis motibus deterreantur, nulla[14] sibi habitacula munitiora[15] conquirunt.

428,13 A 1645: *Videant* ergo isti[16] apertis et sentientibus *oculis*, et adorent clausis et mortuis mentibus, nec *uidentia*, nec uiuentia *simulacra*.

428,15 C 1034: *D o m u s   I s r a e l* ecclesiam cognoscitur fidelium significare populorum.

A 1645: Sed ut perduret usque in finem ipsa patientia, *a d i u t o r ... e s t.*

428,18 A 1645: An fortasse spiritales[17] (a quibus carnales instruuntur in spiritu mansuetudinis, quia ipsi[18] tamquam superiores[18] pro inferioribus supplicant[19]) iam[19] *uident*, et illis iam res est quae adhuc inferioribus spes est? Non est ita; nam et *d o m u s   A a r o n   s p e r a u i t   i n   D o m i n u m.* Ergo, ... *a d i u t o r ... e s t.*

428,23 A 1645: Neque enim nos meritis nostris praeuenimus misericordiam[20] *D o m i n i*; sed *D o m i n u s ... n o s t r i* ...

C 1034: Nam cum dicit: *m e m o r   f u i t   n o s t r i*, gratiam diuinae pietatis ostendit. Quibus enim meritis debebatur, ut Christus *D o m i - n u s* adueniret, ...?

---

14 CSg: *durch Unterstreichung getilgt*, in illa *darübergeschrieben*.
15 CSg: munitione
16 CSg: ista (a *aus* i *verbessert*)
17 CSg: les *durch Unterstreichung getilgt*, libus *darübergeschrieben*.
18 CSg: superiores tamen ipsi
19 CSg: supplicantiā (a² *durch Unterstreichung getilgt*, v̄ [= um] *darüberge-*
20 CSg: misericordias   [*schrieben*]

429,3   Vgl. 428,15-19.
A 1646: Sed ideo semen, quia sparsum[21] per terras multiplicatum est. ...
A d i c i a t ... u e s t r o s. Et ita factum est. Accesserunt enim
etiam de lapidibus suscitati filii Abraham (vgl. Matth. 3,9); accesserunt oues quae non erant de hoc ouili, ut fieret unus grex et unus
pastor (vgl. Ioh. 10,16): accessit fides omnium gentium, et creuit
numerus non solum sapientium antistitum, sed etiam oboedientium populorum, *a d i c i e n t e   D o m i n o* non solum super patres, qui ad
illum in Christo ceteros imitaturos praeirent, sed etiam *s u p e r*
f i l i o s eorum, qui patrum pia uestigia sequerentur.
C 1035: ... siue *a d i c i a t* numero uestro populos[22] fideles[22].
Quod et nostris temporibus facit et usque ad finem saeculi non desinit
operari; ut de gentibus Ecclesia praedestinata in unum gregem redacta
congaudeat, ...

429,6   A 1646: Tamquam diceret: *B e n e d i c t i   u o s   D o m i n o*, qui
u o s   f e c i t   c a e l u m in *magnis, t e r r a m* in *pusillis*;

429,7.9 A 1646: *C a e l u m* enim *c a e l i   D o m i n o*, qui erexit
et sublimauit quorumdam sanctorum mentes in tantum, ut nulli hominum,
sed ipsi Deo suo doctibiles fierent; in cuius *c a e l i* comparatione
quidquid carneis oculis cernitur, *t e r r a* dicenda est, quam *d e d i t*
f i l i i s   h o m i n u m, ... [1647] ... Est et alius intellectus, ...
Dixeramus enim *magnos* et *pusillos* significari etiam eo quod adiectum est:
Benedicti ... terram. Si ergo *magnos c a e l i, pusillos* autem
t e r r a e nomine accipimus, quoniam *pusilli* crescendo futuri sunt
c a e l u m, et in ipsa spe lacte nutriuntur: sic sunt illi *magni*
c a e l u m   t e r r a e, cum paruulos nutriunt, ut etiam *c a e l u m*
c a e l i se esse intellegant, dum cogitant in qua spe paruuli nutri-
antur. Sed tamen quia iam illi non ab homine, neque per hominem, sed
per ipsum Deum carpunt sinceritatem ubertatemque sapientiae, acceperunt
paruulos futuros quidem *c a e l u m*, ut *c a e l u m   c a e l i* se
esse sciant; adhuc tamen *t e r r a m* cui dicant *Ego plantaui, Apollo*
rigauit, sed Deus incrementum dedit (I Cor. 3,6).
Br 1247 B: Istud *c a e l u m* subiectum est illi *c a e l o* superiori,
ubi est firmamentum, et inde habet lumen. Et *t e r r a* iterum subiecta

---

21 CSg: sparsim
22 CSg: populus fidelis

est ad illud *c a e l u m* aereum: exinde habet pluuiam et omnem necessitatem. Secundum sensum, *c a e l u m* altius²³, sancti apostoli, qui ab ipso Christo audierunt praedicationem, et illuminationem Spiritus sancti acceperunt, et exinde fuerunt edocti.

429,14 A 1647: Maneant igitur *caelum* et *terra* in Deo suo qui *fecit* ea, et *u i u a n t* ex eo, confitentes ei et *laudantes* eum; nam si ex se uelint *u i u e r e*, morientur, ...

P s a l m   114

429,22 A 1648: Quid est ergo: *D i l e x i, q u o n i a m   e x a u d i e t ?* An quia dilectionem spes solet accendere, *d i l e x i s s e* se dixit, quoniam sperauit *e x a u d i t u r u m* Deum *u o c e m   d e p r e c a t i o n i s* suae? Vnde autem hoc sperauit? *Q u o n i a m   i n c l i n a u i t*, inquit, *a u r e m   s u a m   m i h i*, ... Sed unde scis, o anima humana, quod *i n c l i n a u i t* Deus *a u r e m   s u a m* tibi, nisi dicas: Credidi? Manent ergo tria haec, fides, spes caritas (vgl. I Cor. 13,13): quia credidisti, sperasti; quia sperasti, *d i l e x i s t i*.

Pr 76 (329 C): Quid est enim *D i l e x i, q u o n i a m   e x a u d i e t   D o m i n u s*, nisi: *D i l e x i*, quoniam in hac spe sum positus, ut *e x a u d i e n d u m   e s s e* me credam? Non enim frustra hoc spero.

429,24 A 1648: sed *d i e s   m e o s* magis, inquit, possum dicere *d i e s* miseriae meae, *d i e s* mortalitatis meae, *d i e s*¹ secundum Adam, plenos laboris et sudoris¹, *d i e s* secundum uetustatem putredinis.

430,1 A 1649: et quoniam in *die* salutis, quam mihi praestitit, adiuuit me, intrat in conspectu eius gemitus compeditorum (vgl. Ps 78,11). In his enim *diebus meis: C i r c u m d e d e r u n t ... m e*, quae nisi aberrantem abs te non *i n u e n i r e n t   m e*. Nunc autem illa *m e   i n u e n e r u n t*; ego uero ea non *i n u e n i e b a m*, qui gaudebam prosperis saeculi, in quibus plus fallunt *p e r i c u l a   i n f e r n i*.

430,1.7 Pr 76 (330 A): Ego autem illa non *i n u e n i e b a m*, id est, non aduertebam. Amabam enim deceptiones meas, et gaudens falsis prosperita-

---

23 CSg: altiores

1 CSg: *dies bis sudoris fehlen durch homoioteleuton.*

tibus saeculi, ueris *p e r i c u l i s* demergebar *i n f e r n i*.
Sed cum mihi illuxit gratia tua, et causas *t r i b u l a t i o n i s*
meae ac *d o l o r i s   i n u e n i, e t   n o m e n   D o m i n i
i n u o c a u i*.

C 1038: Et inspice quid mutata haec uerba parturiant; superius ubi captus est, a *d o l o r i b u s   i n u e n t u m* se dicit: hic ubi remedium reperit, *i n u e n i s s e* seipsos *d o l o r e s* asseruit. Ille enim causas calamitatis suae cognoscit, qui se afflictum, ut conuertatur, intellegit, Nam et medicus tunc quaeritur, quando uiscera humana morbus aliquis grauare sentitur.

A 1649: Latebat enim me *t r i b u l a t i o* et *d o l o r* utilis;

430,11 A 1649: Dicat igitur sanctus populus Dei: *T r i b u l a t i o n e m ...
i n u o c a u i*, et audiant reliquiae gentium quae nondum *i n u o -
c a n t   n o m e n   D o m i n i*; ... Non hoc eis dicimus, ut quaerant miseriam quam non habent, sed ut *inueniant* eam quam nescientes habent; neque hoc eis^2 optamus, ut terrena necessaria desint eis, quibus indigent, dum mortaliter uiuunt, sed ut hoc plangant, quod amissa satietate caelesti, terrenis, non ad fruendum stabilibus bonis, sed ad sustentandum necessariis indigere meruerunt. Agnoscant et lugeant istam miseriam; faciet eos beatos lugentes (vgl. Matth. 5,5), qui eos esse semper miseros noluit.

430,19 A 1649: *M i s e r i c o r s* [1651] primum, quia *inclinauit aurem suam mihi*; ... *I u s t u s* autem, quia flagellat; et iterum *m i s e r e -
t u r*^{3}, quia recipit (vgl. Hebr. 12,6): ...

430,22 A 1650: Quomodo enim non^4 flagellet^5, *c u s t o d i e n s   p a r u u -
l o s   D o m i n u s*, quos grandes quaerit heredes?

430,23 A 1650: *S a l u u m   m e   f e c i t*, quia *h u m i l i a t u s   s u m*;
non enim poenalis, sed salutaris dolor est quem secando medicus facit.

431,1.7 C 1040: Cantet hoc populus deuotus qui, pretioso sanguine redemptus, ad desideratam *r e q u i e m* peruenire *D o m i n i* largitate promeruit.

A 1651: sed et illud apostolus uerum dicit: Quoniam *spe salui facti sumus* (Rom. 8,24). Et de morte quidem quod *e x e m p t i   s u m u s*, recte dicitur iam esse completum, ut mortem intellegamus non credentium, ... Ex hac ergo morte potest recte intellegere homo fidelis iam

---

2 CSg: ab eis
3 CSg: miserator (*ursprüngliches* e *zu* a, u *zu* o *verbessert*)
4 CSg: *fehlt*.
5 CSg: flagellat

exemptam esse animam suam, eo ipso quod ex infideli fidelis effecta⁶ est; unde ipse Saluator: *Qui credit in me*, inquit, *transitum facit a morte ad uitam* (Ioh. 5,24). Cetera uero spe completa sunt in eis qui⁷ nondum⁷ ex hac uita emigrarunt.

431,5 A 1650: Haec enim in spe completa erga se cantat quisquis huius carnis uinculum intellegit. [1651] ... Nunc enim cum *lapsus* nostros periculosissimos cogitamus, non cessant *a lacrimis oculi*; tunc autem *eximet oculos* nostros *a lacrimis*, quando et *pedes a lapsu*. ... Quapropter quia et in carne sumus, et in carne non sumus ... audi quemadmodum ad spem pertineat quod ita canitur uelut iam sit effectum, *exemit*, inquit⁸, *oculos ... lapsu*; et tamen non ait: Placeo, sed: *Placebo*⁹ ... [1652] ... tunc nullus erit fletus, quia nullus *lapsus*, ...

Psalm 115

431,11 A 1652: Illi non Christum annuntiant qui annuntiant falsitatem; quia Christus ueritas est (vgl. Ioh. 14,6). ... terrenis quippe cupiditatibus consulentes, regnum caelorum annuntiabant, habentes in pectore falsitatem, in lingua ueritatem¹.

431,14 A 1653: Passus est enim multas tribulationes, propter uerbum quod fideliter tenebat, ... [1654] ... cur addidit: *Ego autem*, nisi quia homo *humiliari* potest ab eis qui ueritati contradicunt, non ipsa ueritas quam *credit* et *loquitur*? ... Hoc enim intellegimus, quia in isto psalmo uox martyrum apparet.

---

6 CSg: effectvs (*ursprüngliches a durch Punkt darunter getilgt, vs darübergeschrieben*)
7 CSg: quoniam (!)
8 CSg: Quid?
9 In CSg 166 fehlen jetzt S. 277-88 (eine Lage), die Augustins Kommentar von Ps 114, 9 bis Ps 117, 22 enthalten. Ich habe A an der ursprünglich Reichenauer Handschrift CAug 36 (jetzt in Karlsruhe) überprüft. Dieser Codex ist höchstwahrscheinlich die direkte Vorlage für CSg 166 und dessen Fortsetzung, die jetzige Züricher Handschrift Car. C 32. Vgl. die Einleitung in Bd 8 A, § 3 a) und Fußnote 8. (Wenn diese Lage dem CSg 166 schon zu Notkers Zeiten gefehlt hätte, hätte Notker sich gewiß den CAug 36 von der nahen Reichenau ausgeborgt.)

1 R 231ra: *Credidi*, corde habendo fidem. Propter quod eandem fidem locutus sum ore.

431,18 A 1654: *E x t a s i n* pauorem dicit, quem ... humana infirmitas patitur. ... Conterritus enim respexit infirmitatem suam, et uidit non de se sibi esse praesumendum. Quantum enim ad ipsum *h o m i n e m* pertinet, *m e n d a x* est; sed gratia Dei uerax[2] effectus est, ne pressuris inimicorum cedens non *loqueretur* quod *crediderat*, sed negaret; sicut Petro accidit[3], quoniam de se praesumpserat, et docendus erat de *h o m i n e* non esse praesumendum. ... Si enim *o m n i s h o m o m e n d a x*, in tantum non erunt *m e n d a c e s*, in quantum non erunt *h o m i n e s*; quoniam dii erunt, et filii Altissimi (vgl. Ps 81,6). ... [1655] nec[4] in semetipsis fidentes sint, sed in eo qui suscitat mortuos.

431,24 A 1655: *R e t r i b u i t* ergo Deus bona pro malis, cui homines *r e - t r i b u u n t*[5] mala pro bonis; ... O *h o m o*, peccato tuo *m e n - d a x*, dono Dei uerax, et ideo iam non *h o m o*;

432,1 A 1655: quis tibi dedit *c a l i c e m s a l u t a r i s*, quem *a c c i p i e n s, e t i n u o c a n s n o m e n D o m i n i*, retribues ei pro omnibus quae retribuit tibi? quis nisi ille qui ait: *Potestis bibere calicem quem ego bibiturus sum?* (Matth. 20,22) Quis tibi dedit imitari passiones suas, nisi qui pro te passus est prior?

C 1043: Quis enim potest confessoribus tormentorum patientiam dare, nisi ille qui pro nobis dignatus est *c a l i c e m* passionis *a c c i p e - r e*? Nam ut hoc impossibile humanae uirtuti absolute monstraret, secutus est *e t n o m e n D o m i n i i n u o c a b o*.

432,4 Pr 79 (331 C): Emit enim eam sanguine suo, quem fudit Dominus pro seruis, ut et serui pro Domino suo fundere non timerent, cum tamen et Domini *m o r s* et seruorum seruis esset profutura, non Domino. (~ A 1655)

432,8 A 1655: Confiteatur itaque conditionem suam mancipium tanto pretio comparatum, et dicat: *O D o m i n e*, ... [1656] ... Dicat ergo Deo *s e r - u u s* iste: Multi se martyres dicunt, multi *s e r u o s t u o s*, quia nomen tuum habent in uariis haeresibus et erroribus; sed quia praeter Ecclesiam tuam sunt, non sunt *f i l i i a n c i l l a e t u a e*: ...

C 1044: *F i l i u s* autem *a n c i l l a e* ideo uidetur adiectum, ut Ecclesiam catholicam omnimodis indicaret, quae *a n c i l l a* est dum seruit, sponsa dum iungitur.

---

2 CAug: uerus (*zwischen* r *und* u *Rasur*)
3 CAug: acciderat
4 CAug: ne
5 CAug: retribuant (a *übergeschrieben*)

432,12 A 1656: Neque enim inueni ulla merita mea, quando tu *disrupisti uincula mea*; ideo *sacrificium laudis tibi* debeo; quia etsi⁶ gloriabor quod *seruus tuus* sim et *filius ancillae tuae*, non in me, sed in te Domino meo gloriabor, qui *disrupisti uincula mea*, ut a fuga rediens religarer tibi.

432,17 C 1044: *in atriis domus Domini*, id est, in Ecclesia catholica toto orbe diffusa, qua continentur omnes uerissimi Christiani, non haeretici qui sunt [1045] uana prauitate discreti.

A 1656: Quae *domus* Dei est, haec *ancilla* Dei est; et quae *domus* Dei, nisi omnis populus eius? ... Quid est enim aliud populus eius, nisi quod sequitur: *In medio tui, Ierusalem*? Tunc est enim quod redditur gratum, si de pace atque in pace reddatur. Qui autem *filii* huius *ancillae* non sunt, bellum potius quam pacem amauerunt.

432,18 Vgl. die Einleitung in Bd 8A, § 7,7.

P s a l m   116

432,25 C 1046: Causa redditur quare debeat *Dominus* toto orbe *laudari*, quoniam promissiones suas, quas per sanctos prophetas effecerat, aduentus sui uisitatione compleuit.

A 1657: *et ueritas Domini manet in aeternum*, siue in eis quae promisit iustis, siue in eis quae minatus est impiis.

P s a l m   117

433,4 A 1657: Confessio autem, uel laudis eius est, uel peccatorum nostrorum. ... Hic enim certe manifestum est uocem confessionis et sonum, non ad maerorem paenitentiae, sed ad laetitiam festiuitatis celeberrimae pertinere. ... [1658] ... Quid sit grandius¹ ista breuitate, non uideo; cum ita² sit proprium Deo quod *bonus* est, ... Sed quoniam populo dicitur, in praenuntiatione futurorum liberato ab omni labore et captiuitate peregrinationis et ab omni permixtione iniquorum, quod ei per

---

6 CAug: et

1 CAug: gradius
2 CAug: istud (*aus* ista *verbessert*)

gratiam Dei praestitum est, non solum non retribuentis mala pro malis, sed etiam retribuentis bona pro malis, conuenientissime adiunctum est: *Quoniam in saeculum misericordia eius.*

433,10 A 1658: Recognoscitis, credo, carissimi, quae sit *domus Israel,* quae sit *domus Aaron,* et quoniam utrique sunt *timentes Domi* -[1659]*num.* Ipsi enim sunt pusilli cum magnis, iam in alio psalmo bene insinuati cordibus uestris (vgl. Ps 113,21 [13]); (∿ C 1049)

Pr 80 (332 D-333 A): *Israel* et *domus Aaron* ipsi sunt omnes *qui timent Dominum,* pusilli scilicet atque maiores. WS 245[a]: Israhelitis namque in Christum credentibus, ex quorum numero sunt apostoli, patres nostri ad eminentiam perfectorum et oboedientiam paruulorum, aeterna Dei *misericordia* adiunctus est numerus gentium, ut omnes facti unum in Christo, facti unus grex sub pastore uno (vgl. Ioh. 10,16), et corpus illius capitis tamquam unus homo dicamus: *In tribulatione ...* (∿ A 1659)

433,13 A 1659: Angustia[3] nostrae *tribulationis*[3] finitur: *latitudo* autem quo transimus, non habet terminum.

Pr 81 (333 A): Qui tribulatur, in angustia est. Sed qui *exauditur, latitudinis* infinitate suscipitur.

433,20 C 1050: Cum uero ait: *uidebo inimicos meos,* spiritales nequitias uult intellegi, quas in illo iudicio dicit esse *uidendas,* ... (∿ A 1659)

433,24 A 1659: nemo enim bonus, nisi solus Deus (vgl. Marc. 10,13); et cum uidentur adiuuare homo uel angelus, cum hoc uera dilectione faciunt, ille per eos facit, qui eos pro modo eorum bonos fecit[4]. *Bonum est ergo sperare ... in principes.* Nam et angeli dicti sunt *principes,* sicut in Daniele (12,1) legimus: *Michael princeps uester.*

Pr 81 (333 B): *Principes* et homines et angeli possunt intellegi. Sed in neutris spes collocanda est, *quia potestas non est nisi a Deo* (Rom. 13,1).

434,2 CSg 27, 490: Vox Ecclesiae de persecutione *gentium* quae prius persequebantur caput quod est Christus, deinde eius corpus quod est Ecclesia.

---

3 CAug: angustia nostra, et tribulatio nostra
4 CAug: facit

C 1051: Nam quod dixit: *g e n t e s* et subiungit genus masculinum: *u l t u s   s u m   e o s*, siue ad intellectum pertinet, quia in *g e n - t i b u s* populi significantur; siue ...

434,2.5 A 1660: Quod ait: *O m n e s   g e n t e s   c i r c u m d e d e r u n t   m e, e t ...   u l t u s   s u m   e o s*, significat Ecclesiae labores et uictoriam; sed quasi causa quaereretur unde tanta mala superare potuerit, respectum est ad exemplum, et dixit quid primo passa sit in capite suo, addendo quod sequitur: *C i r c u m d a n t e s   c i r c u m d e - d e r u n t   m e*: et bene ibi non repetitum est, *o m n e s   g e n t e s*, quod a Iudaeis solis factum est. (~ C 1051f.)

434,5 Pr 81 (333 C): Ipsum Dominum caput Ecclesiae intellegimus, *c i r c u m - d a t u m* a persecutoribus, ...

434,8 A 1660: Quid enim ab ignorantibus gestum sit, mystica subtilitate Spiritus sanctus loquitur. Mel quippe *a p e s* operantur in *f a u i s*; nescientes autem persecutores Domini, fecerunt eum nobis ipsa passione dulciorem;

434,10 A 1660: *E t   e x a r s e r u n t   u e l u t*^{5} *i g n i s   i n   s p i n i s*, in eius corpore, hoc est, in populo ubique diffuso melius intellegitur; quem *c i r c u m d e d e r u n t   omnes gentes*, cum sit collectus de *omnibus gentibus. E x a r s e r u n t* quippe *u e l u t   i g n i s   i n   s p i n i s*, quando peccatricem carnem atque huius mortalis uitae molestissimas compunctiones, persecutionis incendio cremauerunt.

434,13 A 1660: siue quia et ipsi, malitia quae in eis iustos persequebatur exstincta, christiano populo sociati sunt; siue quia ceteri eorum qui contempserunt hoc tempore uocantis^6 misericordiam, ueritatem iudicantis^6 in fine sensuri sunt.

C 1052: Sed *i n   e i s* quoque Domini gratia *u i n d i c a t u m   e s t*, quando de illo melle quod condiderant nescii, conuersi ad Dominum suauissime sunt repleti.

434,16.21 A 1661: Multitudinem ergo fidelium in unitate fidei simul habitantem persecutio *gentium* quo *i m p e l l e r e t*^{7}, ut deiceret, non habebat, quando in eum creditum est, qui^8 et singulos et omnes et ubique *s u s - c i p e r e t*;

C 1052: *I m p u l s u s* enim ille *c a d i t*, cui *D o m i n i* fortitudo subtrahitur. ... sed *D o m i n i* susceptione firmatus est. ...

---

5 CAug: sicut
6 CAug: uocantes ... iudicantes
7 CAug: impleret
8 CAug: quia

sed *D o m i n i* dextera [1053] confirmati non *c a d u n t,* quoniam in fidei sanctitate consistunt.

434,21 A 1660: *T a m q u a m   c u m u l u s   a r e n a e   i m p u l s u s   s u m   u t   c a d e r e m,   e t   D o m i n u s   s u s c e p i t   m e.*

434,26 A 1661: Qui ergo *cadunt,* cum *impelluntur,* nisi qui[8] sua sibi *f o r t i - t u d o,* et sua sibi uolunt esse *l a u d a t i o* ? ... Quapropter cuius *f o r t i t u d o   e t   l a u d a t i o* est *D o m i n u s,* tam non *c a d i t* quam non *c a d i t* Dominus.

435,4 A 1661: ubi uocem maeroris et exitii putabant esse, qui in eorum corpora saeuiebant.

435,7 A 1661: Quam *u i r t u t e m* dicit? *D e x t e r a,* inquit, *D o m i n i   e x a l t a u i t   m e.* Magna *u i r t u s   e x a l t a r e* humilem, deificare mortalem, praebere de infirmitate perfectionem, de subiectione gloriam, de passione uictoriam, ...

435,9 Pr 83 (334 B): Vox Ecclesiae est ...
A 1661: At illi stragem funerum ubique facientes, Ecclesiam Christi *m o r i* arbitrabantur. Ecce nunc *e n a r r a t   o p e r a   D o m i n i.* ... Tamen cur tanta indigna pertulit corpus Christi, sancta Ecclesia, populus in adoptionem, indicet nobis.

435,13 A 1662: Saepe filios paterfamilias per nequissimos seruos *e m e n d a - r i* iubet, cum illis hereditatem, illis compedes praeparet. Quae est ista hereditas? ... Vide qua intretur, et cognosce quid sit.

435,16 C 1054: Quibus ergo dicitur, *a p e r i t e,* nisi prophetis atque aposto- lis, qui caelorum claues mysticis uirtutibus acceperunt? ... Ceterum quidquid extra Ecclesiam catholicam geritur, nequaquam Domini laudibus applicatur.
A 1662: Ecce audiuimus *p o r t a s*[9]. Quid est[9] intus? ... Illa confessio laudis[10] ...: haec est aeterna beatitudo iustorum, qua[11] beati sunt qui inhabitant in domo Dei, in saecula saeculorum laudantes eum (vgl. Ps 83,5). Sed uide quemadmodum *i n t r e t u r   i n   p o r t a s   i u s t i t i a e.*

435,23 A 1662: Quam saepe ostenditur laudis esse ista confessio, non uulnera medico ostendens, sed de percepta sanitate gratias agens.
C 1054: Istam confessionem [1055] non afflicti populi debemus aduertere, sed laetantis. Gratias enim agit, ...

---

8 CAug: quia
9 CAug: portas quidem
10 CAug: laudis Dei
11 CAug: quia (!)

435,26 C 1055: Sub allusione fabricantium exponitur inanis opera Iudaeorum. ...
Dominus autem Christus per tropologiam (sicut innumeris locis constat
expositum) ideo *l a p i s* dicitur angularis, quia duos ad se populos
e diuerso uenientes gentilium atque Iudaeorum tamquam geminos parietes
in unam soliditatis gratiam colligauit.

A 1662: *Nam hic factus est in caput angeli, ut duos conderet in se, in
unum nouum hominem, faciens*[12] *pacem, et connecteret*[13] *utrosque in uno corpore Dei*[14] (Eph. 2,15.16), circumcisionem scilicet et praeputium.

436,4 A 1662: *A D o m i n o f a c t u s e s t e i,* id est, *capiti anguli*[15]
a D o m i n o f a c t u s e s t. ... Nam illi qui *aedificabant, reprobauerunt*; sed in eo quod Dominus occulte *aedificabat*, fecit *in caput
anguli* quod illi *reprobauerunt*.

C 1055: Sed dum memorat *f a c t u m*, natura humanitatis ostenditur, quae
et creata esse monstratur. ... Et alibi: *Qui factus est ei ex semine
Dauid secundum carnem* (Rom. 1,3). ... Viderunt enim et Iudaei, sed non
m i r a b i l e m, quia solam intuebantur carnem, quam uidebant esse
communem.

436,8 A 1662: *i n o c u l i s* interioris hominis, *i n o c u l i s* credentium, sperantium, diligentium;

436,10 A 1663: id est, quo mihi salutem dedit. ... id[16] est, *d i e s* quo ille
mediator *factus est in caput anguli*.

436,14 A 1663: Quia *dies* salutis est, *s a l u u m m e f a c*, quia de longinqua
peregrinatione reuertentes seiungimur ab eis qui oderant pacem, cum
quibus eramus pacifici, et cum loqueremur eis, debellabant[17] nos gratis[17]
(vgl. Ps 119,7);

436,17 A 1663: Maledictus ergo ille qui *u e n i t i n n o m i n e* suo; sicut
in euangelio dicit: *Ego ueni in nomine Patris mei, et non accepistis me;
si alius uenerit in nomine suo, illum accipietis* (Ioh. 5,43). (∿ C 1056)

436,22 A 1663: Credo quod ista uox magnorum est ad pusillos (vgl. Ps 113,21[13]),
eorum scilicet magnorum qui Verbum Deum apud Deum (vgl. Ioh. 1,1), sicut
in hac uita possunt, mente contingunt; et[18] tamen sermonem suum propter
paruulos temperant, ut possint sinceriter dicere quod ait apostolus:

---

12 *Mit -ciens setzt der CSg wieder ein.*
13 CSg: commutaret
14 CSg: Deo
15 CSg: angulari (!)
16 CSg: is (*ursprüngliches* d *durch Unterstreichung getilgt,* s *darübergeschrieben*)
17 CSg: gratis debellabant nos (!)
18 CSg: fehlt. (*WS 249b stimmt mit der Ausgabe überein*)

Siue enim mente excessimus Deo, siue temperantes sumus uobis; caritas enim Christi compellit nos (II Cor. 5,13.14). Ipsi paruulos b e n e - d i c u n t d e interiore d o m o D o m i n i, ubi laus illa in saecula saeculorum non deficit; et ideo uidete quid inde annuntient.

C 1056: Ab illo populo fideli quem praefati sumus, hoc dicitur reliquis Christianis, qui[19] quasi sacerdotali dignitate subuecti loquuntur ad plebem, ostendentes Domini benedictionem deuotae plebi per antistites salubriter dari.

437,4 A 1663: D o m i n u s ille *qui uenit in nomine Domini, quem reprobauerunt aedificantes, et factus est in caput anguli*; mediator ille Dei et hominum homo Christus Iesus, D e u s est, aequalis est Patri, e t i l l u x i t n o b i s, ut quod credimus intellegeremus, et uobis nondum intellegentibus, sed iam credentibus, enuntiaremus[20].

437,9 C 1057: I n c o n f r e q u e n t a t i o n i b u s, id est, processionibus crebris, quas populi turba condensat, et reddit celeberrimas deuotione festiua.

A 1663: id est, usque ad interiorem *domum Dei, de* qua *uos benediximus,* ubi sunt a l t a r i s excelsa. C o n s t i t u i t e d i e m f e s t u m, non tepide ac segniter, sed i n c o n f r e q u e n t a - t i o n i b u s[21]. Ipsa enim uox *exultationis, soni festiuitatem celebrantis,* ambulantium in [1664] loco *tabernaculi admirabilis*[22] *usque ad domum Dei* (Ps 41,5). Si enim est ibi spiritale sacrificium, sempiternum sacrificium laudis, et sacerdos sempiternus est, et a l t a r e sempiternum pacata mens ipsa iustorum. Hoc apertius dicimus, fratres: quicumque Deum Verbum intellegere uolunt, non eis sufficiat caro, quod propter eos Verbum factum est, ut lacte nutrirentur, nec in terra sufficiat iste d i e s f e s t u s quo agnus occisus est; sed c o n s t i t u a t u r i n c o n f r e q u e n t a t i o n i b u s[21], quousque perueniatur, exaltatis a Domino mentibus nostris, usque ad eius diuinitatem interiorem, qui nobis exteriorem humanitatem lacte nutriendis praebere dignatus est. Et quid ibi aliud, nisi laudes eius cantabimus? Quid ibi aliud dicemus[23], nisi: D e u s m e u s e s t u, e t c o n f i t e b o r ... i n

---

19 CSg: *fehlt.*
20 CSg: nuntiaremus
21 CSg: frequentationibus
22 CSg: *fehlt.* (!)
23 CSg: dicimus

s a l u t e m ? Non strepitu uerborum ista dicemus, sed dilectio inhaerens[24] illi per seipsam clamat istam[25] uocem[25], et dilectio ipsa uox est ista.

437,21 A 1664: Itaque sicut coepit laudem, ita terminat: ... Hinc coepit psalmus, huc[26] desinit;

Psalm 118

Einleitung:

437,22 A 1664: Psalmos omnes ceteros, quos codicem psalmorum nouimus continere, quod Ecclesiae consuetudine Psalterium nuncupatur, partim sermonicando in populis, partim dictando exposui, donante Domino, sicut potui; psalmum uero centesimum octauum decimum, non tam propter eius notissimam longitudinem, quam propter eius profunditatem[1] paucis cognoscibilem differebam. Et cum molestissime ferrent fratres mei, eius solius expositionem, quantum ad eiusdem corporis psalmos pertinet, deesse opusculis nostris, meque ad hoc soluendum debitum uehementer urgerent, diu petentibus iubentibusque non cessi; quia quotiescumque inde cogitare temptaui, semper uires nostrae intentionis excessit. Quanto enim uidetur apertior, tanto mihi profundior uideri solet; ita ut etiam quam sit [1665] profundus, demonstrare non possem. Aliorum quippe, qui difficile intelleguntur, etiamsi in obscuritate sensus latet, ipsa tamen apparet obscuritas; huius autem nec ipsa; quoniam talem praebet superficiem, ut lectorem atque auditorem, non expositorem necessarium habere credatur. Et nunc quod tandem ad pertractationem eius accedo, quid in eo possim, prorsus ignoro; spero tamen, ut aliquid possim, adfuturum atque adiuturum Deum. Sic enim fecit in omnibus quaecumque sufficienter, cum prius mihi ad intellegendum uel explicandum difficilia ac pene impossibilia uiderentur, exposui. Statui autem per sermones id agere, qui proferantur in populis, quas Graeci ὁμιλίας[2] uocant. Hoc enim iustius esse[3] arbitror, ut conuentus ecclesiastici non fraudentur etiam

---

24 CSg: haerens
25 CSg: ista uoce
26 CSg: *ursprüngliches* huc *durch Unterstreichung getilgt,* hinc *darübergeschrieben.*

1 CSg: altitudinem
2 CSg: homelias
3 CSg: *fehlt.*

psalmi huius intelligentia, cuius, ut aliorum delectari assolent cantilena. Sed sit huc usque prooemium: iam de ipso est loquendum, de quo istuc uisum est praeloquendum[4].

(ALEPH)[1]

438,18 A 1665: Ab exordio suo magnus psalmus iste, carissimi, exhortatur nos ad beatitudinem, quam nemo est qui non expetat[2]. ... si ergo uis esse *b e - a t u s*, esto *i m m a c u l a t u s*. ... Sed ubi erit quisque *i m - m a c u l a t u s*, nisi *i n   u i a* ? *I n* qua *u i a*, nisi *i n   l e g e   D o m i n i* ? ... *B e a t u m* quippe esse, tam magnum est[3] bonum, ut hoc et boni uelint et mali. Nec mirum est quod boni propterea sunt boni; sed illud[4] [1666] est mirum[4], quod etiam mali propterea sunt mali, ut sint *b e a t i*. Nam quisquis libidinibus deditus, luxuria stuprisque corrumpitur, in hoc malo beatitudinem quaerit, et se miserum putat, cum ad suae concupiscentiae uoluptatem laetitiamque non peruenit, *b e a t u m* uero non dubitat iactare[5] cum peruenit. Et quisquis auaritiae facibus inardescit, ad hoc congregat quocumque modo diuitias, ut *b e a t u s* sit; inimicorum sanguinem fundere quicumque desiderat, dominationem quisquis affectat, crudelitatem suam quisquis alienis cladibus pascit[6], in omnibus sceleribus beatitudinem quaerit. Hos igitur errantes, et uera miseria falsam beatitudinem requirentes, reuocat ad *u i a m*, si audiatur, uox ista diuina: ... Tam magnum bonum per[7] mala quaerere[7] nolite;

439,1 A 1666: Non mihi uidetur aliud his uerbis commemoratum *b e a t o r u m* genus, quam illud quod ante dictum est. ... Et tamen nouimus operarios iniquitatis ad hoc *s c r u t a r i   t e s t i m o n i a* Domini, quia malunt docti esse quam iusti: ... Tales ergo nondum *immaculati ambulant in lege Domini*, ac per hoc nondum *b e a t i*. ... [1667] ... Non enim

---

4 CSg: pro eo loquendum

1 Der sehr umfangreiche Ps 118 ist ein *psalmus litteratus* oder *alfabites* (HT 246): seine 176 Verse sind aufgeteilt in 22 Gruppen zu je 8 Versen; jede Gruppe fing ursprünglich mit einem Buchstaben des hebräischen Alphabet an, die erste mit ALEPH, die zweite mit BETH, usw. Diese 22 Gruppen hatten also ursprünglich das hebräische Alphabet als eine Art von Akrostichon. Vor allem wegen der Übersichtlichkeit habe ich hier diese Gruppen beibehalten und zu Anfang eines jeden Abschnitts den Namen des jeweiligen hebräischen Buchstabens zwischen Klammern angegeben (nach C).

2 CSg: expectat
3 CSg: et
4 CSg: mirum est illud
5 CSg: factum (um *auf Rasur*)
6 CSg: pascitur
7 CSg: quaerere per mala

quaerunt ipsa, sed aliud quaerunt per ipsa, id est, ut glorificentur ab hominibus, uel ditentur. ... Quaerunt itaque Deum[8] et impii et iniqui, ut eo inuento non sint impii, nec iniqui. Quomodo ergo iam[9] *b e a t i*, cum[10] adhuc *t e s t i m o n i a   e i u s   s c r u t a n t u r* et *e x q u i r u n t   e u m*, cum hoc facere possint et impii, possint et iniqui? *B e a t o s* autem esse impios et iniquos, quis uel impius dixerit aut iniquus? Ergo spe *b e a t i*, ... non propter quod adest, quamdiu mala patiuntur;

C 1060: Superioris adhuc sensus est et ista sententia.

439,9 A 1668: *Qui* autem *peccatum facit, et iniquitatem facit,* ait beatus Iohannes; et addidit: *Peccatum iniquitas est* (I Ioh. 3,4). ... [1669] ... An uero sancti Domini *n o n   a m b u l a n t   i n   u i i s* Domini? Quod si [1670] *a m b u l a n t*, inquit, *n o n   o p e r a n t u r   i n i q u i t a t e m*; si *n o n   o p e r a n t u r   i n i q u i t a t e m*, non habent peccatum; quoniam *peccatum iniquitas est*. ... Dic nobis, Paule beatissime, utrum[11] *a m b u l a u e r i s   i n   u i i s* Domini, cum in carne adhuc uiueres? ... Et hic ergo respondet: Nonne legistis ubi confiteor, dicens: *Non enim quod uolo facio bonum, sed quod nolo malum, hoc ago?* Et hoc audiuimus: iam itaque illud interrogamus[12]: Quomodo *i n   u i i s* Domini *a m b u l a b a s*, si *malum* quod *nolebas hoc agebas*; ... Audi continuo respondentem per[13] sententiam[13] consequentem: *Si quod nolo,* inquit, *ego hoc facio, iam non ego operor illud, sed quod habitat in me peccatum* (Rom. 7,15-17). Ecce quemadmodum qui *a m b u l a n t   i n   u i i s* Domini, *non operantur peccatum,* et tamen non sunt sine *peccato*; quia iam non ipsi *operantur illud, sed quod habitat in eis peccatum.* ... [1671] ... Quomodo *agat* homo quod ipse non *agit?* Vtrumque enim dixit, et *Non*[14] *quod*[14] *uolo, ago,* et: *Non ego operor illud, sed quod habitat in me peccatum.* Vnde intellegere debemus, quando *peccatum quod habitat in nobis, operatur in* nobis, tunc nos id *non operari*; quando nequaquam ei uoluntas nostra consentit, et tenet etiam corporis membra, ne *oboediant desideriis eius.* Quid enim *operatur peccatum nolentibus* nobis, nisi illicita *desideria?* Quibus si uoluntatis non

---

8 CSg: Dominum
9 CSg: tamen
10 CSg: dum
11 CSg: uir. An (An übergeschrieben)
12 CSg: a durch Unterstreichung getilgt, e darübergeschrieben.
13 CSg: presentia
14 CSg: Quod non

adhibeatur assensus, mouetur quidem nonnullus affectus, sed nullus ei
relaxatur effectus. Hoc praecepit idem apostolus, ubi dicit: *Non ergo
regnet peccatum in uestro mortali corpore, ad oboediendum desideriis
eius; nec exhibeatis membra uestra arma iniquitatis peccato* (Rom. 6,12).
Sunt itaque *desideria peccati*, quibus nos prohibuit *oboedire*. *Operantur
ergo peccatum* haec *desideria*; quibus si *oboedimus*, et nos *operamur*; si
autem obtemperantes apostolo non *oboedimus*[15] eis[15], *non illud nos operamur, sed quod in* nobis *habitat peccatum*. Si autem *desideria* nulla haberemus illicita, nec nos, nec *peccatum mali* aliquid *operatur in* nobis.
Motum porro illiciti *desiderii*, cui non *oboediendo* [1672] non eum nos
operamur, ideo et nos *agere* dicimur, quoniam non est naturae uigor
alienae, sed languor est nostrae[16]; a quo languore omnimodo salui erimus,
cum et animo et corpore immortales facti fuerimus. Quapropter et quia
i n   u i i s Domini *a m b u l a m u s*, non *oboedimus desideriis peccati*; et quia non sumus sine *peccato*, habemus *desideria peccati*. ... *N o n
e n i m   q u i   o p e r a n t u r   i n i q u i t a t e m*, id est, *oboediunt desideriis peccati, i n   u i i s* Domini *a m b u l a u e r u n t*.
C 1061: Operatio enim *i n i q u i t a t i s* est consensus malorum, ...

439,25 A 1674: Denique illa graeca sententia non habet hoc uerbum, quod hic
legitur: ibi enim est ἄγαν[17], quod est *n i m i s*; hic est autem
σφόδρα[18], quod est *u a l d e*. Sed[19] aliquando, ut diximus: *n i m i s*
pro eo quod est *u a l d e*[19] et dictum inuenimus et dicimus.

440,3 A 1674: *Praecepisti* quidem **tu**, sed *u t i n a m* quod *praecepisti* fiat
mihi. Vbi audis *V t i n a m*, uocem optantis agnosce; ... [1675] ...
non optat[20] hic[20] *d i r i g i   u i a s   s u a s   a d   c u s t o d i-
e n d a s   i u s t i f i c a t i o n e s   D e i*, nisi iam eius acceptis
ipso *praecipiente mandatis*. Ad hoc enim pertinet quod praemisit: *Tu ...
nimis*. ... et *mandata tua* sancta, et iusta, et bona; ... [1679, zu v.
13:] ... *Iustificationes* enim sunt, non dicta, sed facta iustitiae, opera
scilicet iustorum, quae imperat Deus[21]. Ideo autem Dei dicuntur, quamuis
a nobis fiant, quia nisi ipso donante non fiunt. ... Sed cum eloquiis
Dei omnia contineantur, et *iustificationes* uidelicet et *iudicia*;

---

15 CSg: ei obedimus
16 CSg: n̄r [= noster]
17 CSg: agan
18 CSg: sphodra
19 CSg: Sed *bis* ualde fehlen durch homoioteleuton.
20 CSg: optauit
21 Vgl. zu dieser "Definition" die Einleitung in Bd 8 A, § 7, c) 4, wo es nicht
   Ps 118,49, sonder Ps 118,13 heißen soll. Auch WS hat 254[b] diese Definition
   angebracht, und zwar zu Ps 118,16.

440,10 C 1063: *R e s p i c e r e* autem est *m a n d a t a* semper ante oculos habere quae iussa sunt, ...

A 1675: Talem se[22] iste uult esse, ut *i n s p i c i a t* tamquam in speculo *m a n d a t a* Dei, et *n o n c o n f u n d a t u r*; quia non auditor eorum tantum uult esse, sed factor. ... Alioquin legem Dei habebit, non ubi gratuletur, sed ubi *c o n f u n d a t u r*, si uoluerit *m a n d a t a i n s p i c e r e*, quae non facit.

440,13 A 1675: Non est peccatorum confessio ista, sed laudis;
... Vtique si *dirigantur uiae meae*, *c o n f i t e b o r t i b i*; quoniam tu fecisti, et tua laus est ista, non mea. Tunc enim *c o n - f i t e b o r i n e o q u o d ... t u a e*, si directum *c o r* habeo *directis* uidelicet *uiis meis ad custodiendas iustificationes tuas*. Nam quid mihi proderit quod ea *d i d i c e r i m*, si *c o r d e* peruerso *uias* abibo[23] *prauas?* non enim laetabor in eis, sed accusabor ab eis.

440,17 A 1675: Quae omnia ex illo utique connectuntur, quod ait: *Vtinam* [1676] *dirigantur uiae meae* ...

440,20 A 1676: *N e d e r e l i n q u a s m e u s q u e u a l d e*; ... Si enim *d e r e l i q u i s t i*, ut sine adiutorio tuo infirmus appaream, noli *u s q u e u a l d e*, ne peream. *Tu ergo praecepisti mandata tua custodiri nimis*. ... tunc *iustificationes tuas custodiam*; et si *d e r e l i q u i s t i* me, ne gloriarer in me, noli *u s q u e u a l - d e*, et iustificatus abs te gloriabor in te.

(BETH)

440,25 A 1676: huc usque interrogatio est. Deinde responsio: ... (∿ C 1064)

441,1 A 1676: Sed hoc loco custoditio[1] uerborum Dei, intellegenda est operatio praeceptorum. ... [1677] ... Hic uero nec homo ait, nec uir, sed *i u n i o r*. Numquid desperandus est senior? aut in alio *c o r r i - g i t* etiam[2] senior *u i a m s u a m*, quam *i n c u s t o d i e n d o u e r b a* Dei? An forte admonitio est, qua aetate potissimum fieri debeat; secundum illud quod alibi scriptum est: *Fili, a iuuentute tua excipe doctrinam, et usque ad canos inuenies sapientiam* (Eccli. 6,18)?

---

22 CSg: et
23 CSg: habebo

1 CSg: custodia
2 CSg: et tamen (*durch Unterstreichung getilgt*, etate *darübergeschrieben*)

... Tertius quoque intellectus mihi occurrit, quem quidem ego, quantum pro modulo meo sapio, duobus superioribus antepono: ut senior agnoscatur, uetus homo; et nouus, *i u n i o r*: ... Sit ergo licet quilibet, quantum ad aetatem pertinet corporis, annosa uetustate decrepitus, *i u n i o r* erit ad Deum percepta gratiae nouitate conuersus; et in hoc *c o r r i - g i t   u i a m   s u a m, i n   c u s t o d i e n d o   u e r b a* eius: ...

441,6   A 1678: et hoc unde posset, nisi eum auersum ad se ipse conuerteret, ... et ille perditum quaereret, et³ errantem ille reuocaret, qui dicit: *Quod perierat requiram, et quod errauerat reuocabo* (Ezech. 34,16)? (∿ C 1064f.)

441,8   A 1678: Quid est enim *a* Deo *r e p e l l i*, nisi non adiuuari? *M a n - d a t i s* quippe eius rectis atque arduis humana non contemperatur infirmitas, nisi praeueniens eius adiuuet caritas.

441,12 A 1678: continuo diuinum quaesiuit auxilium, ne *i n   c o r d e* eius Dei *e l o q u i a* sine fructu *a b s c o n d e r e n t u r*, ...

441,15 A 1678: Vtquid ergo addit et dicit: *D o c e ... t u a s*, nisi quia eas uult faciendo discere, non loquendo uel memoria retinendo? ... da etiam benedictionem gratiae, ut faciendo discam⁴ quod intimando iussisti.

441,17 A 1680: et de quorum profunditate alibi scriptum est: *Iudicia tua abyssus multa* (Ps 35,7); quantum Deus donat, tractare suscepimus. ... Haec atque huiusmodi *i u d i c i a* Dei euidenter expressa nouit Ecclesia; sed non ipsa sunt omnia, cum sint quaedam inscrutabilia, et sicut *abyssus multa*, profunda et occulta. ... *I n   l a b i i s   m e i s e n u n t i a u i   o m n i a   i u d i c i a   o r i s   t u i*, id est, nihil *i u d i c i o r u m* tuorum tacui, quae mihi per *eloquia tua* innotescere uoluisti, sed omnia prorsus *i n   l a b i i s   m e i s e n u n t i a u i*. Hoc enim mihi uidetur significare uoluisse, quod non ait: *o m n i a   i u d i c i a* tua, sed: *o m n i a   i u d i c i a o r i s   t u i*, id est, quae mihi dixisti; ... quae *o m n i a   i u d i - c i a* usquequaque *i n   l a b i i s* suis *e n u n t i a r e* non cessat Ecclesia. (∿ C 1066)

441,20 A 1681: *V i a m   t e s t i m o n i o r u m* Dei nihil citius, nihil certius, nihil breuius, nihilque grandius intellegimus esse quam Christum, ... (∿ C 1066) Commendat autem suam caritatem Deus in nobis, quoniam⁵ cum adhuc peccatores essemus, Christus pro nobis mortuus est. Cum ergo ipse dicat: *Ego sum uia* (Ioh. 14,6), et humilitas eius carnalis

---

3 CSg: *fehlt.*
4 CSg: discant
5 CSg: quod

natiuitatis atque passionis, euidentia sint *t e s t i m o n i a* diuinae erga nos dilectionis, procul dubio *u i a   t e s t i m o n i o r u m* Dei Christus est. Per haec quippe *t e s t i m o n i a* quae in illo uidemus impleta, etiam futura erga nos, quae sempiterna promissa sunt, expectamus et speramus implenda.

441,25 A 1681: Quod graecus habet ἀδολεσχήσω[6], latini interpretes quidam *g a r r i a m*, quidam *e x e r c e b o r*, interpretati sunt; quae duo inter se uidentur esse diuersa; sed si exercitatio intellegatur ingenii, cum quadam delectatione[7] disputationis, utrumque coniungitur, et quasi ex utroque unum aliquid temperatur, ut non sit aliena ab huiusmodi exercitatione garrulitas. Solent enim garruli uocari loquaces. Sic autem se *i n Dei m a n d a t i s e x e r c e t* Ecclesia, aduersus omnes inimicos fidei christianae atque catholicae copiosis doctorum disputationibus garrula; quae tunc fructuosae sunt disputantibus, si non ibi *c o n s i d e r e n t u r* nisi *u i a e* Domini, sicut[8] scriptum est: *misericordia et ueritas* (Ps 24,10): quorum duorum plenitudo inuenitur in Christo.

Al 599 B: Exercitatio assiduitas operis est: et iste nisi exercitatus *i n m a n d a t i s* Dei fuisset, non poterat *c o n s i d e r a r e u i a s* eius, ...

442,7 A 1681: Ideo utique *m e d i t a b o r*, ut *n o n o b l i u i s c a r*. ... [1682] ... Vbi nihil aliud intellegitur poscere, nisi adiutorium gratiae, ut quod iam nouit sermone, dicat[9] et opere[10].

(GIMEL)

442,10 A 1682: Et quoniam ante fidem non homini debentur nisi mala pro malis, *r e t r i b u i t* autem Deus per indebitam gratiam bona pro malis; hanc retributionem rogat qui dicit: *R e t r i b u e ... e t c u s t o d i b o u e r b a t u a*. Quattuor sunt enim retributiones: ... tertia pertinet ad miseri-[1683]cordiam, ut *r e t r i b u a n t u r* bona pro malis, ... Nisi enim Deus *r e t r i b u e r e t* bona pro malis, nullo modo essent quibus *r e t r i b u e r e t* bona pro bonis. ... Et *u i x i t*,

---

6 CSg: ἀδόλεσχῆσō
7 CSg: dilectione
8 CSg: Vniuersae uiae Domini sicut
9 CSg: discat
10 Am 41: Admonet hic locus memores scripturarum nos esse debere et iustitias eius non solum sermone, sed etiam operis imitatione meditari. Non enim qui disputant legem et non faciunt quae legis sunt, sed qui factores legis sunt iustificantur.

et *custodiuit uerba* eius, et pertinere coepit ad aliam retributionem, in qua *retribuuntur* bona pro bonis. ... Quamuis et ipsa iustitia, qua *retribuuntur* bona pro bonis, non est sine misericordia; quia et hoc scriptum est: *Qui coronat te in miseratione et misericordia* (Ps 102,4). ... donis suis Deus *retribuit* bona praemia.

442,17 A 1684: Sciens autem *uerba* Dei non posse *custodiri* per oboedientiam, nisi uideantur per intellegentiam, hoc quoque orationi addit, et dicit: *Reuela ... tua.* ... Nihil est autem mirabilius in mandatis Dei, quam: *Diligite inimicos uestros* (Matth. 5,44);

C 1067: *Reuelare* enim dictum est, remouere[1] uelum. Quodam enim operimento ignorantiae interior aspectus obducitur; et nisi misericordia ipsius fuerit hoc uelamen ablatum, scripturas sanctas lumine cordis non possumus intueri. ... Quae sunt autem ista miracula ipse testatur dicens, *de* [1068] *lege tua.* Superius diximus *legem* umbram fuisse futurorum, quae significantiam uenturae plenitudinis continebat. (Es folgen einige Beispiele.)[2]

Br 1260 C: Absterge ab oculis cordis uelamen litterae et fac me spiritali sensu *legis tuae mirabilia* contemplare.

Pr 89 (339 A): Da, inquit, mihi intellectum, quo possim *mirabilia tuae legis* inspicere, ...

442,22 C 1068: Petit ergo fidelis populus *mandatorum* Domini conscium se fieri, quia non deprehenditur in Babyloniae parte uersari.[3]

A 1684: siue, ut nonnulli codices habent: *Inquilinus ego sum in terra.* Quod enim est in graeco πάροικος[4], aliqui nostri *inquilinus*, aliqui *incola*, nonnumquam etiam *aduena* interpretati sunt. *Inquilini* non habentes propriam domum, habitant in aliena; *incolae* autem uel *aduenae*, utique aduentitii perhibentur. Vbi magna de anima exoritur quaestio. Neque enim secundum corpus dictum uideri potest, *Incola*, uel *aduena*, uel *inquilinus sum in terra*, cum de *terra*

---

1 CSg: reuoluere
2 R 233vb: *Reuela oculos meos*, id est, aufer uelamen et aperi *oculos* mentis, et curabo spiritaliter intellegere praecepta *legis*. *Et considerabo mirabilia de lege tua*, uidelicet quid spiritaliter significent *mirabilia* quae in *lege* continentur.
3 R 233vb: *Incola ... terra*, id est, peregrinus sum in praesenti uita. Non *abscondas*, sicut *abscondis* infidelibus.
4 CSg: paraêcos

corpus originem ducat. Sed in hac profundissima quaestione nihil audeo
definire. Siue enim propter animam (quae absit ut putetur ex[5] *t e r r a*)
merito dici potuerit: *I n q u i l i n u s*, uel *i n c o l a*, uel
a d u e n a   e g o   s u m   i n   t e r r a, siue secundum totum hominem,
quia paradisi aliquando ciuis fuit, ubi utique non erat qui ista dicebat;
siue quod est ab omni controuersia liberius, non omnis homo[6] possit[6]
hoc dicere, sed cui patria promissa est aeterna in caelis, ... [1685] ...
Et illud quod legimus: *Quamdiu sumus in corpore, peregrinamur a Domino*
(II Cor. 5,6), potest intellegi hoc non esse omnium, sed fidelium: *Non*
enim omnium est fides (II Thess. 3,2). ... Infideles autem, quos Deus
non praesciuit nec praedestinauit conformes fieri[7] imaginis Filii sui,
non possunt ueraciter dicere se *i n   t e r r a* peregrinos, quando ibi
sunt, ubi secundum carnem nati sunt; non enim habent alibi ciuitatem; ac
per hoc non sunt *i n   t e r r a* alienigenae, sed terrigenae. ... Sunt
autem et ipsi *peregrini* et *i n q u i l i n i*, non huic *t e r r a e*,
sed populo Dei, a quo sunt alienigenae. Vnde credentibus, et sanctam
ciuitatem, quae non est de hoc mundo, habere incipientibus apostolus
dicit: *Igitur iam non estis peregrini et inquilini, sed estis ciues*
sanctorum et domestici Dei (Eph. 2,19). ... Sed[8] qui tandem sunt a
quibus Deus *a b s c o n d i t   m a n d a t a* sua?[8] ... [1686] ... Nam
quid est clarius quam: *Diliges Dominum Deum tuum ex toto corde tuo*, ...
et: *Diliges proximum tuum tamquam teipsum* (Matth. 22,37)? ... Nempe et
omnibus fidelibus, et plurimis infidelibus nota sunt. Cur ergo poscit
fidelis ne *a b s c o n d a t u r* sibi quod nec infideli cernit
a b s c o n d i? An quia Deum nosse difficile est, consequens est utique
ut, *Diliges Dominum Deum tuum*, difficile intellegatur, ne aliud pro alio
diligatur? Nam proximi facilior esse uidetur cognitio. Omnis quippe homo
est omni homini proximus, nec ulla cogitanda est longinquitas generis,
ubi est natura communis. ... Sed multi nec seipsos nouerunt; quia et
seipsum nosse, quemadmodum homo sibi debet innotescere, non omnium hominum est. Quomodo ergo *diligit proximum tamquam* seipsum, qui nescit et
seipsum? ... Quocirca et aliquatenus ista sciuntur, et ut magis magisque
sciantur, non immerito scienda poscuntur. Quapropter ut sciamus *diligere*
Deum, sciendus est *Deus*; et ut sciat homo *diligere proximum tamquam*

---

5 CSg: de (!)
6 CSg: hominis sit
7 CSg: *fehlt.*
8 CSg: Sed *bis* sua *fehlen (durch homoioteleuton)*

seipsum, prius debet *diligendo Deum diligere* seipsum;

C 1068: In hac terra iusti sunt i n c o l a e: qui propriam in mundo non habent mansionem; corpore siquidem in terra positi sunt, in caelis autem probabili conuersatione consistunt, ... Et merito hic dicuntur i n c o l a e, quibus in aliena patria nullus affectus est, sed ad tempus terram sui corporis colunt. ... Sed isti sunt uere i n c o l a e, qui thesaurum suum in caelo reponunt (vgl. Matth. 6,20), ut cor eorum futuram patriam semper affectet.

443,22 A 1687: Quid autem diligendo[9] diligitur, si[10] ipsa dilectio non diligitur[10]? ... Laudabilis est ista concupiscentia, non damnabilis. Non de hac dictum est: *Non concupisces* (Exod. 20,17), sed de illa qua caro concupiscit aduersus spiritum (vgl. Rom. 7,7). De hac autem bona concupiscentia qua concupiscit spiritus aduersus carnem (vgl. Gal. 5,17), quaere ubi scriptum sit; et inuenies: *Concupiscentia itaque sapientiae deducit ad regnum* (Sap. 6,21): ... Sed hoc sane interest, quod non tacetur quid c o n c u p i s c a t u r, quando bona commemoratur concupiscentia; cum autem non additur quid c o n c u p i s c a t u r, sed sola ponitur, nonnisi mala intellegitur. Sicut in hoc quod commemoraui: *Concupiscentia itaque[11] sapientiae deducit ad regnum*; si non adderet *sapientiae*, nullo modo diceret: *Concupiscentia perducit ad regnum*. At uero apostolus quod posuit: *Concupiscentiam nesciebam, nisi lex diceret: Non concupisces* (Rom. 7,7); non utique addidit cuius rei *concupiscentiam*, uel quid *non concupisces*; certum est enim non intellegi, cum ita dicitur, nisi malam *concupiscentiam*. Quid ergo huius a n i m a c o n c u p i u i t? D e s i d e r a r e, inquit, i u s t i f i c a t i o n e s t u a s i n o m n i t e m p o r e. Credo nondum eas d e s i d e r a b a t, quando c o n c u p i u i t d e s i d e r a r e. I u s t i f i c a t i o n e s autem facta sunt iusta, id est, opera iustitiae. Cum itaque nondum habeat et qui iam d e s i d e r a t[12], quam longe ab his erat qui adhuc eas d e s i d e r a r e c o n c u p i s c e b a t? et quam longius ab eis sunt qui neque adhuc c o n c u p i s c u n t? Mirum est autem quomodo c o n c u p i s c a t u r desiderium, nec sit in nobis cuius concupiscentia iam sit in nobis. Neque enim pulchrum aliquod corpus est,

---

9 CSg: diligendum
10 CSg: si *bis* diligitur *fehlen durch homoioteleuton.*
11 CSg: inquit (!)
12 CSg: desiderabat (*ursprüngliches* t *durch Punkt darunter getilgt,* bat *darübergeschrieben*)

sicut aurum, uel caro aliqua speciosa, quam potest homo *c o n c u -
p i s c e r e*, nec habere, quia extra posita non est in homine. Quis
nesciat in homine esse concupiscentiam, in homine esse desiderium? Cur
ergo *c o n c u p i s c i t u r* ut habeatur, quasi[13] forinsecus in-
feratur? ... Quis est iste mirabilis atque inexplicabilis languor? Et
tamen est. Nam et aegrotus qui fastidio laborat, et uult euadere hoc
malum, *c o n c u p i s c i t* utique *d e s i d e r a r e* cibum, dum
c o n c u p i s c i t non habere fastidium; sed [1688] hoc fastidium
morbus est corporis. Concupiscentia uero qua *c o n c u p i s c i t
d e s i d e r a r e* cibum, hoc est carere fastidio, in animo est, non in
corpore; ... Et ideo non mirum est si appetit animus ut appetat corpus,
quando appetit animus nec appetit corpus. Cum autem utrumque animi est,
et utrumque concupiscentia est, cur *c o n c u p i s c o* desiderium
i u s t i f i c a t i o n u m Dei? Quomodo in uno eodemque animo meo
habeo concupiscentiam desiderii huius, et ipsum non habeo desiderium? ...
An hoc est quod superius dixi, quod diligenda sit etiam ipsa dilectio
qua diligitur quod diligi oportet[14]; ...? ... Cum autem dicitur: Diligenda est, quid aliud dicitur quam, *c o n c u p i s c e n d a e s t* ?
Quocirca quoniam recte *c o n c u p i s c u n t u r i u s t i f i c a -
t i o n e s* Dei, recte *c o n c u p i s c i t u r* concupiscentia
i u s t i f i c a t i o n u m Dei. An aliud est *c o n c u p i s c e -
r e*, aliud *d e s i d e r a r e* ? ... Nam quid sunt *i u s t i f i c a -
t i o n e s*, nisi opera iusta, non uerba? Ac per hoc possunt infirmitate
animae non *d e s i d e r a r i*; et ratione mentis, ubi uidetur quam
sint utiles atque salubres, potest earum desiderium *c o n* -[1689] *c u -
p i s c i*.

444,14 Al 600 B: Increpatio haec intellegenda est, quam primi hominum genitores
sua transgressione meruerunt, ...

A 1689: *S u p e r b i* enim *d e c l i n a n t a m a n d a t i s* Dei.
Aliud est quippe *m a n d a t a* Dei per infirmitatem uel ignorantiam
non implere; sicut fecerunt qui nos mortaliter in haec mala genuerunt.
Delectauit enim eos: *Eritis sicut dii* (Gen. 3,5), ... Et ecce tota ista
dura et infelix aerumna mortalium, quodam modo hereditaria est increpatio
s u p e r b o r u m. Quando enim dixit Deus: *Adam, ubi es?* (Gen. 3,9),
non ubi esset ignorabat, sed *s u p e r b u m i n c r e p a b a t*; et

---

13 CSg: quod *sehr dünn davorgeschrieben*.
14 CSg: non oportet?

ubi tunc esset, id est, ad quam miseriam peruenisset, non scire [1690] cupiebat, sed interrogando *i n c r e p a n s* admonebat.

C 1069: Superbia est enim per quam angelus cecidit, per quam Adam de naturae suae dignitate deiectus est.

444,24 A 1690: Oportebat enim ut omnes illo terrerentur exemplo *a diuinis non d e c l i n a r e   m a n d a t i s*, ...

445,1 A 1690: pro eis orat corpus Christi, ... *T e s t i m o n i a* graece martyria nuncupantur, ... Christi corpus ista cum dicit, numquid ab impiis et superbis audire *o p p r o b r i u m* atque *c o n t e m p t u m*[15] ullam deputat poenam, cum potius inde perueniat ad coronam? Cur ergo quasi graue aliquid et intolerabile a se poscit *a u f e r r i*, nisi quia, ut dixi, orat pro ipsis inimicis suis, quibus esse perspicit noxium, obicere sanctum nomen Christi tamquam *o p p r o b r i u m* Christianis, ... Dicat itaque corpus Christi; iam enim diligere didicit inimicos suos; dicat Domino Deo suo: *A u f e r ... c o n t e m p t u m, q u i a* martyria *t u a   e x q u i s i u i*, id est, *o p p r o b r i u m* quod ideo audio, et *c o n t e m p t u m* quo ideo contemnor, quia martyria *t u a   e x q u i s i u i, a u f e r   a   m e*. ... Ita factum est; hoc uidemus. ... [1691] ... Hoc tam magno lucro correctionis, conuersionis et redemptionis inimicorum suorum corpus Christi Deo dixit: *A u f e r ... c o n t e m p t u m*. ... Vbi est nunc illud *o p p r o b r i u m*? ubi ille *c o n t e m p t u m*? Abierunt[16] atque transierunt; ... Refer hoc ad corpus eius, id est, Ecclesiam: ... Sic[17] ergo *e x e r c e b a t u r* corpus Christi, ut et martyria eius meditaretur, et diligeret eos a quibus opprobrantibus et contemnentibus propter ipsa martyria persecutiones patiebatur. Non enim pro se, sicut iam commendauimus, sed pro ipsis potius orabat ... [1692] ... Quid, inquam, mirum si martyres saeuientibus gentibus temporalem mortem patientissime pertulerunt, et gentes martyribus orantibus ad aeternam uitam peruenire potuerunt, dum corpus Christi sic *e x e r c e t u r*, ut et martyria meditetur, et malis martyrum persecutoribus bona precetur?

445,9 A 1691: Inde persecutio grauis erat, quia eam *s e d e n t e s*, hoc est, iudiciariis sedibus eminentes, *p r i n c i p e s* decernebant. ...

---

15 CSg: contempni
16 CSg: ubi erunt
17 CSg: Si

inuenies reges terrae excogitasse atque iussisse quomodo Christiani nusquam essent[18].

445,13.15.19 A 1691: Qualis exercitatio haec fuerit, qui nosse desideras, quod adiunxit intellege: *N a m ... t u a e*. Recole quod superius commendaui *testimonia* esse martyria. Recole in[19] *iustificationibus* Domini nullam esse difficiliorem et mirabiliorem, quam ut suos quisque diligat inimicos. Sic ergo *e x e r c e b a t u r* corpus Christi, ut et martyria eius meditaretur, et diligeret eos a quibus opprobrantibus et contemnentibus propter ipsa martyria persecutiones patiebatur. Non enim pro se, sicut iam commendauimus, sed pro ipsis potius orabat dicens: *Aufer ... contemptum*. ... [1692] ... *C o n s i l i u m* contra *c o n s i - l i u m*: *c o n s i l i u m* sedentium principum fuit inuentos martyres perdere; *c o n s i l i u m* patientium martyrum fuit inimicos perditos inuenire. Reddebant illi mala pro bonis; isti, bona pro malis. Quid ergo mirum si illi occidendo defecerunt, isti moriendo uicerunt?

(DALETH)

445,23 A 1692: terra erit igitur *p a u i m e n t u m*. Vult[1] itaque terrenis[2] erui[2], et cum apostolo dicere: *Conuersatio nostra in caelis est* (Phil. 3,20). Proinde terrenis *a d h a e r e r e* mors *a n i m a e* est;

445,23.25 C 1070: *A d h a e s i s s e* se ergo dicit carni suae, ... Quapropter merito se petebat per *u e r b u m*, id est, per Christum Dominum *u i u i f i c a r i*, quia per consensum carnis se noscebat exstingui. A 1692: Sed uidendum est utrum congruant huic uerba ista, qui superius talia dixerat, quibus magis Deo uideatur *a d h a e s i s s e* quam *p a u i m e n t o*, ... Quomodo enim potest intellegi terrenis *a d h a e - s i s s e* qui dicit: *Seruus autem tuus exercebatur in tuis*[3] *iustifica- tionibus*[3]; ... (Ps 118,23)? Haec sunt enim uerba eius antecedentia, quorum antecedentium ista sunt consequentia: *A d h a e s i t ... m e a*. An ex hoc intellegere debemus, quantumlibet quisque proficiat in

---

18 Am 63: Vox martyris est, qui perductus ad iudicium persecutorum, cum cogeretur idolis immolare et constanter resisteret, iudices autem *s e d e n t e s* in tribunalibus stipati [64] officiis, indignantes, quod suis non obsecundaretur imperiis, conferent quo dignum supplicio censerent, stabat intrepidus, dicens: *S e d e r u n t ... d e t r e c t a b a n t*.
19 CSg: *fehlt*.

1 CSg: *Zu* Volunt *verbessert* (*auch* WS 258a)
2 CSg: terreni serui (= WS 258a)
3 CSg: iustificationibus tuis (!)

iustificationibus Domini, habere eum mortalis carnis affectum circa ista terrena, in quibus uita humana temptatio est super terram (vgl. Iob 7,1); et ab hac morte si perseueranter proficit, quotidie reuiuiscere, *u i u i f i c a n t e* illo, cuius gratia homo noster interior renouatur de die in diem (vgl. II Cor. 4,16)?

446,5 A 1693: Quod quid est aliud, nisi, *s e c u n d u m* promissum tuum? ... Hoc est enim *u e r b u m* promissionis: *In Isaac uocabitur tibi semen*, hoc est: *Non qui filii carnis, hi filii Dei, sed filii promissionis deputantur in semine* (Rom. 9,7.8; Gen. 21,12).

446,7 A 1693: *u i a s m e a s*, hoc est malas. Nam hoc mihi uidetur dicere: Peccata mea confessus sum, *e t e x a u d i s t i m e*, hoc est, ut dimitteres ea.

446,11 A 1693: Confessus sum *uias meas*, delesti eas; *d o c e m e* tuas. Sic *d o c e m e*, ut agam; non ut tantummodo sciam quid agere debeam. [1694] ... sic et iustitiam ille uere dicendus est nosse, qui facit.

446,14 C 1071: *M i r a b i l i a* uero ipsa uocat, quae superius dixit *iustificationes*.

A 1694: Ipsas *iustificationes* ampliores, quas proficiendo cupit adprehendere, *m i r a b i l i a* Dei uocat. Sunt ergo quaedam Dei *iustificationes* ita mirabiles, ut humana infirmitas ab eis qui experti non sunt, non ad eas posse peruenire credatur.

446,19 C 1072: *D o r m i t a t* ergo *a n i m a*, quando a sua intentione flaccescit et in otium fessa remittitur, dum ad illud quod intendebat minime peruenire monstratur. Et uide quia *d o r m i t a u i t* posuit, non dormiuit; dormire enim obliuiosi atque socordis est; *d o r m i t a r e* fessi et expectantis.

A 1694: Quid est: *d o r m i t a u i t*, nisi ab spe refriguit qua eas se adprehensuram esse crediderat? Sed *c o n f i r m a m e*, inquit, *i n u e r b i s t u i s*, ne ab eis quoque ad quae peruenisse me iam sentio, decidam *d o r m i t a n d o. C o n f i r m a* itaque *m e i n* eis *u e r b i s t u i s* quae iam teneo, quae iam facio, ut ex eis[4] ad alia possim proficiendo pertendere.

446,24 A 1694: Et quid impedit in *uia iustificationum* Dei sic ambulare, ut homo facile possit ad illa etiam *mirabilia* peruenire? Quid putamus, nisi quod *a se a m o u e r i* in consequentibus rogat ...?

---

4 CSg: his

446,26 A 1694: Et quia *lex* factorum *subintrauit, ut abundaret delictum* (Rom. 3, 27), sequitur, et dicit: *E t ... m e i.* Qua *l e g e,* nisi *l e g e* fidei? ... Haec est *l e x* fidei, qua credimus et oramus per gratiam nobis donari, ut faciamus quod per nosmetipsos implere non possumus;

447,4 A 1694: *V i a m   u e r i t a t i s   e l e g i,* ubi *curre-*[1695]*rem; i u d i c i a   t u a   n o n   s u m   o b l i t u s,* ut *currerem. A d - h a e s i   t e s t i m o n i i s   t u i s,* cum *currerem; D o m i n e, n o l i   m e   c o n f u n d e r e*; quo *curro* pertendam, quo tendo, perueniam. Non enim uolentis, neque currentis, sed miserentis est[5] Dei[5] (vgl. Rom. 9,16).

447,10 A 1695: Non *c u r r e r e m,* nisi *d i l a t a s s e s   c o r   m e u m.* ... Cursus est quippe iste *u i a e   m a n d a t o r u m* Dei. ... Cordis dilatatio, iustitiae est delectatio. ... in hac latitudine diffunditur caritas in cordibus nostris per Spiritum sanctum qui datus est nobis (vgl. Rom. 5,5).

447,13 Al 601 D: Ideo ergo iste *u i a m   m a n d a t o r u m* Dei *c u c u r - r i t*[6], quia *c o r* eius Dominus *d i l a t a u i t.*

(HE)

447,16 A 1696: An eo modo non ponitur iusto, quomodo posita est populo contumaci, in tabulis lapideis, non in tabulis cordis carnalibus (vgl. Exod. 31,18; II Cor. 3,3); ...? ... [1697] ... Gratia itaque Dei nobis praecipue commendatur, quando sibi *l e g e m   p o n i* poscit a *D o m i n o,* qui utique iam *l e g e m* secun-[1698]dum litteram nouerat. Sed quia littera occidit, spiritus autem uiuificat (vgl. II Cor. 3,6), orat ut per spiritum faciat quod per litteram sciebat, ...

447,20 A 1696: Nam qui timore poenae, non amore iustitiae opus *l e g i s* facit, profecto inuitus facit. Quod autem inuitus facit, si posset fieri, mallet utique non iuberi. Ac per hoc *l e g i s,* quam uellet non esse, non est amicus, sed potius inimicus; nec mundatur opere, qui immundus est uoluntate.

C 1073: nunc autem nouam *l e g e m* postulat sibi debere *p o n i,* ueniente scilicet Domino Christo; ut illo aduentu sanctae incarnationis expleto, perfecto christianae fidei robore firmaretur; - Vgl. A zu 446,26.

---

5 CSg: Dei est (*WS 259*[b] *stimmt mit der Ausgabe überein*)
6 CSg: currit

447,25 A 1697: Hanc autem *legem* iste *uiam iustificationum* Dei uocauit; nec alia *uia* est *mandatorum* eius, quam se *cucurrisse* iam dixerat, cum *dilatatum est cor* eius. Ergo et *cucurrit*, et *currit*, donec peruenist ad palmam supernae uocationis Dei. ... Quid enim e x q u i r i t quod habet, nisi quia et habet agendo, et e x q u i r i t proficiendo?

448,5.6 A 1698: profecto debet Deum diligere ex toto corde, ex tota anima, ex tota mente, et proximum suum tamquam seipsum (vgl. Matth. 22,37). In his enim duobus praeceptis tota l e x pendet et prophetae. Hoc uidetur promisisse, cum dixit: E t ... c o r d e   m e o.

448,7 A 1698: Quamquam etiam[1] ut[1] sciatur *lex* quomodo scienda est, id est, ut intellegatur quid sibi uelit, quare sit eis posita qui eam non erant seruaturi, quid habeat utilitatis etiam hoc ipsum quod *lex subintrauit, ut abundaret delictum* (Rom. 5,20), nemo comprehendit, nisi a Domino acceperit intellectum.

448,12 A 1698: Parum est mihi uoluntas mea, nisi in eo quod u o l u i, m e ipse d e d u c a s. Et certe[2] ipsa est s e m i t a; hoc est *uia m a n d a t o r u m* Dei, quam se, *dilatato* ab illo *corde* suo, *cucurrisse* iam dixerat. Quam propterea etiam s e m i t a m uocat, quia angusta est uia quae ducit ad uitam (vgl. Matth. 7,14); et sit angusta, nisi *dilatato corde* non *curritur*.

448,16 A 1698: Quid est i n c l i n a t u m   c o r ad aliquid habere, nisi hoc *uelle*? Et *uoluit* ergo, et orat ut *uelit*. *Voluit*, cum dicit: *Deduc ... quia ipsam uolui*; orat autem ut *uelit*, cum dicit: I n c l i n a ... a u a r i t i a m. Hoc itaque orat, ut in ipsa uoluntate proficiat. Quae[3] sunt autem Dei t e s t i m o n i a, nisi quibus sibi ipse adtestatur? T e s t i m o n i i s enim[4] aliquid probatur; ac per hoc *iustificationes* Dei et *mandata* Dei t e s t i m o n i i s Dei probantur; et quidquid nobis persuadere uult Deus, suis t e s t i m o n i i s persuadet; in quae iste petit i n c l i n a r i   c o r suum, et non *in auaritiam. T e s t i -* [1699] *m o n i i s* quippe suis agit nobiscum Deus, ut eum *gratis colamus*; quod impedit a u a r i t i a radix omnium malorum. ... Ergo a[5] plus habendo appellata est πλεονεξία[6], quam latini

---

1 CSg: ut etiam
2 CSg: certa
3 CSg: Quid (!)
4 CSg: enim Dei
5 CSg: *fehlt*.
6 CSg: Pleonexia

interpretes in hoc loco nonnulli interpretati sunt *e m o l u m e n t u m*,
quidam uero *u t i l i t a t e m*; sed melius qui *a u a r i t i a m*. ...
Omnis autem a nobis circumciditur *a u a r i t i a*, si *gratis colatur
Deus*. Ad quod sanctum Iob in agone temptationis ipse prouocat inimicus,
cum de illo dicit: *Numquid gratis colit*[7] *Iob*[7] *Deum*? (Iob 1,9) Putabat
enim diabolus quod in *Deo colendo* uir iustus *c o r   i n c l i n a t u m*
haberet *i n   a u a r i t i a m*, et causa *e m o l u m e n t i* uel
u t i l i t a t i s rerum temporalium quibus eum ditauerat Dominus[8],
uelut mercenarius ei pro tali mercede seruiret[9]; sed quam *gratis Deum
coleret*, temptatus apparuit. Si ergo *c o r* non habeamus *i n c l i -
n a t u m   i n   a u a r i t i a m, Deum non colimus* nisi propter *Deum*,
ut sui[10] cultus ipse sit merces. Ipsum diligamus in seipso, ...

449,2.16 A 1700: A contrario differunt inter se *u a n i t a s* et ueritas.
Huius autem mundi cupiditas, *u a n i t a s*; sed Christus, qui ex hoc
mundo liberat, ueritas. Ipse est et *u i a   i n* qua se uult iste
u i u i f i c a r i, quia ipse est et uita (vgl. Ioh. 4,6); ... *Numquid*
quamdiu sumus in hoc mundo, possumus non *u i d e r e   u a n i t a t e m*?
Omnis enim creatura uanitati subiecta est (Rom. 8,20), quae intellegitur esse in homine; et, *Omnia uanitas: quae abundantia hominis in omni
labore suo, quo ipse laborat sub sole*? (Eccl. 1,2.3) An iste fortassis
hoc orat, ut non sit eius uita *sub sole*, ubi *omnia uanitas*; sed in illo
sit, in quo se *u i u i f i c a r i* petit? ... Quamdiu itaque hic secundum carnem sumus, cuius adoptionem et redemptionem per patientiam
spei adhuc expectamus (vgl. Rom. 8,23-25), tamdiu secundum id per quod
sub sole sumus, *uanitati* subiecti sumus. ... Quid est ergo quod [1701]
iste dicit: *A u e r t e ... u a n i t a t e m*? An hoc petit, ut non
quidem in hac uita quod in spe gerimus impleatur, sed ut in ea sorte sit,
quae in illo quandoque possit impleri, cum *liberabitur a seruitute cor-
ruptionis*, et spiritu et anima et corpore, *in libertatem gloriae filiorum Dei* (Rom. 8,21), ubi iam non *u i d e a t   u a n i t a t e m*? ...
sed est hic alius sensus quem mihi fateor plus placere. ... In qua
u a n i t a t e praecipuum locum obtinet amor laudis humanae, propter
quam multa magna fecerunt qui magni in hoc saeculo nominati sunt,
multumque laudati in ciuitatibus gentium, quaerentes non apud Deum, sed

---

7 CSg: Iob colit (!)
8 CSg: Deus
9 CSg: deseruiret
10 CSg: si

apud homines gloriam, et propter hanc uelut prudenter, fortiter, temperanter, iusteque uiuentes; ad quam peruenientes perceperunt mercedem suam (vgl. Matth. 6,2; usw.), uani uanam. ... [1702] ... Porro si uanum est propter hominum laudes bona facere, quanto uanius propter adipiscendam pecuniam, ...? ... Propter ipsam denique temporalem salutem non debemus facere bona opera nostra, sed potius propter illam quam speramus aeternam, ...

449,19 A 1702: Quod quid est aliud quam: Da mihi ut faciam quod eloqueris? ... *S t a t u i t* itaque Deus *e l o q u i u m* suum *i n t i m o r e m* suum eis quibus dat spiritum *t i m o r i s* sui; *t i m o r i s* autem non illius de quo dicit apostolus: *Non enim accepistis spiritum seruitutis iterum in timore* (Rom. 8,15); hunc enim[11] consummata caritas foras mittit timorem (vgl. I Ioh. 4,18); sed illius timoris quem dicit propheta spiritum timoris Dei (vgl. Isai. 11,3): ... - Zu *spiritus ... adoptionis* vgl. Rom. 8,15.

449,23 A 1703: *S u s p i c a r i* enim potius alienum potest homo, non suum; quoniam quod *s u s p i c a t u r*, ignorat; in suo autem *o p p r o - b r i o* non est cuiusque suspicio, sed scientia, ubi loquitur conscientia. Quid est ergo quod ait: *O p p r o b r i u m ... s u m?* Nimirum de superiore sensu etiam iste ducendus[12] est; quoniam quamdiu non *auertit* homo *oculos* suos *ne uideant uanitatem*, quod in seipso agitur, hoc de aliis *s u s p i c a t u r*; ut propter quod ipse colit Deum, uel propter quod bona opera facit, propter hoc credat et alterum facere. ... Et cum haec omnia monuisset, quia possumus *s u s p i c a r i* eos quos iuste uiuere uidemus, propter aliquid huiusmodi benefacere, continuo subiecit: *Nolite iudicare, ne iudicemini* (Matth. 7,1). Vnde et hic cum dixisset: *A m p u t a ... s u m*, addidit: *q u i a i u d i c i a t u a s u a - u i a*, id est, *i u d i c i a t u a* uera. ... Hominum autem *i u d i - c i a* de occultis hominum, non *s u a u i a*, quia temeraria. ... Hoc itaque *o p p r o b r i u m* suum petebat auferri, quod in se senserat, et in aliis *f u e r a t s u s p i c a t u s*, ut non esset diabolo similis, qui de occultis sancti Iob *s u s p i c a t u s* [1704] *e s t* quod non gratis Deum coleret (vgl. Iob 1,9), quem poposcit temptandum, ut crimen quod obiceret inueniret.

---

11 CSg: ergo
12 CSg: docendus

C 1076: haec ergo suspicio ducit ad *o p p r o b r i u m*, quod ex peccato nascitur. Iure ergo sibi quaerebat *a m p u t a r i*, unde reus poterat
inueniri.

450,7 A 1704: non *i n* mea, sed *in t u a i u s t i t i a u i u i f i c a
m e*, ... quia in me unde morerer habui; unde autem uiuam non inuenio nisi
in te. *I u s t i t i a t u a* Christus est, *qui factus est nobis sapientia a Deo, et iustitia, et sanctificatio, et redemptio* (I Cor. 1,30); ...
i n t u a i u s t i t i a, hoc est, *i n* illo, *u i u i f i c e s m e*.

(VAV)

450,12 A 1704: Quid hic ergo poscit, nisi ut [1705] *mandata quae concupiuit*,
per eius *m i s e r i c o r d i a m* faciat, qui mandauit?
C 1070: Et ut hanc *m i s e r i c o r d i a m* specialiter ipsum Dominum
Saluatorem debuisses aduertere, secutum est *s a l u t a r e t u u m*;

450,14 A 1705: *Factus est* enim *nobis* Christus *sapientia a Deo, et iustitia, et
sanctificatio, et redemptio* (I Cor. 1,30), ... Quod ergo ait: *In tua
iustitia uiuifica me* (v. 40), in Christo utique *uiuificari* cupit, et
ipsa est *m i s e r i c o r d i a* quam *s u p e r* se poscit
u e n i r e. Ipse Christus est et *s a l u t a r e* Dei; ... Si ergo
quaerimus quae sit ista *m i s e r i c o r d i a*, audiamus quod sequitur:
S a l u t a r e t u u m s e c u n d u m e l o q u i u m t u u m. -
Zu Christus = *ueritas* vgl. Ioh. 14,6.
WS 261ᵇ: *S a l u t a r e* Domini Christus est, qui iam fuerat repromissus.
V e n i a t ergo a te *s u p e r m e m i s e r i c o r d i a* [262ᵃ]
t u a qua me saluandum esse promisisti, *u e n i a t* Christus tuus
s e c u n d u m promissum *t u u m*; per ipsum *m i s e r i c o r d i a m*
in me implendam esse decreuisti.

450,17 Br 1263 B: Hoc est, ut uenias nos redimere *s e c u n d u m* quod Abrahae
promisisti, ...

450,19.25 A 1705: Vtrum *u e r b u m e x p r o b r a n t i b u s*, an *u e r -
b u m r e s p o n d e b o*, ambiguum est; sed quodlibet eorum Christum
sonat. Ipsum enim nobis *e x p r o b r a n t*, quibus est crucifixus uel
scandalum uel stultitia (vgl. I Cor, 15,10), ... Nos autem [1706] ne
offendamus, et cadamus, opprobria eorum ne timeamus, sed *r e s p o n -
d e a m u s* eis *u e r b u m. Hoc est uerbum fidei quod praedicamus*
(Rom. 10,9). ... Vt autem hoc martyres possent, promissum est eis[1], et

---

1 CSg: *fehlt*.

dictum: *Non enim uos estis qui loquimini, sed Spiritus Patris uestri, qui loquitur in uobis* (Matth. 10,20). Ideo et iste cum dixisset: R e s p o n d e b o ... u e r b u m, continuo sequitur: Q u o n i a m   s p e r a u i   i n   u e r b i s² t u i s, quod est utique, in promissis tuis. Sed quoniam plurimi quamuis ad ipsum corpus, cuius haec uerba sunt, pertinentes, graui pondere persecutionis urgente non ualuerunt sustinere exprobrationem, et Christum deficiendo negauerunt, ideo sequitur: E t n e ... u e r i t a t i s   u s q u e   u a l d e. Ex ore suo quippe dicit, quia unitas corporis loquitur, in cuius membris etiam illi deputantur qui defecerunt ad horam negando, sed paenitendo postea reuixerunt, uel etiam martyrii palmam quam perdiderant, reparata confessione sumpserunt. Non igitur u s q u e   u a l d e, uel sicut quidam codices habent, non u s q u e q u a q u e, hoc est, non omnimodo, ex ore Petri, in quo erat typus Ecclesiae, u e r b u m   u e r i t a t i s   a b l a t u m   e s t; quia etsi ad horam negauit timore turbatus, tamen flendo est reparatus, et confitendo est postea coronatus. Totum itaque corpus Christi loquitur, id est, Ecclesiae sanctae uniuersitas: ... Quod autem ait: n e   a u f e r a s, intellegendum est, n e   a u f e r r i   sinas; ... Et ipse Dominus ad Petrum: *Rogaui*, inquit, *pro te, ne deficiat fides tua* (Luc. 22,32); hoc est, n e   a u f e r a t u r   e x   o r e   tuo   u e r b u m   u e r i t a t i s   u s q u e   u a l d e.

451,15 A 1707: id est, quoniam i u d i c i a   t u a, quibus me corripis et flagellas, non solum mihi non auferunt spem³, uerum augent³ etiam; quoniam quem diligit Dominus corripit; flagellat autem omnem filium quem recipit (vgl. Hebr. 12,6). Ecce enim sancti et humiles corde de te praesumendo, in persecutionibus non defecerunt; ecce etiam qui de se praesumendo defecerunt, et tamen ad ipsum corpus pertinuerunt, sibi innotescendo fleuerunt, et tuam gratiam solidius inuenerunt, quia suam superbiam perdiderunt.

451,20 A 1707: Id est, si non *abstuleris* ex ore meo *uerbum ueritatis*, c u s t o d i a m ... s e m p e r. ... L e x   itaque ista intellegenda est de qua dicit apostolus: *Plenitudo legis caritas* (Rom. 13,10). Haec enim a sanctis, quorum ex *ore* non *aufertur uerbum ueritatis*, hoc est, ab ipsa Christi Ecclesia c u s t o d i e t u r, non solum i n   h o c   s a e c u l u m⁴, id est, donec finiatur hoc s a e c u l u m, sed etiam in alterum,

---

2 CSg: sermonibus
3 CSg: spem ueram Sed Augent (Sed *übergeschrieben*)
4 CSg: saeculo

quod appellatur *s a e c u l u m*⁵ *s a e c u l i*. ... quia et Deum plenius, cum uiderimus, amabimus, et proximum, quia Deus erit omnia in omnibus (vgl. I Cor. 15,28); ...

451,24 A 1707: Superiores uersus prolixi psalmi huius orationem habent; hi autem qui sequuntur, de quibus nunc disputandum est, narrationem. (~ C 1077) Petebat enim homo Dei superius adiutorium gratiae Dei⁶, ... [1708] ... Nunc autem dicit: *E t a m b u l a b a m ... i u s t i f i c a t i o - n i b u s t u i s*. Vbi narrantis uerba sunt, non petentis; uelut, impetratis⁷ quae petiuerat, confiteatur in Dei laudibus qualem illum fecerat misericordia Domini, quam super se uenire poposcerat. ... Nimirum ergo quod non dixit intellegi uoluit, id est, exauditum se fuisse. ... Quid est igitur: *E t a m b u l a b a m i n l a t i t u - d i n e*, nisi, *a m b u l a b a m* in caritate, ... ? ... Vnde et hic cum dixisset: *E t ... l a t i t u d i n e*, causam subiunxit atque ait: *Q u i a m a n d a t a t u a* [1709] *e x q u i s i u i*.

452,2 A 1709: Si ergo scire uolumus quomodo haec *m a n d a t a* quaesierit, uel quaerenda sint, illud intueamur quod dicit magister bonus, et doctor, et dator: ... *quaerite, et inuenietis*; ... Et paulo post: *Si ergo uos*, inquit, *cum sitis mali, nostis bona data dare filiis uestris; quanto magis Pater uester qui in caelis est, dabit bona petentibus se!* (Matth. 7,7.11) ... Alius porro euangelista non ait: *Dabit bona petentibus se*, ... sed ... satisque diligenter expressit quid nos uehementer atque instanter uoluerit poscere Dominus, et ait: *Quanto magis Pater uester de caelo dabit Spiritum bonum petentibus se!* (Luc. 11,13) Hic est ille Spiritus per quem diffunditur caritas in cordibus nostris (vgl. Rom. 5,5), ut Deum proximumque diligendo diuina *m a n d a t a* faciamus.

452,5 A 1709: Itaque pro illa [ueritate] usque ad mortem certans, nec *i n c o n s p e c t u r e g u m c o n f u n d e b a t u r* eam *l o q u i*. *T e s t i m o n i a* quippe, in quibus dicit quod *l o q u e b a t u r*, graece martyria nuncupantur; quo uerbo iam utimur pro latino. Vnde dictum⁸ est etiam uocabulum [1710] martyrum, quibus praedixit Iesus quod et ante reges eum fuerant confessuri (vgl. Matth. 10,18).

---

5 CSg: in saeculum
6 CSg: *fehlt.*
7 CSg: interpretantis (*ursprüngliches im durch Unterstreichung getilgt,* inter *darübergeschrieben*)
8 CSg: ductum

452,9 A 1710: *M a n d a t a* ergo Dei *d i l e x i t* per hoc quod **ambulat in latitudine**; per Spiritum scilicet sanctum, per quem dilectio ipsa diffunditur, et dilatat corda fidelium. ... finis enim praecepti est caritas de corde puro (vgl. I Tim. 1,5). - Vgl. A zu 452,2.

452,12 A 1710: *D i l e x i t* autem, et cogitando et operando. Nam quod ad cogitationem pertinet, ait: *Et meditabar in mandatis tuis*; quod autem ad operationem: *E t   l e u a u i   m a n u s   m e a s   a d   m a n d a t a   t u a*. Vtrique autem sententiae addidit, *q u a e   d i l e x i*: finis enim praecepti est caritas de corde puro (vgl. I Tim. 1,5). Quando isto fine, id est, huius rei contemplatione fit *m a n d a t u m* Dei, tunc fit uere opus bonum; et tunc *l e u a n t u r   m a n u s*, quia supernum est quo *l e u a n t u r*. Propterea de ipsa caritate locuturus apostolus ait: *Supereminentem uiam uobis demonstro* (II Cor. 12,31); et alio loco: *Cognoscere*, inquit, *etiam supereminentem scientiae caritatem Christi* (Eph. 3,19). Nam si de opere *m a n d a t o r u m* Dei merces terrenae felicitatis expetitur, deponuntur *m a n u s* potius quam *l e u a n t u r*; quia terrena emolumenta quae non sursum, sed deorsum sunt, illo opere requiruntur.

452,19 A 1710: Ad utrumque autem pertinet quod sequitur: *E t   e x e r c e b a r   ...   t u i s*, quod plures interpretes dicere maluerunt, quam *l a e t a b a r*, aut *g a r r i e b a m*, quod aliqui interpretati sunt ex eo quod graecus habet ἡδολέσχουν[9]. *E x e r c e t u r* quippe *i n   i u s t i f i c a t i o n i b u s* Dei laetus, et quodam modo garrulus, qui **mandata** eius *quae diligit*, et cogitandi et operandi delectatione custodit.

(ZAIN)

452,24; 453,2 A 1711: *M e m e n t o*, inquit, *u e r b i   t u i   s e r u o   t u o*: hoc est, imple promissum *s e r u o   t u o*. ... Haec scilicet **spes** quae data est humilibus, dicente scriptura: *Deus superbis resistit, humilibus autem dat gratiam* (Iac. 4,6; I Petr. 5,5). ... Bene hic intelle**g**imus etiam illam *h u m i l i t a t e m*, ... sed qua[1] quisque humiliatur aliqua tribulatione uel deiectione, quam meruit eius superbia, aut **exerce**tur probaturque patientia; ... Et Dominus Iesus[2] hanc *h u m i l i t a t e m* cum discipulis praediceret a persecutoribus esse uenturam, non eos sine spe reliquit; ... Sed aeternorum est spes ista praemiorum; **est** et

---

9 CSg: doleschûn
1 CSg: quasi
2 CSg: Deus

alia spes quae *in humilitate* tribulationis plurimum *consolatur*, quae sanctis data est in *uerbo* Dei adiutorium gratiae pollicentis, [1712] ne quisque deficiat. De qua spe dicit apostolus: *Fidelis Deus qui non permittet uos temptari super id quod potestis; sed faciet cum temptatione etiam exitum, ut possitis sustinere* (I Cor. 10,13). ... Hanc spem dedit et in oratione quam docuit, ubi monuit ut dicamus: *Ne nos inferas in temptationem* (Matth. 6,13). ... An forte quod ait: *Haec ... mea*, illam dicit *humilitatem* qua homo est deiectus et proiectus in mortem, ex peccato illo quod ualde infeliciter in paradisi felicitate commissum est?[3]

453,5 A 1712: *quia ... me*; ut spem uitae haberem proiectus in mortem.

453,8 A 1712: *Superbos* intellegi uoluit persecutores piorum[4]. ... Quos *usque ualde* inique dicit egisse, quia non solum erant impii, uerum etiam pios impios esse cogebant. ... *Superbi ... ualde*, quandoquidem eorum super-[1713]biam nec humilitas mortalitatis edomuit.

453,11 A 1713: *A lege ... declinaui*, quod me facere cogebant *superbi*.

453,13 A 1713: *A saeculo* ergo ex quo genus humanum sumpsit exordium, *memor fui iudiciorum tuorum* super uasa irae, quae perfecta sunt in perditionem; *et consolatus sum*, quia per haec quoque ostendisti diuitias gloriae tuae in uasa misericordiae tuae (vgl. Rom. 9,22.23).

453,18 A 1713: ... *cantabiles* illi *erant iustificationes* Dei *in loco peregrinationis* suae, quamuis eum *taedium* teneret *a peccatoribus relinquentibus legem* Dei, quia cum eis conuersari in hac uita uel ad tempus cogitur, donec area uentiletur (vgl. Matth. 3,12; Luc. 3,17).

453,21 C 1081: Cum dicitur *cantabiles*, significat psalmodiam cum magna delectatione peragendam, ... Cantus enim semper releuat labores et non facit animo[5] surripere *taedium*, qui contemplationis magna suauitate mulcetur. Nam quod addidit *in loco incolatus mei*, (sicut saepe diximus) significat hunc mundum, ubi peregrinatur[6] omnis qui Christo Domino deuotus est. Expulsi siquidem in Adam de sede para-[1082]disi,

---

3 Zu 452,26: Am 130: In tempore igitur *humilitatis* nostrae *spes* consolatoria est quae non confundit; tempus autem temptationum tempus *humilitatis* animae nostrae arbitror. Humiliatur enim nostra anima, dum traditur temptatori duris examinanda laboribus, ...
4 CSg: humilium, hoc est, impios persecutores piorum. (!)
5 CSg: animum
6 CSg: peregrinator

in hac terra *i n c o l a t u m* gerimus, quia patriae illius beatitudinem non habemus.

A 1713: Ipsa est illa *humilitas i n l o c o* mortalitatis peregrinantis
hominis de paradiso et de superna Ierusalem, ... quod uero ibi ait: *Et
consolatus sum* (v. 52), ad hoc referatur: *C a n t a b i l e s ... m e a e.*

453,24 A 1713: *N o x* est illa *humilitas*, ubi est mortalitatis aerumna; *n o x*
est in *superbis inique agentibus usque ualde*, *n o x* in *taedio a peccatoribus relinquentibus legem Dei*; *n o x* est postremo *in loco peregrinationis* huius, donec ueniat Dominus, et illuminet abscondita tenebrarum,
et manifestabit cogitationes cordis, et tunc laus erit unicuique a Deo
(vgl. I Cor. 4,5). *I n* hac ergo *n o c t e m e m o r* homo *e s s e*
debet *n o m i n i s* Dei, ut qui gloriatur, in Domino glorietur (vgl.
II Cor. 10,17); ... [1714] ... *e t c u s t o d i u i l e g e m t u a m.*
Quam non *c u s t o d i s s e t*, si in sua uirtute confidens, *n o m i n i s*
Dei *m e m o r n o n f u i s s e t*: adiutorium enim nostrum in nomine
Domini (vgl. Ps 123,8).

454,6 A 1714: *H a e c* quid? ... Forte ergo: *H a e c nox*, ... quia itaque[7]
non *lex*, profecto *nox* est quae *f a c t a e s t* illi[8]. ... Lux quippe
potius *e s t* ei *f a c t a*, non *nox*, quia *i u s t i f i c a t i o -
n e s e x q u i s i u i t* Dei. Ac sic recte intellegitur, *f a c t a
e s t m i h i*, ac si diceretur, *f a c t a e s t* pro me, id est,
f a c t u m e s t ut prodesset *m i h i*. Si enim *humilitas* illa
mortalitatis non absurde intellegitur *nox*, ... [1715] ... profecto
h a e c ipsa *humilitas in loco peregrinationis* huius, quae *nox* recte
intellegitur, prodest eis qui salubriter exercentur in ea, ut discant
non superbire; propter quod malum in istam *noctem* pulsus est homo.
Initium enim superbiae hominis apostare a Deo (vgl. Eccli. 10,14).
Sed gratis iustificatus, atque ut in ista *humilitate* proficiat uariis
temptationibus huius *noctis* oppositus, iam intellegens dicat, quod in
hoc psalmo aliquanto post dicitur: *Bonum est mihi quoniam humiliasti me,
ut discam iustificationes tuas* (v. 71). ... Sed quare est hoc? *Q u i a*
scilicet *i u s t i f i c a t i o n e s t u a s*, non meas *e x q u i -
s i u i.*

---

7 CSg: ita lex
8 CSg: mihi

(HETH)

454,13 A 1716: Quid est: *P o r t i o ... t u a m*, nisi quia ita erit *p o r - t i o* cuiusque *D o m i n u s*, cum *l e g e m* eius[1] *c u s t o d i e - r i t* ? (~ C 1082)

454,15 A 1716: Sed quomodo *custodit*, nisi hoc donet atque ad hoc adiuuet Spiritus uiuificans, ne littera occidat (vgl. II Cor. 3,6), ...? Inuocandus est igitur; ... Et dicens quomodo sit precatus: *M i s e r e*, inquit, *m e i   s e c u n d u m   e l o q u i u m   t u u m*. ... [1717] ... hoc est, *s e c u n d u m* uerbum promissionis *t u a e*. Filii quippe promissionis in semine deputantur Abrahae.

454,20 A 1716: *A u e r t i* scilicet a *u i i s   m e i s*, quae displicuerunt mihi, ut irent *i n   t e s t i m o n i a   t u a*, atque ibi haberent *u i a m*. ... secundum illud quod apostolus ait: *Deus est enim qui operatur in uobis* (Phil. 2,13); cui etiam dicitur: *Auerte oculos meos, ne uideant uanitatem* (v. 37). Si *oculos, ne uideant uanitatem*, cur non et *p e d e s*, ne sectentur errorem? Propter quod et illud scriptum est: *Oculi mei semper ad Dominum, quoniam ipse euellet de laqueo pedes meos* (Ps 24,15).

455,1 C 1083: *P a r a t u m* se enim ad praecepta Domini *c u s t o d i e n - d a* ille testatur, qui nec persecutores metuit et illecebras huius saeculi a suis sensibus effugauit; ... [1084] ... Sequitur *et non sum turbatus*. Improuisa forte conturbant. Non enim facit formidare animum deliberata sententia. ... quae [*m a n d a t a*] sic bene atque integre seruantur, cum aduersitas nulla metuitur.

455,3 A 1717: Quam uero *paratus* factus sit ad *custodienda mandata* subdidit, dicens: *F u n e s ... m e, e t   l e g i s   t u a e   n o n   s u m   o b l i t u s*. *F u n e s   p e c c a t o r u m* impedimenta sunt inimicorum, siue spiritalium, sicut diaboli et angelorum eius, siue carnalium, in quibus filiis infidelitatis diabolus operatur. Non enim hoc nomen quod dictum est *p e c c a t o r u m*, ab eo quod sunt peccata declinatum est, sed ab eo quod sunt *p e c c a t o r e s*, quod in graeco euidenter apparet. Cum itaque minantur mala, quibus terreant iustos, ne pro Dei lege patiantur, quodammodo *f u n i b u s* implicant, ueluti ualida[2] et robusta reste sua[2]. Trahunt enim peccata sicut restem longam (vgl. Isai. 5,18). Et hinc sanctos implicare conantur, et aliquando permit-

---

1 CSg: ipsius
2 CSg: ualidas et robustas restes suas

tuntur. Sed si implicant corpus, non implicant animum, ubi *n o n
e s t* iste Dei *l e g i s   o b l i t u s*;

WS 267ᵃ: Non ... *p e c c a t o r e s* (= A 1717), quod in hebraico
euidenter apparet, ubi legitur: *F u n e s   i m p i o r u m   c i r -
c u m p l e x i   s u n t   m e*, qui comminantur mala, uel promittunt
bona temporalia³.

455,9 A 1717: Quia et hoc ipsum quod *funes peccatorum circumplectuntur*
iustum, *i u d i c i a* sunt *i u s t i t i a e* Dei. ... Hoc enim ait
de persecutionibus quas patiebatur Ecclesia, cum *funes peccatorum cir-
cumplecterentur* eam. Proinde *m e d i a m   n o c t e m* grauiora tribulationis intellegenda existimo. In qua dixit: *S u r g e b a m*: quia
non eum sic affligebat, ut deiceret; sed exercebat, ut *s u r g e r e t*,
id est, ut ea ipsa tribulatione *a d* fortius *c o n f i t e n d u m*
proficeret.

C 1084: *A d   c o n f i t e n d u m* hic significat ad laudandum, ...

455,15 A 1717: Iam uero quia ista fiunt gratia Dei per Iesum Christum Dominum
nostrum, uocem personae suae per hanc prophetiam suo corpori adiungit
ipse Saluator. Ad ipsum caput enim proprie quod sequitur pertinere
arbitror: ... [1718] ... Neque enim efficeremur *p a r t i c i p e s*
diuinitatis eius, nisi ipse mortalitatis nostrae *p a r t i c e p s*
fieret. ... Proinde ipse Iesus loquitur in ista prophetia;

455,19 A 1718: Et quia propter hoc quod *particeps* factus est fratrum suorum,
Deus hominum, immortalis mortalium, ideo *granum* cecidit in terram, ut
mortificatum multum fructum faceret (vgl. Ioh. 12,24.25); de ipso fructu
secutus adiunxit: *M i s e r i c o r d i a   t u a, D o m i n e, p l e n a
e s t   t e r r a*. Et unde hoc, nisi cum iustificatur impius? In cuius
gratiae scientia ut proficiatur, adiungit: *E t   i u s t i f i c a t i -
o n e s   t u a s   d o c e   m e*. - Zu *granum sinapis* vgl. Matth. 13,31;
Marc. 4,31; Luc. 13,19.

(THETH)

455,25 A 1718: sic debemus intellegere *s u a u i t a t e m*, quam χρηστότητα¹
graeci uocant, ut in bonis spiritalibus deputetur; propter hoc enim eam

---

3 Hil 430: Esse *p e c c a t o r u m   f u n e s* per Esaiam docemur dicentem:
Vae, qui ligant peccata tamquam funem longum (5,18), modo *f u n i s* ex
plurimis minimis crescentis in multum *p e c c a t a* semper *tamquam longo
fune tendentibus*.

1 CSg: chrēstótētá (*unter den diakritischen Zeichen über dem ganzen Wort
Strich*)

et *b o n i t a t e m* nostri appellare uoluerunt. Nihil hic ergo [1719] aliud dictum existimo: *S u a u i t a t e m ... t u o*, nisi, fecisti ut me delectaret bonum. Quando enim delectat bonum, magnum est Dei donum. Quando autem bonum opus quod lex imperat, fit timore poenae, non delectatione iustitiae, cum Deus metuitur, non amatur; seruiliter fit, non liberaliter. ... *s e c u n d u m   e l o q u i u m   t u u m*, hoc est *s e c u n d u m* promissum *t u u m*;

456,3   A 1719: Augeri sibi ista poscit et perfici; nam utique qui iam dixerat: *Suauitatem ... tuo*, quomodo dicit: *S u a u i t a t e m   d o c e   m e*, nisi ut ei gratia Dei magis magisque innotescat dulcedine *bonitatis*? Habebant enim fidem qui dixerunt: *Domine, auge nobis fidem* (Luc. 17,5). Et quamdiu uiuitur in hoc mundo, proficientium est ista cantatio. Addidit autem: *e t   e r u d i t i o n e m*; uel, sicut plures codices habent: *d i s c i p l i n a m*. Sed *d i s c i p l i n a m*, quam Graeci appellant παιδείαν², ibi scripturae nostrae ponere³ consueuerunt³, ubi intellegenda est per molestias *e r u d i t i o*; secundum illud: *Quem enim diligit Dominus, corripit; flagellat autem omnem filium quem recipit* (Prou. 3,12; Hebr. 12,6). ... Hoc enim uerbum [παιδεία]⁴ in graeco positum est in epistola ad Hebraeos, ubi latinus interpres ait: *Omnis⁵ disciplina ad praesens non gaudii uidetur esse, sed tristitiae* (12,11); ... Ideo parum fuit dicere: *Suauitatem fecisti cum seruo tuo*, [1720] nisi rursus peteret ut eum *d o c e a t   s u a u i t a t e m*, tantam utique ut *d i s c i p l i n a m* possit patientissime sustinere. Tertia ponitur *s c i e n t i a*; quoniam si magnitudine sua praecedit *s c i e n t i a* magnitudinem caritatis, non aedificat, sed inflat (vgl. I Cor. 8,1). Cum ergo tanta fuerit caritas in *bonitate* suaui, ut tribulationibus non possit exstingui, quas adhibet *d i s c i p l i n a*, tunc utilis erit *s c i e n t i a*, ... Quod autem non ait: Da mihi, sed, *D o c e   m e*, quomodo *s u a u i t a s   d o c e t u r*, si non detur? ... *S u a u i t a s* enim disci non potest, nisi delectet. Item *d i s c i p l i n a*, quae significat emendatoriam tribulationem, accipiendo discitur; ... [1721] ... *Q u o n i a m   m a n d a t i s   t u i s   c r e d i d i*, non immerito quaeri potest cur non dixerit; oboediui, sed, *c r e d i d i*.

---

2 CSg: pêdián (*Strich wie bei Anm. 1*)
3 CSg: eruditionem *übergeschrieben.* (!)
4 CSg: pêdiá (*Strich wie bei Anm. 1*)
5 CSg: Omnis uero

Alia sunt enim *m a n d a t a*, alia promissa. ... Promissis ergo *c r e - d i m u s , m a n d a t i s* obtemperamus. Quid est ergo: *m a n d a t i s t u i s   c r e d i d i*, nisi, *c r e d i d i* quod tu illa mandaueris, non aliquis homo, quamuis per homines hominibus administrata[6] sint? ... Si enim homo mihi haec iuberet forinsecus, numquid, ut etiam facerem quod iubebat, adiuuaret intrinsecus? ... Te illa *c r e d i d i* mandasse qui Deus es, et homini donas unde facias eum facere quod mandas.

456,18.21 A 1721: *p r o p t e r e a ... c u s t o d i u i*, utique ne rursum *h u m i l i a r e r.* Quod ad illam humiliationem melius refertur, quae facta est in Adam, in quo omnis creatura humana tamquam in radice uitiata, quoniam ueritati subiecta esse non[7] uoluit, subiecta est uanitati (vgl. Rom. 8,20). Quod uasis misericordiae profuit experiri (vgl. Rom. 9,23), ut deiecta superbia diligatur oboedientia, et pereat non reditura miseria. - Vgl. A zu 458,19.21.

Pr 101 (347 A): Propter primum, inquit, delictum *h u m i l i a t u s   s u m*, et ne rursum *h u m i l i a r e r , e l o q u i u m   t u u m   c u s t o d i u i.* Ita per gratiam tuam profuit experiri poenam, ut acquirerem oboedientiam. (= Al 606 C - D)[8]

457,1.5 A 1721: Vere uult facere *i u s t i f i c a t i o n e s* Dei, quando eas in eius *s u a u i t a t e* uult discere ab ipso cui dixit: *S u a u i s   e s   t u , D o m i n e.* Denique sequitur: *M u l t i p l i c a t a ... s u p e r b o r u m*: eorum scilicet quibus non profuit, quod posteaquam deliquit, *humiliata est* humana natura.

457,7 A 1721: Quantalibet, inquit, abundet *iniquitas*, non in me refrigescet [1722] caritas (vgl. Matth. 24,12).

457,9 A 1722: Quorum, nisi superborum quorum *super* se *multiplicatam* dixit *iniquitatem*? Obduruisse autem *c o r   e o r u m* uult intellegi hoc uerbo et hoc loco. (~ C 1087)[9]

---

6 CSg: ministrata (!)
7 CSg: noluit *zwischen* non *und* uoluit *übergeschrieben.*
8 Am 197: Hic ergo ostendit humilitatem ortam esse de culpa. Et quia culpa praecessit, ideo *h u m i l i a t u m* ostendit, hoc est, adtritum temptationibus et aduersis et traditum anxietatibus, quemadmodum et ille, qui traditus est a Paulo in interitum carnis (vgl. I Cor. 5,5), *h u m i l i a t u s* utique *e s t*, ut postea posset reconciliationem mereri. ... Vides ergo, quia ideo *h u m i l i a t u s   e s*, quia *d e l i q u i s t i* et non seruasti *e l o - q u i a* Dei. Vnde serua diligentius, ne pecces, ne iterum, ... tristitia absorbearis ...
9 Hil 437: *C o r   superborum*, ait, *s i c u t   l a c   c o a g u l a t u m . L a c* specie et sapore blandissimum est; quod uitio aliquo corruptum *c o a g u l a - r i* solet et ex naturae suae suauitate decedens inutili sapore amaroque corrumpitur.

457,11 A 1722: Sed uide quid a se opponat duritiae[10] *cordis illorum: E g o
u e r o*[11], *inquit, l e g e m   t u a m   m e d i t a t u s   s u m.* ...
Meditatione quippe *l e g i s* huius[12], uoluntaria[12] seruatur humilitas[13],
ut poenalis humilitas euadatur, de qua mox dicit.

457,15 A 1722: Ipso quippe fructu ostendit quod *b o n u m* illi fuerit *h u -
m i l i a r i*[14];

457,18 C 1088: Consideremus autem uim istius uerbi quod dicit, *o r i s   t u i*,
non tam prophetarum, non apostolorum, sed praecepta euangelica sibi
testatur esse pretiosissima, quae Christi Domini sunt *o r e* prolata.
A 1722: *B o n a   m i h i ... a r g e n t i*: ut amplius diligat caritas
l e g e m Dei, quam diligit cupiditas *m i l i a   a u r i   e t   a r -
g e n t i.*

(IOTH)

457,26 A 1723: Sed adhibent testimonium de hoc psalmo, et dicunt: Ecce ubi
apertissime clamat homo: *M a n u s ... e t   f i n x e r u n t   m e.*
Quasi non aperte etiam dictum sit: *Videbo caelos, opera digitorum tuorum*
(Ps 8,4); nec minus aperte: *Et opera manuum tuarum sunt caeli* (Ps 101,26),
multoque apertius: *Et aridam terram manus eius finxerunt* (Ps 94,5).
M a n u s ergo Dei sunt potestas Dei. ... [1724] ... An etiam secundum
hoc recte dici potuit: *M a n u s ... p l a s m a u e r u n t   m e*,
quoniam unusquisque non sine opere Dei etiam de parentibus fit, ipso
creante, illis generantibus? ... Sed numquid sine *i n t e l l e c t u*
fecit hominem Deus, ...? Nonne ipsi naturae humanae *i n t e l l e c -
t u s* est inditus, ut eo discernatur a pecore? An sic est deformata
peccando, ut etiam hoc in ea reformandum sit? Propter quod et apostolus
omnibus ad regenerationem pertinentibus dicit: *Renouamini spiritu mentis
uestrae* (Eph. 4,23); et utique *i n t e l l e c t u s* in mente est. ...
[1726] ... Dominus Iesus in hoc psalmo per prophetam, tamquam sibi,
petiuit *i n t e l l e c t u m   d a r i* a Deo corpori suo quod est
Ecclesia, ad Dei *m a n d a t a   d i s c e n d a.* Cum ipso enim uita

---

10 CSg: e *durch Strich darüber und darunter getilgt.*
11 CSg: autem
12 CSg: huius uoluntariae,
13 CSg: humilis (!)
14 Hil 438: Scit humiliationem tamen suam sibi propheta *b o n a m* esse,
   ... *B o n a* omnis passio, *b o n a e* omnes tribulationes, per quas *iustificationes* Dei cognoscuntur: ... Idcirco enim *b o n u m* sibi, quod
   humiliatus est, ait, quia per humiliationem *iustificationes* Dei *disceret*.

corporis eius, hoc est, populi eius, abscondita est in Deo (vgl. Col. 3,3), et ipse in eodem corpore suo indigentiam patitur, et poscit quod membris suis est necessarium. ... Quia tu, inquit, formasti, tu reforma; C 1088: Sed perquiret qualem *i n t e l l e c t u m* quaerebat, quem humanitatis ratione non poterat inuenire; illum scilicet purum, contemplabilem, deuotum, quem [1089] ante peccatum adhuc Adae incorrupta simplicitas possidebat, ... Petit ergo *i n t e l l e c t u m*, ut Domini *m a n d a t a* cognoscat;

458,10 A 1726: *q u o n i a m   i n   u e r b a   t u a   s p e r a u i*; id est, in ea quae promisisti, ... Qui sunt autem *q u i   t i m e n t* Deum, et quem *u i d e b u n t   e t   l a e t a b u n t u r*, quoniam *i n   u e r b a* Dei *s p e r a u i t* ? Si corpus Christi est, id est, Ecclesia, cuius est uox ista per Christum, uel in ipsa est de ipsa, tamquam de seipso ista uox Christi est, numquid non ipsi sunt in eis *q u i   t i m e n t* Deum? Quis est ergo ille quem *u i d e n t,   e t   i o c u n d a n t u r*? An populus ipse se *u i d e t,   e t   i o c u n d a t u r*, et sic dictum est: *Q u i ... q u i a   i n   u e r b a   t u a   s p e r a u i*; uel sicut alii diligentius expresserunt: *s u p e r s p e r a u i*; tamquam diceret: *Q u i   t i m e n t   t e,   u i d e b u n t* Ecclesiam tuam, *e t   i o c u n d a b u n t u r,   q u i a   i n   u e r b a   t u a   s u p e r s p e r a u i;* cum ipsi sint Ecclesia, qui *u i d e n t* Ecclesiam *e t   i o c u n d a n t u r*? [1727] Sed cur ... *u i d e b u n t* autem *e t   i o c u n d a b u n t u r*, futuri temporis uerba sunt? An quia in praesenti tempore timor est, quamdiu temptatio est uita humana super terram (vgl. Iob 7,1); iocunditas autem quam uoluit hic intellegi, tunc erit quando iusti fulgebunt in regno Patris sui sicut sol (vgl. Matth. 13,43)? ... Nunc ergo quamdiu *t i m e n t*, nondum *u i d e n t*; ... et hic, *q u i a   i n   u e r b a   t u a   s p e r a u i*, uel *s u p e r s p e r a u i*, ... etiam illud intellegamus, quod *potens est Deus facere supra*[1] *quam petimus et intellegimus* (Eph. 3,20); ut[2] quia *supra quam petimus et intellegimus* sunt, parum sit ea *s p e r a r e*, sed debeamus *s u p e r s p e r a r e*.

458,19.21 A 1727: Et hic quidem primo *u e r i t a t e m* posuit, qua *h u m i l i a t i   s u m u s* in mortem, iudicante illo cuius *i u d i c i a   i u s t i t i a* est; deinde *m i s e r i c o r d i a m*, qua instauramur ad uitam, promittente illo cuius beneficium gratia est. Ideo ait:

---

1 CSg: super (*WS 270ᵃ*: supra)
2 CSg: *durch Unterstreichung getilgt*, Et *darübergeschrieben*.

s e c u n d u m ... t u o, id est *s e c u n d u m* quod promisisti *s e r u o   t u o*. Siue ergo regeneratio qua hic in Dei filios adoptamur, siue fides et spes et caritas quae tria aedificantur in nobis, quamuis de *m i s e r i c o r d i a* Dei ueniant, tamen in hac aerumnosa et procellosa uita solatia sunt miserorum, non gaudia beatorum;

459,1 A 1728: Tunc enim uere *u i u a m*, quando nihil potero timere, ne moriar.

459,3 A 1728: Haec *m e d i t a t i o* nisi esset in fide, quae per dilectionem operatur (vgl. Gal. 5,6), numquam propter eam posset ad illam uitam quispiam peruenire.

459,7 C 1090: Contra insidias inimicorum et superbiam[3] praetumida se iniquitate iactantem, ponit salu-[1091]tare remedium, exercitium utique *m a n - d a t o r u m*. Non enim aduersus perfidos et crudeles aliqua obluctatione pugnauit, aut uerborum litigiosa contentione se miscuit; sed tamquam uento flabili dictis inanibus uerberatus, propositum suum quieta mente peragebat, ut inde magis aduersarii[4] celerius caderent, dum nullis eis humanis uiribus restitisset. Quod patientiae genus ornat sine dubio Christianos.

459,8 C 1091: Ad distinguendas personas propria uerba signata sunt. Supra enim de *superbis* dictum est: *confundantur*; hic autem de incipientibus dicitur: *c o n u e r t a n t u r   a d   m e*, id est, ad te. *A d* Dominum bene intellegitur *c o n u e r t i*, qui in ecclesiastica coepit congregatione uersari;

A 1728: In nonnullis codicibus inuenimus et graecis et latinis: *C o n - u e r t a n t u r   m i h i*; quod tantumdem ualere existimo, quantum si dicatur, *a d   m e*. Sed quis est iste qui hoc dicit? Non enim quisquam hominum hoc dicere audebit, aut[5] si dicat, audiendus est[5]. Nimirum ergo ille est qui etiam superius interposuit proprietatem uocis suae, dicens: *Particeps ego sum omnium timentium te* (v. 63). Quia factus est *particeps* mortalitatis nostrae, ut et nos *participes* diuinitatis ipsius fieremus; nos unius *participes* ad uitam, ad mortem uero *particeps* ille multorum. Ipse est enim *a d* [1729] quem *c o n u e r t u n t u r   t i m e n t e s* Deum, et qui cognoscunt Dei *t e s t i m o n i a*, de illo per prophetas tanto ante praedicta, in[6] eius praesentia per miracula paulo ante monstrata.

---

3 CSg: per uiam
4 CSg: *fehlt*.
5 CSg: ut ... sit (*ursprüngliches* est *durch Unterstreichung getilgt*, sit *darübergeschrieben*)
6 CSg: *davor* et *übergeschrieben*.

459,14 A 1729: Redit ad uocem corporis sui, sancti scilicet populi sui, ...
        Quod autem addidit: *u t   n o n   c o n f u n d a r*, tale aliquid in
        primis huius psalmi uersibus inuenitur, ubi dixit: *Vtinam dirigantur
        uiae meae ad custodiendas iustificationes tuas: tunc non confundar, cum
        inspicio in omnia mandata tua* (v. 5.6). ... *F i t* ergo *c o r   i m -
        m a c u l a t u m* membrorum et corporis Christi, ...

(CAPH)

459,20 A 1730: Bonus est ergo iste defectus: indicat enim desiderium boni, ...
        Sed quis hoc dicit nisi genus electum, ... desiderans Christum? ...
        Nec tunc ergo quieuit hoc desiderium sanctorum, nec nunc quiescit in
        Christi corpore quod est Ecclesia, usque ad terminum saeculi, donec
        ueniat *Desideratus cunctis gentibus* (Agg. 2,8), sicut promittitur per
        prophetam. ... *e t* [1731] *i n   u e r b u m   t u u m   s p e r a u i*:
        hoc est, in promissum; quae spes facit ut per patientiam expectetur
        quod a credentibus non uidetur (vgl. Rom. 8,25). Etiam hic graecus illud
        uerbum habet, quod quidam nostri interpretes *s u p e r s p e r a u i*
        transferre malerunt; quia procul dubio plus futurum est, quam dici
        potest.

459,24 A 1731: Ecce rursus in *o c u l i s*, sed utique interioribus, laudabilis
        et felix ille defectus, non ueniens ex infirmitate animi, sed ex forti-
        tudine desiderii in promissum Dei; hoc enim ait: *i n   e l o q u i u m
        t u u m*. Quomodo autem tales *o c u l i* dicunt: *Q u a n d o   c o n -
        s o l a b e r i s   m e*, nisi cum tali intentione et expectatione oratur
        et gemitur? Lingua enim loqui, non *o c u l i* solent; sed *o c u l o -
        r u m* quodammodo uox est desiderium orationis.

460,2   A 1731: Ardentibus autem spiritalibus desideriis, carnalia desideria
        sine dubitatione frigescunt; ... Nimirum enim per *u t r e m* carnem
        mortis huius, per *p r u i n a m* uero caeleste beneficium uult intelle-
        gi, quo carnis concupiscentiae uelut frigore cohibente torpescunt; ...
        Feruor enim cupiditatis obtorpuit, ut ferueret memoria caritatis.

460,7   A 1731: In Apocalypsi est ista uox martyrum, et eis imperatur patientia
        donec fratrum eorum numerus impleatur (vgl. Apoc. 6,10). De *d i e b u s*
        ergo suis interrogat corpus Christi, qui futuri sunt in hoc saeculo. Et
        ne quisquam putaret ante hic Ecclesiam non futuram[1], quam finis saeculi

---

1 CSg: defuturam

uenerit, et [1732] aliquid temporis futurum in hoc saeculo, quo Ecclesia iam non sit in terris; propterea cum quaesisset de *d i e b u s* suis, adiunxit etiam de *i u d i c i o*, profecto demonstrans usque ad *i u d i - c i u m*, in quo de persecutoribus eius est futura uindicta, ipsam quoque in terris futuram. ... Cur non credamus isto loco psalmi huius esse prophetatum hoc ipsum illos fuisse quaesituros, et Ecclesiae uocem, quae hic tanto ante praedicta est, illorum interrogatione completam?

460,13 A 1732: eas sic transferre uoluerunt interpretes nostri, quas Graeci ἀδολεσχίας[2] uocant, quod usque adeo uno uerbo nequaquam dici latine potest, ut aliqui *d e l e c t a t i o n e s*, aliqui *f a b u l a t i o - n e s* eas dicerent; ut non immerito accipiatur esse quidem illas exercitationes, sed in sermone cum quadam *d e l e c t a t i o n e*. Has uero habent in diuersis sectis ac professionibus, et litterae saeculares, et Iudaeorum quae Deuterosis nuncupatur, continens praeter diuinarum canonem scripturarum milia fabularum; habet eas et haereticorum uana atque errabunda loquacitas. Hos omnes iniquos intellegi uoluit, a quibus sibi *n a r r a t a s* dicit ἀδολεσχίας[2], id est, exercitationes delectabiles[3] uerbis[3]: *S e d n o n*, inquit, *s i c u t*[4] *l e x t u a, D o m i n e*; quia me in ea ueritas, non uerba delectant[5].

460,22 A 1732: Vt enim persequantur me, *narrauerunt mihi* sermonum suorum *delectationes*; sed eis praeposui *legem tuam*, quae ideo plus me delectauit, quia *o m n i a ... u e r i t a s*, non sicut illorum abundat sermonibus uanitas. Ac per hoc *i n i u s t e p e r s e c u t i s u n t m e*, quia non in *m e p e r s e c u t i s u n t* nisi *u e r i t a t e m*. Ergo *a d i u - u a m e*, ut certem pro *u e r i t a t e* usque ad mortem;

460,24 A 1732: *P a u l o m i n u s ... t e r r a*: multa scilicet strage martyrum facta, ...

460,26 C 1095: scilicet ut usque ad finem eius constantia perueniret, sicut legitur: *Qui perseuerauerit usque in finem, hic saluus erit* (Matth. 10,22).

461,4 A 1733: ... *t e s t i m o n i a o r i s t u i*: quae graecus habet: *m a r t y r i a*. ... *V i u i f i c a t i s u n t* enim, ne amando uitam, negarent uitam, et negando uitam, amitterent uitam; – Vgl. 448,17-22.

Al 609 A: ... *t e s t i m o n i a o r i s t u i*. Vel ea quae in lege mandasti, uel illa quae in euangeliis protulisti. (= Br 1269 A = CSg 27,521)

---

2 CSg: adoléschias (!) (*über dem ganzen Wort Strich*)
3 CSg: delectabilis uerbi (!)
4 CSg: ut
5 Vgl. Walter Benary (Hg.), *Salomon et Marcolfus* ... Heidelberg, 1914; zu Notkers Stelle s. Einleitung, S. VII.

(LAMED)

461,8 A 1733: Homo qui loquitur in isto psalmo, tamquam taederet eum mutabilitatis hominum, unde uita ista temptationibus plena est, inter tribulationes suas, ... dixit: *I n ... c a e l o*: hoc est, in angelis tuis custodientibus aeternam sine desertione militiam.

C 1095: *I n   c a e l o   u e r b u m* Domini *p e r m a n e r e*; id est, in unoquoque sancto, ... Est enim in illis *c a e l u m*, qui se conuersatione caelesti tractare noscuntur: siue in angelis et archangelis uirtutibusque caelestibus, ... Manet enim[1] in eis semper *V e r b u m*; quoniam et illi iugiter in ministerio dominico firmissima deliberatione consistunt.

461,11 A 1733: Post *caelum* ergo terram contuitu fidelis mentis aspiciens, inuenit in ea *g e n e r a t i o n e s* quae *in caelo* non sunt, et ait: *I n ... u e r i t a s   t u a*: siue omnes *g e n e r a t i o n e s* ista repetitione significans, a quibus numquam defuit *u e r i t a s* Dei in sanctis eius, modo paucioribus, modo pluribus, ut se temporum uarietas habuit uel habebit; siue duas quasdam *g e n e r a t i o n e s* intellegi uolens, unam scilicet ad legem et prophetas, alteram uero ad euangelium pertinentem.

461,13 A 1733: Fundamentum autem aliud nemo potest ponere praeter id quod positum est, quod est Christus Iesus (vgl. I Cor. 3,11). ... Aut uero Moyses et prophetae filii deputandi [1734] sunt in seruitutem generantis ancillae fuisse, non liberae, quae est mater nostra (vgl. Gal. 4,24); cui *'Mater Sion' dicet homo; et homo factus est in ea, et ipse fundauit eam Altissimus* (Ps 86,5)? Ipse est enim et apud Patrem altissimus, et propter nos in ista matre factus humillimus; quoniam qui Deus erat super eam, *homo factus est in ea*. Hoc itaque fundamento, Domine, *f u n d a s t i   t e r r a m,   e t   p e r m a n e t*; quia in tali fundamento constabilita, non inclinabitur in saeculum saeculi (vgl. Ps 103,5), in eis utique *p e r m a n e n s* quibus es uitam daturus aeternam.

C 1096: *F u n d a s t i ... p e r m a n e t*. Quod melius de sanctis hominibus datur intellegi, qui sic *f u n d a t i   s u n t*, ut in Christi Domini credulitate *p e r m a n e a n t*; - Vgl. 381,9-11 zu Ps 103,5.[2]

461,15.18 C 1096: Quoties singulari numero *d i e s* ponitur, uenturus ille significatur, qui unus atque aeternus est et non habet noctem: ...

---

1 CSg: autem
2 R 238[va]: *F u n d a s t i   t e r r a m*, id est, Ecclesiam in fide Filii tui, *e t   p e r m a n e t* ipsa in aeternum.

Potest autem de infidelibus nonnulla quaestio oboriri, qui non uidentur
s e r u i r e Domino, quando ab eius deuotione discreti sunt. Sed et
ipsi s e r u i u n t cum iudicantur; non enim liber dimittitur, qui
puniendus esse monstratur.

A 1734: Ista quippe omnia d i e s: et iste est d i e s quem fecit
Dominus, exultemus et iocundemur in eo (vgl. Ps 117,24); et sicut in
d i e honeste ambulemus (vgl. Rom. 13,13).

461,18 A 1734: o m n i a quae pertinent ad hunc diem, s e r u i u n t t i b i.
Impii quippe de quibus dicitur: *Nocti similaui matrem uestram* (Os. 4,5,
nach LXX), non s e r u i u n t t i b i.

461,20 A 1734: Ista l e x fidei est; non inanis fidei, sed quae per dilectionem operatur (vgl. Gal. 5,6). Per hanc impetratur gratia, quae fortes[3]
facit in tribulatione temporali, ne p e r e a n t i n h u m i l i -
t a t e mortali.

461,24 A 1734: Ecce unde factum est ut non *periret in humilitate* sua. Nam Deo
non u i u i f i c a n t e, quid est homo, qui se occidere potuit,
u i u i f i c a r e autem[4] non potest?

462,2 A 1734: Quid est ergo quod iste ita se quodammodo familiarius Deo com-
mendandum putauit, ut diceret: T u u s ... f a c, nisi intellegi [1735]
uolens quod malo suo suus esse uoluerit[5], quod est inoboedientiae primum
et maximum malum? Et tamquam dicens: Meus esse uolui, et perditum me
feci: T u u s s u m[6], inquit, s a l u u m m e f a c, q u i a i u -
s t i f i c a t i o n e s t u a s e x q u i s i u i: non uoluntates
meas, quibus fui meus, sed i u s t i f i c a t i o n e s t u a s,
ut e s s e m iam t u u s.

462,7 A 1735: Et quid est: m e e x p e c t a u e r u n t, nisi ut eis ad malum
consentirem? Tunc enim p e r d e r e n t. Vnde autem non perierit dixit:
T e s t i m o n i a t u a i n t e l l e x i. ... Quia scilicet me sibi
non consentientem etiamsi occiderent, tua martyria confitens non perirem;
sed illi qui ut p e r d e r e n t, e x p e c t a b a n t quando consentirem, torquebant etiam[7] cum[7] confiterer. Nec tamen quod i n t e l -

---

3 CSg: fortassis (*bei ursprünglichem* fortes *wurde* e *zu* a *verbessert, sis übergeschrieben*)
4 CSg: *fehlt.* (!)
5 CSg: noluerit (!) (*ursprüngliches* u[1] *durch Unterstreichung getilgt,* n *darübergeschrieben. WS 275*[a] *hat:* uoluerit)
6 CSg: sum ego
7 CSg: cum etiam

l e x e r a t[8] relinquebat intuens et uidens utique sine fine finem, si perseueraret usque in finem (vgl. Matth. 10,22).[9]

462,11 C 1098: *C o n s u m m a t i o* est enim uirtutum omnium completiua perfectio, cui *c o n s u m m a t i o n i* Christus est *f i n i s*;

A 1735: Quod autem addidit: *l a t u m   m a n d a t u m   t u u m   u a l d e*, non intellego nisi caritatem. ... *L a t u m* est ergo *m a n d a t u m* illud geminum, quo iubetur Deus et proximus diligi. Quid autem *l a t i u s*, quam ut ubi pendeat tota lex et omnes prophetae (vgl. Matth. 22,40)? (∼ C 1098)

(MEM)

462,15 C 1099: Dicendo *q u o m o d o*, promittit se dicturum quemadmodum *l e g e m* Domini praecipua intentione *d i l e x e r i t*.

462,16 Al 610 B: ... *t o t a   d i e*, id est, toto tempore, ...

A 1736: Dilectio est igitur latitudo *mandati*. Vnde[1] quippe fieri potest ut diligatur quod Deus iubet diligi, et ipsa iussio non diligatur? Ipsa est enim *lex*. ... Tali expugnatur dilectione cupiditas, quae saepe faciendis *legis* iussionibus contradicit, concupiscente aduersus spiritum carne (vgl. Gal. 5,17): aduersus quam spiritus concupiscens, ita debet *diligere legem* Dei, ut *t o t a m   d i e m   m e d i t a t i o* eius *s i t*.

C 1099: *Dilexit* ergo *legem*, non timuit, quoniam per dilectionem, non per timorem mundanum praeceptum Domini sanctos uiros decet operari. Plus enim acceptum est amantem aliquid facere, quam solum infideliter timentem.

462,20.23 A 1736: Dilectio est igitur latitudo *m a n d a t i*. ... Dicit autem apostolus: *Vbi est ergo gloriatio tua? Exclusa est. Per quam legem? factorum? Non, sed per legem fidei* (Rom. 3,27). Haec est *fides* quae per dilectionem operatur (vgl. Gal. 5,6); ... Hoc enim spiritu Dei quicumque aguntur, hi filii sunt Dei (vgl. Rom. 8,14), qui recipiuntur ut recumbant cum Abraham, Isaac et Iacob in regno caelorum (vgl. Matth. 8,11), expulso seruo, qui non manet in domo in aeternum (vgl. Ioh. 8,35), id est, Israel secundum carnem, cui dictum est: *Cum uideritis Abraham,*

---

8 CSg: intellexit
9 R 238vb: *M e   e x p e c t a u e r u n t*. Non me cito interfecerunt, sed longo tempore me afflixerunt, cupientes me a fide tua per afflictionem remouere. -- Am 277: Aliter qui uult intellegere: Multi, inquit, peccata persuadere atque ex pectore fidem extorquere conati sunt mihi, ...

1 CSg: Inde

Isaac, et Iacob, et omnes prophetas in regno Dei, uos autem expelli foras
(Luc. 13,28). ... Gentes autem^2, sicut ait uas electionis, quae non secta-
bantur iustitiam, adprehenderunt iustitiam; iustitiam autem quae ex fide
est: Israel autem persequens legem iustitiae, in legem iustitiae^3 non
peruenit. Quare? Quia non ex fide, sed quasi ex operibus, offenderunt in
lapidem offensionis (Rom. 9,30-32). Ita facti sunt inimici huius qui hic
in prophetia loquitur. ... Illi namque zelum quidem Dei habent, sed non
secundum scientiam. Ignorantes enim Dei iustitiam, et suam [1737] quaerentes constituere, iustitiae Dei non sunt subiecti (vgl. Rom. 10,2.3).
Iste uero qui super istos inimicos suos sapit mandatum Dei, inueniri
uult cum apostolo non habens iustitiam suam, quae ex lege est, sed iustitiam per fidem Christi, quae est ex Deo (vgl. Phil. 3,9); ... Finis enim
legis Christus, ad iustitiam omni credenti, ut iustificentur gratis per
gratiam ipsius (vgl. Rom. 10,4; 3,24): non sicut illi qui uiribus suis
se legem facere existimant, et ideo ex lege quidem Dei, sed suam iustitiam constituere quaerunt; sed quomodo filius promissionis, qui esuriens
et sitiens eam, petendo, quaerendo, pulsando quodammodo a Patre mendicat,
ut adoptatus per Vnigenitum accipiat (vgl. Matth. 5,6; 7,7.8). ... in
tabulis uero cordis, dilectio Dei et proximi manebit in aeternum; in quo
mandato geminato tota lex pendet et prophetae (vgl. Matth. 22,40): erit-
que praemium custoditi *m a n d a t i* huius ipse mandator, et praemium
dilectionis ipse dilectus, quando erit Deus omnia in omnibus (vgl. I
Cor. 15,28).
C 1099: Sed quaera-[1100]mus quod *m a n d a t u m* est, quod saeculo
isto deficiente permaneat, scilicet dilectio Dei et proximi; ibi enim et
Dominum supra omnia diligimus et proximum quemadmodum nos perfectissime
tunc amamus.

463,7 Al 610 B: ... hic doctores appellat, magistros scilicet Pharisaeos de-
signans, ...
A 1737: Quis est iste qui *s u p e r   o m n e s   d o c e n t e s* se
i n t e l l e x i t ? ... Porro si, quod est acceptabilius, Christum
praenuntiat iste propheta, nunc a capite quod est ipse Saluator, nunc
ab eius corpore quod est Ecclesia, uerba prophetica digerens, et tamquam
unum loquentem faciens, propter magnum illud sacramentum, ubi dictum est:
Erunt [1738] *duo in carne una* (Eph. 5,31); agnosco eum plane qui *s u -*

---

2 CSg: enim
3 CSg: **fehlt.**

p e r   o m n e s   d o c e n t e s se *i n t e l l e x i t*, quando cum esset annorum duodecim, remansit puer Iesus in Ierusalem, et a[4] parentibus[4] suis post triduum inuentus est illic in templo sedens inter doctores, audiens illos et interrogans; ubi stupebant omnes qui eum audiebant, super prudentia et responsis eius (vgl. Luc. 2,42.46.47). ... Ideo *s u p e r   o m n e s   d o c e n t e s* se *i n t e l l e g e b a t*, quia *t e s t i m o n i a* Dei meditabatur; quae[5] melius quam illi de seipso nouerat, qui dicebat: *Vos misistis ad Iohannem, et testimonium perhibuit ueritati; ego autem non ab homine testimonium accipio*, ... *ego autem habeo testimonium maius Iohanne* (Ioh. 5,33.34.36).

463,19.21 A 1738: Illi autem doctores non absurde intelleguntur etiam ipsi esse *s e n i o r e s*, de quibus continuo dicit: *S u p e r   s e n i o r e s   i n t e l l e x i*. Quod ideo mihi eo modo repetitum uidetur, ut nobis haec legentibus illa aetas eius ueniret in mentem, quae nobis innotuit ex euangelio (vgl. Luc. 2,46), qua aetate puerili inter aetate maiores, hoc est, iunior inter *s e n i o r e s* sedebat, et *super omnes docentes se intellegebat*. ... [1739] ... Deinde paulo post, ut non solum ipse qui est caput corporis, uerum etiam corpus ipsum et membra eius *s u p e r   s e n i o r e s* illos *i n t e l l e g e r e n t*, quorum traditio de lauandis manibus ferebatur, conuocatis ad se turbis dixit eis: *Audite, et intellegite* (Matth. 15,10). Tamquam diceret: *S u p e r   s e n i o r e s* illos et uos *i n t e l l e g i t e*, ut etiam de uobis illa prophetia clareat esse praemissa: *S u p e r   s e n i o r e s   i n t e l l e x i*, nec solum capiti, uerum etiam corpori, ac sic uniuerso Christo aptata conueniat. *Non quod intrat in os, coinquinat hominem; sed quod procedit ex ore, hoc coinquinat hominem* (Matth. 15,11). Hoc *s e n i o r e s* illi non *i n t e l l e g e b a n t*, qui de lauandis manibus sua uelut magna *m a n d a t a* tradiderant. ... *M a n d a t a   t u a*, non *m a n d a t a* hominum; *m a n d a t a   t u a*, non *m a n d a t a   s e n i o r u m*, qui uolentes[6] esse[6] legis doctores, non *i n t e l l e g u n t* neque quae loquuntur, neque de quibus affirmant.

464,3 A 1739: Iam uero quod adiungitur, non capiti uidetur conuenire, sed corpori: ... quod nos facimus, quando ea quae ille non habuit, ne *u i a s   m a l i g n a s* teneant, desideria nostra praua cohibemus.

---

4 CSg: querentibus
5 CSg: *danach* quis *übergeschrieben.*
6 CSg: uolunt esse se

Sic enim *u e r b a* Dei possumus *c u s t o d i r e*, si post nostras
malas concupiscentias non eamus, ut ad mala[7] concupita perueniant; sed
eas potius aduer-[1740]sus carnem spiritu concupiscente frenemus[8]
(vgl. Gal. 5,17), ne nos raptos atque subuersos per *m a l i g n a s*
u i a s pertrahant.

C 1101: Declarauit illud quod superius dixit: *A b ... p e d e s m e o s*,
utique ut eius minime *iudicia declinaret*.

464,6 A 1740: Quid est enim: *A i u d i c i i s t u i s n o n d e c l i -*
n a u i, nisi quod alio loco dicit: *A iudiciis autem tuis timui* (v.
120)? ... Tu interior intimis meis, tu intus in corde *l e g e m*
p o s u i s t i m i h i Spiritu tuo, tamquam digito tuo; ut eam non
tamquam seruus sine amore metuerem, sed casto timore ut[9] filius[9] dili-
gerem, et dilectione casta timerem.

464,11 A 1740: Haec est illa suauitas quam Dominus dat, ut terra nostra det
fructum suum; ut bonum uere bene, id est, non mali carnalis formidine,
sed boni spiritalis delectatione faciamus. ... uerum *o r i* cordis,
non carnis est *d u l c i s*.

464,14 A 1740: faciendo *m a n d a t a* Dei peruenisse se dicit ad earum rerum
intellegentiam, quas concupiuerat scire. Propter quod scriptum est:
Concupisti sapientiam; serua mandata, et Dominus praebebit[10] *illam tibi*
(Eccli. 1,33), ne quisquam praeposterus, antequam habeat humilitatem
oboedientiae, uelit ad altitudinem sapientiae peruenire, quam capere
non potest, nisi ordine uenerit. ... quia et custodienda est oboedientia,
ut percipiatur sapientia, et percepta sapientia non est deserenda oboedientia.

464,19 A 1741: Necesse est enim ut oderit *o m n e m i n i q u i t a t e m*
amor iustitiae, qui tanto maior est, quanto eum magis inflammat amplio-
ris dulcedo sapientiae, quae praebetur ei qui obtemperat Deo, et *a man-*
datis eius *intellegit*.

(NVN)

464,21 A 1741: Quod est *l u c e r n a*, hoc repetitum est *l u m e n*; quod
p e d i b u s m e i s, hoc *s e m i t i s m e i s*. Quid est ergo:

---

7 CSg: male
8 CSg: frenemus (*ursprüngliches e durch Unterstreichung getilgt, a darüberge-*
schrieben)
9 CSg: *fehlen*.
10 CSg: praebet (!)

u e r b u m   t u u m ? ... [1742] ... quid est hoc *u e r b u m*, quod ita *l u m e n* dicitur, ut *l u c e r n a* sit (ait enim: *L u c e r n a ... s e m i t i s   m e i s*), nisi *u e r b u m* intellegamus quod factum est ad prophetas, uel quod praedicatum est per apostolos? Non *u e r b u m* Christum, sed *u e r b u m* Christi, ...

465,1.3 A 1742: Fide autem *c u s t o d i u n t u r   i u d i c i a   i u s t i t i a e* Dei; cum sub Deo iusto iudice, nec recte factum infructuosum, nec peccatum creditur impunitum; sed pro hac fide quia multa et grauissima mala corpus pertulit Christi, *H u m i l i a t u s   s u m*, inquit, *u s q u e   u a l d e*. ... maximam scilicet passus persecutionem, ...

465,5 A 1742: hoc est, *s e c u n d u m* promissum *t u u m*. Nam et *u e r b u m* promissorum Dei *lucerna* est *pedibus*, et *semitis lumen*.

465,7 A 1743: hoc est, placeant tibi; ... Bene autem intelleguntur *o r i s   u o l u n t a r i a*, sacrificia laudis, confessione caritatis, non timore necessitatis oblata, ...

465,9 A 1743: Nonne ipse in uersibus superioribus dixerat: *A iudiciis tuis non declinaui* (v. 102)? Quomodo istud, si non ea nouerat? Porro si nouerat, quomodo hic dicit: *E t*[1] *i u d i c i a   t u a   d o c e   m e* ? ... Quod ita exposuimus, ut intellegeremus uerba proficientis, et addi sibi ad id quod acceperat postulantis.

C 1105: Sed consideremus gloriosum cordis ardorem, ut illa semper auide petat, quae se saepius accepisse commemorat, ...

465,12 A 1743: An forte ita dictum est: *A n i m a ... m e i s*, tamquam eam *uiuificandam* offerret Deo? Vnde alibi dicitur: *Ad te leuaui animam meam* (Ps 24,1).

465,16 C 1106: scilicet quoniam *a   m a n d a t i s* Domini minime declinauit. A 1743: Vnde hoc, nisi quia eius *anima in manibus* Dei, uel *in* suis *uiuificanda* offertur Deo?

465,19 A 1744: Si autem quaeritur, quid *a d q u i s i e r i t   h e r e d i t a t e*: *T e s t i m o n i a*, inquit, *t u a*. Quid uolens intellegi, nisi ut testis Dei fieret, eiusque *t e s t i m o n i a* confiteretur, id est, ut martyr Dei fieret, atque eius martyria[2] diceret, sicut martyres dicunt, a Patre sibi, cuius heres est, esse collatum? Multi quippe uoluerunt, neque potuerunt; nulli tamen potuerunt, nisi qui uoluerunt, quia non potuissent, si Dei *t e s t i m o n i a* negare uoluissent. Sed etiam ipsorum praeparata est uoluntas a Domino.

---

1 CSg: *fehlt*.
2 CSg: martyrio

Pr 110 (353 D): Vt testis, inquit, tuus cuperem, tu donasti. Et ut pro ueritate mori non metuerem, tuae *h e r e d i t a t i s*, tuae est gratiae. Quod mihi donum *i n   a e t e r n u m* est, quia non est in eo gloria temporalis. - Vgl. 462,8.

465,22 A 1744: etsi afflictio corporis, *e x u l t a t i o* tamen *c o r d i s*.

465,25 C 1107: *I u s t i f i c a t i o n e s* est quippe facere, *mandata* Domini humiliatis sensibus operari, ut esurienti panem frangas, nudum uestias, condoleas calamitatibus alienis, et cetera quae humanum genus Creatoris pietas commonere dignata est.

A 1744: Qui dicit: *I n c l i n a u i   c o r   m e u m*, ipse iam dixerat: *Inclina cor meum in testimonia tua* (v. 36), ut intellegamus simul hoc esse et diuini muneris et propriae uoluntatis. Sed numquid *i n   a e t e r n u m   f a c t u r i   s u m u s   i u s t i f i c a t i o n e s* Dei? Opera illa quidem quae operamur circa proximorum necessitates, aeterna esse non possunt, sicut nec ipsae necessitates; sed si non diligendo ista *f a c i a m u s*, nulla est *i u s t i f i c a t i o*; si autem diligendo, aeterna est ipsa dilectio, eique aeterna parata est *r e - t r i b u t i o*; *p r o p t e r* quam *r e t r i b u t i o n e m* dicit se *i n c l i n a s s e*³ *c o r* suum *a d   f a c i e n d a s   i u s t i - f i c a t i o n e s* Dei, ut *i n   a e t e r n u m* diligens, *i n   a e t e r n u m* mereatur habere quod diligit.

(SAMECH)

466,7 A 1744: sed cum dixisset: *I n i q u o s   o d i o   h a b u i*, exposuit, quare, addendo: *e t   l e g e m   t u a m   d i l e x i*; ut demonstraret, non se in hominibus *i n i q u i s* odisse naturam, qua homines sunt, sed iniquitatem, qua *l e g i* quam *d i l i g i t*, inimici sunt.

Br 1271 C-D: Sed modo intellegendum est: *O d i o   h a b u i*, uitia et peccata, *e t   d i l e x i*, hoc est, illam naturam, quia non licet odire creaturam Dei, sed peccatum.

466,11 A 1744: *A d i u t o r*, ad bona facienda; *s u s c e p t o r*, ad mala euadenda.

466,13 A 1744: tamquam filius promissionis loquitur.

466,16 A 1745: Non enim ait: faciam, sed: *s c r u t a b o r*. ... Nam *m a - l i g n i* exercent ad facienda *m a n d a t a*, a *s c r u t a n d i s* autem auocant; non solum cum persequuntur, aut litigare nobiscum uolunt, uerum etiam cum obsequuntur et honorant, et tamen suis uitiosis

---

3 CSg: inclinare

et negotiosis cupiditatibus adiuuandis ut occupemur, et eis nostra tempora impendamus, efflagitant;

466,21 A 1745: Sic enim de futuro dictum est: *e t   u i* - [1746] *u a m*, tamquam in hoc corpore mortuo non *u i u a t u r.*

466,24 A 1746: sentiens istam[1] meditationem plerumque animae languoribus impediri, *A d i u u a   m e*, inquit, ...

467,2 A 1746: Quare autem *d i s c e d u n t? Q u i a   i n i u s t a   e s t,* inquit, *c o g i t a t i o   e o r u m.* ... Omnia opera, uel mala, uel bona, a *c o g i t a t i o n e* procedunt: in *c o g i t a t i o n e* quisque innocens, in *c o g i t a t i o n e* reus est.

467,4 Vgl. WS 282[b]: Praecedens autem uersus [118] terribilis in hebraico sonat, ubi legitur: *Abiecisti omnes ignorantes praecepta tua, quia mendax cogitatio eorum.* Per quod ostenditur omnem *cogitationem* quae a praecepti Dei discrepat ueritate esse fallacem, ...[2]

467,4.10 A 1747: quaerimus ergo quomodo intellegendum sit: *P r a e u a r i - c a n t e s   d e p u t a u i*[3] *o m n e s   p e c c a t o r e s   t e r - r a e*; propter quod ait apostolus: *Vbi enim lex*[4] *non est*[4], *nec praeuaricatio* (Rom. 4,15). ... Cur hoc apostolus ait, nisi ut ostenderet *legem* sine promissionis gratia, non solum non auferre, uerum et augere peccatum? ... Qui ergo dicit: *P r a e u a r i c a n t e s ... t e r r a e,* nullos esse omnino, nisi qui legem transgressi sunt, [1748] uult intellegi *p e c c a t o r e s;* ... Sed nimirum cum diceret apostolus: *Quicumque sine lege peccauerunt, sine lege peribunt* (Rom. 2,12), de illa agebat[5] quam Deus dedit per Moysen famulum suum populo suo Israel. ... ideo *sine lege* eos dicens, quia non acceperant *legem* quam se accepisse gloriabantur Iudaei. ... [1750] ... *P r o p t e r e a,* inquit, *d i l e - x i   t e s t i m o n i a   t u a.* Tamquam diceret: Quoniam lex siue in paradiso data, siue naturaliter insita, siue in litteris promulgata, praeuaricatores fecit omnes peccatores terrae: *P r o p t e r e a ... t u a*, quae sunt in lege tua, de gratia tua; ut non sit in me iustitia mea, sed tua. Lex enim ad hoc prodest, ut mittat ad gratiam. ... [1751] ... Cognita itaque Dei gratia, quae sola liberat a praeuaricatione, quae legis cognitione committitur, orando dicit: ...

---

1 CSg: ita
2 Eine Quelle für Notkers Etymologie habe ich nicht gefunden. Hat er sie selber erdacht?
3 CSg: reputaui
4 CSg: non est lex (!)
5 CSg: aiebat

C 1110: Haec sententia nisi diligentius perquiratur, apostolo uidetur esse contraria. Ille enim dicit: *Qui sine lege peccauerunt, sine lege peribunt* (Rom. 2,12); hic autem *o m n e s   p e c c a t o r e s   t e r - r a e   p r a e u a r i c a t o r e s* esse testatur. Nam quomodo potest aliquis esse *sine lege*, si omnes *p r a e u a r i c a t o r e s* esse credendi sunt. *P r a e u a r i c a r i* enim non est, nisi legem transgredi constitutam. Sed utrumque uerum est, quoniam ab uno ueritatis fonte descendit. *Sine* [1111] *lege peribunt*, de illa tantum constitutione dicit apostolus, quae tabulis lapideis in monte Sina digito Domini probatur ascripta. Nam et aliae leges sunt, per quas populi diuinae sententiae subiacebunt; ut est illa praeuaricatio Adae, ... Constringuntur etiam gentes et per naturalem legem, ne faciant alteri quod nolunt fieri sibi[6]; ... Nam cum lex nos addicat, sola gratia est absolute quae liberat, ipsa quae compeditos soluit, ipsa quae de seruis filios facit.

467,13 A 1751: Et iterum: *Christo*, inquit, *confixus sum cruci*; ... (Gal. 2,19). Quod quid est aliud, nisi: Non est in me iustitia mea, quae ex lege est, in qua *praeuaricator* effectus sum; sed iustitia Dei, id est, quae mihi ex Deo est, non ex me? ... Item dicit: *Qui autem sunt Iesu Christi, carnem*[7] *crucifixerunt cum passionibus et concupiscentiis* (Gal. 5,24). Cum hic dictum sit quod[8] ipsi *crucifixerunt carnem suam*, in isto tamen psalmo Deus rogatur ut id faciat, cui dicitur[8]: *C o n f i g e   c l a u i s   a   t i m o r e   t u o   c a r n e s   m e a s*; ut intellegamus etiam id quod recte facimus, gratiae Dei esse tribuendum, ... [1752] ... *a   i u d i c i i s ... t i m u i*, hoc est, a timore tuo casto, qui permanet in saeculum saeculi, carnalia mea desideria comprimantur; *a ... t i m u i*, cum mihi lex minaretur poenam, quae mihi non poterat dare iustitiam. ... Timor namque iste, quo non amatur iustitia, sed timetur poena, seruilis est, quia carnalis est; et ideo non *crucifigit carnem*. ... Timore enim casto ... *carnes crucifiguntur*; quoniam carnales delectationes, quae legis littera uetantur potius quam uitantur, spiritalium bonorum delectatione uincuntur, et eadem usque ad perfectionem crescente uictoria perimuntur.

467,19 A 1752: Sed hunc timorem, quo poena metuitur, consummata caritas foras mittit (vgl. I Ioh. 4,18); quae non timore poenae, sed delectatione

---

6 Vgl. 311,12 und den *Notker latinus* zur Stelle.
7 CSg: carnem suam
8 CSg: quod *bis* dicitur *fehlen*.

iustitiae liberos reddit. ... hoc est: Da mihi castum timorem, ad quem petendum me tamquam paedagogus timor legis ille perduxit, quo timore *a i u d i c i i s   t u i s   t i m u i.*

(AIN)

467,25 A 1752: Non mirum est eum *f e c i s s e   i u d i c i u m   e t i u s t i t i a m*, qui superius poposcerat a timore Dei, utique casto, configi clauis carnes suas, ... tamen hoc loco ita positum est *i u d i - c i u m*, tamquam si rectum non fuerit, non debeat *i u d i c i u m* nominari; alioquin non sufficeret dicere: *F e c i   i u d i c i u m*, sed dicere-[1753]tur: *F e c i* rectum *i u d i c i u m*. ... *I u s t i - t i a* ergo[1] uirtus est animi magna ... *I u d i c i u m* uero, quando nonnisi in bono ponit[2] distinctior loquendi ratio, huius uirtutis est operatio. Qui enim habet *i u s t i t i a m*, recte iudicat, ... [1754] ... Quisquis igitur a timore Dei casto crucifixas habet carnes suas (vgl. Gal. 5,24), et nulla carnali corruptus illecebra *f a c i t i u d i c i u m* opusque *i u s t i t i a e*, orare debet ne aduersantibus tradatur, id est, ne timendo perpeti mala, ad facienda mala persequentibus cedat. - Vgl. A zu 471,5; C zu 251,11.

468,5 A 1754: Illi impellunt, ut cadam in malum; tu *e x c i p e   i n b o n u m.*

468,6 A 1754: An forte habet uim cum dicitur: *N o n*[3] *c a l u m n i e n t u r m e*, quam haberet si diceretur: Non me capiant *c a l u m n i a n d o*? Multae autem possunt intellegi calumniae *s u p e r b o r u m*, a quibus humilitas christiana despicitur; sed illa uel maxima est, si homines hoc loco accipiuntur *s u p e r b i*, quod a nobis mortuum *c a l u m n i - a n t u r* coli. Humilitas quippe ipsa christiana, Christi morte insinuatur, commendaturque diuinitus. ... Quorum omnium calumniae *s u p e r - b o r u m* tamquam colubrorum uenena uincuntur, cum uigilantissima et diligentissima pietate Christus crucifixus adtenditur.

468,10 C 1113: Istos ergo [1114] dicit *o c u l o s   i n   s a l u t a r e* Domini *d e f e c i s s e*, propter sanctum incarnationis aduentum, quem tanto desiderio sustinebat, ut nullam requiem potuisset admittere. ... *e t   i n   e l o q u i u m   i u s t i t i a e   t u a e*, id est, euangelica uerba, quae dicturus erat populo credituro.

---

1 CSg: uero
2 CSg: ponitur
3 CSg: ne

A 1755: In huius igitur *e l o q u i u m   i u s t i t i a e* Dei *d e -
f e c i s s e* dicit *o c u l o s* suos, ardenter et sitienter intuendo,
dum memor infirmitatis humanae, diuinam in Christo desiderat gratiam.

468,13 CSg 27,532: *M i s e r i c o r d i a m* supra se *f i e r i* petiit, ...
(~ C 1114)

A 1755: non utique *s e c u n d u m* iustitiam meam.

468,15 A 1755: illas procul dubio, quibus Deus facit iustos, non ipsi se.

468,16 A 1755: Neque enim bene mihi cessit, quando *e s s e* uolui liber meus,
non *s e r u u s   t u u s*.

468,18 WS 284[a]: *D a   m i h i   i n t e l l e c t u m*, inquit, *e t   s c i a m*
mandata tua.

A 1755: Non enim sufficit accepisse *i n t e l l e c t u m*, et Dei
t e s t i m o n i a didicisse, nisi semper accipiatur, et quodam modo
semper bibatur de fonte lucis aeternae. *T e s t i m o n i a* quippe Dei,
quanto fit quisque intellegentior, tanto magis magisque *s c i u n t u r*.

468,22 C 1115: *T e m p u s   e s t   f a c i e n d i*, non differendi quod expedit.
... *T e m p u s   f a c i e n d i*, id est, ut mundo salutaris appareas,
... Hoc est enim *D o m i n i   f a c e r e*, praedictis *t e m p o r i -
b u s* aduenire. ... *T e m p u s* autem *f a c i e n d i* nouit ille,
qui rector est. Addidit causam cur debeat *f a c e r e* quae rogatur, ...

468,23 A 1755: Sed quid est quod tamquam uolens ostendere *tempus Domino* esse
faciendi, continuo subiunxit: *D i s s i p a u e r u n t   l e g e m
t u a m*; uelut propterea *tempus* esset *faciendi Domino*, quia eius *l e -
g e m   d i s s i p a u e r u n t   superbi*, qui ignorantes Dei iustitiam
et suam uolentes constituere, iustitiae Dei non sunt subiecti (vgl. Rom.
10,3)? ... Lex enim subintrauit, ut abundaret delictum (vgl. Rom. 5,20):
quo delicto *l e x   d i s s i p a t a   e s t*;

469,2 A 1756: Id agit gratia, ut[4] dilectione impleantur *m a n d a t a* Dei,
quae timore non poterant. Gratia quippe Dei *diffunditur caritas in cordibus nostris per Spiritum sanctum, qui datus est nobis* (Rom. 5,5). ...
In Testamento autem Veteri latentem gratiam, tamquam uelo interposito,
non intellegentes, quod significabatur quando in faciem Moysi intendere
non ualebant, propter mercedem terrenam atque carnalem Dei *m a n d a -
t a* facere conabantur, neque faciebant; quia non ipsa, sed aliud *d i -
l i g e b a n t*. Vnde illa non erant[5] opera uolentium, sed opera potius
inuitorum. Cum uero ipsa *m a n d a t a   d i l i g u n t u r   s u p e r*

---

4 CSg: ut in
5 CSg: erunt

a u r u m et lapidem pretiosum multum (vgl. Ps 18,11), omnis prae ipsis *m a n d a t i s* terrena uilis est merces; nec ulla ex parte comparantur quaecumque alia hominis bona, his bonis quibus ipse homo fit bonus.

C 1115: *T o p a z i o n* uero, sicut quidam scribere uoluerunt, genus est lapidis, quantum inuentione rarum, tantum mercium quantitate pretiosum; qui duos habere fertur colores, unum auri purissimi et alterum aetherea claritate relucentem: ...

Isidor, *Et.* XVI, 7, 9.10: Topazion ex uirenti genere est omnique colore resplendens, ... Genera eius duo. Callaica colore uiridi, sed pallens et nimis crassa; nihil iocundius aurum decens; unde et appellata. Nascitur in India uel Germania in rupibus gelidis, oculi modo extuberans.

469,12 A 1756: Vtique *c o r r i g e b a r*, quia *diligebam*, ...

469,14 A 1756: Vnde enim fieri poterat, ut *i n i q u a m   u i a m* non odisset *diligens* rectam? Nam sicut^6 aurum et lapidem pretiosum si^7 *diligeret*, odisset profecto quidquid ei talium rerum damnum posset inferre; ita quoniam Dei *mandata diligebat*, oderat iniquitatis *u i a m*, quemadmodum aliquod immanissimum marini itineris saxum, ubi tam pretiosarum rerum necesse est pati naufragium.

(PHE)

469,18 A 1757: An forte Dei praecepta *t e s t i m o n i a* quidem bonitatis eius esse fatebimur, sed *m i r a b i l i a* esse negabimus? Quid enim mirum, si bona imperat bonus Dominus? Immo uero idipsum est omnino mirandum, et cur ita sit perscrutandum, quod cum Deus bonus bona praeceperit, eis tamen dederit bonam *legem*, quos eadem *lex uiuificare* non *posset*, nec ulla *esset ex* bona *lege iustitia*. *Si enim data esset lex quae posset uiuificare, omnino ex lege esset iustitia* (Gal. 3,21). Cur ergo *data est quae uiuificare* non *posset*, et ex qua *esset* nulla *iustitia*? Nempe mirandum est, nempe stupendum. Haec sunt ergo *m i r a b i l i a   t e s t i m o n i a* Dei; propter hoc huius *a n i m a   s c r u t a t a   e s t* ea, quoniam de his non ei dici posset: *Fortiora te ne scrutatus fueris; sed quae praecepit tibi Dominus, illa cogita semper* (Eccli. 3,22). Ipsa sunt enim quae praecepit nobis Dominus, et ideo cogitanda sunt semper. Potius itaque uideamus huius *a n i m a* quae *s c r u t a t a   e s t*, quid inuenerit.

---

6 CSg: si ut (*dazwischen* c *radiert*)
7 CSg: *fehlt* (*radiert*)

470,3 A 1757: Quid est *p a r u u l u s*, [1758] nisi humilis et infirmus? Noli ergo superbire, noli de tua, quae nulla est, uirtute praesumere; et intellegeres quare sit a bono Deo bona *lex data, quae* tamen *uiuificare* non *possit*[1]. Ad hoc enim *data est*, ut te de magno *p a r u u l u m* faceret, ut te ad faciendam *legem* uires de tuo non habere monstraret; ac sic opis indigus et egenus ad gratiam confugeres, et clamares: *Misere mei, Domine, quoniam infirmus sum* (Ps 6,3). Hoc ergo *scrutando i n t e l l e x i t* hic *p a r u u l u s*, quod minimus apostolorum Paulus, id est, *p a r - u u l u s*, ostendit, ideo *datam legem quae uiuificare* non *posset*, ... (vgl. Gal. 3,21). Ita, Domine, ita fac, misericors Domine; impera quod non possit impleri, immo impera quod nonnisi per tuam gratiam possit impleri; ... Sint omnes *p a r u u l i*, et reus fiat omnis mundus tibi; quia *non iustificabitur ex lege omnis caro coram te; per legem enim cognitio peccati* (Rom. 3,20).

470,12 A 1758: Quid desiderabat, nisi facere *m a n d a t a* diuina? Sed non erat unde faceret infirmus fortia, *paruulus* magna; *a p e r u i t o s*, confitens quod per se ipse non faceret; et *a d t r a x i t* unde[2] faceret: *a p e r u i t o s* petendo, quaerendo, pulsando (vgl. Matth. 7,7); et sitiens hausit[2] Spiritum bonum, unde faceret, quod per seipsum[3] non poterat, *m a n d a t u m* sanctum et iustum et bonum (vgl. Rom. 7,12). Si enim nos cum simus mali, nouimus bona data dare filiis nostris, quanto magis Pater noster de caelo dat Spiritum bonum petentibus eum (vgl. Matth. 7,11)? Non enim qui spiritu suo agunt, sed quotquot spiritu Dei aguntur, hi filii sunt[4] Dei[4] (vgl. Rom. 8,14); non quia ipsi nihil agunt, sed ne nihil boni agant, a bono aguntur ut agant. Nam tanto magis efficitur quisque filius bonus, quanto largius ei datur a Patre spiritus bonus.

470,20 A 1758: bibit, sed quanto suauius sensit, tanto ardentius adhuc sitit. Audi uerba [1759] sitientis: *R e s p i c e ... t u u m*, id est, *s e - c u n d u m i u d i c i u m* quod in eos fecisti, qui *d i l i g u n t n o m e n t u u m*; quoniam ut *d i l i g e r e n t* te, prius *d i l e - x i s t i* eos. Sic enim Iohannes apostolus ait: *Nos diligimus*, inquit, *Deum*[5]. Et uelut causa quaereretur, quae nos *d i l i g e r e* fecit, adiunxit: *Quoniam ipse prior dilexit nos* (I Ioh. 4,19).

---

1 CSg: posset
2 CSg: unde *bis* hausit *fehlen (WS 285^b stimmt mit der Ausgabe überein)*
3 CSg: ipsum (= WS 285^b)
4 CSg: Dei sunt (!)
5 CSg: *fehlt.* -- Notkers Form *diligamus* = Vulgata.

471,1 C 1118: *Secundum eloquium tuum* dicit, id est, *secundum* iussa quae praecipis ad uitam humani generis corrigendam. A 1759: Quid ergo aliud petit, quam ut donante Deo diligat Deum? Diligendo enim Deum, diligit seipsum, ut diligere salubriter possit et proximum sicut seipsum: in quibus praeceptis tota lex pendet et prophetae (vgl. Matth. 22,37-40). Quid igitur orat, nisi ut praecepta quae Deus imponit iubendo, impleri faciat adiuuando?

471,5 A 1759: ... *a calumniis*, id est, a criminibus falsis, ... Tu age infuso Spiritu tuo, ne me *calumniae* hominum terroribus uincant, et a *tuis mandatis* ad sua mala facta traducant. Si enim hoc mecum egeris, id est, hoc modo me ab eorum *calumniis*, ne criminationes falsas quas obiciunt pertimescam, patientia donata redemeris; inter ipsas *calumnias custodiam mandata tua*[6].

471,10 A 1759: id est, tuam manifesta, subueniendo et opitulando, praesentiam.

471,11 A 1759: *Doce* uti-[1760]que *ut faciam*; quod euidentius alibi legitur: *Doce me ut faciam uoluntatem tuam* (Ps 142,10). Qui enim audiunt, licet memoria tenent quod audiunt, nequaquam didicisse putandi sunt, si non *faciunt*. Veritatis namque uerbum est: *Omnis qui audiuit*[7] *a Patre et didicit, uenit ad me* (Ioh. 6,45). Qui ergo non *facit*, id[8] est[8], non *uenit*, non[9] *didicit*.

471,18 A 1760: *Descenderunt* ergo *exitus aquarum*, id est, effusiones lacrimarum. ... Et bene ait: *descenderunt*, humilitate scilicet paenitendi. ... Sunt codices qui non habent *descenderunt*, sed *transierunt*, tamquam exaggeranter diceret *transisse* se flendo fontes aquarum;

C 1119: *Exitus aquarum* significat lacrimas copiosas, quas tantas dicit fuisse, ut ipsa quoque fontium fluenta transcenderent. ... Et illud quoque aestimo considerandum, quoniam per *oculos* dicit satisfactionem uenisse, per quos nos plerumque illecebras huius saeculi constat attrahere; ut merito per illos culpa mundetur, per quos et excessus admittitur. Qui modus in scripturis diuinis frequentissime reperitur, sicut sextus psalmus (v. 7) ait: *Lauabo per singulas noctes lectum meum:*

---

6 R 241ra: *Redime me a calumniis hominum*, id est, a falsis criminationibus et controuersiis.
7 CSg: audit (!) (it *auf Rasur*)
8 CSg: ideo
9 CSg: *davor* quia *übergeschrieben*.

lacrimis meis stratum meum rigabo. Et alibi: *Fuerunt mihi lacrimae meae panes die ac nocte* (Ps 41,4). Quae figura dicitur hyperbole, quoties relationis qualitas maiore pondere exaggerata profertur. - Zu *dauidi ... uxorem urię* [= Bethsabee] vgl. II Reg. 11; A zu 175,16 (Ps 50,1).

(SADE)

472,1 A 1760: Proinde, uelut rationem reddens cur multum flere debuerit et suum grauiter dolere peccatum: *I u s t u s   e s*, inquit, *D o m i n e, e t   r e c t u m   i u d i c i u m   t u u m.* ... Haec utique iustitia Dei *r e c t u*mque *i u d i c i u m* et ueritas, omni metuenda peccanti; hac enim damnantur diuinitus quicumque damnantur; nec est omnino qui de sua damnatione contra [1761] Deum *i u s t u m* recte conqueri possit. Inde fletus *r e c t u s* est paenitentis;

472,5 A 1761: Sane[1] *i u s t i t i a m* dicit *t e s t i m o n i a* Dei: *iustum* quippe se probat *m a n d a n d o   i u s t i t i a m.* Est etiam haec *u e r i t a s*, ut Deus *t e s t i m o n i i s* talibus innotescat. C 1120: *M a n d a s t i*, significat praecepisti. ... Haec [*t e s t i - m o n i a*] continent *i u s t i t i a m* et *u e r i t a t e m*: ... Merito ergo tantum amabat, tantum repetebat ista *t e s t i m o n i a*, quando incomprehensibilis[2] atque reuerenda uirtus Domini per talia concedebatur agnosci. *N i m i s*, ad utrumque potest laudabiliter pertinere, siue ad *i u s t i t i a m*, siue ad *u e r i t a t e m*; quia *i u s t i - t i a m* Dominum *n i m i s   m a n d a r e*, profutura districtio[3] est; *u e r i t a t e m* uero *n i m i s* animis inculcare, cautela est[3a].

472,13.18 A 1761: Habent nonnulli [codices] etiam, *d o m u s   t u a e*, et non *t a b e f e c i t   m e*, sed, *c o m e d i t   m e*. Quod ex alio psalmo, quantum mihi uidetur, putatum est emendandum, ubi scriptum est: *Zelus domus tuae comedit me* (Ps 68,10): quod commemoratum etiam in euangelio nouimus (vgl. Ioh. 2,17). ... Hanc quippe [aemulationem] suo[4] Spiritu fidelibus suis inspirat Deus; amoris enim[5] est, non liuoris. ... Bonus ergo et huius intellegendus est *z e l u s*: causam namque subiungit et dicit: *Q u i a ... u e r b o r u m   t u o r u m   i n i m i c i   m e i.*

---

1 : CSg: siue (ue *auf Rasur*)
2 : CSg: incomprehensibilia
3 : CSg: discretio
3a: R 241rb: *E t   u e r i t a t e m   t u a m   n i m i s. V e r i t a s* sunt ipsa praecepta, quoniam *n i m i s* iubentur obseruari.
4 : CSg: *davor* quam *auf dem Rand hinzugefügt.*
5 : CSg: *fehlt.*

Retribuebant ergo⁶ mala pro bonis; quoniam zelabat illos Deo tam uehementer ac ardenter, ut eo *z e l o   t a b e f a c t u m* se diceret; illi autem ob hoc in⁷ ipsum inimicitias exercebant; quia utique ut Deum amarent uolebat, quos amando zelabat. Non ingratus enim gratiae Dei, per quam fuerat ex *i n i m i c o* reconciliatus Deo, etiam ipse suos diligebat *i n i m i c o s*, et eos zelabat Deo, dolens ac *t a b e s c e n s* quod *e s s e n t   u e r b o r u m* eius *o b l i t i*. Deinde considerans ipse, in *u e r b i s* Dei qua flamma dilectionis arderet: *I g n i t u m,* inquit, ... *i l l u d*. ... Merito zelabat in suis *i n i m i* -[1762]*c i s* cor impaenitens, qui *f u e r a n t   o b l i t i   u e r b o r u m* Dei. Ad hoc enim flagrabat eos adducere, quod ipse flagrantissime *d i l i - g e b a t*.

C 1120: Tabes est morbi alicuius contracta necessitas, quae nos facit paulatim defluere, dum corporis soliditatem poenali afflictione consumit; ... [1121] ... Isto quippe igne cor Cleophe ardebat, quando dicebat: *Nonne cor nostrum ardens in nobis erat, cum aperiret nobis scripturas?* (Luc. 24,32)

472,24 A 1762: non sicut *inimici mei*, qui *obliti sunt uerborum tuorum*. Videtur autem minor aetate *n o n   o b l i t u s   i u s t i f i c a t i o n e s* Dei dolere pro *inimicis* suis aetate maioribus qui *obliti sunt*. Nam quid est: *I u n i o r ... o b l i t u s*, nisi: Illi maiores *obliti sunt?* ... Duos ergo populos hic agnoscamus, qui etiam in Rebeccae utero luctabantur (vgl. Gen. 25,23), quando *non ex operibus, sed ex uocante dictum est ei: Maior seruiet minori* (Rom. 9,12.13). Sed *c o n t e m p t u m* se dicit hic minor; ideo factus est maior;

WS 287ᵃ: Videtur minor aetate *n o n   o b l i t u s   i u s t i f i c a - t i o n e s* Dei dolere pro *inimicis* suis aetate maioribus qui *obliti sunt*; potest etiam *a d u l e s c e n t u l u s* populus Noui Testamenti per lauacrum regenerationis innouatus intellegi, qui dudum *c o n - t e m p t u s* ab illis qui ignorantes Dei iustitiam et suam quaerentes statuere, iustitiae Dei non sunt subiecti (Vgl. Rom. 10,3), deuitat eorum ruinam, nequaquam *o b l i t u s   i u s t i f i c a t i o n e s* Dei, quibus ex fide iustificatus, primogenito *i u n i o r* est praelatus, ...

C 1121: Multis sanctis hic uersus uidetur posse congruere. Nam hunc bene accipimus ex persona Ioseph, qui a maioribus fratribus *c o n t e m p - t u s*, tamquam uile mancipium mangonibus uenundatus esse dignoscitur:

---

6 CSg: *fehlt*.
7 CSg: *fehlt*.

qui tamen *i u s t i f i c a t i o n e s* Domini in se factas *n o n e s t   o b l i t u s*, ... Hoc etiam Dauid ex persona sua potest dicere, qui ad regni culmina inter fratres suos pro imbecilla aetate non sperabatur posse sufficere; sed tamen iste *i u s t i f i c a t i o n e s* Domini tanta deuotione in memoria tenuit, ... [1122] ... Ad postremum quod firmamentum esse totius constat Ecclesiae, potest hoc dicere populus adoptiuus, populus gratiae, populus nouus, qui aetate sequitur, sed fidei dignitate praecedit.

473,3   C 1122: Videbatur etiam et *i u s t i t i a* Iudaeorum, qui litteram potius contuentes, futura in ea putauerunt non esse mysteria. *I u s t i - t i a* uero Domini quam intellexit populus christianus, *i n   a e t e r - n u m* seruat; quoniam ipsa semper aeterna est.

A 1762: Sed *contemptum* se dicit hic minor; ideo factus est maior; quia ignobilia et contemptibilia mundi elegit Deus, et ea quae non sunt, tamquam sint, ut⁸ quae sunt euacuentur (vgl. I Cor. 1,28). ... Nec immerito *obliti sunt uerborum* Dei, qui suam iustitiam constituere uoluerunt, ignorantes iustitiam Dei (vgl. Rom. 10,3);

473,5   A 1762: Quomodo enim non *u e r i t a s   l e x*, per quam cognitio peccati, et quae testimonium perhibet iustitiae Dei (vgl. Rom. 3,20)? Sic enim dicit apostolus: *Iustitia Dei manifestata est, testificata per legem et prophetas* (Rom. 3,21).

473,9   A 1762: Propter hanc passus est persecutionem *iunior* a maiore, ut diceret *iunior* quod sequitur: *T r i b u l a t i o   e t   n e c e s s i t a s ... e s t*. Saeuiant, persequantur; dum tamen *m a n d a t a* Dei non relinquantur, et ex ipsis *m a n d a t i s* etiam qui saeuiunt diligantur.

473,13.16 A 1762: Intellectum poscit iste *iunior*; quem si non haberet, non super seniores intellegeret (vgl. Ps 118,100); sed eum poscit in *t r i b u - l a t i o n e   e t   n e c e s s i t a t e*, quo intellegat quam sit *contemnendum* quod ei possunt auferre persequentes *inimici*, a quibus se dicit *esse contemptum*. Ideo dixit: *e t   u i u a m*⁹; quia si eo usque *t r i b u l a t i o   n e c e s s i t a s* que peruenerit, ut per *inimicorum* qui temporalibus praeponit *i u s t i t i a m*, quae manet *i n   a e - t e r n u m*. Quae *i u s t i t i a* in *t r i b u l a t i o n e* et *n e c e s s i t a t e* martyria sunt Dei, hoc est, *t e s t i m o n i a*, pro quibus sunt martyres coronati. (∿ C 1123)

---

8 CSg: ut ea
9 CSg: uiuit

(COPH)

473,21 A 1763: Est autem clamor *c o r d i s* magna cogitationis intentio; quae cum est in oratione, magnum exprimit desiderantis et petentis affectum, ut non desperet effectum. Tunc porro *i n   t o t o   c o r d e   c l a - m a t u r*, quando aliunde non cogitatur. Tales orationes rarae sunt multis, crebrae autem paucis; omnes uero utrum cuiquam, nescio. Talem suam commemorat orationem, qui cantat hunc psalmum, dicens: ... Ad[1] hoc ergo *c l a m a u i t   i n   t o t o   c o r d e* suo, et hoc sibi desiderauit a *D o m i n o   e x a u d i e n t e* praestari, ut *i u s t i f i - c a t i o n e s* eius *e x q u i r a t*. ... [1764] ... *i u s t i f i - c a t i o n e s   e x q u i r a m*, utique faciendas, non tantummodo sciendas, ...

C 1123: Fidelium itaque clamor deuotae mentis affectus est, qui non tantum sermone promitur, sed magna cordis intentione profertur. ... *I u s t i f i c a t i o n e s* enim ueraciter non *r e q u i r i t*, nisi ille qui eas deuota mente compleuerit.

474,3 A 1764: Salus quippe animae facit ut fiat quod faciendum esse cogniscitur, ...

474,4 A 1764: Plures codices non habent: *i n t e m p e s t a   n o c t e*, sed *i m m a t u r i t a t e*; uix autem unus inuentus est qui haberet geminatam praepositionem, id est, *i n   i m m a t u r i t a t e. I m m a t u - r i t a s* itaque hoc loco nocturnum tempus est, quod non est maturum, id est, opportunum ut agatur aliquid uigilando; quod etiam uulgo dici solet, hora inopportuna[2]. Nox quoque intempesta, id est, media, quando quiescendum est, hinc procul dubio nuncupata est, quia inopportuna est actionibus uigilantium. ... [1765] ... Quod ergo graece dictum est ἐν ἀωρίᾳ[3], non uno uerbo, sed duobus, id est, praepositione et nomine; hoc interpretes nostri quidam dixerunt, *i n t e m p e s t a   n o c t e* ; plures, *i m m a t u r i t a t e*, non duobus uerbis, sed uno, ... nonnulli uero in duobus uerbis, sicut graecus posuit, *i n   i m m a t u r i t a - t e*; ἀωρία[4] quippe *i m m a t u r i t a s* est, ἐν ἀωρίᾳ[3], *i n   i m m a - t u r i t a t e*, ... Nihil sane interest ad sententiam, ... Si hoc ad unumquemque fidelium referamus, et ad proprietatem rei gestae, saepe contingit ut tali *n o c t i s* tempore uigilet amor Dei, et magno urgen-

---

1 CSg: Ob (O *auf Rasur*)
2 CSg: importuna (!) (m *aus* n *verbessert*)
3 CSg: enaória
4 CSg: Aória

te orationis affectu, non expectetur sed praeueniatur quod post galli cantum consueuit esse tempus orandi. Si autem accipiamus hoc totum saeculum *noctem*, utique *intempesta nocte clamamus* ad Deum, et praeuenimus maturitatem temporis in quo nobis redditurus est quod promisit, ... Quamquam si uelimus intellegere immaturum tempus *noctis* huius, antequam uenisset plenitudo temporis, id est, ipsa maturitas, quando Christus manifestaretur in carne; nec tunc Ecclesia tacuit, sed praeueniens istam maturitatem, prophetando *clamauit*, et *in uerbis* Dei *sperauit* potentis facere quod promisit, ...

C 1124: Hoc est utique quod *in maturitate praeuenerat et clamauit* ad Dominum, quia *in uerbo* ipsius, id est, in aduentu Domini Saluatoris fixa mente *sperare* non destitit. Sancti enim uiri, quamuis desiderio magno flammentur, expectationi suae ardorem semper adiciunt, dum tanto plus uentura felicitas expetitur, quanto amplius eorum expectatio protelatur.

474,20 Vgl. A zu 474,4.

A 1765: Ponamus enim *matutinum*, quando qui sedebant in umbra mortis, lux orta est eis (vgl. Isai. 9,2); nonne in sanctis qui prius erant in terra, ad[5] hoc *matutinum oculi* Ecclesiae praeuenerunt, quia hoc futurum antea praeuiderunt, *ut meditarentur eloquia* Dei, quae[6] tunc erant, et in lege ac prophetis haec futura nuntiabant?

C 1124: *Diluculo* enim significat initium lucis, id est, diei monstratus[7] aduentus, quando post tenebras peccatorum quibus hic mundus tenebatur obnoxius, Domini praesentia uitalis emicuit; ... Sequitur *ut meditarer eloquia tua*. Causa redditur cur ante *diluculum* mens deuota surrexerit, ...

475,1 A 1766: Prius enim Deus *secundum misericordiam* aufert a[8] peccatoribus[8] poenam, eisque postea iustis *secundum iudicium* dabit uitam; ... Quamuis et ipsum tempus *misericordiae* non est sine *iudicio*, ... et ultimum tempus *iudicii* non erit sine *misericordia*, quia coronat te, ait

---

5 CSg: *durch 2 Punkte darunter getilgt.*
6 CSg: qui (*ursprüngliches* ae *durch 2 Punkte darunter getilgt,* i *darübergeschrieben*)
7 CSg: monstratur
8 CSg: *fehlen.*

psalmus, *in miseratione et misericordia* (102,4). – Zu *diligentium nomen tuum* vgl. Ps 118,132.

C 1125: *V i u i f i c a r i* enim non potest, nisi qui in se propriam non habet uitam.

475,5 A 1766: Tunc *a d p r o p i n q u a n t* qui *p e r s e q u u n t u r*, quando usque ad carnem cruciandam perimendamque perueniunt. ... Sed proximam dixit tribulationem, quae fiebat in carne; nihil est quippe animae proprius carne quam gestat. ... Quanto magis propinquauerunt *p e r s e - q u e n d i s* iustis, tanto magis *l o n g e f a c t i s u n t a* iustitia.

475,8 A 1766: Sed quid nocuerunt eis, quibus *persequendo* propinquauerunt, quando interior est propinquatio Domini eorum, a quo nullatenus deserentur?

475,10 A 1766: Etiam in tribulationibus suis, quod eas non immerito patiuntur, tribuere Deo *u e r i t a t e m*, sanctorum est usitata confessio. ... Sed erga sanctos et uniuersae *u i a e* Domini misericordia, et uniuersae *u i a e* Domini *u e r i t a s* (vgl. Ps 24,10), quia et in iudicando subuenit, utque ita non deest misericor-[1767]dia; et in miserando id exhibet quod promisit, ne *u e r i t a s* desit. Erga omnes autem et quos liberat, et quos damnat, *o m n e s u i a e* Domini misericordia et *u e r i t a s*;

475,13 A 1767: Quod graecus ait κατ'ἀρχὰς[9], aliqui nostri *a b i n i t i o*, aliqui *i n i t i o*, aliqui *i n*[10] *i n i t i i s* interpretati sunt. ... Latinae autem linguae illud potius usitatum est, ut *a b i n i t i o* uel *i n i t i o* dicatur, quod κατ'ἀρχὰς[11] graece quasi pluraliter, sed aduerbialiter dicitur; ... Et ideo bene intellegitur dictum: *f u n d a - s t i e a*, quia in Christo uera monstrantur. Fundamentum enim aliud nemo potest ponere, praeter id quod positum est, quod est Christus Iesus (vgl. I Cor. 3,11). Vnde hoc ergo iste *i n i t i o c o g n o u i t*, nisi quia Ecclesia loquitur, quae terris non defuit *a b i n i t i o* generis humani, cuius primitiae Abel sanctus est, ...

C 1126: *A b i n i t i o* significat a rudimentis saeculi, quando a iusto Abel nomen coepit esse sanctorum, ... *C o g n o u i t* quoque *a b i n i t i o*, quando[12] Melchisedech sacerdotis oblata munera in dominici corporis praefiguratione suscepta sunt. *C o g n o u i t* etiam *a b*

---

9 CSg: Cathárchas
10 CSg: *fehlt*
11 CSg: catárchas
12 CSg: quomodo

i n i t i o, quando Abraham filium suum in mysterium¹³ Domini Saluatoris obtulit immolandum et his similia, quae sacrarum litterarum lectionibus continentur. ... Et bene dixit, *f u n d a t a   s u n t*, quippe quae ad fundamentum Christi Domini pertinebant.

Br 1275 C: *A b   i n i t i o ...   t u i s*. Ab Adam in omnibus patriarchis ac prophetis. - Vgl. Augustin, *De ciuitate Dei*, Buch 15-17 (CC 47,453-592).

(RES)

475,23 C 1127: *L e g e m* uero hic illam sententiam dicit, quae ait: *Omnis qui se exaltat, humiliabitur et qui se humiliat, exaltabitur* (Luc. 14,11; 18,14). (∿ A 1768)

475,26 A 1768: Superior quodammodo sententia repetita est. Quod enim ait: *Vide humilitatem meam*, hoc est: *I u d i c a   i u d i c i u m   m e u m*; et quod ait: *et eripe me*, hoc est: *e t   r e d i m e   m e*.

476,3 C 1127: Addidit *p r o p t e r ... m e*. Illo scilicet [1128] ubi promittit: *Qui credit in me, non morietur, sed habebit uitam aeternam* (Ioh. 11,26).

476,8 A 1768: quis te discernit a *p e c c a t o r i b u s*, ut non *a   t e   l o n g e*, sed tecum sit *s a l u s* (vgl. I Cor. 4,7)? Hoc te nempe discernit, quia id quod isti non egerunt, ipse fecisti, hoc est, Dei *i u s t i f i c a t i o n e s   e x q u i s i s t i*. Quid autem habes quod non accepisti?

476,10 A 1768: Noui enim quia et *i u d i c i u m   t u u m* sine *t u a   m i s e r a t i o n e* non erit super me. (∿ C 1128)

476,13 Pr 120 (360 D): Vox ista est Ecclesiae in martyribus suis, ... (= Al 617 A)

A 1768: Factum est, nouimus, recolimus, agnoscimus. Purpurata est uniuersa terra sanguine martyrum; floret caelum coronis martyrum, ornatae sunt Ec-[1769]clesiae memoriis martyrum, insignita sunt tempora natalibus martyrum, crebrescunt sanitates meritis martyrum.

476,18 WS 290ᵇ: *V i d i* aliquos in persecutionibus fidem quam tenuerant abnegantes, et in eorum lapsu quasi in membrorum meorum abscisione contabui.

A 1769: *V i d i*, inquit, *i n s e n s a t o s, e t   t a b e s c e b a m*, uel, sicut alii codices habent: *V i d i   n o n   s e r u a n t e s   p a c t u m*; et hoc plures habent. Sed qui sunt qui *p a c t u m   n o n*

---

13 CSg: ministerium

s e r u a u e r u n t, nisi qui *declinauerunt a testimoniis* Dei, tribulationes multorum *persequentium* non ferentes? Hoc est autem *p a c t u m*, ut qui uicerit, coronetur. Hoc *p a c t u m   n o n   s e r u a u e r u n t* qui persecutionem non tolerantes, *a testimoniis* Dei negando *declinauerunt*. ... In quo enim *n o n   s e r u a u e r u n t   p a c t u m*, secutus adiunxit: *Q u i a ... c u s t o d i e r u n t*.

C 1129: Et ut nimietatem doloris ostenderet, *t a b e s c e b a m* dixit, quod solet longa aegritudine fatigatis corporibus euenire. Sed unde *t a b e s c e b a t* ostendit, quia praeuaricator nequaquam Domini *e l o q u i a   c u s t o d i u i t*. ... Quod necesse fuit sanctis uiris usque ad tabem dolere corpoream, qui ciues suos ac parentes *e l o q u i a* Domini neglexisse cernebant, ...

476,25 A 1769: quia si tradidero corpus meum ut ardeam, caritatem autem non habeam, nihil mihi prodest (vgl. I Cor. 13,3). Hanc iste commendans ait: *V i d e ... d i l e x i*. (~ C 1129f.)

477,1 A 1769: Deinde postulauit[1] praemium: ... Isti mortificant, tu *u i u i f i c a*.

WS 291ᵃ: *Vide* amantem, et *u i u i f i c a* periclitantem. Non enim meriti mei praesumptione conuenio, sed amoris est quod reposco, quia debeo non perire qui *diligo*.

477,5 A *u e r i t a t e*, inquit, *t u a   u e r b a* procedunt, et ideo ueracia sunt, et neminem fallunt, quibus praenuntiatur uita iusto[2], poena impio[2]. Haec sunt quippe *i n   a e t e r n u m   i u d i c i a   i u s t i t i a e* Dei.

(SIN)

477,9 A 1770: Quas persecutiones a regibus terrae corpus Christi, hoc est, sancta Ecclesia pertulerit, nouimus. Agnoscamus ergo hic etiam eius uerba dicentis: *P r i n c i p e s ... m e u m*. Quid enim Christiani laeserant regna terrena, quamuis eis regnum caelorum promiserit rex eorum? quid, inquam, laeserant regna terrena? Numquid eorum[1] rex[1] milites suos prohibuit impendere et exhibere quae debentur regibus terrae? Nonne de hoc sibi calumniam molientibus Iudaeis ait: *Reddite Caesari quae*

---

1 CSg: postulat
2 CSg: iusti ... impii (*ursprüngliches* o *beide Male durch Strich darunter getilgt,* i *darübergeschrieben*)

1 CSg: enim

Caesaris sunt, et Deo quae Dei sunt (Matth. 22,21)? Nonne tributum de ore piscis etiam ipse persoluit? Nonne praecursor eius, militibus regni huius quid facere deberent pro aeterna salute quaerentibus, non ait: Cingulum soluite, arma proicite, regem uestrum deserite, ut possitis Domino militare; sed ait: **Neminem concusseritis, nulli calumniam feceritis; sufficiat uobis stipendium uestrum** (Luc. 3,14)? Nonne unus militum eius et dilectissimus comes eius, commilitonibus suis, et quodammodo Christi prouincialibus dixit: *Omnis anima potestatibus sublimioribus subdita sit*? Et paulo post ait: *Reddite omnibus debita: cui tributum, tributum; cui uectigal, uectigal; cui timorem, timorem; cui honorem, honorem. Nemini quidquam debeatis, nisi ut inuicem diligatis* (Rom. 13,1.7.8). Nonne praecepit ut pro ipsis etiam regibus oraret Ecclesia? Quid ergo eos Christiani offenderunt? quod debitum non reddiderunt? in quo Christiani non sunt terrenis regibus obsecuti? Ergo terreni reges Christianos *g r a t i s   p e r s e c u t i   s u n t*.

478,2 A 1770: Habuerunt quidem et illi uerba minacia: Expello, proscribo, occido, ungulis torqueo, ignibus[2] torreo, bestiis[3] subrigo[4], membra dilanio; sed tua me potius uerba terruerunt: *Nolite timere eos qui corpus occidunt, et postea non habent quid faciant; sed eum timete qui habet potestatem et corpus et animam perdere in gehennam* (Matth. 10,28).

C 1131: Illa enim *u e r b a   f o r m i d a b a t*, quae Dominus in euangelio dixit: *Nolite timere eos qui corpus occidunt, animam autem non possunt occidere; sed potius eum timete qui habet potestatem et corpus et animam perdere in gehenna*[5] (Matth. 10,28).

478,9 A 1770: Per ea *uerba* uicit, a quibus *formidauit*. Victis enim *s p o l i a* detrahuntur; ... [1771] ... Sed *s p o l i a   m u l t a   i n u e n t a   s u n t*, quando patientiam mirati martyrum, etiam qui persecuti sunt crediderunt; et qui regem nostrum detrimento militum eius sunt damnificare moliti, ab illo sunt insuper adquisiti.

C 1131: Martyres enim ... *i n u e n i e b a n t   s p o l i a   m u l t a*, quando et praemia diuina recipiebant et ipsos quoque persecutores suos conuersos Domini miseratione gaudebant;

478,14 A 1771: Nempe *a uerbis* eius illa formido non fecit eorumdem *uerborum* odium, sed integram tenuit[6] caritatem. Neque enim lex Dei non sunt uerba

---

2 CSg: igni (!)
3 CSg: reum bestiis
4 CSg: subrogo (!)
5 CSg: gehennam (!)
6 CSg: *fehlt*.

et eloquia Dei. Absit ergo ut timore pereat amor, ubi castus est timor. Sic patres a filiis piis et timentur et amantur; sic pudica coniux uirum et timet, ne ab illo deseratur, et amat, ut fruatur.

478,19 A 1771: *S e p t i e s   i n   d i e* quod ait, significat semper. ... et per septem *d i e s* currentes et recurrentes, tempora uniuersa uoluuntur. Nec ob aliud dictum est: *Septies cadet iustus, et resurget* (Prou. 24,16), id est, non perit *iustus*, modis omnibus humiliatus, ... Nam pro omni genere tribulationis, qua in conspectu hominum deicitur, positum est: *s e p t i e s   c a d i t*[7]; et pro eo quod ex ipsis omnibus tribulationibus proficit, positum est: *r e s u r g e t*.

478,23 C 1133: Sed *p a x   m u l t a*, mentis puritas et fidei copia debet intellegi, quae contra uitia decenter opponimus. Ceterum tribulationibus et periculis in hoc mundo subiacet, qui se Domini famulum esse profitetur. ... ut indubitanter appareat famulos Domini tranquilla semper mente perfrui, quamuis uideantur diuersis corporum afflictionibus ingrauari. Sequitur: *E t   n o n   ...   s c a n d a l u m*, utique, quoniam qui uere *d i l i g i t   l e g e m* Domini, non in ea patitur *s c a n d a l u m*, id est, aliquid sinistrum; sicut Iudaei, de quibus scriptum est: *Iudaeis quidem scandalum, gentibus autem stultitia* (I Cor. 1,23). *S c a n d a l u m* est enim mens offensa aliud sentiens quam monetur, quod a *d i l i g e n t i b u s   l e g e m* Domini probatur alienum. – Zu *scandalum* vgl. 400,7f. und den *Notker latinus* zur Stelle.

A 1772: Qui enim *d i l i g i t* Dei[8] *l e g e m*[8], etiam quod in ea non intellegit honorat; et quod ei sonare uidetur absurde, se potius non intellegere, et aliquid magnum latere ibi iudicat; – Vgl. I Cor. 2,14 sowie Br zu 442,17.

479,2 WS 292[a]: Vere *m u l t a   p a x* est *d i l i g e n t i b u s   l e g e m* Dei, et nullum eis omnino est *s c a n d a l u m* quo ab hac dilectione deficiant, quia nec prosperis extolluntur, nec franguntur aduersis.

479,5 WS 292[a]: Id est, *e x p e c t a b a m* Christum tuum in lege mihi prophetisque promissum. Sed ne frustra *e x p e c t a r e m , m a n d a t a   t u a* quae in Dei et proximi consistunt caritate *d i l e x i*. Neque enim Christus eis qui diuina spreuere *m a n d a t a* saluandis aduenit. Potest hoc et fidelibus Ecclesiae huius temporis conuenire. *E x p e c t a n t* enim Christum, [292[b]] *d i l i g e n t e s   m a n d a t a* Dei,

---

7 CSg: cadet
8 CSg: legem Dei

ut cum Christus apparuerit uita eorum, tunc et ipsi appareant cum illo in gloria (vgl. Col. 3,4).

A 1772: Quid enim iustis profuisset antiquis Dei *dilexisse mandata*, nisi eos Christus qui est Dei *salutare*, liberasset, ...? ... *expectant* enim Christum qui *mandata* Dei *diligunt*, ut cum Christus apparuerit uita nostra, tunc et nos appareamus cum illis in gloria (vgl. Col. 3,4).

479,10 WS 292^b: *Vehementer diligere* se *testimonia* Dei, martyres dicunt, qui pro Christo libenter animas suas ponunt. Nisi enim ita *diligerent*, sine caritate eis martyrium non prodesset. (~ A 1772) - Vgl. WS zu 479,5.

479,15 A 1773: Propitio quippe et adiuuante *conspectu*, uoluit intellegi Deum uidere *uias* suas; ... Ad hoc sunt ergo *in conspectu* Domini *uiae* iustorum, ut dirigat gressus eorum, ... *Ipse enim rectos faciet gressus tuos, et itinera tua in pace producet* (Prou. 4,27).

(TAV)

479,19 A 1774: id est, *oratio mea*, quae fit *in conspectu tuo, adpropinquet* tibi. Prope est enim Dominus his qui obtriuerunt cor (vgl. Ps 33,19). ... *Secundum eloquium tuum*, tamquam diceret, *secundum* promissum tuum. Promisit enim hoc Dominus, ubi ait: *Intellectum dabo tibi* (Ps 31,8).

479,25 A 1774: Repetit[1] quodammodo quod petiuit. ... Accipiendo quippe intellectum eripitur, qui per seipsum non intellegendo decipitur.

480,2 A 1774: Nouimus quemadmodum *doceat* eos Deus qui sunt docibiles Deo. Omnis enim qui audiuit a Patre et didicit (vgl. Ioh. 6,45), uenit[2] ad eum qui iustificat impium (vgl. Rom. 4,5), ut non solum memoria retinendo, uerum etiam faciendo custodiat *iustificationes* Dei.

480,6 A 1774: Sed iam quia didicit et laudauit doctorem Deum, deinde uult *docere*[3]. ... Cum haec se *pronuntiaturum* dicit, utique minister fit uerbi. ... Scit autem quae pericula secutura sint a contradicentibus et persequentibus, cum fuerit pronuntiator *eloquiorum* Dei[4];

---

1 CSg: Repetiuit
2 CSg: ueniat (a übergeschrieben)
3 CSg: dicere (WS 293^a stimmt mit der Ausgabe überein)
4 CSg: R 243va: Ideo *pronuntiauit lingua mea* praecepta Veteris ac Noui Testamenti, quia scio ibi *aequitatem* esse.

480,10 A 1774: Sic autem Deus saluos martyres fecit, cum eos in anima non permisit occidi[5].

480,12 A 1774: *m a n d a t a   t u a   e l e g i*, timoremque amore compressi.

480,14 A 1775: *s a l u t a r e* Dei nobis Christus occurrat; ... quia lex perhibet testimonium Christo.

480,18 C 1137: *I u d i c i a* uero illa dicit, quae se in famulis suis Dominus promisit esse facturum[6], id est: *Venite, benedicti Patris mei*, ... (Matth. 25,34).

480,22 A 1775: Sed adhuc *q u a e r i t u r*[7] [*o u i s* perdita], adhuc *q u a e r a t u r*, ex parte inuenta adhuc *q u a e r a t u r*. Ex ea namque parte, qua dicit iste: *M a n d a t a ... o b l i t u s*, inuenta est; sed per eos qui *m a n d a t a* Dei eligunt, colligunt, diligunt, adhuc *q u a e r i t u r*, ...

480,23 CSg 27,548 (*oratio* am Schluß von Ps 118): Palma totius beatitudinis Deus, qui fideles tuos, ut ... mandata custodiant, salubris prouisor informas, concede nobis iustificationes tuas toto corde quaerere, ... ut qui hactenus quasi perditae oues errauimus, tuis piis humeris restituti paradyso gloriemur[8].

DIE STUFENPSALMEN (Ps 119-133)

Einleitung:

480,24 Wie in der allgemeinen Einleitung[1] schon in anderem Zusammenhang erwähnt wurde, hat Notker seiner Auslegung der Stufenpsalmen eine zweifache Einleitung vorausgeschickt. Zunächst erläutert er die historische Herkunft des Terminus *cantica graduum* und beruft sich dabei auf einen jüdischen Gewährsmann. Diese Erklärung nach dem *sensus historicus* oder *litteralis* verachtet Notker nicht (481,13f.), aber als gläubiger Christ bietet er eine tiefere Erklärung, die mit besonderem Titel (481,20: CANTICA QVINDECIM GRADVVM) anschließend vorgetragen wird.

---

5 CSg: Am 500: Qui ergo *e l e g i t   m a n d a t a* Dei, utitur confidentia, ut cum auctoritate deposcat sibi diuina subsidia.
6 CSg: uenturum
7 CSg: *davor* quę *übergeschrieben.*
8 Hil 543: Referri enim se errabundam ac perditam *o u e m* pastoris sui humeris festinat, ut per salutarem aeternumque pastorem in caelo angelis aeterna gaudia praebeat se recepta. *Filius enim hominis* [544] *uenit saluare, quod perierat* (Matth. 18,11), ... - Vgl. Am 503: Veni, ut facias salutem in terris, in caelo gaudium.

1 Vgl. Bd 8 A, S. XXXIII, Anm. 33.

Was die Deutung der *cantica graduum* nach dem Literalsinn betrifft, so "zitiert" Notker den *iudeum*. Nun gab es zu Notkers Zeiten in oder um St. Gallen einen bekehrten Juden[2]. Ekkehart IV., Notkers Lieblingsschüler, hat ein *Dictamen magistro* geschrieben, das so anfängt[3]:

 Doctor, quod canto   Iudeum narrasse memento,
 Quid baptizatus   multis fuit et tibi gratus:
 Agger oliveţe   levigatus, marmore porte
 Cunctis prestabat,   quos ambitus urbis habebat.

In Z. 1 findet sich über *Doctor* die Glosse ó *Notker*, über *narrasse* die Erklärung *mihi et tibi*, in Z. 3 über *oliveţe* die Glosse *ait Iudeus*. Es ist zumindest wahrscheinlich, daß dieser Jude mit Notkers Gewährsmann identisch ist.

Einige Elemente dieser Literaldeutung finden sich im Babylonischen Talmud[4], und zwar im Traktat *Middoth* der 5. Abteilung (*Seder Kodashim*). Hier heißt es: "Fifteen steps led up from it [Hof der Frauen] to the Azarah of Israel [Hof der Männer], corresponding to the fifteen [songs of] ascents mentioned in the Book of Psalms. The Levites used to chant psalms on these. They were not rectangular but circular like the half of a threshing floor."[5]

Notkers *iudeus* hat wohl aus einer ähnlichen Quelle geschöpft. Doch stimmt die *Middoth*-Stelle nur teilweise zu Notkers Text, und es ist zu fragen, ob Notkers Gewährsmann (oder Notker selber) nicht über noch anderes Material verfügte. Ich habe nur Vereinzeltes gefunden[6]. Weitere Untersuchungen wären nötig.

---

2 Vgl. Richard Heinzel/Wilhelm Scherer (Hrsg.), *Notkers Psalmen nach der Wiener Handschrift*. Straßburg ..., 1876, Einleitung, S. XLVI, Anm.
3 Johannes Egli (Hrsg.), *Der Liber Benedictionum Ekkeharts IV. nebst den kleineren Dichtungen aus dem Codex Sangallensis 393* ... St. Gallen, 1909, S. 98.
4 Ich möchte auch hier Frau Professor Helen Adolph (Philadelphia) für ihre freundlich erteilte Information herzlich danken.
5 *The Babylonian Talmud ... Middoth*. Translated into English ... by Maurice Simon, M.A. London, 1948, S. 9. Vgl. jetzt: Cuthbert C. Keet, *A Study of the Psalms of Ascents. A Critical and Exegetical Commentary upon Psalms CXX-CXXXIV*. London, 1969, *passim*, bes. S. 2f. Viel später findet sich bei Heinrich von Mügeln dieselbe *Middoth*-Auffassung; vgl. Hans Vollmer ... (Hrsg.), *Die Psalmenverdeutschung von den ersten Anfängen bis Luther. Beiträge zu ihrer Geschichte*. ... Erste Hälfte ... Potsdam, 1932, S. 85.
6 Vgl. Theod [Iul ?], Ascoli 554 (zum *titulus* von Ps 120): Aliter hii *p s a l - m i g r a d u u m* dicuntur qu[i]a in [555] ascensu templi canebantur per ea interualla, in numerositate *g r a d u u m* fieri propter requiem ascendentium: est autem parua planities. Appellantur uulgo huiusmodi spatia bellatoria; in his subsistebantur unum ex his *p s a l m i s* canentes.

Notkers eigene Deutung (481,20-484,1) ist eine Vorschau seiner folgenden Einzelerklärung der 15 Stufenpsalmen, aber sie ist mit anderen und neuen Gedanken angereichert. Die Anregung zu dieser summierenden Vorschau hat er wohl von Cassiodor erhalten, der S. 1212f. gleichfalls eine Zusammenfassung bietet, freilich *nach* seiner Erklärung der 15 Stufenpsalmen. Auch sonst hat Notker sich wohl durch die *patres* (481,21) anregen lassen. Vor allem hat der auffällige Zug, daß Notker die Stände ("*gradus*", *diu lid* [482,2 = *membra*], *ordines fidelium* [482,18f.]) der ganzen *ęcclesia* zum Tempel, d.h. zum Himmlischen Jerusalem und zur Vereinigugn mit dem *Sponsus* Christus, aufsteigen läßt, anscheinend ein alttestamentliches Gegenstück in einem Gedanken, der sich bei Hieronymus zu Anfang seiner Erklärung von Ps 119 findet (HT 247):

> Hoc igitur templum in circuitu quindecim gradus habuit. ... Leuitae igitur et sacerdotes, unusquisque secundum ordinem stabat in gradibus. Verbi causa, qui pontifex erat, stabat in primo gradu, hoc est, in quinto decimo gradu sursum. In secundo uero gradu stabant sacerdotes, et in ipsis sacerdotibus erat diuersitas. In tertio rursum minores stabant. In quarto rursum stabant leuitae. Et inter leuitas erat multa diuersitas: quicumque erat extremus, ille in nouissimo gradu erat. Considerate quoniam terrenum hoc templum caelestis templi figura est.[7]

Notker gestaltet anscheinend seine Erklärung in diesem Punkt typologisch, indem er hier die allegorisch-anagogische Erfüllung der jüdischen *figura* darstellt (vgl. 481,13-17)[8].

Eine Quelle, die das Ganze und alle Einzelheiten dieser Erklärung Notkers bietet, habe ich nicht gefunden. Anscheinend war der Mönch in diesem Falle bei der Durchgestaltung seines Textes selbständiger als sonst. Der *Notker latinus* läßt sich hier schwerer zusammenstellen; er wird in der Hauptsache teils aus Verweisen auf Späteres und auf Bibelzitate, teils aus weiteren Stellen bestehen, die Notker möglicherweise angeregt haben.

481,11 Vgl. Ps 119,2 (Zitat hier nach der Vulgata).

481,20 HT 246: Nunc non est temporis de omnibus *g r a d i b u s* disputare, et dicere quomodo per singulos *p s a l m o s g r a d u s* fiant, et ad summa ueniamus. Interim dicamus nunc de primo *g r a d u u m*, relinquentes mysterium quare quindecim sint *g r a d u s*: eadem enim frequenter dicere, taedium est audientibus.

---

7 Ähnlich schon Hil 546.
8 Vgl. auch C 1140 und Hil 548.

Zahlensymbolische Ausdeutungen der Zahl 15 finden sich HT 247 (15; 7 und 8), C 1139 (7 und 8), C 1163 (5), C 1164 (6), C 1171f. (7 und 8), C 1213 (5x3; vgl. Notker 481,5), usw.[9]

481,26 Vgl. etwa C 1176f.: *timor Domini*.

482,2 Vgl. zu diesem Bild der Leiter die *Regula sancti Benedicti*, Kap. 7,6.8.9 (CSEL, Bd 75, S. 40f.).

482,4 Vgl. 484,8-10; 484,22-485,6.

482,6 Vgl. 485,15-17; 486,1f.

C 1145: Propheta (sicut diximus) ad caelestem Ierusalem diuina largitate conscendens, primo membro ad sanctorum merita *eleuasse* se dicit *oculos suos*, ...

482,7 WS 304[b] (zu Ps 124,2): *M o n t e s* sancti apostoli uel prophetae intelleguntur, qui et pluraliter fundamenta huius ciuitatis dicuntur.

482,9 Zu ECCE NVNC BENEDICITE vgl. Ps 133,1 (500,24).

482,10 Vgl. 486,17-22.

482,12 C 1213 (Zusammenfassung): Tertio, magnum gaudium esse dicitur in Ecclesia Domini pura mente uersari.

482,13 Vgl. Ps 121,1.

482,15 Vgl. 488,5-7; 488,15-21.

C 1213 (Zusammenfassung): Quarto, inter quaslibet angustias docet constanter de Domino praesumendum, donec miseratus exaudiat.

482,17 Vgl. 489,2f.

A 1825 (zu Ps 123,1): Siue ergo unus cantet, siue multi cantent; et multi homines unus homo est, quia unitas est; et Christus, sicut diximus, unus est, et omnes Christiani membra sunt Christi. ... [1827] ... Praecesserunt quidem membra quaedam de corpore illo de quo et nos sumus, quae possunt in ueritate cantare. Et hoc cantarunt martyres sancti; iam enim ... in exultatione cum Christo sunt, recepturi corpora iam incorrupta, eadem ipsa quae primo erant corruptibilia, in quibus passi sunt poenas; inde illis fient ornamenta iustitiae.

482,20 C 1159-63 weist den 5. *gradus* den *confessores* zu.

482,21 Vgl. 491,10-13; 492,7-10.

C 1169 (zu Ps 125,5): Spiritalis ergo seminatio semper *i n   l a c r i - m i s* est, quia licet fideles, Domino praestante, uirtutes operentur, aut praeterita peccata deplorant, aut futuris se culpis inuoluere [1170] pertimescunt. Sic enim de ipsis dictum est: *Beati qui lugent, quoniam ipsi consolabuntur* (Matth. 5,5). - Zum Bibelzitat vgl. Ioh. 3,18.

---

[9] auch Hil 547f. (7 und 8)

482,23 Vgl. 493,12.

482,24 A 1871 (zu Ps 127,1-4): Ergo, fratres, Felix martyr et uere felix et nomine et corona, cuius hodie dies est, contempsit mundum. An forte quia timebat Dominum, inde erat felix, inde erat beatus, quia uxor eius tamquam *u i n e a   f e r t i l i s* erat in terra, et *f i l i i* eius circumdederant *m e n s a m* eius? S. 1871-74 spricht Augustinus dann von *castus timor* und *castus amor*.

482,24 Vgl. 482,17-20.

482,25; 483,3 Vgl. 495,15-23.

483,1.5 Vgl. 496,2-7; 496,21-23.

Al 632 B (zu Ps 129,1): Ad istum itaque psalmum considerationis *g r a d u s* est, et cuiusdam querelae statio, ut intellegamus ita, in quo *p r o f u n d o* sumus, et unde *c l a m a r e* nobis necesse est.

C 1185 (zu Ps 129): Nisi consuetudo Ecclesiae sollicita mente recolatur, potest quaestio nonnulla suboriri, cur in *g r a d u* undecimo collocatus propheta, se paenitentiae satisfactione prosternat. In tali enim culmine constitutus et euectus ad gloriam sempiternam, trepidationem adhuc habere potuit, non ruinam. ... [1186] ... Videns propheta plus mente quam corpore, ne magnis delictorum fluctibus obrueretur, exordio facto *c l a m a t   a d   D o m i n u m*, ut *d e* peccatorum *p r o f u n d o* liberetur, ... - Zu *tempus acceptabile* vgl. II Cor 6,2; zu *in undecima hora* vgl. Matth. 20,9. Siehe auch 482,21f.: *die in zît ríuuoton*.

Al 633 B (zu Ps 129,8): Vbi abundauit peccatum, superabundauit gratia (vgl. Rom. 5,20): gratia enim Dei saluati sunt per fidem, ab *o m n i b u s   i n i q u i t a t i b u s* suis. (~ Al 594 A)

483,6 Vgl. 497,10-14.

A 1909 (zu Ps 130,2): *A b l a c t a t u r* enim non infans, sed iam grandiusculus. Qui autem infirmus est prima infantia, quae uera infantia est, *s u p e r   m a t r e m   s u a m* est; ... Si iam est in te fructus, cognoscis, quia cum bonis toleras zizania usque ad messem (vgl. Matth. 13,30), quia cum malis ad tempus potes esse, non in aeternum. ... *A l a c t e* non separaberis quoadusque *s u p e r   m a t r e m* tuam es, ne prius fame moriaris, antequam panem manducare sis idoneus. Cresce; ... Quid ergo? ... perfectus ero? Non, quamdiu hic uiuis. Ipsa est perfectio nostra, humilitas.

483,8 C 1200 (zu Ps 131, Vers 9, der bei Notker 499,1 ausgelassen wurde): *S a c e r d o t e s   t u i   i n d u a n t u r   i u s t i t i a   e t sancti tui exultent.* Adhuc de illis membris loquitur quae a Domino recipi deprecatur in requiem sempiternam. ... Siue *iustitia* ipsum significat Dominum Christum, ... Ipsum ergo decet *sacerdotes induere*, et semper corde gestare, qui tamen sic *induitur*, ut iustus esse dignetur, sicut baptizatis idem dicit apostolus: *Omnes qui in Christo baptizati estis, Christum induistis* (Gal. 3,27). Sequitur *et sancti tui exultent.* Consequens erat ut *sancti exultarent*, cum ipsum Christum Dominum *induissent.* - Vgl. C 1203f. zum ähnlichen Vers 13. - Zu *stola prima* siehe Luc. 15,22 (Parabel des Verlorenen Sohnes!).

483,12 Vgl. 500,6-23 (Ps 132,1 und 3).

C 1213 (Zusammenfassung): Quarto decimo, *fratribus* spiritalis adunatio praedicatur, supra quos *benedictio Domini* et aeterna uita prouenire monstratur.

Al 637 C (Schluß der Erklärung von Ps 132): Hucusque per *gradus* canentes ascendebamus ad *domum* Dei. Videamus quid agendum sit in ea.

C 1208 (zu Ps 132,3): *Quoniam illic mandauit Dominus benedictionem* ... *Illic*, in monte scilicet *Sion*, ... Verum hoc montis nomen saepe diximus caelestem illam Ierusalem significare, ... Ipsa est enim quae *uitam* continet sine fine, quae gaudium sine intermissione; et quod omne genus felicitatis excedit, a suo beneficio [1209] regitur et possidetur auctore.

483,16 Vgl. Ps 133,1 (500,24f.).
483,17 Vgl. Apoc. 19,1.3.4.6; 7,11f.
483,18.22 Vgl. 482,5.
483,20 Vgl. Ps 133,2 (501,4-6).
483,22 Vgl. Ps 134,1 (501,9f.).
483,23 Vgl. 483,16.
483,24 Vgl. Notkers *De musica* (Piper, 2, 851-59), bes. 854: DE TETRACHORDIS.
483,26 Zu *spiritus ... uocis* vgl. Sap. 1,7.

Psalm 119

484,2 A 1776[1]: *Canticum graduum.* Graece scriptum est ἀναβαθμῶν[2]. (∼ C 1140)

---
1 Von hier an wird A an der Zürcher Hs Car. C 32 überprüft; diese Hs stammt aus St. Gallen - vgl. die Einleitung in Bd 8 A, § 3,a) sowie Anm. 8.
2 CTur: anabathmon (h *übergeschrieben*)

484,7 C 1140: Inchoat primus uirtutum *g r a d u s*; in quo propheta [1141] terrena uitia derelinquens, confessione lacrimabili petit se de mundi istius tribulatione liberari.

A 1779: Incipiat proficere, incipiat uelle ascendere, uelle contemnere terrena, ... Deum solum cogitare, ... [1780] ... et sequi Christum; uideamus quemadmodum patiatur *l i n g u a s* detrahentium[3] et multa contradicentium, et quod est grauius, quasi consulendo a salute auertentium. Qui enim consulit alicui, ad salutem consulit, ad id quod prodest consulit; ille autem quasi consulens, retrahit a salute. ... Quae est *l i n g u a d o l o s a*[4]? Subdola[5], habens imaginem consulendi, et perniciem nocendi. Ipsi sunt qui dicunt: Et tu hoc facturus es, quod nemo fecit? ... Non poteris forte implere; multum est quod aggrederis[6]. ... incipis ascendere, cadis.

484,12 C 1142: ... propheta reuertitur ad interrogationem suam, ...

A 1780: Id est, [1781] quod habeas aduersus *l i n g u a m d o l o s a m*, quod opponas *l i n g u a e d o l o s a e*, quo te munias aduersus *l i n g u a m d o l o s a m*, ...?[7]

484,15 A 1781: ... *d e s o l a t o r i i s*, uel *u a s t a t o r i b u s*. ... idem significat. ... *S a g i t t a e p o t e n t i s a c u t a e* uerba Dei sunt. ... [1782] ... *C a r b o n e s* autem quando accenduntur, antequam accenderentur, exstincti erant. Nam exstincti *c a r b o n e s*, mortui dicuntur; ardentes uiui appellantur. Exempla ergo multorum iniquorum qui conuersi sunt ad Dominum, *c a r b o n e s* dicti sunt. Audis homines mirari, et dicere: Ego illum noui, quam ebriosus fuit, quam sceleratus, ... qualis fraudator; modo quomodo Deo seruit, quam innocens factus est! Noli mirari, *c a r b o* est. Viuum gaudes, quem exstinctum plangebas. Sed quando laudas uiuum, si nosti laudare, adhibe illum mortuo ut accendatur; id est, quicumque adhuc piger est sequi Deum, admoue illi *c a r b o n e m* qui erat exstinctus, et habeto *s a g i t t a m* uerbi Dei, et *c a r b o n e m u a s t a t o r e m*, ut occurras *labiis* iniquis et *linguae* subdolae.

C 1142: *S a g i t t a e p o t e n t i s a c u t a e*, uerba legis diuinae sunt, quibus aut haereticorum, aut subdole blandientium corda, uelut quibusdam iaculis transforantur, ...

---

3 CTur: retrahentium
4 CTur: subdola
5 CTur: *fehlt*.
6 CTur: ag *übergeschrieben*.
7 Hil 552: id est, quid tibi aduersus falsitatem eius praesidii adferatur?

Al 620 C: Qui fuerant peccatis nigri et frigidi, iterum caritate Dei accensi uastauerunt et destruxerunt opera diaboli in cordibus suis, ...

484,19.21 A 1782: Iam repellit *linguam* subdolam et *labia* iniqua, iam ascendit *gradum*, incipit proficere; sed adhuc uiuit inter malos, inter iniquos; ... Iam ergo iste coepit proficere, et coepit uidere malos, et multa mala quae ante non nouerat, et clamat[8] ad Dominum: *H e u   m e ... i n q u i t*[9], *f a c t u s   e s t !* Multum a te recessi, *p e r e g r i n a t i o   m e a   f a c t a   e s t   l o n g i n q u a*. Nondum ueni in patriam illam, ubi cum nullo malo uicturus sum; ... ubi scandala non timebo. ... [1783] ... *H e u*, uox est miseriae, uox est calamitatis et infelicitatis; ... Iste iam uolens redire, cognoscit infelicitatem *p e r e g r i n a t i o n i s* suae; quia agnouit[10] illam, redit; et ascendere incipit, quia *canticum graduum* coepit cantare.

C 1143: Quod autem dixit, *p r o l o n g a t u s   e s t*, affectum nimium desiderantis expressit.

Al 620 D: Vox dolentis et miseriam suam plangentis, ...

484,25 C 1143: *h a b i t a u i   c u m   h a b i t a n t i b u s   C e d a r*. ... *C e d a r* Ismael filius fuit, ... Quo uocabulo competenter[11] significat peccatores, inter quos se adhuc habitare suspirat. - Vgl. 482,5.

A 1783: *C e d a r*, quantum meminimus ex interpretatione nominum hebraeorum, tenebras significat. (∿ C 1143) ... [1784] ... Nostis autem duos filios habuisse Abraham, ... unus de ancilla erat, et alter de libera. Ex ancilla Ismael erat; de libera Sara ... Isaac erat. ... Sed Ismael ad terrenum, Isaac ad caeleste regnum. ... Ismael in umbra, Isaac in luce. Si ergo Ismael in umbra, non mirum quia ibi tenebrae. ... Nam et ipsa *t a b e r n a c u l a* Ismael, *C e d a r* dicta sunt. Sed quid dicit scriptura? *Eice ancillam et filium eius; non enim heres erit filius ancillae cum filio meo Isaac* (Gen. 21,10).

485,6 A 1785: Vbi? In *tabernaculis Cedar*.

C 1143: Repetit cum dolore quem superius dixerat *incolatum;* ut non solum longus, sed etiam grauis esse uideretur.

485,8 A 1786: Qui sunt qui *o d e r u n t   p a c e m* ? Qui conscindunt unitatem. Si enim *p a c e m* non *o d i s s e n t*, in unitate mansissent. ... Catholica [uox] dicit: Non est dimittenda unitas, non est praecidenda

---

8 CTur: clamabat
9 CTur: *fehlt.*
10 CTur: cognouit
11 CSg: frequenter

Ecclesia Dei[12]. ... Si nunc mali a bonis separari non possunt, ferendi sunt ad tempus.

C 1144: *e r a m   p a c i f i c u s*, cum *p a c i s* scilicet inimicis, ... implens illud quod dictum est per apostolum: *Si fieri potest, quod ex uobis est, cum omnibus hominibus pacem habentes* (Rom. 12,18).

485,10 C 1144: *L o q u e b a t u r* enim *p a c i f i c u s*, non persequens, non iniurians, sed honorans uerbis utique blandissimis ... *G r a t i s* enim dicimus, quod nullis culpis praecedentibus sustinemus, sed sola in nobis nefanda uoluntate grassatur.

A 1786: Quibus dicimus: Amate *pacem*, Christum amate, numquid dicimus: Amate[13] et[13] honorate nos? Sed: Honorate Christum. Nos nolumus honorari, sed illum. ... Hoc et nos dicimus: Amate *pacem*, amate Christum. Si enim amant *pacem*, Christum amant. Cum ergo dicimus: Amate *pacem*, hoc dicimus: Amate Christum. Quare? Quia de Christo ait apostolus: *Ipse est enim pax nostra*, ... (Eph. 2,14).

P s a l m   120

485,17 A 1788: Quid est: Iam illu-[1789]minati sunt *m o n t e s* ? Iam ortus est sol iustitiae, iam ab apostolis praedicatum est euangelium, praedicatae sunt scripturae, patuerunt omnia sacramenta, conscissum est uelum, patuit secretum templi; iam tandem *l e u e n t   o c u l o s   i n   m o n t e s, u n d e   u e n i e t   a u x i l i u m* illis.

485,21 WS 298[b]: *A u x i l i u m ... t e r r a m*. Ad *montes* quidem *oculi leuentur*, quia per eos doctrinae ministerium.[1]

485,22 A 1789: Vnde *m o u e n t u r   p e d e s*? Vnde *m o t u s   e s t   p e s* illi qui erat in paradiso? ... superbia cecidit.

485,26 C 1147: *I s r a e l* enim (sicut saepe diximus) interpretatur uir uidens Deum. ... Sed illi ueracissime uident Deum qui non solum eius humanitatem, sed etiam diuinitatis contemplantur absque dubitatione potentiam. Incarnatio siquidem eius est (sicut dicit euangelium) *Verbum caro factum est* ... (Ioh. 1,14); ... Haec qui ita crediderit, erit ueracissimus *I s r a e l*;

---

12 CTur: *fehlt*.
13 CTur: *fehlen*.

1 = Hil 562, *wo der Schluß des Satzes lautet*: ministerium, profectus, ascensus.

A 1791: *I s r a e l* interpretatur uidens² Deum. ... fides Christianorum, resurrectio Christi est; ... Hoc credere, hoc est esse Israel, hoc est uidere Deum; quamuis adhuc posteriora eius, tamen cum credideris in posteriora, peruenies ad uisionem faciei.

486,3 A 1794: nam *d e x t e r a m* non habebat [Iob] nisi apud Deum perpetuam et sempiternam felicitatem. ... Haec erat *d e x t e r a* ipsius, ipse Dominus, ipsa uita aeterna, illa lucis possessio, fons uitae, lumen in lumine. ... Quid autem, ... imponens *d e x t e r a m* ad protectionem? ... [1796] ... *M a n u m* potestatem dicit. ... Ergo si *m a n u s* potestas, quid est *m a n u s   d e x t e r a e* ? Nihil arbitror intellegi congruentius, nisi ut intellegamus *m a n u m   d e x t e r a e*, potestatem quam tibi dedit Deus, ut si uelis, donante³ Deo³, ad *d e x t e r a m* sis. ... Vt autem sis ad⁴ *d e x t e r a m*⁴, id est, ut possis Dei⁵ filius fieri⁶, potestatem accepisti. Quam potestatem? De qua dicit Iohannes (1,12): *Dedit eis potestatem filios Dei fieri.* ... Ergo fides tua, *m a - n u s   d e x t e r a e   t u a e*; ... Vae homini illi, nisi et ipsius fidem Dominus protegat; id est, ut non te permittat temptari supra quam potes ferre (vgl. I Cor. 10,13);

C 1147: *D o m i n u s   c u s t o d i t   t e, D o m i n u s   p r o t e c - t i o   t u a,* ...

486,8 C 1148: *d i e m* et *n o c t e m,* quod est *s o l* et *l u n a,* intellegamus aduersa uel prospera, ...

Pr 127 (366 A): *Custodit Dominus ab omni malo,* non ut nihil patiamur aduersi, sed ut ipsis aduersitatibus anima non laedatur.

Br 1279 C: Iustus nec in prosperis eleuari potest, nec in tristibus deiici. (= CSg 27,551)

486,11 A 1799: Non quasi corpus tuum; nam in corpore perempti sunt martyres; sed *c u s t o d i a t   a n i m a m   t u a m   D o m i n u s*; quia de *a n i m a* non cesserunt martyres.

486,14 A 1800: Quando temptamur, intramus; quando uincimus temptationem, eximus. ... Ecce *i n t r o i t u s   t u u s   c u s t o d i t u r*; quando non tibi sinit Deus accidere temptationem quam non potes ferre, ...

---

2 CTur: homo uidens
3 CTur: *fehlen.*
4 CTur: adextris
5 CTur: dici
6 CTur: *fehlt.*

Pr 127 (366 A-B): Cum enim temptatio adest, fit quidam in id quod impugnat *i n t r o i t u s*. Et cum bono fine, id est, sine uulnere animae temptatio consummatur, ad aeternam requiem de profundo temptationis exitur.

P s a l m   121

486,17 A 1801: Quo autem uolabit, nisi de mediis scandalis, ubi gemebat etiam iste cuius haec uox est quam memoraui? ... [1802] ... In peregrinatione suspiramus, in ciuitate gaudebimus.

C 1149: In prima parte gaudet se propheta commonitum ad supernam[1] *Ierusalem* esse uenturum, ...

486,17.20 CSg 27,552: *D o m u s* haec iustos tantum recipit, angelos continet, quae est caelestis *Hierusalem*.

486,20 A 1802: Et quo uult ascendere, nisi in[2] caelum? ... Sed est in caelo aeterna *I e r u s a l e m*, ... *I o c u n d a t u s   s u m   i n* prophetis, *i o c u n d a t u s   s u m   i n* apostolis. Omnes enim isti dixerunt nobis: *I n   d o m u m   D o m i n i   i b i m u s*.

486,23 C 1150: Quoniam sibi propheta aeternam illam *domum* dixerat compromissam, iam ipsa praefiguratione futurorum in ea se dicit *s t a r e*, ad quam desiderabat summo studio peruenire;

A 1802: Ipsa sola spes hic, et res ibi.

486,25 C 1150: Ne *I e r u s a l e m* quam dixerat terrenam potuisses aduertere, *c i u i t a t e m* illam caelestem mirabili diuidens subtilitate significat. ... *A e d i f i c a t u r* plane, quae cotidie usque ad mundi consummationem uiuis lapidibus spiritali operatione construitur, id est, confessoribus, martyribus et qui Domino sincera mente deuoti sunt. (∼ A 1803f.)

487,2 C 1151: *C u i u s   p a r t i c i p a t i o   e i u s   i n   i d i p s u m*, id est, *ciuitatis* istius *p a r t i c i p a t i o* est in Domino Saluatore, qui est proprie *i n   i d i p s u m. I n   i d i p s u m* quippe significat aeternitatem, quae ... semper uno atque eodem modo est: ... potestas incommutabilis, ... Quapropter soli conuenit Creatori esse *i n   i d i p s u m*.

---

1 CSg: superna
2 CTur: ad

A 1805: Quid est *i d i p s u m* ? Quod semper eodem modo est; quod non modo aliud, et modo aliud est. Quid est ergo *i d i p s u m*, nisi, quod est? ... Ecce *i d i p s u m*: *Ego sum qui sum; Qui est, misit me ad uos* (Exod. 3,14). ... [1806] ... Ergo hoc est *i d i p s u m* de quo dictum est: *Mutabis ea, et mutabuntur; tu autem idem ipse es, et anni tui non deficient* (Ps 101,27.28).

487,6 A 1807: Quo *a s c e n d e r u n t   t r i b u s* ? In *ciuitatem cuius participatio eius in idipsum.* ... *T r i b u s* alio nomine dici possunt curiae, ... Duodecim *t r i b u s* erant populi Israel: sed erant ibi mali, et erant ibi boni. Quam enim malae *t r i b u s* quae crucifixerunt Dominum? Quam bonae *t r i b u s* quae cognouerunt Dominum? ... [1808] ... Quid est: *t r i b u s   D o m i n i* ? Quae cognouerunt *D o m i n u m*.

C 1152: nam ut ab infidelibus *t r i b u s* istas fidelium segregaret, addidit, *t r i b u s   D o m i n i*, quae utique ipsius esse non poterant, nisi ei pura mente credidissent.

487,8 A 1808: *T e s t i m o n i u m   I s r a e l*, id est, in quibus cognoscatur quia est uere *I s r a e l.* ... Talis est in quo dolus non est (vgl. Ioh. 1,47). ... [1809] ... Si ergo uerus Israelita, in quo dolus non est, *tribus* illae *ascenderunt* ad *Ierusalem*, in quibus dolus non est.

487,10 C 1152: *A d   c o n f i t e n d u m* enim dicit, ad laudandum, quia cum angelis omnes sancti laudes *D o m i n i* celebrabunt.

487,12 A 1809: Latine autem totum sic dicitur: *Caelum mihi sedes est* (Act. 7,49; Isai. 66,1). Qui sunt isti, nisi iusti? qui sunt *caeli*, nisi iusti?

Br 1280B: *S e d e s* Dei apostoli sunt: super quos Dominus requiescit[3].

487,13 A 1810: Si ergo *caelum   s e d e s* Dei, apostoli autem *caelum*[4], et ipsi facti sunt *s e d e s* Dei, ipsi sunt *thronus*[4] Dei. ... Et ipsi iusti sunt *s e d e s*, et habent *s e d e s*; ... Ad quam rem? *I n   i u d i - c i u m. Sedebitis*, inquit, *super duodecim sedes*, o uos sedes, *iudicantes duodecim tribus Israel* (Matth. 19,28). ... [1811] ... *s e d e s   s u p e r   d o m u m   D a u i d*, id est, super familiam Christi, cui dederunt in tempore cibaria, ...

487,16 A 1810: una [pars] ponetur ad dexteram, cui enumerabuntur eleemosynae quas fecerunt; ... Sancti *sedebunt* cum Domino adtendere qui fecerunt misericordiam, ... et ipsa est *p a x   I e r u s a l e m*. Quae est

---

3 CSg: requiescet
4 CTur: caeli ... throni

p a x   I e r u s a l e m ? Vt opera misericordiae corporalia iungantur operibus praedicationis spiritalibus, et fiat *p a x* dando et accipiendo. ... [1811] ... O uos *sedes*, qui iam *sedetis* ut iudicetis, et facti estis *sedes* Domini iudicantis ... *I n t e r r o g a t e*, inquit, *q u a e   s u n t   a d   p a c e m   I e r u s a l e m*. ... Quos inuenient fecisse misericordiam, ipsos uocabunt ad *I e r u s a l e m*; ... *Quod si distribuero omnem substantiam meam*, ... *caritatem autem non habeam, nihil mihi prodest* (I Cor. 13,3). Si autem sit sola caritas, quae non inueniat quod distribuat pauperibus, *d i l i g a t*: solum calicem aquae frigidae det, tantum illi imputabitur, quantum Zacchaeo qui dimidium patrimonii donauit pauperibus (vgl. Luc. 19,8).

487,22 A 1812: O *Ierusalem* ... *f i a t   p a x   i n   u i r t u t e   t u a, f i a t   p a x   i n* dilectione tua; quia *u i r t u s   t u a*, dilectio tua. (~ C 1154)

487,24 A 1812: ... *i n   t u r r i b u s   t u i s*, id est, in excelsis tuis. Pauci enim *sedebunt* in iudicio; ... [1813] et erit *a b u n d a n t i a   i n   t u r r i b u s* eius. Plenitudo autem deliciarum et sufficientia diuitiarum ipse Deus, ipse *idipsum*, ipse *cuius participatio* est *ciuitatis in idipsum*: ipsa erit et *a b u n d a n t i a* nostra.

488,1 A 1813: Qui gloriam suam quaerit, non quaerit salutem aliorum. Ait enim: *Sicut et ego omnibus per omnia placeo, non quaerens quod mihi prodest, sed quod multis, ut salui fiant* (I Cor. 10,32.33). (~ C 1155)

488,3 A 1813: Non propter me quaesiui bona, ...
CSg 27,554 (*oratio* am Schluß dieses Psalms): Ambulantibus in atriis domus tuae, omnipotens Deus, pacis abundantiam largiri dignare, ut dum te tota auiditate cordium confitemur, bona tua in caelestibus capiamus. ...

P s a l m   122

488,6 A 1815: Ascendat ergo iste cantator; ... Ascendens, quo *l e u a t u r u s   e r a t   o c u l o s*, nisi illuc quo tendebat, et ascendere desiderabat? De terra enim ad *c a e l u m* ascendit. ... [1816] ... Quod est ergo *c a e l u m* Dei? Omnes sanctae animae, omnes iustae animae. ... [1817] ... Deinde antequam faceret Deus *c a e l u m* et terram, ubi *h a b i t a t*? Sed dicit aliquis: Et antequam faceret Deus sanctos, ubi *h a b i t a b a t*? In se *h a b i t a b a t* Deus, apud se *h a b i t a b a t*, et apud se est Deus.

488,13 A 1819: Fac ergo aliquem *d o m i n u m* iussisse *s e r u u m* caedi: uapulat *s e r u u s*, sentit plagarum dolores: adtendit ad *m a n u s d o m i n i* sui, quoadusque dicat: Parce. ... Ergo quid dicimus, fratres? Iussit uos caedi *D o m i n u s* noster, et *d o m i n a* nostra sapientia Dei iussit nos caedi; et in hac uita uapulamus, et tota ista uita mortalis plaga nostra est. ... Et ne quasi carnem solam infirmitate mortalitatis putaremus nos habere tabidam, non dixit: Tabescere me fecisti, ne secundum carnem intellegeremus; sed ait: *Tabescere fecisti sicut araneam animam meam* (Ps 38,12). ... Tunc iussus est *s e r u u s* caedi. Fratres mei, uidete ex quo uapulamus. In omnibus qui ab initio generis humani nati sunt, in omnibus qui nunc sunt, in omnibus qui postea nascentur, Adam uapulat. ... Qui uero ex ipso genere filii facti sunt, receperunt sensum doloris: sentiunt se uapulare, et [1820] nouerunt quis iussit ut uapulent, et *leuauerunt oculos* suos *ad eum qui habitat in caelo*; et sic sunt *o c u l i* eorum *i n m a n u s D o m i n i* sui, *q u o a d u s q u e m i s e r e a t u r, s i c u t o c u l i*[1] *s e r - u o r u m i n m a n u s d o m i n o r u m s u o r u m, e t s i c u t o c u l i a n c i l l a e i n m a n u s d o m i n a e s u a e. -* Zu *corruptionem* und *mortalitatem* vgl. I Cor. 15,42f.; 52-54.

C 1156: Attendunt *s e r u i* ad *m a n u s d o m i n o r u m s u o - r u m*, siue ... siue quando pro culpis suis uapulare iubentur, donec audiant, parce. ... [1157] ... Subiecit *d o n e c m i s e r e a t u r n o b i s*, ut ostenderet, siue feminas, siue masculos sub patientia debere beneficia diuina perquirere et eum iugiter supplicare.

488,20 A 1820: Nonne[2] sunt istae uoces uapulantis: *M i s e r e r e n o s t r i, D o m i n e, m i s e r e r e n o s t r i ?*

488,22 A 1820: Irridentur illi qui felicitatem uocant quam oculis uidere[3] non possunt, ... Despiceris, quia spe-[1821]ras quod non uides;

488,25 C 1158: dicit etiam *a n i m a m* quoque suam *o p p r o b r i i s e t d e s p e c t i o n i b u s f u i s s e* completam, ...

489,1 A 1820: Omnes qui secundum Christum pie uolunt uiuere (vgl. II Tim. 3,12), necesse est patiantur *o p p r o b r i a*, necesse est contemnantur ab his, qui nolunt[4] pie[4] uiuere, quorum felicitas tota terrena est. ... [1821] ... Quare *a b u n d a n t s u p e r b i* ? Quia hic uolunt esse

---

1 CTur: *fehlt.*
2 CTur: Non
3 CTur: uidere terrenis
4 CTur: uolunt impie

felices. Quid?⁵ quando et ipsi miseri sunt, numquid *a b u n d a n t* ? Sed forte quando miseri sunt, non nobis insultant. ... [1823] ... Nam nisi *a b u n d a r e n t , s u p e r b i* non essent.

P s a l m   123

489,2   Al 625 A: Vox ista sanctorum siue martyrum, ... (= CSg 27,556 ~ A 1827)
489,9   A 1828: Surrexerunt enim quidam persecutores, et dixerunt hominibus: Thurificate; si non feceritis, occidimus uos. Illi amauerunt hanc uitam, et dulcedo uitae huius tenuit eos. Non plus [1829] dilexerunt ea quae promisit Deus, quam ea quae uidebant¹ in terra. Illa enim credere iubebantur, quae nondum uidebant, ista quae amabant uidebant. ... Quid est: *u i u i   a b s o r p t i   s u n t* ? Thurificando idolis², scientes quia nihil est idolum. Nam si aliquid putarent esse idolum, mortui *a b s o r - b e r e n t u r*; cum autem putant nihil esse idolum, et nouerunt omnia illa gentilium uana esse, uiuunt; et tamen cum faciunt quod uolunt persecutores, *u i u i   a b s o r b e n t u r*. Sed ideo *u i u i   a b s o r - b e n t u r*, quia non in eis est Dominus. In quibus autem inest Dominus, occiduntur et non moriuntur. Qui autem consentiunt et uiuunt, *u i u i   a b s o r b e n t u r , a b s o r p t i* moriuntur. Isti autem qui passi sunt, et non cesserunt³ tribulationibus, exultant ...
489,18.20 A 1830: Sed qualis est ista *a q u a ?   T o r r e n s* est. ... *T o r - r e n t e s* enim dicuntur fluuii qui repentinis imbribus crescunt; magnum habent impetum; quisquis incurrerit trahitur, sed in quo Dominus non est: in quo autem Dominus est, transit *t o r r e n t e m   a n i m a* ipsius. Adhuc fluit⁴ *t o r r e n s*, sed iam transiit *a n i m a* martyrum. Adhuc quamdiu saeculum hoc nascendo et moriendo currit, *t o r r e n s* est: hinc persecutiones, de isto⁵ *t o r r e n t e*⁵.
489,21 A 1831: Quod Punici dicunt ... quando dubitant, hoc Graeci ἄρα⁶, hoc Latini possunt uel solent dicere: Putas, cum ita loquuntur: Putas, euasi hoc? ... Quae⁷ est *a q u a   s i n e   s u b s t a n t i a*, nisi *a q u a*

---

5 CTur: Qui

1 CTur: uidebantur
2 CTur: idolo
3 CTur: consenserunt
4 CTur: fuit
5 CTur: torrente ipso
6 CTur: ara
7 CTur: Quid

peccatorum *s i n e   s u b s t a n t i a* ? Peccata enim non habent *s u b s t a n t i a m*; inopiam habent, non *s u b s t a n t i a m*; egestatem habent, non *s u b s t a n t i a m*. ... [1832] ... Adquisisti aurum, perdidisti fidem; post paucos dies exis^8 de hac uita, aurum quod adquisisti perdita fide, auferre tecum non potes; cor tuum inane fidei, ad poenas exit, quod plenum fide ad coronam exiret.

490,1 A 1833: *V e n a n t e s* enim erant persequentes, et posuerunt escam in *m u s c i p u l a*. Quam escam? Dulcedinem uitae huius, ut unusquisque propter dulcedinem huius uitae mittat caput in nequitiam, et *m u s c i - p u l a* comprimatur.

490,7 C 1163: Reddunt causam quare *l a q u e u s* ille *c o n t r i t u s   e s t*, ...

P s a l m   124

490,13 A 1837: id est, aeternam *I e r u s a l e m* matrem omnium nostrum, quae est in caelis.

Pr 133 (369D - 370A): Ipsi enim fide et spe *h a b i t a n t   i n   I e - r u s a l e m*, non in ista terrena sed in illa caelesti et aeterna ...

C 1164: Generaliter cunctos alloquitur sermo propheticus, quoniam qui hic fuerint in uera religione constantes et spem suam in Domini defensione posuerint, *s i c u t   S i o n*, Ierosolymae mons, ita firmissima soliditate consistunt^1.

490,16 A 1837: Alii sunt ergo *m o n t e s* amabiles, *m o n t e s* excelsi, praedicatores ueritatis, siue angeli, siue apostoli, siue prophetae. Ipsi sunt *i n   c i r c u i t u* Ierusalem; ambiunt illam, et quasi murum illi faciunt. ... [1838] ... Ipsi sunt *m o n t e s* qui illuminantur a Deo: ... per *m o n t e s* istos quos aeternos esse uoluisti, praedicans euangelium, *tu illuminans* (Ps 75,5), non *m o n t e s*. ... [1840] ... constringit Dominus plebem suam in unum uinculum caritatis et pacis, ut qui confidunt in Domino *sicut mons Sion, non commoueantur*^{2} *in aeternum*; et hoc est, *e x   h o c   e t   u s q u e   i n   s a e c u - l u m.*

---

8 CTur: exies

1 CSg: consistit
2 CTur: moueantur

490,21 C 1166: *V i r g a* boni malique potestas significatur. ... non sinit diutius crudeles tyrannos insurgere, ne possint Ecclesiam Domini longissima persecutione conterere. Dicendo enim *n o n d e r e l i n q u e t*, significat quoniam, etsi ad tempus temptatio permittatur, non tamen libera in sua potestate deseritur, ...³

490,23 A 1842: Quare hoc? ... Nam si uideant quia semper est *uirga peccatorum super sortem iustorum*, cogitant apud se, et dicunt: Quid mihi prodest quia *i u s t u s* sum? ... Faciam ergo et ego *i n i q u i t a t e m*, ... Ne autem hoc dicat, insinuatur illi fides, quia ad tempus potest esse *uirga peccatorum super sortem iustorum*: ...

491,1 C 1166: His igitur optat pro-[1167]pheta bonum fieri, qui nesciunt a Domino praua uoluntate separari.

491,3 A 1843: *D e c l i n a n t e s ... i u s t i t i a m*; id est, quorum facta imitati sunt, ...

P s a l m   125

491,10 A 1845: Peior est barbaris diabolus et angeli eius. Ipsi antea tenebant genus humanum; ab eis redemit nos, qui non aurum neque argentum, sed sanguinem suum pro nobis dedit (vgl. I Petr. 1,18f.). ... Gemebat ergo et ipse, et gemunt omnes fideles, adoptionem expectantes, redemptionem corporis sui (vgl. Rom. 8,22.23). Vbi gemunt? In ista mortalitate. Quam redemptionem expectant? Corporis sui, quae praecessit in Domino, qui resurrexit a mortuis, et ascendit in caelum. Hoc nobis antequam reddatur, necesse est gemamus, etiam fideles, etiam sperantes. ... [1846] ... Ecce unde¹ facti sumus captiui, quia uenumdati sumus sub peccato (vgl. Rom. 7, 14).

Pr 134 (370D-371A): Propheticus psalmus ad ascensionem pertinet *graduum*, quibus bene currentium crescit profectus. ... [135] ... Et quicumque ad redemptionem pertinent sanguinis Christi, in spem non dubiae salutis habent gaudium² consolationis.

---

3 Hil 602: In *u i r g a* potestatem intellegi conuenit; insigne enim potestatis est. ... Veniunt quidem tribulationes, sed non permanent; ueniunt persecutiones, sed non persistunt. ... [603] ... *D o m i n u s* namque *i n c i r c u - i t u p o p u l i s u i* est in aeternum, ne uicti et fatigati *u i r g a e* imperio *i n i n i q u i t a t e m e x t e n d a m u s m a n u s n o - s t r a s.*

1 CTur: inde
2 CSg: *fehlt.*

491,16 A 1848: Habemus autem intus *o s*, id est, in corde, ... [1851] ... Certe
ergo nouimus, et nosse debemus, et tenere quia est *o s* cordis, est et³
l i n g u a cordis.

491,20 A 1851: Ipsi male *s e c u m f e c e r u n t*, quia sub peccato se uen-
diderunt. Redemptor uenit, et bene *c u m* illis *f e c i t*; ... [1852]
... Quasi de praeterito loquebatur; sed solet fieri ut de praeterito
loquens, futura praenuntiet propheta. ... *D i c e n t*, iam de futuro
est⁴. ... Tunc cum cantabantur, futura erant, et nunc uidentur praesentia. ... Nondum *erat ergo conuersa captiuitas*, quia nondum Redemptor
aduenerat.

492,1 A 1852: Ergo orat tamquam de futuris, qui futura tamquam praeterita prae-
cinebat: *C o n u e r t e ... n o s t r a m*. ... *A u s t e r* autem calidus
uentus est; quando flat *a u s t e r*, liquescit glacies, et implentur
t o r r e n t e s. T o r r e n t e s autem dicuntur flumina hiemalia;
... Gelaueramus ergo in *c a p t i u i t a t e*; constringebant nos
peccata nostra; flauit *a u s t e r* Spiritus sanctus; dimissa sunt nobis
peccata, soluti sumus a frigore iniquitatis; tamquam glacies in sereno,
soluuntur peccata nostra. Curramus ad patriam, quasi *t o r r e n t e s
i n a u s t r o*. ... hic flet et gemit; sed ueniet *gaudium*. Sequitur
enim: *Qui* ... [1853] ... *metent*.

492,12 A 1853: In ista uita, quae plena est *l a c r i m i s, s e m i n e m u s*.
Quid *s e m i n a b i m u s*⁵? Opera bona. ... [1854] ... Non illos deseruit Deus, unde probentur, quia faciunt eleemosynas.

492,15 A 1855: Etsi cum fletu *seminamus*, tamen cum *gaudio metemus*. In illa enim
resurrectione mortuorum recipiet quisque manipulos suos, id est, fructum
seminis, coronam gaudiorum et exultationis. - Zu *coronam uitę* vgl. Apoc.
2,10.

P s a l m   126

492,22 A 1856: Inter omnia cantica quibus est titulus: *C a n t i c u m g r a -
d u u m*, iste psalmus aliquid amplius in titulo accepit, quod additum
est: *S a l o m o n i s*. Sic enim praenotatur: *C a n t i c u m g r a -*

---

3 CTur: *fehlt*.
4 CTur: *fehlt*.
5 CTur: seminamus (!)

d u u m   S a l o m o n i s. Itaque fecit nos intentos inusitatior titulus ceteris, ut quaeramus quare sit additum: *S a l o m o n i s*. ...
[1857] ... Ideo docemur in nullo hominum spem esse ponendum. Quia et iste *S a l o m o n   a e d i f i c a u e r a t* templum *D o m i n o*[1] in typo quidem et in figura futurae Ecclesiae et corporis *D o m i n i* ... *D o m i n u s* ergo[2] *a e d i f i c a t   d o m u m, D o m i n u s*[3] Iesus Christus *a e d i f i c a t   d o m u m*[3] suam. *L a b o r a n t* multi in *a e d i f i c a n d o*; sed si non ille *a e d i f i c e t, i n   u a n u m   l a b o r a u e r u n t   a e d i f i c a n t e s   e a m*. Qui sunt qui *l a b o r a n t   a e d i f i c a n t e s*? Omnes qui in Ecclesia praedicant uerbum Dei, ministri sacramentorum Dei. Omnes currimus, omnes *l a b o r a m u s*, omnes *a e d i f i c a m u s* modo; ... sed *n i s i   D o m i n u s ... e a m*.

Al 628 C: De isto uero *S a l o m o n e* [= Christus] in capite huius psalmi dicitur: *N i s i ... e a m*.[4]

492,25 A 1858: Quae autem *domus* Dei, et ipsa *c i u i t a s*. *Domus* enim Dei, populus Dei; ... Omnes autem fideles, quae est *domus* Dei, ... omnes simul unam *domum* Dei faciunt, et unam *c i u i t a t e m*. Ipsa est Ierusalem. ... [1859] ... *C u s t o d i t* ille cum *u i g i l a t i s, c u s t o d i t* et cum dormieritis[5]. Ille enim dormiuit in cruce semel, et[6] resurrexit; iam non dormit. ... Surrexit lux nostra Christus;[7]

493,1 A 1859: bonum est tibi ut *s u r g a s* post Christum, non *s u r g a s* ante Christum. Qui *s u r g u n t* ante Christum? Qui se uolunt praeponere Christo. Et qui sunt qui se uolunt praeponere Christo? Qui uolunt hic excelsi esse, ubi humilis[8] ille[8] fuit.

493,3 A 1859: Sint ergo hic humiles, si uolunt ibi esse excelsi, ubi Christus excelsus est. ... [1860] ... Surrectio exaltationem significat, sessio humilitatem significat. ... [1861] ... *S u r g e r e* uultis, sed primo

---

1 CTur: Dei
2 CTur: enim
3 CTur: Dominus *bis* domum *fehlen durch homoioteleuton.*
4 R 247rb: *N i s i   D o m i n u s   a e d i f i c a u e r i t*, hoc est, illuminauerit cor hominis ad suscipiendam fidem, *i n   u a n u m   l a b o r a t* doctor, qui hominem contendit conuerti.
5 CTur: dormitis
6 CTur: *fehlt.*
7 R 247rb: *N i s i   D o m i n u s   c u s t o d i e r i t* Ecclesiam, id est, congregationem fidelium, inaniter *u i g i l a n t* custodes Ecclesiae, ...
8 CTur: ille humilis (!)

sedete; et *surgens* ab humilitate, peruenis[9] ad regnum.
Pr 137 (372 C): Quoniam spes uobis in Christo certa est ad[10] gloriam[10] resurgendi.

493,5 A 1861: Illi ergo *manducant panem doloris*, qui gemunt in ista peregrinatione. Ipsi sunt in conualle plorationis (vgl. Ps 83,7; *lacrimarum* = Vulgata).

493,7 C 1174:[11] Sequitur quando debeant *surgere*, qui prius iussi sunt *sedere*; illo scilicet tempore cum fideles suscipiuntur in requiem, quibus mors *somnus* est et secura pausatio.

A 1860: Exaltari uultis, antequam humiliemini? Dominus ipse uester, qui est lux uestra, humiliatus est ut exaltaretur. ... [1861] ... *Surgere* uultis, sed primo *sedete*; et *surgens* ab humilitate, peruenis[9] ad regnum. ... [1862] ... Si ergo ille non resurrexit nisi mortuus, tu exaltationem speras nisi post hanc uitam? ... quia *in uanum est* nobis *ante lucem surgere*, id est, altitudinem quaerere antequam moriamur;

493,7.10 Br 1285 A: *Dilecti* sancti sunt qui post *somnum* praesentis uitae hic dormitare uidentur, ut in resurrectione ad uitam aeternam mereantur peruenire. *Ecce hereditas Domini filii merces fructus uentris*. ... Sed et ipse Dominus, natus ex Virgine, factus est *fructus uentris*, cuius assumpta humanitas hanc accepit *mercedem*, ut gentes uocatae in filiis, sint *hereditas* eius.[12]

493,10 A 1863: Huius *fructus*, non: hic *fructus*; *merces* huius *fructus uentris*. Quae est ipsa *merces*? Resurgere a mortuis.

---

9 CTur: uenis
10 CSg: et gloria
11 Weil in dem CSg ein Blatt fehlt, konnte diese Stelle nicht überprüft werden.
12 R 247va: O tales, inquit propheta, qui hoc agitis, *cum dederit dilectis suis somnum*, hoc est, cum eos fecerit Dominus transire de hoc saeculo per mortem corporis, quae electis *somnus* est et pausatio, tunc surgite ut accipiatis remunerationem quam in praesenti quaerebatis. ... Et ipsi *filii* sunt *merces* Domini, quia ipse mercatus est eos suo sanguine. Illius uidelicet Domini qui *fructus* est *uentris*, id est, qui de utero uirginis Mariae procreatus est. - Hil 624: Nam *merces* eius *hereditas* est et *hereditas filii* sunt. ... Hi ergo *filii hereditas* est et haec *hereditas merces fructus* est *uentris*. Est ergo Dominus *fructus uentris*, quem ex se in uitae nostrae *fructum* pariens uirgo progenuit.

493,14 A 1864: De arcu *e x c u t i u n t u r   s a g i t t a e*, et quanto fortior *e x c u s s e r i t*, tanto longius uadit *s a g i t t a*. Quid¹³ autem fortius *e x c u t i e n t e* Domino? De arcu suo mandat apostolos suos¹³; non potuit esse residuum, quo non perueniret *s a g i t t a* a tam forti *e x c u s s a*; peruenit usque ad fines terrae. ... [1865] ... Ergo intellego, fratres, quantum possum, *f i l i o s   e x c u s s o r u m* fortasse ipsos apostolos dictos, *f i l i o s* prophetarum. Prophetae enim clausa sacramenta et operta continebant: *e x c u s s i   s u n t*, ut inde manifesta¹⁴ procederent.

Al 629 C: *S a g i t t a e* apostoli sunt, quorum sonus exiuit in omnem terram (vgl. Ps 18,5), de *m a n u   p o t e n t i s* missi, id est, Christi. *I t a   f i l i i   e x c u s s o r u m* illi ipsi apostoli *f i l i i* sunt *e x c u s s o r u m*, id est, *f i l i i* prophetarum, qui secreta et mysteria incarnationis Christi, et sanctae sacramenta Ecclesiae, Dei dono, caelestis thesauri *e x c u s s e r u n t* ...

Pr 138 (373 A): *F i l i i   e x c u s s o r u m* intelleguntur apostoli, *f i l i i* prophetarum, quorum prophetia multis fuit tegminibus obumbrata, quam praedicatores euangelii *e x c u t i e n d o* reserarunt¹⁵. De prophetis ergo postea orti apostoli *e x c u s s e r u n t* patres suos, et secreta eorum uentilando ruminati sunt, ut essent tamquam *s a g i t t a e* missi in uniuersos fines terrae (vgl. Ps 18,5), arcu Dominicae iussionis.

493,19 Pr 138 (373 A): Beatitudinis apostolicae fit particeps, qui ea concupiscit quae illi desiderando adepti sunt et adipiscendo docuerunt.

WS 309ª: *B e a t u s* ergo ille est *q u i   e x   i p s i s   d e s i d e r i u m   s u u m* poterit *i m p l e r e*, id est, de *sagittis* uel de *filiis excussorum*, desiderabilibus se scilicet doctrinae uerbis replere et deprecatis fructibus futurorum bonorum expectatisque satiari.

493,22 A 1866: quia Christus est *p o r t a* ... Mentior si non ipse dixit: *Ego sum ianua* (Ioh. 10,9). ... [1867] ... Ergo si Christus *p o r t a   ciuitatis*, ille non erubescit qui in Christo stat, et sic praedicat. Qui autem contra Christum praedicat, clauditur contra illum *p o r t a*. Qui sunt illi qui contra Christum praedicant? Qui negant quia missae sunt *sagittae* de *manu potentis*, et peruenerunt usque in fines terrae;

---

13 CTur: *Der Text lautet:* Quid autem fortius excutiente Domino, de arcu mandati apostolos suos?
14 CTur: manifestata
15 CSg: reseruarunt

493,22 Br 1285 B: *P o r t a*, ianua, siue ostium ipse est qui ait: *Ego sum ostium* (Ioh. 10,9);

Psalm 127

494,2 C 1177: Illi autem *t i m e n t   D o m i n u m, q u i   a m b u l a n t   i n   u i i s   e i u s* et mandata ipsius deuota mente perficiunt.

494,3 Pr 139 (373 C): Quia omnes in Christo unum sumus, ex multis membris unum corpus efficimur, ...

C 1178: Cum *uias* plurimas dicit, apostolos significat et prophetas, per quos uenitur ad unam *uiam*, id est, ad Dominum utique[1] Saluatorem. ... Sed primum considerandum est cur superius plurali numero posuerit, *beatos*, et nunc singulariter dixerit, *m a n d u c a b i s*. Vsus iste scripturae diuinae proprius est ad singularem numerum redigere, quod pluraliter uidetur esse propositum[2]; scilicet quia mater Ecclesia (sicut saepe dictum est), quamuis plurimos *beatos* contineat, sancta unitate laetatur. ... *M a n d u c a r e* est enim aliqua esca refici et de ipsa satietate gaudere. Isti ergo *l a b o r e s* qui sunt bonorum operum, perficiuntur in[3] illa resurrectione, ...

A 1870: Multis loquitur; sed quia ipsi multi unum sunt in Christo, sequitur et singulariter iam dicit: *L a b o r e s ... m a n d u c a b i s*. ... Cum plures Christianos appello, in uno Christo unum intellego. ... Saeculi enim homines infeliciter felices sunt, martyres autem feliciter infelices erant. Erant enim ad tempus infelices, sed in aeternum felices; ... Hic enim unde gaudemus? De spe. Ibi unde gaudebimus? De re. ... [1874] ... Modo *l a b o r e s* habemus, *f r u c t u s* postea erit[4]. Sed quia et ipsi *l a b o r e s* non sunt sine gaudio, propter spem, ... modo nos ipsi *l a b o r e s* nostri iocundant, et laetos nos faciunt de spe. ... [1875] ... *B e a t u s   e s*, de praesenti est; *b e n e   t i b i   e r i t*, de futuro est; cum *m a n d u c a s   l a b o r e s   f r u c t u u m   t u o r u m, b e a t u s   e s*; cum perueneris ad *f r u c t u m   l a b o r u m   t u o r u m, b e n e   t i b i   e r i t*.

494,9 A 1875: Christo dicitur. Ergo uxor eius, Ecclesia eius;

---

1 CTur: *fehlt*.
2 CTur: *fehlt*.
3 CTur: *fehlt*.
4 CTur: erunt

494,10 A 1875: Sed in quibus *u i n e a   f e r t i l i s* ? ... Non omnes dicuntur *l a t e r a   d o m u s*. ... *L a t e r a* dicimus *d o m u s*, eos qui inhaerent Christo.

494,14 A 1877: Dicatur ergo quales debent esse *f i l i i*. Quales? Pacifici. Quare pacifici? Quia *beati pacifici, quia*⁵ *ipsi filii Dei uocabuntur* (Matth. 5,9). Quia ergo in *o l i u a* fructus est pacis; oleum enim pacem significat, quia caritatem significat; sine caritate nulla pax est; ... Tales ergo *f i l i i* debent esse *i n   c i r c u i t u   m e n s a e* Domini, ... Perfecta res est, magna beatitudo: iam quis ibi nolit esse?

494,19 C 1180: *S i o n* enim (sicut saepe dictum est) interpretatur speculatio. ... *I e r u s a l e m* indicatur uisio pacis. Pax hic inuisibilis est res, quae tunc uidebitur, quando auctor eius Christus Dominus beata mente conspicitur; ... Aspicitur enim illic ipse Dominus, qui et ipsos intuentes aeternos facit et se iugi perpetuitate demonstrat. - Vgl. 486,1f.

HT 268: *S i o n* interpretatur specula, *H i e r u s a l e m* interpretatur uisio pacis.

494,24 A 1878: Et quamdiu *u i d e b o   b o n a   I e r u s a l e m* ? *O m n e s   d i e s   u i t a e   t u a e*. Sed si *u i t a   t u a* aeterna fuerit, in aeternum *u i d e b i s   b o n a   I e r u s a l e m*. [1879] ... Ergo tu talia desidera *b o n a* quae *u i d e a s   o m n e s   d i e s   u i t a e   t u a e*, id est, ut cum ipsis *b o n i s* uiuas in aeternum. (∼ C 1180) - Vgl. C zu 461,15.⁶

494,25 A 1880: Quid est, *f i l i o s   t u o s* ? Opera tua quae hic agis. Qui sunt *f i l i i   f i l i o r u m* ? Fructus operum tuorum.

495,1 A 1880: Ad illam *p a c e m* perueniunt qui et hic pacifici fuerint. ... quia fidem nostram et facta bona esurit Dominus. Pascamus illum bene uiuendo, et pascet in aeternum nobis uiuere donando.

C 1181: Ista enim *p a x* est quam omnis desiderat deuotus, ... - Vgl. Luc. 2,14: *Gloria in altissimis Deo, et in terra pax hominibus bonae uoluntatis.* (= Anfang des *Gloria* der Messe)

---

5 CTur: quō [= quoniam] (!)
6 R 248ᵛᵃ: *O m n i b u s   d i e b u s   u i t a e   t u a e*, id est, in perpetua aeternitate.

Psalm 128

495,3   A 1882: Ecclesia loquitur de his quós tolerat, et tamquam diceretur: Numquid¹ modo? Olim est Ecclesia¹; ex quo uocantur sancti, est Ecclesia in terra. Aliquando in solo Abel Ecclesia erat, et *e x p u g n a t u s e s t* a fratre malo et perdito Cain. Aliquando in solo Enoch ... multi iusti, sed et plures iniqui; et pertulerunt iusti iniquos.
Pr 140 (374 D): Ab initio enim in sanctos, qui sunt Israel, impii saeuierunt.
C 1182: *A   i u u e n t u t e* ergo significat, quando a fratre peruerso Abel iustus occisus est. ... Quapropter *a   i u u e n t u t e* sua bene se *e x p u g n a t a m* dicit Ecclesia; ut intellegas quia numquam finita quae semper *e x* -[1183]*p u g n a t a   e s t*. Crescit enim persecutionibus improborum suaque contritione grandescit.

495,5   A 1883: Non illis consensi ad malum.

495,5.8 Pr 140 (375 A): Omnis malorum intentio contra bonos haec est ut eos similes sui faciant et in consensum iniquitatis suae a fide ac probitate traducant. [141] Quod cum obtinere non possunt, opprobriis et crimitationibus impetunt innocentium uitam, construentes *s u p e r   d o r s u m* eorum congeriem falsitatum.

495,8   Al 631 C: *S u p r a ... p e c c a t o r e s, ... F a b r i c a u e r u n t* toleranti mihi *s u p r a   d o r s u m*; posuerunt mihi tribulationes, ...
A 1885: hoc est, non *potuerunt* agere ut consentiam; fecerunt quod portem. ... *Etenim non potuerunt mihi*, quia non consensi, quia non me fecerunt quales sunt ipsi. ... Fecerunt quod tolerem, [1886] et non fecerunt cui consentirem.

495,11 A 1886: Vbi enim consensio, ibi propinquitas. Ligantur duo, et mittuntur ad iudicem; latro, et colligatus: ille sceleratus, ille innocens, una catena ligantur, et *l o n g e* sunt a se.

495,14 A 1887: *S i o n* Ecclesia est. (∿ C 1184)

495,16 A 1887: *F e n u m   t e c t o r u m* herba est quae nascitur in *t e c - t i s*, in solario integulato. In alto uidetur, et radicem non habet. ... Nondum euulsum² est, et aruit; nondum finiti sunt in iudicio Dei, et iam non habent succum [1888] uiriditatis. Adtendite opera ipsorum, et uidete

---

1 CTur: *Der Text lautet*: Numquid modo Ecclesia? Olim est.
2 CTur: diuulsum

quia *a r u e r u n t*. Sed uiuunt, et hic sunt: nondum ergo auulsi sunt: *A r u e r u n t*, sed nondum auulsi sunt;

Pr 141 (375 C): Contemptores eloquiorum Dei et amatores mundi *f e n o*, quod super *t e c t a* et super parietes nascitur, comparantur. Qui ante tempus messis *a r e s c u n t*, et cum uidentur stare, ceciderunt.

495,20 A 1888: Venturi sunt enim *m e s s o r e s*, et collecturi sunt triticum in horreum, et³ zizania alligabunt, et mittent in ignem (vgl. Matth. 3,12; Luc. 3,17). ... *Messores autem angeli sunt* (Matth. 13,39), Dominus dicit.

Al 632 A: *M e s s o r e s* sunt angeli, de quorum operibus non implent sinus suos, quia zizania sunt, et non triticum: sed in fasciculos ligantur et igne comburuntur aeterno.

495,24 A 1888: Nostis enim, fratres, quando *t r a n s i t u r* per operantes, est consuetudo ut dicatur illis: *B e n e d i c t i o   D o m i n i   s u p e r   u o s*. Et magis ista consuetudo erat in gente Iudaeorum. ... Qui sunt *t r a n s e u n t e s*⁴? ... Apostoli *t r a n s e u n t e s* erant in ista uita, prophetae *t r a n s e u n t e s* erant. Quos benedixerunt prophetae et apostoli? Illos in quibus radicem caritatis uiderunt.

496,1 A 1889: Omnes bene uiuentes *b e n e d i x e r u n t*.

CSg 27, 568 (*oratio* am Schluß dieses Psalms): Ab omnibus inpugnationum nequitiis Ecclesiam tuam, Domine, dexterae tuae protectione defende, ut inimicis retrorsum conuersis, sacris a te benedictionibus repleatur. ...

P s a l m   129

496,2 A 1890: Et uidete quia uox peccatoris¹ *c l a m a t   d e   p r o f u n d o*: ...

496,4 Al 593 A: *D e   p r o f u n d o*, id est, nimietate peccatorum, de quibus non est alia salus nisi ad Dominum *c l a m a r e* et in eius sperare clementiam. Ideo postulat suum *e x a u d i r i* clamorem, quem *d e   p r o f u n d o* peccatorum eructauit ...

A 1890: Dicit scriptura: *Peccator, cum uenerit in profundum malorum,*

---

3 CTur: *fehlt*.
4 CTur: transeuntes illi
1 CTur: peccatorum (*WS 312ᵇ hat*: peccatoris)

contemnit (Prou. 18,3). Iam uidete, fratres, quale *profundum* sit, ubi *contemnitur* Deus. Cum quisque uiderit se quotidianis peccatis obrutum, aceruis quibusdam et molibus quibusdam iniquitatum premi, si dictum illi fuerit ut Deum roget, irridet.

496,9 Pr 142 (376 C): Quia [143] si diuina iustitia hoc hominibus in hac uita redderet quod merentur, nemo posset retributionis sustinere iudicium.

496,11 A 1891: Et quae est ista p r o p i t i a t i o, nisi sacrificium. ... Sanguis innocens fusus deleuit omnia peccata nocentium: ...

496,13 A 1891: Quam l e g e m ? ... [1892] ... Expectaui quando uenias et liberes ab omni necessitate, quia in ipsa necessitate non deseruisti l e - g e m misericordiae. Audi quam l e g e m dicat, ... audi apostolum: *Inuicem^2 onera uestra portate, et sic implebitis^3 legem Christi* (Gal. 6,2). ... [1893] ... Hanc autem l e g e m qui non seruat, nec s u s - t i n e t D o m i n u m;

496,16 A 1894: Nemo s u s t i n e t, nisi qui nondum accepit quod promissum est. (∼ C 1188)

496,18 A 1894: quia D o m i n u s per quem nobis dimissa sunt peccata, in u i g i l i a m a t u t i n a resurrexit a mortuis, ut hoc s p e - r e m u s in nobis futurum quod praecessit in D o m i n o. ... [1895] ... Nemo resurrexerat numquam mo-[1896]riturus, nisi D o m i n u s. Quando autem resurrexit D o m i n u s numquam moriturus? A u i g i - l i a m a t u t i n a. ... sed resurrecturum te s p e r a quomodo D o m i n u s, ... S p e r a autem u s q u e a d^4 n o c t e m, quousque finiatur haec uita, quousque sit n o x uniuersi generis humani in occasu^5 saeculi.

C 1189: C u s t o d i a m a t u t i n a est manifestatio illa D o m i - n i Saluatoris, quando sepulcrum custodientibus Iudaeis resumpti corporis ueritate surrexit.

P s a l m   130

497,2 A 1900: D o m i n e, ... m e u m. Sacrificium obtulit. ... Videamus quod sacrificium debemus offerre; quia holocaustis non delectatur Deus noster,

---

2 Notkers ALTER ALTERIUS = Vulgata und findet sich auch A 1892.
3 CTur: adimplebitis (!)
4 CTur: in
5 CTur: occasum

... ostendit quid offerat: *Sacrificium Deo spiritus contribulatus: cor contritum et humiliatum Deus non spernit* (Ps 50,19).

497,5 A 1900: nec[1] quaesiui aliquid supra [1901] uires meas, unde me apud imperitos iactarem.

497,8 A 1900: Non fui superbus, nolui quasi *in mirabilibus* innotescere hominibus; ... [1901] ... Quomodo Simon ille magus 'in mirabilibus ingredi uolebat *super* se, propterea plus illum delectauit potentia apostolorum quam iustitia Christianorum. At ubi uidit per manus impositionem apostolorum et per orationes eorum Deum dare fidelibus Spiritum sanctum; et quia tunc per miraculum demonstrabatur aduentus Spiritus sancti, ut linguis loquerentur, quas non didicerant, omnes super quos ueniebat Spiritus sanctus ...; cum ergo hoc uideret Simon, uoluit talia facere, non talis esse; et nostis quia etiam pecunia putauit comparandum Spiritum sanctum (vgl. Act. 8,18-23).

497,15 Al 634 A: *Speret ... Domino*, qui est spes omnium Deum uidentium. *Ex hoc ... in sempiternum*, id est, usque ad aeternitatem, in qua uidebimus, in quem nunc *speramus*.

A 1911: Sed non semper *saeculi* nomen hoc *saeculum* significat, sed aliquando aeternitatem; ... Hic ergo quomodo intellegendum est? Quousque ueniamus ad aeternitatem, *speremus* in Dominum[2] Deum[2]; quia cum uenerimus ad aeternitatem, iam spes non erit, sed ipsa res erit.

Psalm 131

497,22 A 1911: *Dauid* secundum fidem rerum gestarum unus homo [1912] erat, rex Israel, filius Iesse. Erat quidem et ipse mansuetus, sicut eum indicat atque commendat scriptura diuina, et ita mansuetus ut nec persecutori suo Sauli malum pro malo reddiderit (vgl. I Reg. 24,4-15). ... Etiam in potestate datus est ei Saul, et hoc a Domino Deo, ut ei faceret, quidquid uellet. Sed quia non praeceptum illi erat ut occideret, sed tantum in potestate datum[1] illi erat ... ad lenitatem potius deflexit

---

1 CTur: Et
2 CTur: Deo

1 CTur: *fehlt*.

quod ei Deus² concessit. ... Sed solemus in psalmis non ad litteram adtendere, sicut in omni prophetia, sed per litteram scrutari mysteria. Et meminit Caritas uestra quia cuiusdam hominis uocem in omnibus psalmis solemus audire; qui unus habet caput et corpus. Caput autem in caelo est, corpus in terra; sed quo praecessit caput, et corpus secuturum est. Et iam non dico quis caput sit, qui corpus sint; quia scientibus loquor.

C 1196: *D a u i d* autem significatur Dominus Christus, ...

Pr 145 (378 C): Sed altiore intellectu sermo propheticus accipiendus est, ut scilicet ad illum hominem qui in capite et in corpore, id est, in Christo et Ecclesia unus homo est, haec uerba referantur. Quibus plene utitur tota Dei ciuitas et omnis compago sanctorum *m a n s u e - t u d i n e* potentium et humilitate sublimium ... - Zu den Bibelzitaten vgl. Luc. 23,34 und Matth. 5,44.

498,4 A 1912: Ergo ad hoc *memento*, ut impleat quod promisit. Ipse *Dauid u o u i t* tamquam in potestate habens, et rogat *D e u m* ut impleat quod *u o u i t:* ... Quid ergo *u o u i t* uideamus, et hinc intellegimus quemadmodum sit accipiendus in figura *Dauid.* ... [1913] ... Quid ergo *u o u i m u s D e o*, nisi ut simus templum Dei? ... *I u - r a r e* est autem firme promittere.

498,10 C 1197: Negat enim et *t a b e r n a c u l u m* se *i n t r o i r e* et *s t r a t u m l e c t i* conscendere, donec illa quae Patri promisit, cognoscatur implere.

498,13 A 1913: Vbi quaerebat *l o c u m D o m i n o* ? Si mansuetus erat, in se quaerebat. ... In corde enim habet *l o c u m D o m i n u s*; ... [1914] ... Multi autem ne faciant *l o c u m D o m i n o*, sua quaerunt, sua diligunt, potestate sua gaudent, priuatum suum concupiscunt. Qui autem uult facere *l o c u m D o m i n o*, non de priuato, sed de communi debet gaudere. ... Beati ergo qui sic faciunt *l o c u m D o m i - n o*, ut priuato suo non gaudeant.

498,15 A 1916: Quamquam aliquando dicitur *tabernaculum* Dei *domus* Dei, et *domus* Dei *tabernaculum* Dei, distinctius tamen accipitur, fratres carissimi, *tabernaculum* Ecclesia secundum hoc tempus; *domus* autem Ecclesia³ caelestis Ierusalem, quo ibimus. ... In *tabernaculo* adhuc gemimus, in *domo* laudabimus. ... *E p h r a t a* uerbum hebraeum interpretatur latine, Speculum, ... Si ergo *E p h r a t a* speculum, illa *domus* quae

---

2 CTur: Dominus
3 CTur: Ecclesiae,

inuenta est in campis saltuum, in speculo [1917] audita est. Speculum imaginem habet; omnis prophetia imago futurorum. *Domus* ergo Dei futura, in imagine prophetiae praedicata est. ... Qui sunt *campi saltuum*? *Campi* siluarum. ... Qui ergo erant *campi saltuum*, nisi gentes incultae? qui erant *campi saltuum*, nisi ubi adhuc uepres idololatriae? ... quod praedicatum est in imagine Iudaeis, manifestatum est in fide gentium.

C 1198: *Campi* uero *siluae* indicant corda gentilium, quae ex peccatis quasi siluestribus ac dumosis[4], mundante Domino, campestri puritate patuerunt.

498,21 A 1917: Cuius? Domini Dei Iacob.

C 1199: Quam Christus Dominus catholicam promisit Ecclesiam, propheta numero[5] plurali dixit, quoniam tunc se fide miscuit populo christiano, quando iam innumerabiles ecclesiae toto orbe promissae sunt[6].

498,24 A 1917: Cuius *pedes*? Domini, an ipsius *domus* Domini? ... [1918] ... Itaque, fratres, in his est *domus* Dei, quos praedestinauit et praesciuit perseueraturos. ... Sunt[7] enim[7] qui non perseuerant[8], nec[9] *stant pedes eius* in eis. Non sunt ergo ipsi Ecclesia; ... Si non *stat*, non audit eum.

C 1199: Ibi enim *steterunt pedes eius*, ubi fidei ueritas approbatur esse fundata. ... *Stare* enim plerumque ad constantiam refertur, ...[10]

498,26 A 1919: Iam non conturbaberis; quia Christus surgens a mortuis, iam non moritur, et mors ei ultra non dominabitur (vgl. Rom. 6,9). ... id est, *exsurge*, ut[11] *exsurgat arca sanctificationis tuae*, quam sanctificasti. Ipse caput nostrum; (∾ C 1200:) *arca* eius, Ecclesia eius; surrexit prior, surget et[12] Ecclesia.

499,3 A 1919: Hoc Deo Patri dictum est: ... (∾ C 1201)

499,8 A 1921: *Si filii tui custodierint*, et *filii eorum sedebunt in aeternum*. Meritum *filiis*

---

4 CSg: tumosis
5 CSg: merito
6 R 250vb: Spiritaliter *introeunt in tabernaculum* eius, id est, *in* Ecclesiam ... per fidem scilicet.
7 CTur: Etenim
8 CTur: perseuerent
9 CTur: non
10 R 250vb: *Adorant in loco ... eius*, id est, *in* Ecclesia *ubi stat* praedicatio et doctrina *eius*.
11 CTur: et
12 CTur: *fehlt*.

parentes faciunt. Quid si *f i l i i* ipsius *c u s t o d i r e n t*[13], et *f i l i i   e o r u m* non *c u s t o d i r e n t*[13]? ... Aut si *f i l i o s* ipsos homines accipis, intellege et de ipsis dictum: *S i ... d o c e b o   e o s*[14]; ut iste sit sensus: *S i   c u s t o d i e - r i n t   f i l i i   t u i   t e s t a m e n t u m   m e u m,* [1922] *et testimonia mea haec quae docebo illos, et f i l i i   e o r u m,* id est, *s i   c u s t o d i e r i n t*; ut hic subdistinguas, et deinde inferas: *s e d e b u n t   i n   a e t e r n u m   s u p e r   s e d e m   t u a m,* id est, et *f i l i i   t u i   et   f i - l i i   e o r u m,* sed omnes *s i   c u s t o d i e r i n t.* Quid ergo *s i   non   c u s t o d i e r i n t?* periit[15] promissio Dei? Non[16]; sed[16] ideo dictum est, et ideo promissum est, quia praeuidit[17] Deus; quid, nisi credituros? ... ideo et[18] *i u r a u i t* dixit. In quo ostendit quia sine dubio uenturum est. ... Tunc eris *f i l i u s   D a u i d,   s i   c u s t o d i e r i s;* ... Restat ut *f i l i i* non simus, nisi imitando fidem, nisi colendo Deum, sicut ille coluit.

499,14 A 1922: *S i o n* ipsa est Ecclesia, ...

499,15 A 1922: Iam uerba Dei sunt.

499,17 A 1923: Ergo tota Ecclesia una *u i d u a* est, ... Pauperes autem, id est, humiles corde, ... [1924] ... Et unde *s a t u r a t i* ? ... Deus ipse est *p a n i s.*

499,22 A 1926: *Christo* enim *meo* cum dicit, uox est Patris, qui dicit: *V i d u - a m ... e x u l t a b u n t.*

A 1925: Quis est *s a l u t a r i s* noster, nisi Christus noster? Quid est ergo: *S a c e r d o t e s   e i u s   i n d u a m   s a l u t a r i ? Quotquot in Christo baptizati estis, Christum induistis* (Gal. 3,27). ... Vnde *e x u l t a b u n t*[19] *e x u l t a t i o n e ?* Quia *i n d u t i   s u n t   s a l u t a r i,* non in se. (∼ C 1200)

499,25 A 1925: *I b i ... D a u i d:* ut de Christo praesumatur, ipsa erit altitudo Dauid. *C o r n u* enim significat altitudinem. ... Altitudo spiritalis, *c o r n u* est.

---

13 CTur: custodierint
14 CTur: illos
15 CTur: perit
16 CTur: sed non
17 CTur: praedicauit
18 CTur: ei
19 CTur: *fehlt.*

500,2   A 1925: Quae est l u c e r n a ? Iam nostis Domini uerba de Iohanne:
        Ille erat lucerna ardens et lucens (Ioh. 5,35). (~ C 1204)
        Br 1290 B: *P a r a u i ... m e o*. Johannes Baptista ... Sic enim et
        ipse Dominus uocitat eum dicens: *Ille erat lucerna ardens*, et reliqua.
500,4   A 1926: *S u p e r* Christum *f l o r e t*. Nemo hominum illam sibi assu-
        mat, quia ipse sanctificat; alioquin non erit uerum: *S u p e r i p -
        s u m ... m e a*.

P s a l m 132

500,9   A 1927: Et quid est: *i n u n u m* ? *Et erat illis*, inquit, *anima una
        et cor unum in Deum*[1] (Act. 4,32). (~ C 1206)
500,10 Al 637 A: et cui rei similis sit haec unitas, in sequenti paradigmate
        exposuit, dicens: *S i c u t ... A a r o n*.
500,13 A 1931: *A a r o n* quid erat? Sacerdos ... Quis est iste[2] sacerdos, nisi
        qui fuit et uictima et sacerdos? ... *I n c a p i t e* eius *u n g u e n -
        t u m*, quia totus Christus cum Ecclesia: sed a *c a p i t e* uenit *u n -
        g u e n t u m*. *C a p u t* nostrum Christus est; crucifixum et sepultum,
        resuscitatum ascendit in caelum; et uenit Spiritus sanctus a *c a p i -
        t e*. Quo? Ad *b a r b a m*. *B a r b a* significat fortes; ... Ergo illud
        primum *u n g u e n t u m d e s c e n d i t i n* apostolos, ... [1932]
        Nam et illi qui primum *in unum habitare* coeperunt, persecutionem passi
        sunt; sed quia *d e s c e n d e r a t u n g u e n t u m i n b a r -
        b a m*, passi sunt, non uicti. ... Vide *b a r b a m*. ... numquid timuit?
        (~ C 1207)
        C 1207: *B a r b a m* siquidem bene dicimus apostolos, quoniam haec
        robustissimae uirilitatis indicium est et fixa sub suo *c a p i t e*
        perseuerat.
500,17 A 1932: Nam uestis sacerdotalis Ecclesiam significat. ... [1933] ... sic
        per concordiam fraternam Christus intrat, qui est *caput* nostrum, ut
        uestiatur, ut[3] Ecclesia illi haereat[3].

1 CTur: Domino
2 CTur: *fehlt.*
3 CTur: et haereat illi Ecclesia

C 1207: *O r a   u e s t i m e n t i* Domini Saluatoris significatur Ecclesia, ... - Vgl. A 1925 zu 499,22.

500,19 A 1933: Hoc uoluit intellegi, fratres mei, gratiam Dei esse quod *fratres habitant in unum;* ... Ergo gratiam Dei dixit *r o r e m   H e r m o n.* ... *H e r m o n* interpretari dicitur: lumen exaltatum. A Christo enim *r o s.* Nam nullum lumen exaltatum nisi Christus. ... [1934] ... Iam *m o n t e s   S i o n,* magni in *S i o n.* Quid est *S i o n* ? Ecclesia. ... Non ergo *habitant in unum,* nisi in quibus perfecta fuerit caritas Christi. ... Si autem habet *r o r e m   H e r m o n, q u i   d e s c e n d i t   s u - p e r   m o n t e s   S i o n,* quietus[4], placatus, humilis, tolerans, pro murmure precem fundit[5]. ... Ibi [1935] praecepit *b e n e d i c t i o - n e m,* ibi[6] benedicunt *D o m i n u m* qui *habitant* concorditer.

500,23 A 1935: ... *i n   s a e c u l u m,* id est, in aeternum.

P s a l m   133

500,25 C 1211[1]: Siue (ut aliis placet) [*n u n c*] tempus istud significat mundiale, quando hic exercendus est animus, ut ibi aeternis ac perpetuis laudibus occupetur. *B e n e d i c i t e   D o m i n u m,* significat laudate, quia nos illum *b e n e d i c e n d o* laudamus; ... Nominata quidem domus, concludit et *a t r i a;* quoniam *a t r i u m* ingressus est mansionis. Significat enim eos, siue qui iam in penetralibus sunt Ecclesiae, siue qui in ingressu eius esse meruerunt.

A 1935: *A t r i a* ampliora spatia domus intelleguntur. ... Quomodo intellegeris *s t a r e   i n   a t r i i s ? S t a* in caritate, et *s t a s   i n   a t r i i s.* In caritate latitudo est, in odio angustia. [1936] ... Quid est: *E c c e   n u n c* ? In hoc tempore. Nam post transactas tribulationes, manifestum est quia benedictioni[2] Domini uacabimus, ... Qui tunc *b e n e d i c t u r i   s u n t* sine defectu, hic incipiunt *b e n e d i c e r e   D o m i n u m;* hic in tribulationibus, in temptationibus, in molestiis, inter aduersitates saeculi, ...

---

4 CTur: quietus est
5 CTur: fundens
6 CTur: *durchgestrichen,* ipsi *darübergeschrieben.*

1 Weil in dem CSg ein Blatt fehlt, konnte diese Stelle nicht überprüft werden.
2 CTur: benedictione

501,5   Pr 151 (382 D): In aduersitatibus, ait, quae diem uitae huius obscurant, nolite deficere, sed *m a n u s   u e s t r a s* in opere sanctitatis *e x t o l l i t e,* ...

C 1212: *I n   n o c t i b u s,* mundi istius significat teterrimum tempus, quod semper creberrimis tribulationibus obscuratur.

A 1936: Quid est, in diebus? in rebus prosperis. *N o x* enim tristis res est; ... Quando *b e n e d i x i t* Iob? Quando³ tristis *n o x* erat.

501,8   C 1212: ... uno uersu populum *b e n e d i c i t,* ...

A 1937: Plures hortatur ut *b e n e d i c a n t,* et ipse unum *b e n e - d i c i t,* quia ex pluribus unum *f e c i t*;

P s a l m   134

501,12 A 1937: Quid iustius? quid dignius? quid gratius? Etenim si non *l a u - d a u e r i n t   s e r u i   D o m i n u m,* superbi, ingrati, irreligiosi erunt.

501,14 A 1938: Quia ergo *s t a t i s,* parumne est uobis, ubi *laudandus est* qui uos erexit iacentes, et fecit *i n   d o m o* sua *s t a r e,* et ipsum agnoscere, ipsumque *laudare?*

C 1214: *A t r i u m* dicitur amplissimae domus primus ingressus, ubi sibi habitantes propter expellendum frigus focos facere noscebantur;

501,16 A 1939: Sed *b o n u s,* non ut sunt bona quae fecit. Nam fecit Deus omnia bona ualde (vgl. Gen. 1,31): ... Et tamen cum bona fecerit, multoque sit melior qui fecit, quam ista quae fecit; non inuenis melius quod de illo dicas, nisi *q u i a   b o n u s* est *D o m i n u s,* ... Hanc singularitatem bonitatis eius, ... commendare congrue non sufficio.

501,18 A 1941: Quid *s u a u i u s* pane angelorum? Quomodo non est *s u a u i s Dominus,* quando panem angelorum manducauit homo (vgl. Ps 77,25)? Non enim aliunde uiuit homo, et aliunde uiuit angelus. ... sed quomodo ea perfruuntur angeli, tu non potes. Illi enim quomodo perfruuntur? Sicuti est: *In principio erat Verbum,* ... (Ioh. 1,1). Tu autem quomodo contingis? Quia *Verbum caro factum est, et habitauit in nobis* (Ioh. 1,14). Vt enim panem angelorum manducaret homo, Creator angelorum factus est homo. ... si gustastis quam *s u a u i s* est *Dominus, p s a l l i t e*; si bene sapit quod gustastis, *laudate.*

---

3 CTur: quā [= *normalerweise* quam]

501,26 A 1943: Ceteras gentes sub angelis posuit; *I a c o b   e l e g i t   s i b i   D o m i n u s ,   I s r a e l   i n   p o s s e s s i o n e m   s i b i*. Gentem suam fecit agrum, quem coleret, quem ipse seminaret; quamuis ipse omnes gentes condiderit, ceteras angelis commisit, sibi istam possidendam, seruandamque deputauit;

502,3 A 1944: Quos *d e o s* ? Sicut dicit apostolus: *Etsi sunt qui dicantur dii in caelo et in terra; sicut sunt dii multi et*[1] *domini multi; nobis tamen unus Deus*[2], *Pater*[2] *ex quo omnia, et nos in ipso, et unus Dominus noster Iesus Christus, per quem omnia, et nos per ipsum* (I Cor. 8,5.6). Dicantur *d i i* homines. ... [1945] ... Ipse est summus Deus, qui super se non habet *d e u m*. (∼ C 1215f.) - Zu *âne* ... *per gratiam* vgl. I Ioh. 3,1.

502,7 A 1945: Non *o m n i a* quae *f e c i t*, coactus est *f a c e r e*, ... Causa *o m n i u m* quae *f e c i t*, uoluntas eius est.

502,9 A 1947: Veniunt enim *n u b e s   a b   e x t r e m o   t e r r a e* ad medium, et pluunt; unde surrexerint nescis.

502,13 A 1947: occultis causis, unde nescis. Quia enim flat *u e n t u s*, sentis; qua causa flat, uel *d e* quo *t h e s a u r o* rationis *e d u c t u s   s i t*, nescis;

502,22 A 1948: quid posteaquam eductus est inde populus?

502,23 C 1218: Cum multos *r e g e s* filii Israel, Domino fauente, prostrauerint, hic duo tantum memorantur;

502,25 A 1948: Quid deinde fecit Deus? Expulit impios: *E t   d e d i t ... s u o*.

503,3 A 1953: *G e n e r a t i o* ista et *g e n e r a t i o* altera[3]: *g e n e r a t i o* qua fideles efficimur, ... *g e n e r a t i o* qua a mortuis resurgemus, ... quia nec nunc nos oblitus est, ut uocaret; nec tunc obliuiscetur, ut coronet.

503,6 A 1953: audi Dominum dicentem: *In iudicium ueni in hunc mundum, ut qui non uident, uideant; et qui uident, caeci fiant* (Ioh. 9,39). Excaecati sunt superbi, illuminati sunt humiles.

503,9 A 1954: *E t ... a d u o c a b i t u r*. A quibus? A gentibus. Quantae enim gentes credendo uenerunt[4]! quanti fundi, quanta loca deserta modo ueniunt! Veniunt[5] inde nescio quanti, credere uolunt[5], dicimus eis: Quid

---

1 CTur: ita et
2 CTur: est Deus Pater,
3 CTur: alia
4 CTur: uiderunt
5 CTur: *Der Text lautet:* modo ueniunt unde nescio quanti credere uolunt.

uultis? Respondent: Nosse gloriam Dei. ... *Omnes enim peccauerunt, et egent gloriam Dei* (Rom. 3,23). Credunt, consecrantur, ... - Vgl. Act. 2.

503,14 A 1954: Ista omnia Deo faciente, qui in caelo [1955] et in terra omnia quaecumque uoluit fecit (vgl. v. 6), ...

503,20 A 1955: Nam a u r e s   h a b e n t, e t   n o n   a u d i u n t; ad illos quippe clamat Deus: *Qui habet aures audiendi, audiat* (Matth. 11,15). O c u l o s   h a b e n t   e t   n o n   u i d e n t: h a b e n t enim o c u l o s corporis, sed non h a b e n t   o c u l o s fidei.

503,21 A 1956: D o m u s   I s r a e l, ... Omnes filii Abrahae; et si[6] de lapidibus istis suscitantur filii Abrahae (vgl. Matth. 3,9), manifestum est quia illi sunt magis d o m u s   I s r a e l, qui pertinent ad d o m u m   I s r a e l, qui pertinent ad semen Abrahae, non carne, sed fide: ...

503,22 A 1956: b e n e d i c i t e praepositi, hoc est, d o m u s   A a r o n; b e n e d i c i t e ministri, hoc est, d o m u s   L e u i.

503,24.26 A 1956: Omnes ergo una uoce dicamus quod sequitur: ... S i o n speculatio, I e r u s a l e m uisio pacis. ... Nunc ergo D o m i n u s   e x   S i o n, quia speculamur quoad[7] ueniat; - Vgl. 494,19-21.

P s a l m   135

504,2 C 1222: A l l e l u i a. Iterum nobis A l l e l u i a dicendum est, ... (Vgl. 501,9 und C 1213 dazu.)

504,3 A 1957: sed quia ipsa beatitudo ... non habebit finem, ideo i n   a e t e r n u m   m i s e r i c o r d i a   e i u s. ... Proinde: C o n f i t e m i n i   D o m i n o, id est, c o n f i t e n d o laudate D o m i n u m,   q u o n i a m   b o n u s.

504,7 A 1958: Et scriptum inuenimus in alio psalmo (81,6), d e o s etiam homines appellatos, sicuti est: ... *Ego dixi: Dii estis* ... (∼ C 1224)

504,9 C 1224: sed D o m i n u s   d o m i n o r u m ille solus est cui cuncta deseruiunt. ... Quis enim dubitet supra omnia esse, qui et creare omnia, et uniuersa praeualet continere?

A 1959: *quemadmodum sunt dii multi et domini multi; sed nobis unus Deus, Pater, ... et unús Dominus, Iesus Christus, per quem omnia, et nos per ipsum* (I Cor. 8,5.6).

---

6 CTur: sic
7 CTur: quod

504,11 A 1961: ... *in intellectu*, ... hoc est, in sua Sapientia, sicut alibi scriptum est: *Omnia in sapientia fecisti* (Ps 103,44), ...

504,13 A 1961: ... habemus quod de proximo intellegamus, *t e r r a m*[1] ... quae alio modo in scripturis arida dicitur (vgl. Gen. 1,9.10), ... *s u p e r*[2] *a q u a s   e s s e   f u n d a t a m*, quod[3] *a q u i s* circumfluentibus supereminet.

504,17 C 1224: Domini autem res gestas narrare, laudare est. Ipsum est ergo quod superius dixit: *Qui fecit mirabilia magna solus* (v. 4), quoniam haec non per creaturas, sed sola uirtute suae diuinitatis operatus est. ... [1226] ... Hactenus dicta sunt quae per se creauerit sancta diuinitas, nunc in secunda parte referuntur qualia in mundo per angelos seruosque suae pietatis effecerit.

A 1960: Ideo et hic addidit, *solus*, quia cetera *mirabilia* quae dicturus est, per homines *fecit*. ... Deinde incipit dicere quae per angelos uel per homines fecerit: *Q u i   p e r c u s s i t ... e o r u m.*

504,21 A 1963: *E d u x i t*[4] etiam sanctos ac fideles suos *d e   m e d i o* malorum. (∼ C 1226)

C 1226: *P e r   m e d i u m* Aegyptiorum deducit *I s r a e l*, quando sanctos suos a conuersatione liberat pessimorum, ...

504,25 A 1963: *D i u i d i t*[5] etiam, ut unus[6] atque idem baptismus[6] aliis sit in uitam, aliis sit[7] in mortem.

505,1 A 1963: *E d u c i t* etiam innouatum populum suum per lauacrum regenerationis.

505,3 C 1227: *Q u i   e x c u s s i t   P h a r a o n e m   e t   e x e r c i t u m   e i u s ...*

A 1963: Celeriter interimit et peccatum suorum reatumque eius per baptismum.

505,6 A 1963: *T r a d u c i t*[8] et nos in huius saeculi ariditate[9] et sterilitate[9], ne in ea pereamus.

505,10 C 1228: *P e r c u t i t   r e g e s   m a g n o s*, quando in corde nostro impia desideria caelestis miserator exstinxerit. ... *S e h o n* quidem

---

1 CTur: Terra
2 CTur: terram super
3 CTur: *fehlt.*
4 CTur: educit (!) (= *WS 329b*)
5 CTur: Diuidet
6 CTur: unum ... baptismum (= *WS 330a*)
7 CTur: *fehlt.*
8 CTur: Traduxit (*WS 330a*: Transduxit)
9 CTur: ariditatem ... sterilitatem (*WS 330a* stimmt mit der Ausgabe überein)

interpretatus est temptatio colorum[10], aliter uero arbor infructuosa; ...
Sed haec in nobis Dominus *o c c i d i t*, ... *O g* interpretatur coaceruans, ...

505,12 A 1963: *D a t* etiam quos diabolus possidebat, *h e r e d i t a t e m semini Abrahae*, quod est Christus.

505,16 A 1963: sanguine Vnigeniti sui. (~ C 1229)

505,17 A 1963: hoc[11] est, omni hominum generi, ... de qua *e s c a* dicitur: *Caro mea uere*[12] *est esca* (Ioh. 6,56).

P s a l m   136

505,25 C 1231: Nimis dulcis est recordatio patriae, quae in hostili terra probatur existere; ... De loco enim peregrinationis, proprii domicilii crescit affectus.
A 1964: Habet[1] et haec ciuitas[1] quae Babylonia dicitur, amatores suos consulentes[2] paci[3] temporali, et nihil ultra sperantes, totumque gaudium suum[4] ibi figentes, ibi[4] finientes[4], et uidemus eos pro republica terrena plurimum laborare[5]; ... [1965] ... *F l u m i n a   B a b y l o n i s* sunt omnia quae hic amantur et transeunt. ... Alii ergo ciues sanctae *Ierusalem* intellegentes captiuitatem suam, adtendunt humana uota et diuersas hominum cupiditates hac atque illac rapientes, trahentes, impellentes in mare[6]; uident haec, et non se mittunt in *f l u m i n a   B a b y l o n i s*, [1966] ... O sancta *S i o n*, ubi totum stat, et nihil fluit! quis nos in ista praecipitauit? quare dimisimus Conditorem tuum et societatem tuam? ... *S e d e a m u s   s u p e r   f l u m i n a   B a b y l o n i s*, ... talis sit humilitas nostra, ut nos non mergat. *S e d e   s u p e r   f l u m e n*, noli in *f l u m i n e*, noli sub *f l u m i n e*;

---

10 CSg: oculorum
11 CTur: id (!)
12 CTur: uera (!)

1 CTur: Habet *bis* ciuitas *fehlen.*
2 CTur: consulens
3 CTur: pace
4 CTur: *fehlen.*
5 CTur: laborantes
6 CTur: mari

Pr 162 (390C - 391A): Flent et gemunt de habitatione terrena, ... Et *f l u m i n a* eius sunt omnes illecebrae temporales. ... in quibus nihil stabile, nihil firmum est, sed omnia fluida et in maris profunda ducentia. Qui autem *quae sursum sunt sapiunt* (Col. 3,2), non quae super terram, *s e d e n t* quidem *s u p e r* mundi *f l u m i n a* atque torrentes, sed tamen cursu aquarum labentium non trahuntur, ... Sed *r e - c o r d a n t e s   S i o n*, quae exprimitur specula, in id quod Deus promisit intendunt, et a temporalibus ad aeterna proficiunt.

506,8 A 1967: Habent *o r g a n a* sua ciues *Ierusalem*, scripturas[7] Dei, ... *S a l i c e s* ligna sunt infructuosa; ... Sicut sunt[8] homines cupidi, auari, steriles in[8] opere bono; ... [1968] ... scripturas nouimus, quas[9] eis[9] dicamus; sed quia nullum fructum in eis inuenimus unde incipiamus, auertimus ab ipsis faciem, et dicimus: Adhuc isti non sapiunt, non[10] capiunt[10]; quidquid[11] illis dixerimus, sinistrum et aduersum habebunt. Ergo differendo circa eos scripturas, *s u s p e n d i m u s   o r g a n a   n o s t r a   i n   s a l i c i b u s*; non enim dignos habemus, qui *o r - g a n a   n o s t r a* portent.

506,18 A 1968: Diabolus ergo[12] et angeli eius *c a p t i u o s   n o s*[13] *d u - x e r u n t*; nec *d u c e r e n t* nisi consentientes[14]. *N o s*[14] *d u c - t i   s u m u s   c a p t i u i*[13]. ... [1969] ... Quomodo autem diabolus intrauit in cor Iudae, ut traderet Dominum, non autem intraret, nisi ille locum daret, sic multi mali homines de *media* Babylonia per desideria carnalia et illicita locum dando[15] diabolo et angelis eius in cordibus suis, ut in illis et de illis operetur, aliquando *i n t e r r o g a n t   n o s*, et dicunt nobis: Exponite nobis rationem, ... [1971] ... Quid respondemus[17]?

HT 297: Daemones, qui deceperunt nos et *c a p t i u o s   d u x e r u n t*, nunc quasi deridentes nos et gloriantes dicunt nobis: Reddite nobis uerbum de fide uestra, et quemadmodum quando eratis in *Hierusalem*, *h y m - n u m* dicebatis Deo. (= Br 1305 A)

---

7 CTur: scripturam
8 CTur: *fehlen*.
9 CTur: quare id (*auf Rasur*)
10 CTur: *fehlen*.
11 CTur: quia quicquid
12 CTur: ante
13 CTur: *fehlen*.
14 CTur: consentientes nos
15 CTur: dant
16 CTur: interrogabant
17 CTur: respondebimus

506,18.23 C 1232: ... testatur apostolus, dicens: *Video àliam legem in membris meis repugnantem legi mentis meae et captiuum me ducentem in lege peccati, quae est in membris meis* (Rom. 7,23). Istae igitur concupiscentiae quae nos iure captiuitatis illaqueant, frequenter nobis suadent, ut psalmodiae uerba in locis profanis atque spectaculis[18] gesticulatione nefandissima canere debeamus. Sed eis non esse consentiendum praesens doctrina declarat, quando admonet *i n t e r r a a l i e n a*, id est, inter actus uitiosos qui sunt a Deo *a l i e n i*, [1233] *h y m n u m D o m i n i* non *e s s e c a n t a n d u m.*

506,23 A 1971: Incipite uelle[19] praedicare ueritatem quantulamcumque nostis, et uidete quam necesse sit ut tales patiamini irrisores, exactores ueritatis, plenos falsitatis. ... [1973] ... Sed cum inter[20] istos[21] obstrepentes, male *interrogantes*, ueritati resistentes uersamini, obstringite uos non eis uelle placere, ne *obliuiscamini Ierusalem*; et dicat una anima uestra, facta una ex multis pace[22] Christi[22], dicat ipsa *captiua*[23] *Ierusalem* hic *agens*[24] in terra: *Si oblitus tui*[25] *fuero*[25], ... *mea*.

507,2 A 1973: *D e x t e r a* nostra est uita aeterna, sinistra nostra est uita temporalis. Quidquid facis propter uitam aeternam, *d e x t e r a* operatur. ... Et uere sic contingit[26]: praenuntiauit, non optauit. Talibus qui *o b l i u i s c u n t u r* [1974] *I e r u s a l e m*, hoc contingit[26] quod dixit; *o b l i u i s c i t u r* illos *d e x t e r a* eorum; uita enim aeterna manet in se; illi remanent in delectatione temporali, et faciunt sibi *d e x t r u m* quod sinistrum est.

507,8 A 1974: Id est, obmutescam, ... (∿ C 1233)

507,11 A 1975: Ibi[27] est enim summa *i o c u n d i t a s*, ubi Deo perfruimur, ... Et conuertit se ad Dominum contra hostes ipsius ciuitatis: ...

507,13 A 1975: *E d o m* ipse dictus est qui et Esau: ... Fuit autem hostis fratris sui iste Esau, ...

---

18 CSg: expectabilis
19 CTur: utile
20 CTur: *fehlt.*
21 CTur: istis (i² *aus o verbessert*)
22 CTur: *fehlen.*
23 CTur: captiuata
24 CTur: angens
25 CTur: fuero tui (!)
26 CTur: contigit
27 CTur: Vbi

C 1234: Isti sunt ergo *f i l i i   E d o m* qui christianum populum sunt grauissime persecuti, ... Hoc enim dicitur (sicut saepe memoratum est) prophetiae affectu, non maledicendi uoto.

507,17 C 1234: In his sermonibus addendum est, perueniamus, ... Verba sunt ergo ista *filiorum Edom* persequentium populum christianum, a similitudine tracta cisternae, unde si aqua sedule tollitur, usque *a d   f u n d a - m e n t u m* eius sine dubio peruenitur. ... *F u n d a m e n t u m* siquidem fidelium Christus est Dominus, qui non potest iustis eripi, quamuis cuncta eis huius saeculi probentur auferri. Sic dum [1235] persecutores catholicam religionem exhaurire cupiunt, felicissimas atque copiosas coronas martyribus contulerunt.

507,22 C 1235: *F i l i a   B a b y l o n i s* bene caro nostra dicitur, ... Sed postquam de Babyloniae *f i l i a* dixit, iustissimam compensationem ei asserit esse reddendam; ut sicut nos luxuria concitat ad uitia, ita repressam[28] ieiuniis atque tribulationibus subditam faciamus esse uirtutibus. - Vgl. A zu 505,25.

508,5 A 1978: Qui sunt paruuli[29] Babyloniae[29]? Nascentes malae cupiditates. Sunt enim qui cum uetere cupiditate rixantur. Quando nascitur cupiditas, ... cum paruula est, *e l i d e* illam. Sed times[30] ne *e l i s a* non moriatur; *a d   p e t r a m   e l i d e*. Petra autem erat Christus (I Cor. 10,4).

C 1235: Hi [carnis errores] dum *p a r u u l i* fuerint, facilius *t e - n e n t u r*[31], atque in[32] *p e t r a m* illam caelestem efficaciter eliduntur; nam si iam coeperint adulti esse, et robustissima aetate iuuenescere, grauior pugna cum eis nascitur, nec facile a nostra infirmitate superantur.

P s a l m   137

508,9 A 1979: Agnoscamus ergo hic uocem Ecclesiae, ... Et hic talem confessionem audituri sumus, laudis Dei et gratulationis. (∿ C 1236f.)

C 1236: *I p s i   D a u i d*. Quamuis superioribus titulis dixerimus

---

28 CSg: repressa (!)
29 CTur: Babyloniae paruuli
30 CTur: time
31 CTur: *auf dem Rand*: a⸱t [= aliter] terentur
32 CTur: ad

D a u i d significare manu fortem atque desiderabilem, quod Domino Saluatori proprie conuenire probatum est, tamen hic Christum euidentius indicauit, quando istud pronomen apposuit.

508,12 C 1237: Ad ostendam Domini pietatem psalmistae usus est, prius sanctos uiros auditos dicere et eos postea diuina praeconia personare. ... Sed considera meritum orationis, ut omnia uerba sua profiteatur audita, illa enim fuerunt uota iustorum, ut Christus Dominus adueniret, ...[1]

508,14 C 1237: Adiecit quoque *i n   c o n s p e c t u   a n g e l o r u m*, ut eam [psalmodiam] angeli non solum audire, uerum etiam probentur intendere.

508,16 C 1238: *T e m p l u m   s a n c t u m* est Domini beatae incarnationis aduentus, ...

A 1981: Certe tamen, quod manifestum est, in *angelis* habitat Deus. Ergo cum gaudium nostrum de spiritalibus rebus, non de terrenis bonis assumit canticum Deo, ut *psallat coram angelis*, ipsa congregatio *angelorum templum* Dei est, ...

508,18 1238: *M i s e r i c o r d i a* est, quod sine cuiusquam meritis ad liberandum nos uenire dignatus est. *V e r i t a s*, quia prophetarum suorum promissa compleuit. (~ A 1981)

508,21 WS 334[b]: Iuxta apostolum: Exaltatus et *m a g n i f i c a t u s* [Christus] *s u p e r   o m n e* quod nominatur *n o m e n*, non solum in hoc saeculo, sed etiam in futuro (vgl. Eph. 1,21). Tanto scilicet melior angelis effectus, quanto differentius prae illis *n o m e n* hereditauit.[2]

508,24 A 1982: Quia iam non peto felicitatem terrenam, didici sanctum desiderium de Nouo Testamento. Non peto terram, ... non salutem temporalem, ... Nam unde Deus miscet tri-[1983]bulationes gaudiis terrenis, nisi ut[3] tribulationem sentientes et amaritudinem, discamus aeternam desiderare dulcedinem?

508,26 C 1238: passurum se ostendit innumera, contra[4] quae[4] tam multiplicia postulauit auxilia.

---

1 R 254[ra]: *C o n f i t e b o r   t i b i ,   D o m i n e*. Vox omnium sanctorum praecedentium aduentum *D o m i n i*. ... laudabo te ex *t o t o* [254[rb]] intellectu mentis, ... *Q u o n i a m* ... *m e i*. Vota iustorum implesti mittendo Filium tuum in carne iuxta petitionem meam.
2 R 254[va]: *Q u o n i a m* ... *t u u m*, id est, Filium *t u u m   s u p e r   o m n e   n o m e n* quod nominatur in caelo siue in terra. Vnde Paulus dicit quia suscitauit illum Deus et dedit illi nomen quod est super omne nomen, ut in nomine Iesu omne genu flectatur caelestium, terrestrium et infernorum (vgl. Phil. 2,9f.).
3 CTur: *fehlt*.
4 CSg: contraq; [= contraque]

509,3   Vgl. A zu 508,9.

A 1984: *O Domine, omnia uerba oris tui!* Nescio in qua gente abscondita erant lex et prophetae, *omnia uerba oris tui.* Sed in gente Iudaeorum sola erant *omnia uerba oris tui:* ...

509,7   A 1985: Tunc *cantent in uiis Domini*, si humiles sint: ament, et *cantabunt*.

509,10 A 1985: Volunt ergo *reges respici* ? Humiles sint. Quid? si se extulerint in superbiam, latere ipsius oculos possunt? Ne forte quia audisti: *humilia respicit*, superbus uelis esse, et dicas in anima^5 tua^5: Humiles *respicit* Deus, me non *respicit*; faciam quod uolo. Quis enim me uidet? ... Et tamen et ipse te Deus uidet. Non te putes non uideri; immo roga ut merearis uideri^6 a quo uideris.

C 1239: Hic despicitur humiliatus prostratus, ... *Domino* autem uicinior efficitur magnis nisibus inclinatus. Et ut hanc humilitatem in conspectu eius pretiosam esse sentires, sequitur *et alta a longe cognoscit. Alta* superba significat.

509,12 C 1240: *Viuificabis* enim, laetificabis debet intellegi, ... quia reuera ille uiuus benedicitur, qui est aeterni^7 gaudii^7 hilaritate complendus.

A 1986: *In medio tribulationis* es, et nescis? Vita ista parua *tribulatio* est? Si non est *tribulatio*, non est peregrinatio; ... Ama alteram uitam, et uidebis quia ista uita *tribulatio* est: ... - Zu *in conualle lacrimarum* vgl. Ps 83,7.

509,17 A 1987: *super* id quod mihi possunt facere *inimici*, tu *extendisti manum tuam*. Non enim *inimici* possunt me separare a te; tu autem amplius uindicas, quia adhuc differs me: ... Potest et sic intellegi: ... irascebantur *inimici*, uindicasti me de *inimicis*. ... [1988] ... salus aeterna cum angelis, in *dextera* est^8. - Vgl. A zu 507,2.

C 1240: De persecutoribus dicit, qui quamuis irati multa faciant populo fideli, sed longe maiora recipiunt^9, diuina retribuente iustitia. Nam et hi conuersi grauius quam contristauerant affliguntur, ...

---

5 CTur: animo tuo
6 CTur: uidere
7 CSg: aeternâ gaudia
8 CTur: *fehlt.*
9 CSg: recipient

509,20 A 1988: *Domine, retribues pro me.* Ego non *retribuo*; tu[10] *retribues pro me.* Saeüiant *inimici*, quantum libet; tu *retribues* quod ego non possum. ... Est[11] hic alius intellectus non neglegendus, et forte magis eligendus[11]. *Domine Christe, retribues pro me.* Ego enim si reddam, rapui; ... Vide illum *retribuentem pro* nobis. Venerunt qui tributum exigerent (vgl. Matth. 17,23-26); ... immo non ad ipsum, sed ad discipulos; et dictum est illis: *Magister uester non soluit*[12] *tributum?* ... ait [Christus] Petro: *uade, mitte hamum in mare, et qui primus piscis ascenderit, aperi os eius, et inuenies staterem,* ... [1989] ... *Inuenies ibi; da illis pro me et te.* ... Denique *Domine, misericordia tua in aeternum;* ... Opus tuum in me uide, non meum;

Psalm 138

509,24 A 1991: Dicat hoc ipse Dominus Iesus Christus, dicat et ipse[1]: *Domine*[2], Patri[2].

C 1241: Quapropter uniuersus hic psalmus, sicut et patri doctissimo Hilario placuit, ex Christi Domini persona dicendus est. ... [1242] Per totum psalmum loquitur Dominus Christus. Primo modo de pausatione et resurrectione propria uerba facit ad Patrem , ...

510,1 C 1242: Accidit tertia [cognitio], quam in euangelio ipse testatur; *probatus est* enim tempore passionis, ... *cognitus,* quando gloriam mirandae resurrectionis ostendit. Tunc quippe deitas eius etiam illis innotuit, qui eam ante credere dubitabant;[3]

510,3 A 1992: Quid hic *sessio*? quid hic *resurrectio*? Qui sedet, humiliat se. Sedit ergo Dominus in passione, surrexit in *resurrectione.* ... Si autem uolueris accipere uocem capitis ex persona corporis, dicamus et nos: *Tu ... meam.* Sedet enim homo, quando humiliat se in paenitentia; surgit autem remissis[4] peccatis,

---

10 CTur: *fehlt.*
11 CTur: Est *bis* eligendus *fehlen.*
12 CTur: dat

1 CTur: *fehlt.*
2 CTur: Domino Patri
3 R 255ra: *Cognouisti me,* id est, *cognosci* fecisti in baptismo et ieiunio.
4 CTur: in remissis

quando erigitur in spem uitae aeternae. ... Quid est: *d e   l o n g i n - q u o* ? Cum adhuc in peregrinatione sum, antequam ad illam patriam ueniam, tu *cognouisti cogitationem meam.*

510,8 A 1992: Genus autem humanum [1993] quod deflexerat⁵ in idolorum culturam⁵, *i n   l o n g i n q u o* fuerat peregrinatum.

510,10 A 1993: *S e m i t a m,* inquit, *m e a m*: quam, nisi malam, quam ille ambulauerat, ut patrem desereret, quasi occultus esse posset ab oculis uindicantis (vgl. Luc. 15,11-20); aut uero in illa egestate contereretur, aut porcos pascere poneretur, nisi pater uellet flagellare *longinquum,* ut reciperet *propinquum*? ... Quid est: *s e m i t a m   m e a m* ? Qua profectus sum. Quid est: *l i m i t e m   m e u m* ? Quousque perueni. ... *L i m e s   m e u s* ille *longinquus* non fuit longe ab oculis tuis: multum ieram, et tu ibi eras. - Vgl. A zu 510,17.20.

510,13 A 1993: Antequam eas irem, antequam eas ambularem, *p r a e u i d i s t i* eas; et permisisti me in labore ire *u i a s   m e a s,* ut si nollem laborare, redirem in *u i a s* tuas. ... discessi a te, ...

510,17.20 A 1994: *A n t i q u u m* peccatum, quando lapsi sumus; *n o u i s s i - m a* poena, quando in istam mortalitatem laboriosam periculosamque peruenimus. ... *F i n x i s t i   m e*: ubi? In ista mortalitate; iam ad labores, ad quos omnes nati sumus. ... *et   p o s u i s t i ... t u a m*; uindicem manum, grauantem superbum.

Pr 168 (395 C): Omnes in uteris matrum Deo plasmante *f i n g u n t u r,* sub ea [169] lege quam superbiae merito humanum genus sustinet. Superposita diuinae potentiae *m a n u,* quae ut humiles erigat, elatos premit.

510,22 A 1997: *E x* peccato meo factum est ut *m i r i f i c a t a* mihi esset [*s c i e n t i a   t u a*], et incomprehensibilis mihi existeret. Nam erat mihi facilitas contemplandi te, quando non superbia reliqueram te.

Pr 169 (395 D): *E x   m e* mihi difficultas ista conualuit. *E x   m e* extra lumen *s c i e n t i a e   t u a e* factus sum, ad quod nisi *e x   t e* redire non potero.

510,24 A 1997: Cum ergo *p o t e r o,* non *p o t e r o* nisi *ex* te.

510,26 A 1997: *S p i r i t u s* enim Domini repleuit orbem terrarum (vgl. Sap. 1,7). Quis potest fugere in mundo *a b* illo *S p i r i t u,* quo plenus est mundus?

511,2 A 1997: Locum quaerit quo *f u g i a t   a b* ira Dei.

---

5 CTur: defluxerat ... cultura

511,3   A 1998: *S i* me extulero, *t e* inuenio repressorem; *s i* me abscondero, *t e* inuenio inquisitorem; ... *S i* peccando uenero in profundum malorum, et confiteri contempsero, dicens: *Quis me uidet? in inferno* enim[6] *quis confitetur tibi?* (Eccli. 23,25) etiam illic *a d e s*, ut uindices.

511,7   A 1998: Mirum *s i   i n   e x t r e m i s   m a r i s* non est, qui nec apud inferos deest. Sed noui, inquit, quomodo *fugiam ab ira tua. R e - c i p i e n d a e   s u n t   p e n n a e   m e a e* non in prauum, sed *i n   d i r e c t u m*, ... Quas *p e n n a s* uult assumere, nisi duas alas, duo praecepta caritatis? ... Has, inquit, alas, has *p e n n a s   s i   r e c i p i a m* sic, *e t   h a b i t a b o   i n   e x t r e m a   m a r i s*, possum *fugere a facie tua* ad *faciem tuam, a facie* irati ad *faciem* placati. Quid enim est *e x t r e m u m   m a r i s*, nisi finis saeculi? Illuc iam uolemus spe et desiderio, habentes alas geminae caritatis; non sit nobis requies, nisi *i n   e x t r e m o   m a r i s*. ... ad Deum interim spe uolemus, et illum finem *m a r i s* spe fideli praemeditemur.

511,13 A 1999: Non amemus *mare*, sed uolemus *in extrema maris*. ... quia et pennatos nisi ipse erigat[7], nisi[7] ipse[7] *d e d u c a t*, praecipitabimur *in profunda maris*, ...

511,15 A 1999: In ista uita inter tanta scandala, inter tam multa peccata, inter tantas turbas quotidianarum temptationum, quotidianarum suggestionum malarum, quid facio, inquit?

511,18 A 1999: *N o x* est enim quamdiu ista uita agitur. Quomodo est *n o x* illuminata? Quia Christus descendit in *n o c t e m*. Accepit Christus carnem de isto saeculo, et illuminauit nobis *n o c t e m*. ... [2000] ... *D e l i c i a e* nostrae Christus.

511,20 A 2000: Qui autem tenebrant *t e n e b r a s* suas, quas Deus non tenebrat? Homines mali, homines peruersi; cum peccant, utique *t e n e b r a e* sunt; dum non confitentur peccata quae fecerunt, sed insuper defendunt, tenebrant *t e n e b r a s* suas. ... Et quando euades a duplicibus *t e n e b r i s*, ...?

511,23 A 2001: *d i e s* nobis prosperitas saeculi, *n o x* nobis aduersitas saeculi; sed si cognoscamus merito peccatorum nostrorum nos aduersitates pati, et dulcia nobis sint flagella Patris, ne sit amara sententia

---

6 CTur: autem (*auf Rasur*)
7 CTur: *fehlen durch homoioteleuton.*

iudicis; sic habebimus *t e n e b r a s   n o c t i s* huius, quomodo *l u m e n   n o c t i s* huius. ... incipit homo fidelis indifferenter uti mundo isto, nec extolli quando res aduersae sunt, sed ubique Dominum benedicere; ... quando arridet prosperitas, quando tristis est aduersitas, semper sit laus eius in ore tuo (vgl. Ps 33,2);

512,1   A 2002: Intus est possessor; non solum cor tenet, sed etiam *r e n e s*; non solum cogitationes, sed etiam delectationes.
Isidor, *Et.* XI, 1, 97-98: Renes, ait Varro, dictos quod riui ab his obsceni humoris nascantur. Nam uenae et medullae tenuem liquorem desudant in renibus, qui liquor rursus a renibus calore Venerio decurrit. Lumbi ob libidinis lasciuiam dicti, quia in uiris causa corporeae uoluptatis in ipsis est, sicut in umbilico feminis[8].

512,3   A 2002: Nouimus Babyloniam illam de qua hesterno die locuti sumus, unde proficiscuntur omnes qui credunt et suspirant illi luci, Ierusalem caelesti. ... Qui autem est in *u t e r o   m a t r i s* illius Babyloniae, gaudet prosperis saeculi, ...

512,6   A 2003: eo ipso quod te miramur, tu *t e r r i b i l i s   e s*;

512,9   A 2003: antea uero mirificata est scientia tua ex me; inualuerat, nec poteram ad illam (vgl. v. 6).

512,10 A 2004: *N o n   e s t   a b s c o n d i t u m   o s   m e u m   a   t e,   q u o d   f e c i s t i   i n   a b s c o n d i t o.   O s*[9] *suum*[9] dicit; quod uulgo dicitur *o s s u m*, latine *o s* dicitur. ... Nam possemus hic putare os esse, ab eo quod sunt ora; non *o s* correpte, ab eo quod sunt *o s s a*. ... Quod ergo *o s* dicit, fratres? ... Firmitas quaedam est interior; quia in *o s s i b u s* firmitas et fortitudo intellegitur. ... Aperit autem hoc *o s s u m   i n   a b s c o n d i t o   f a c t u m   a* Deo[10] idem apostolus Paulus, his uerbis: *Non solum autem*, inquit, *sed etiam gloriamur in tribulationibus* (Rom. 5,3).

512,14 A 2004: Est ergo quaedam animae interior firmitas, ... [2005] ... Ecce *in* carne est *s u b s t a n t i a   m e a, i n   i n f e r i o r i b u s   t e r r a e* est *s u b s t a n t i a   m e a*; et habeo tamen *ossum* intrinsecus, quod formasti, ... Quid enim magnum est si fortis est angelus? Magnum est si fortis est caro. ... Loquitur enim, ut iam commendaui, Christus. Sed multa dicta sunt ex persona corporis; audi et ex persona capitis: ...

---
8 Hil 763: In *r e n i b u s* enim uoluptatis est causa. Sed cuius *r e n e s* a Deo *p o s s i d e n t u r*, non exeunt in uoluptates corporis incentiua lasciuiae.
9 CTur: Ossum
10 CTur: Domino

512,17 A 2005: Vide quid dicat Patri Deo: ... *I m p e r f e c t u m   m e u m*, Petrum *m e u m* pollicentem et negantem, praesumentem et deficientem: *u i d e r u n t* tamen eum *o c u l i   t u i*. Nam quod eum et ipse [2006] Dominus respexit, sicut scriptum est in euangelio, ... (vgl. Luc. 22,61).

512,21 A 2006: non solum[11] perfecti, sed etiam *imperfecti*.

512,22 A 2006: *D i e s* hic adhuc[12] erat Dominus noster Iesus Christus; ... Putauerunt et ipsi Dominum nostrum Iesum Christum tantummodo hominem esse; ... [2007] ... et tamen trepidauerunt in passione eius, ... Dixerat enim illis: *Veniet hora, ut me relinquatis solum,* ... (Ioh. 16,32).

512,24 A 2007: *N e m o* prorsus, nec[13] ipse qui dixerat: *Tecum usque ad mortem* (Luc. 22,33).

512,26 A 2007: Iidem ipsi qui *per diem errauerunt, et nemo fuit in eis, a m i c i   t u i* facti sunt, et *u a l d e   m i h i   h o n o r i f i c a t i   s u n t*. *Factum est in eis os* illud post resurrectionem Domini *in abscondito*, et pro eius nomine passi sunt, in cuius passione trepidauerunt.

513,2 A 2007: Facti apostoli, facti duces Ecclesiae, facti arietes ducentes greges, *u a l d e ... e o r u m*[14].

513,4 A 2007: Per illos qui *per diem errauerunt, et nemo erat in eis*, ecce nata est tanta ista[15] multitudo, quae iam sicut *a r e n a   n u m e r a r i* non potest, nisi Deo.

513,6 A 2008: Iam passus sum, inquit, iam sepultus sum; ecce surrexi, et *a d - h u c* me non intellegunt sec u m[16]. *A d h u c*[16] *t e c u m   s u m*, id est, nondum *c u m* ipsis; quia nondum agnoscunt. Sic enim legitur in euangelio (vgl. Matth. 28,17), quia post resurrectionem Domini nostri Iesu Christi, sibi apparentem non continuo cognouerunt. Est et alius sensus: ... ut hoc tempus significare uoluerit, quo *a d h u c* in occulto est ad dexteram Patris, ...

513,9 A 2008: Videtur sic connecti ordo uerborum: *S i   o c c i d e r i s, D e u s, p e c c a t o r e s, a c c i p i e n t   i n   u a n i t a t e   c i u i t a t e s   s u a s. ... q u i a* tu *i n   c o g i t a t i o n e   d i c e s: V i r i   s a n g u i n u m, d e c l i n a t e   a   m e;*

---

11 CTur: soli
12 CTur: *fehlt.*
13 CTur: nemo nec
14 R 256[va]: *M i h i   a u t e m*, id est, a me, o *D e u s* Pater, honorati sunt apostoli mei qui sunt *a m i c i   t u i*, tunc scilicet quando electi sunt a me in apostolatum.
15 CTur: *fehlt.*
16 CTur: Sed adhuc

513,12 A 2008: Sic *o c c i d u n t u r   p e c c a t o r e s*, quia obscurati intellegentia alienantur a uita[17] Dei. ... Et sic *a c c i p i u n t   i n   u a n i t a t e   c i u i t a t e s   s u a s*, id est, populos suos uanos, eorum *u a n i t a t e m* sectantes; cum inflati iustitiae nomine persuadent ut disrupto unitatis uinculo, eos tamquam iustiores caeci et imperiti sequantur. ... et quia fieri potest, ut non tantum infament innocentes, quos tamquam malos se fugere simulant, sed etiam uera de quibusdam malis sui similibus dicant, inter quos triticum Christi seruato unitatis uinculo gemit; ... [2009] ... quia ipsum triticum, id est, bonos fideles, monet[18] ut ante uentilationem (vgl. Matth. 3,12), quae nouissima futura[19] est, non aperte se a malis segreget[20], ne adhuc eis commixtos deserat[20] bonos; sed per bonam conuersationem et dissimilitudinem uitae quodammodo tacite illis dicat[21]: *V i r i ... m e*. ... *V i r i* autem *s a n g u i n u m* qui sunt, nisi qui oderunt fratres, sicut Iohannes dicit: *Qui odit fratrem suum, homicida est* (I Ioh. 3,15)?[22]

513,22 A 2009: Nunc autem dicit corpus Christi, quod est Ecclesia: Quid est quod mihi calumniantur superbi, quasi[23] me maculent aliena peccata, et propterea separando se, *accipiunt in uanitate ciuitates suas*? *N o n n e ... h a b u i*? ... *n o n n e* cum zelus domus tuae comederet me, uidebam insensatos, et tabescam (vgl. Ps 86,10)? *n o n n e* et taedium detinebat me a peccatoribus derelinquentibus legem tuam (vgl. Ps 118,53)?[24]

514,1 A 2010: *O d e r a m* in eis iniquitates eorum[25], ... Quomodo ... nisi ... ut hoc in eis *o d e r i t* quod iniqui sunt, hoc diligat quod homines sunt? (∼ C 1252)

514,4 A 2010: Cum ergo corpus Christi ab impiis et iniquis etiam[26] corporaliter in fine separandum, nunc inter eos interim gemat; ... Tu Deus, tu

---

17 CTur: uia
18 CTur: mones
19 CTur: uentura
20 CTur: segregent ... deserant (*beide Male* n *übergeschrieben*)
21 CTur: dicat corpus Christi
22 R 256vb: Vox Christi de futuro iudicio: *V i r i   s a n g u i n u m* dicuntur non solum *s a n g u i n e m* fundentes aliorum, uerum etiam decipientes alios quocumque modo et ad perditionem eos perducentes.
23 CTur: quod quasi
24 R 256vb: Vox Christi ad Patrem: *T a b e s c e b a m*, id est, deficiebam *s u p e r   i n i m i c o s   t u o s* mala eorum intuens. *P e r f e c t u m   o d i u m* est, ut Augustinus dicit, uitia hominis *o d i o   h a b e r e*, et Dei creaturam in illo diligere.
25 Mit *eorum* bricht der CTur ab. Von hier an wird A "stellvertretend" an der Reichenauer Hs 36 überprüft -- vgl. die Einleitung in Bd 8A, § 3,a) Anm. 8.
26 CAug: iam

p r o b a, tu *s c i t o*; non homo, non haereticus, qui nec *p r o b a -
r e* nouit, nec potest *s c i r e   c o r   m e u m*, ubi tu *p r o b a s*
et *s c i s* quia non consentiam factis malorum, et illi [2011] me putant
contaminari posse peccatis aliorum: ...[27]

514,10 A 2011: Quid aliud dicit, quam, *d e d u c   m e   i n* Christo? ... tu
d e d u c   m e   i n   u i a   a e t e r n a, ubi nulla est *iniquitas*: ...

P s a l m   139

514,12 A 2012: quoniam conqueritur et gemit, et precem Deo fundit, inter malos
constitutum corpus Christi. Eius enim uox est in omni tali prophetia, ...
Corpus illius capitis sancta Ecclesia est, ... [2013] ... *a b   h o m i -
n e   m a l i g n o*[1]: ... id est, ab ipso diabolo. ... *Inimicus homo hoc
fecit* (Matth. 13,28).

C 1255: Per totum psalmum sancta Ecclesia loquitur.

514,17 A 2014: *Malignum* enim ideo dixit, quia *i n i u s t u m*, ne forte aliquem
i n i u s t u m bonum esse putes. Sunt enim multi *i n i u s t i* quasi
non nocentes; non sunt saeui, non sunt asperi, non sunt persequentes et
pressuras hominibus facientes; ... In quo mihi nocet? ... Nocet tibi
saltem uel exemplo, quia uiuit tecum, et ad quod agit inuitat. Nonne cum
eum uides forte in illis sordibus prosperari, duceris talium delectatione factorum? ... *Malignus* est ergo omnis *i n i u s t u s*, et necesse est
noxius sit, siue sit blandus, siue sit ferox. Quisquis in illum incurrerit, quisquis laqueis eius fuerit captus, inueniet quam sit noxium quod
putabat lene.

514,19 A 2015: Propter eos enim dixit, qui plerumque in labiis bona loquuntur.
Audis uocem iusti; sed non est *c o r* iusti. ... Si seditio, si schisma,
si haeresis, si contradictio turbulenta, non hoc erumpit nisi de illis
cogitationibus quae tegebantur.

514,23 Pr 174 (399 C): Non est dubium quales sint qui *s e r p e n t i b u s*
comparantur, qui sine strepitu ac sono leniter serpunt, sed nocenter
irrepunt.

---

27 R 257[ra]: *P r o b a   m e*, id est, considera si est in me aliqua iniquitas,
e t   s c i t o   c o r   m e u m, id est, inuestiga mentem meam utrum sit
sine peccato an non.

1 CAug: malo

514,23.25 C 1256: *L i n g u a s* enim uerba significat, quae nequitiae cotibus[2] expolita, uulnerare contendunt corda simplicium. Quae merito *s e r - p e n t i b u s* exaequantur, quia sermonibus suis uirus euomunt, unde surdis *a s p i d i b u s* comparantur.

514,25 HT 300: Quoniam uidentur amicitiae uerba habere, et plena ueneno mortifero. (= Br 1308 A)[3]

514,26 C 1256: *P e c c a t o r e m* iterum hic [1257] diabolum significat, ...

515,3 A 2016: Quid est: *s u p p l a n t a r e   g r e s s u s   m e o s* ? Non quasi ut erres in negotio ... *S u p p l a n t a u i t   g r e s s u s   t u o s*, si te impedierit in uia Dei, ut illud quod rectum intendebas, titubet, aut labatur a uia, aut cadat in uia, aut recedat de uia, ...

515,5 C 1257: *S u p e r b i* autem sunt elati haeretici, quia uiam Domini deserentes, prauis dogmatibus populos decipere potius quam docere festinant.

515,7 C 1257: In exponendis haereticorum prauitatibus perseuerat. Ponunt enim *f u n e s*, id est, dolosas et tortuosas obiectiones, quibus capiant[4] sensus humanos, ut[5] quasi pedibus *l a q u e u m*, ita mentibus tendere probentur[6] scandalum. *L a q u e u s* enim *f u n i s* ideo positus est, quia uincula sua grauius semper astringit, nec amplexus eius aliqua lenitate dilabitur, cum nodosis quibusdam sinibus illaqueata concludit.
– Zu *offendiculum* vgl. 400,7f. und den *Notker latinus* zur Stelle.

515,11 C 1257: *I u x t a   i t e r* proprie dictum est, quoniam non capiunt nisi illos qui a recto uirtutum calle discedunt.

515,13 A 2018: Et quid restat? quod remedium inter tanta mala, in istis temptationibus, in istis periculis? (∼ C 1257) ... Cuius enim[7] non est *D e u s,* qui est uerus Deus? Sed tamen proprie eorum est, qui eo fruuntur, qui ei seruiunt, qui libenter sub ipso sunt. Nam et mali quamuis inuiti, sub[8] ipso[8] sunt. Illi appellant *D e u m*, a quo coronentur; sub[8] illo[8] illi fugiunt, a quo damnentur. ... et positus inter tales peccatores, seductores, hypocritas, superbos, dicat ad *D e u m*, quem sui conuersione sibi fecit *D e u m* suum: *D i x i ... t u.*

---

2 CSg: coetibus
3 R 257rb: *V e n e n u m   a s p i d u m* insanabile est.
4 CSg: capiunt
5 CSg: *fehlt.*
6 CSg: zu probantur *verbessert.*
7 CAug: *fehlt.*
8 CAug: *fehlen.*

C 1257: Quod certe non potest dicere [congregatio] quae⁹ caducis probatur erroribus implicari;

HT 300: Si non sanctus, non potest hunc uersiculum dicere; qui non regnatur a peccato, qui dicit: *Pars mea Dominus* (Thren. 3,24). (∼ Br 1308 A)

515,18 A 2019: id est, qui das uires *s a l u t i*¹⁰ *m e a e*.

515,19 A 2019: Ecce modo adhuc pugno: pugno foris contra fictos bonos; pugno intus contra concupiscentias meas; ... et quia¹¹ iam coeperat aestuare et arescere, tamquam umbram inuenit, sub qua uiueret: *O b u m b r a s t i ... b e l l i*, id est, in aestu, ne fatigarer, ne arescerem.

Pr 175 (400 C): Praesens uita, quae tota temptatio est, *d i e s* est *b e l l i*, ... Laborans ergo in hoc *b e l l o*, recte sibi obumbrationem petit gratiae Dei, ne aestu laborum fatigatus arescat.

515,23 C 1258: *A d e s i d e r i o* suo *t r a d i t u r p e c c a t o r i*, quisquis per¹² concupiscentias¹² carnis diabolo relinquitur¹³ [1259] possidendus.

A 2019: Illud ergo ora, quantum potes, ut *a d e s i d e r i o* tuo non te *t r a d a t* Deus *p e c c a t o r i*. Tu enim *d e s i d e r i o t u o* locum diabolo das. ... [2020] ... Inde inumbratur *in die belli*. *D e s i d e r i u m* enim aestus facit; umbraculum autem Domini temperat *d e s i d e r i u m*, ut possimus refrenare quo rapiebamur, ut non ita exaestuemus, ut ad laqueum perducamur.

Pr 175 (400 C): Ideo [176] ait *obumbratum se in die belli*, ut non ureretur aestu *d e s i d e r i i*. Quo qui uincitur, *t r a d i t u r p e c c a t o r i* ...

515,26 A 2020: Tales sunt et isti, quia talis est diabolus. Quando seduxerit hominem, gaudet, triumphat de illo; *e x a l t a t u r* ipse, quia ille humiliatus est. Quare autem ille humiliatus est? Quia male *e x a l t a t u s f u i t*: et ille qui de illo triumphat, humiliabitur. Tales sunt enim omnes qui gaudent de malo; uidentur sibi ad tempus gloriari, superbire, ceruicem erigere. ... *N e d e r e l i n q u a s m e, n e f o r t e e x a l t e n t u r*, id est, non de me triumphent, non de me gaudeant.

---

9 CSg: zu qui *verbessert*. (!)
10 CAug: salutis (!) (= WS 344*ᵇ*)
11 CAug: qùi
12 CSg: concupiscentia
13 CSg: relinquetur

516,2   C 1259: ... impiorum inexplicabiles designat errores. Nam sicut superius, *in die belli caput* suum *obumbrari* dixit a Domino, ita istorum *c a - p u t*, quod est diabolus, rotabilem refert habere *c i r c u i t u m*, qui numquam ad rectam uiam peruenit, quoniam per uestigia sua rediens se semper inuoluit. Ordo autem uerborum talis est: *C a p u t   e o r u m   c i r c u i t u s*.

516,4   A 2020: Laborant homines loqui mendacium; nam ueritatem tota facilitate loquerentur. Ille enim laborat qui fingit quod dicit[14]. Nam qui uerum uult dicere, non laborat; ipsa enim ueritas sine *l a b o r e* loquitur. De homine ergo hoc dixit Deo: Me proteget umbraculum tuum: ipsos *t e - g e t* mendacium *i p s o r u m*; sed ipsum mendacium *i p s o r u m*, [2021] *l a b o r* est *l a b i o r u m   i p s o r u m*.

C 1259: Quapropter oris eorum mendacium *e o s   o p e r i t*, cum perfidi[15] de[15] sua[15] assertione superantur. Numquam enim sic est cauta malitia, ut ipsa sibi non loquatur aduersa.

516,9   C 1259: et feruere sanctis operibus incipiunt, qui pridem desidioso nimis tepore uixerunt. - Vgl. A zu 516,9.11.

516,9.11 A 2022: Video hic nobis elucescere non improbabilem et irreprehensibilem[16] sententiam; intellego illos *c a r b o n e s   c a d e r e   s u - p e r* istos, ut *d e i c i a n t u r*. In alios enim ueniunt, ut accendantur; in alios, ut *d e i c i a n t u r*: ... Vident enim iustos flammantes spiritu, candentes luce, et eis inuidendo *c a d u n t*;

516,12   A 2022: Venit[17] illis *m i s e r i a* et non tolerant; iustus autem *s u b s i s t i t*, quomodo ille *s u b s i s t i t*, qui dicit: *Sed etiam*[18] *gloriamur in tribulationibus*, ... (Rom. 5,3).

516,17   C 1259: Quamuis [1260] *l i n g u o s i* possint dici et illi qui linguae ubertate facundi[19] sunt, tamen illis hoc specialiter nomen constat impositum, qui inconsiderata locutione uerbosi sunt. ... Difficile est enim indeliberatum rectum esse sermonem, sicut scriptum est: *In multiloquio non effugies peccatum* (Prou. 10,19).

A 2022: *V i r   l i n g u o s u s* amat[20] mendacia. ... Non potest fieri ut iste *d i r i g a t u r*.

---

14 CAug: dicat
15 CSg: perfidiae suae
16 CAug: reprehensibilem
17 CAug: Veniet
18 Notkers ET = Vulgata; vgl. 512,12.
19 CSg: fecundi
20 CAug: amat et

516,21 A 2024: Ergo quandocumque capti sunt iusti, *u e n a t i   s u n t* illos
quidem *m a l i*, sed non ad *i n t e r i t u m*.

516,26 A 2024: meritis suis nihil tribuent, non tribuent totum nisi misericordiae tuae. ... Et quia *c o n f i t e b u n t u r   n o m i n e   t u o*, ut quantumcumque *i u s t i* fuerint, nihil sibi assumant de suo, nihil sibi tribuant de suo; quid fiet, ut dirigant cor?

C 1260: Bonus enim fuit Iob, cum Dominum diues colebat, sed quanto melior, dum eum sub multiplici afflictione laudabat! Tunc ergo amplius desideremus gratias agere, quando nos temptator conatur affligere. Facilius enim inimicus discedit, cum uiderit excedere non posse quos deprimit.

517,2 A 2025: *scimus quia cum apparuerit, similes ei erimus, quoniam uidebimus eum sicuti est* (I Ioh. 3,2), quia *i n h a b i t a b u n t   r e c t i   c u m   u u l t u   t u o*.

P s a l m   140

517,6 C 1261: Intellegens propheta humanam fragilitatem diuersis peccatorum nexibus implicatam, prima sectione Dominum rogat ut eius audiatur oratio, ...

517,8 C 1262: Volens enim propheta humano generi affectum continuae orationis infundere, duo tempora uidetur discrepantia posuisse. Dicit enim de praeterito: *c l a m a u i*, quod perfectam significat orationem. Et iterum repetit *d u m   c l a m a u e r o   a d   t e*, quod utique constat positum de futuro;

517,11.13 C 1262: *I n c e n s u m* est odiferi pigmenti suauis adustio, quae carbonibus concremata, gratissimum fumum porrigit ad superna ... Sic beatorum oratio igne caritatis incensa, diuinis *c o n s p e c t i b u s* ingeritur, ... *E l e u a t i o   m a n u u m* significat operam piam, quae aut in eleemosynis exer-[1263]cetur, aut in aliqua probabili conuersatione peragitur. *S a c r i f i c i u m* uero *u e s p e r t i n u m*, illam oblationem fortasse significat, quam in fine uitae Domino solet offerre religiosa deuotio, ...

517,17 C 1263: Petit sanctissimus propheta ne quid tale dicat quod peruenire debeat ad reatum. Sed hoc duplici supplicat tutamine communiri[1], ut nec cogitatio eius iniqua sapiat, nec praua uoluntas in fatua uerba prosiliat.

---

1 CSg: conuenire

517,20 A 2029: *Ostium* et aperitur et clauditur; ergo si *ostium* est, et aperiatur et claudatur; aperiatur ad confessionem peccati, claudatur ad excusationem peccati. Ita enim erit *ostium continentiae*, non ruinae.

A 2034: Ego dixi, ego peccaui; non fortuna, non fatum, non gens tenebrarum. ... Iam ergo confesso peccato tuo, uide quemadmodum laudetur Deus; quia et iustus est, cum te punit perseuerantem, et misericors, cum liberat confitentem. - Zu *puram ... morte* vgl. den *Notker latinus* zu 176,24.

HT 303: Paulus apostolus dicit: ... *Miser ego homo, quis me liberabit de corpore mortis huius?* (Rom. 7,24) (= Br 1310A)

517,23 A 2030: Qui sunt *e l e c t i   e o r u m* ? Qui seipsos iustificant. Qui sunt *e l e c t i   e o r u m* ? Qui sibi iusti uidentur, ... sicut pharisaeus ille in templo dixit *Deus, gratias ago tibi, quia non sum sicut ceteri homines* (Luc. 18,11). ... [2032] ... Ergo *e l e c t i   e o r u m* qui sunt? *E l e c t i* malorum, *e l e c t i* impiorum, *c u m* quibus *n o n   e s t   c o m b i n a n d u m*, id est, *c u m* quibus *n o n* est habenda societas. ... defendentes [peccata] et asserentes, ne aliquid culpae eorum tribuatur;

518,2 A 2035: Videte *p e c c a t o r e m* confessorem: *e m e n d a r i* se uult misericorditer, potius^2 quam laudari fallaciter. ... Falsa^3 laus adulatio est^3; falsa^4 laus^4 adulatoris, hoc est, *o l e u m   p e c c a t o r i s*. ... [2036] Habetote *o l e u m* uobiscum, et non quaeretis^5 *o l e u m* peccatoris. Sapientes enim illae uirgines secum portabant *o l e u m* (vgl. Matth. 25,4); (∼ C 1264f.)

518,4 C 1265: ... *i n   b e n e p l a c i t i s   e o r u m*, id est, iniquorum, ...

A 2038: *A d h u c* expecta; *e t   o r a t i o   m e a   i n   b e n e p l a c i t i s   e o r u m* erit. Veniet tempus, quando superent hominum milia^6 tundentium sibi pectus et dicentium: *Dimitte nobis debita nostra, sicut et nos dimittimus debitoribus nostris* (Matth. 6,12). ... ueniet tempus, quando *o r a t i o   m e a* placebit illis.

518,8 A 2040: *Petra autem erat Christus* (I Cor. 10,4). ... Dixit hoc Aristoteles. Adiunge illum *p e t r a e*, et *a b s o r p t u s   e s t*. Quis est Aristoteles? ... Dixit hoc Pythagoras, dixit hoc Plato. Adiunge illos *p e t r a e*, compara auctoritatem illorum auctoritati euangelicae,

---

2 CAug: *fehlt*.
3 CAug: Falsa *bis* est *fehlen*.
4 CAug: Falsalitus (*sic*) (*WS 348ᵃ hat*: laus)
5 CAug: quaeritis
6 CAug: malitiam

compara inflatos crucifixo. ... Tamdiu uidentur aliquid dicere, donec comparentur *p e t r a e*.

518,11 A 2040: *P r a e u a l u e r u n t   u e r b a   m e a   u e r b i s* eorum.

518,13 A 2041: Et quid est factum de tot mortibus martyrum, nisi ut ipsa *uerba praeualerent*, et tamquam irrigata terra sanguine testium Christi, pullularet ubique seges Ecclesiae? ... Occisi sunt enim martyres, et quasi *praeualuerunt* qui occiderunt. *Praeualuerunt* illi persequendo, ut *praeualerent uerba* Christi praedicando. ... Et quid factum est de mortibus sanctorum? *S i c u t ... e s t.* ... Nouimus *c r a s s i t u d i n e m   t e r r a e*, contemptibilia quaeque esse. Quae sunt quasi contemptibilia hominibus, fecundant *t e r r a m*. ... Sed illae omnes mortes factae sunt *c r a s s i t u d o   t e r r a e*. Quomodo accipit *t e r r a* quamdam pinguedinem de rebus contemptibilibus et abiectis, sic ex eo quod contempsit hic mundus, accepit *c r a s s i t u d i n e m   t e r r a e*, ut inde seges Ecclesiae feracius pullularet.

518,15 A 2041: *I u x t a   i n f e r n u m   d i s s i p a t a   s u n t   o s s a* martyrum, ...

C 1266: Sic tyrannorum nefanda superbia tabe suae malitiae corpora martyrum sauciabat, quos congrue propheta dixit *o s s a* sua, quia constat eos christianae fidei esse ualidissima firmamenta; ... Non dixit, in *i n f e r n u m*, quia licet mori communi sorte uideantur, uita illis aeterna conceditur[7].

518,19 A 2042: Plus figo *o c u l u m   m e u m*[8] in promissis tuis, quam in minis eorum[9].

518,20 C 1267: *N e   a u f e r a s*, scilicet bonis tuis;

518,25 C 1267: In diaboli *r e t i a c u l u m   c a d e n t* qui *p e c c a t o r u m* circuitione[10] clauduntur.

519,1 A 2044: Haec uox ex persona capitis: ... Quid est: *s i n g u l a r i s*? In passione tu solus pateris, tu solus occideris ab inimicis. ... Quid est ergo: *d o n e c   t r a n s e a m*, nisi, *de hoc mundo ad Patrem* (Ioh. 13,1)? ... cum *t r a n s i e r o*, multiplicabor; multi me imitabuntur, multi patientur pro nomine meo.

---

7 R 258[va]: Vel *d i s s i p a t a   s u n t   o s s a   n o s t r a*, id est, illi qui fortes fuerunt in fide defecerunt in persecutione, et antequam paeniterent, descenderunt ad *i n f e r n u m*.
8 CAug: *fehlt*.
9 R 258[va]: *A d   t e*, Domine, respiciunt *o c u l i   m e i*, id est, intellectus mentis meae.
10 CSg: circumcisione (*sic*)

Psalm 141

519,6 A 2046: forte non frustra additum est: *m e a*. Multi enim *c l a m a n t a d   D o m i n u m*, non *u o c e* sua, sed *u o c e* corporis sui. Homo ergo interior, ... *u o c e* sua, non in strepitu labiorum, sed in [2047] affectu cordis *c l a m e t   a d   D o m i n u m*. Non ubi homo audit, ibi Deus audit; nisi *u o c e* pulmonum et laterum et linguae *c l a m e s*, homo te non audit; cogitatio tua clamor est *a d   D o m i n u m*[1].

519,10 A 2047: Quid est: *a n t e   e u m*? In conspectu *e i u s*. Quid[2] est: in conspectu *e i u s*[2]? Vbi uidet. ... Ille autem uidet et ubi homo non uidet. Nam cogitationem tuam nullus hominum uidet, Deus autem uidet. Ibi ergo *e f f u n d e   p r e c e m* tuam, ubi solus ille uidet qui remunerat.

519,13 A 2049: Quando hoc facis?

519,14 A 2049: Quare *d e f i c i t   s p i r i t u s* tuus, ...? Vt non mihi arrogem uires meas, ut sciam quod alius in me operatur ipsam uirtutem. ... Ergo *d e f i c i a t   s p i r i t u s* tuus, loquatur *S p i r i t u s* Dei[3].

519,16 A 2049: Illi me deiectum putabant, tu me stantem cernebas. ... Illi oppressum me putabant, sed ego *ambulabam*. Vbi *ambulabam*? In *s e m i t i s* quas illi non uidebant, ... in *s e m i t i s* iustitiae tuae, in *s e m i t i s* praeceptorum tuorum.

519,16.18 C 1270: Sed quia Dominus Christus numquam a sua sanctitate discessit, necesse erat ut *i n* ipsa *u i a* rectitudinis suae temptationes pateretur inualidas, a qua minime probabatur exire. Tangit enim, quando illi a diabolo mundi regna monstrata sunt, quando eius temptabatur esuries, et cetera quae diabolica fraus et malorum hominum praesumpsit iniquitas. Necesse enim erat Christum Dominum taliter loqui, ut assumendae carnis iam tunc ueritas panderetur.

519,19.21 C 1270: Cum dicit: *C o n s i d e r a b a m   a d   d e x t e r a m*, illud tempus intellegit[4] quando ibat ad crucem, quia nullum illic fidelium potuit intueri. ... Sequitur *e t   n o n ... m e*; qui cognosceret illam scilicet in ipso deitatem, ...

---

1 CAug: Deum
2 CAug: Quid *bis* eius *fehlen durch homoioteleuton*.
3 R 259ra: Non legimus *d e f e c i s s e   s p i r i t u m* Christi, sed defectio in hoc loco pro lassitudine ponitur.
4 CSg: facit intellegi

WS 351ᵇ: *C o n s i d e r a b a m ... m e a m.* Haec omnia in Domino tempore passionis impleta sunt, cum euntem eum ad crucem eorum nemo comitatus est, quos ad possessionem regni caelestis, separatos a sinistra, *d e x - t e r a e* praeparabat, ob quos et homo erat natus, cum in tot tantisque crucis ipsius signis Deum nemo cognouit, ...

Pr 182 (405 A): *D e x t e r a* sunt quae Dei sunt et ad Dei promissa perducunt, ...

519,23 A 2053: *A b* illo *p e r i i t f u g a*, qui non fugit.

C 1270: *P e r i i s s e f u g a m* dicit, cum se impiorum manibus permisit occidi. Nam ubi *f u g a p e r i t*, mortis periculum nullatenus euitatur. Nemo autem *r e q u i s i u i t a n i m a m* eius, dum ei nulla consolatio praeberetur; sed solus ad passionem relictus est, qui erat pro omnium salute moriturus.

519,25 C 1270: *C l a m a u i t* autem, spem suam ponens in *D o m i n u m*, quando dixit: Pater, [1271] in manus tuas commendo spiritum meum (Luc. 23,46).

520,2 C 1271: Probat hoc specialiter locus ille, quando in cruce positus latroni dixit: Amen, dico tibi: Hodie mecum eris in paradiso (Luc. 23,43). Paradisus est enim *t e r r a u i u e n t i u m*, ...

520,5 C 1271: Ad hoc certe amplius[5] *h u m i l i a t u s e s t*, qui oboediens factus est usque ad mortem, mortem autem crucis (vgl. Phil. 2,8).

520,6.10 C 1271: Orat ergo ut *a p e r s e q u e n t i b u s* Iudaeis diuina uirtute *l i b e r e t u r*, qui usque adeo corporaliter facti fuerant fortiores, ut et manus inicerent[6] et de eius morte gauderent. Sed haec omnia miserrimi hominum temptauerunt, quia in eo non intuebantur diuinitatis uirtutem, sed speciem corporalem; de quibus dicit apostolus: Si enim cognouissent, numquam Dominum maiestatis crucifixissent (I Cor. 2,8).

520,12 C 1272: Sed melius si hoc loco referatur ad infernos propter resurrectionis spem, ... Sed cur se *d e* isto *c a r c e r e* liberare desideret, causa subsequitur: *a d ... t u o*. Tunc enim a cunctis fidelibus Patri confessio laudis exhibita est, quando eum resurrectionis miraculo *d e* inferni *c a r c e r e* constat *e d u c t u m*.

520,14 C 1272: Nam dum omnes apostoli Christi fuissent morte confusi, *e x p e c - t a b a n t* utique donec gloriam promissae resurrectionis agnoscerent ... Sed intuere quod dictum est: *d o n e c r e t r i b u a s*, quia resurgentis gloria retributio fuit, utique beatissimae passionis.

---

5 CSg: *fehlt.*
6 CSg: iniecerint

Psalm 142

520,21 A 2063: Ne utcumque accipiatis, cum dicitur: *in tua iustitia*. Commendatio est enim gratiae, ne unusquisque nostrum *iustitiam* suam putet. Haec enim *iustitia* Dei est, quam ut habeas Deus dedit. ... Ergo, ... non *in* mea.

520,25 A 2064: Non litigemus; nolo tecum habere causam, ... Tu licet dicas amicum, ego confiteor *seruum*: misericordia indigeo, ... (∼ C 1274)

Al 595 A: Omne genus humanum significat, originali peccato obnoxium. Ideo nullus, nisi gratia liberatus tua, iustificari poterit.

C 1275: Sed cum dicitur *omnis uiuens*, hominem significat generalem, ... qui originali peccato nisi aqua regenerationis abluantur, obnoxii sunt. Vnde et Iob ueracissime dicit: *Nemo mundus ante te, nec infans cuius est unius diei uita super terram* (Iob 15,14).

521,3 C 1276: Quamuis titulus de Abessalon[1] dicere uideatur, tamen bene *inimicus* impersonaliter ponitur, ut hoc et de diabolo sentiamus. *Humiliatur* autem *in terra*, cuius carnalibus actionibus uita polluitur, ... Quod merito propter afflictionem specialiter exprimendam paenitens ait, ...

HT 311: nulli dubium quin diabolus. ... Hoc est quod dicit. Antehac alas habebam, et uolabam: nunc autem *persecutus me est inimicus* et conprehendit, et ligauit mihi pedes et manus; ... Ita et me, inquit, *inimicus* ligauit conscientia peccatorum meorum. ... *Sicut mortuos saeculi*: adhuc necdum *mortuus*. Quare? quia in paenitentia stat. (∼ Br 1314 C)

Al 595 B: Iudas *animam* Christi, diabolus *animam meam* peccatorum persuasione *persecutus est*, atque *humiliauit* ... *meam*, dum terrenis contagiis aspersit *animam meam*, et uitiorum puluere sordidauit eam.

521,5 C 1274: Historia haec Regum quidem lectione notissima est (vgl. II Reg. 15). Nam *filius Dauid* Abessalon[1] regno fugatum[2] patrem suum impie cognoscitur *persecutus*.

Al 594 C: In libris Regum hanc historiam legimus, quomodo Absalon patrem suum *Dauid* expulit de regno. Sed alius est *Dauid* uere manu fortis: in bello fortis, qui percussit hostem superbissimum, Dominus

---

1 CSg: absalon
2 CSg: fugato

noster Iesus Christus. Agnoscendus est itaque *D a u i d* iste, quem *p e r s e q u e b a t u r   f i l i u s* suus Iudas, tradens eum in mortem. A 2060: sed alius *D a u i d* uere manu fortis (quod interpretatur *D a u i d*) Dominus noster Iesus Christus agnoscendus est nobis. ... Agnoscamus ergo quemadmodum et Christum *p e r s e q u e b a t u r   f i - l i u s* suus; habebat enim *f i l i o s*, ... Ergo *f i l i i* Sponsi, apostoli; et inter hos persecutor Iudas diabolus. Passionem itaque suam in hoc psalmo praedicaturus est Christus. Audiamus. ... [2065] ... *P e r s e c u t u s   e s t* plane et diabolus *a n i m a m* Christi, et Iudas *a n i m a m* magistri: ...

521,8.10 A 2065: Hoc a capite expeditius auditis, et expeditius hoc in capite agnoscitis. Ille enim pro nobis *m o r t u u s* factus est, sed non³ *m o r t u u s   s a e c u l i*. ... *M o r t u i   s a e c u l i*, merito *m o r t u i*, mercedem recipientes iniquitatis, et mortem ducentes ex peccati propagine; ... [2066] ... *i n   t e n e b r o s i s*, tamquam *i n* infernis, tamquam *i n* sepulcro, tamquam *i n* ipsa passione;

521,13 A 2066: Recordamini: *Tristis est anima mea usque ad mortem* (Matth. 26,38).

521,15 A 2066: Numquid *m e m o r a t u s   e s t* ille *d i e r u m   a n t i - q u o r u m*, per quem factus est omnis *d i e s* ? Sed loquitur corpus, ...

521,18 C 1276: *O p e r a* enim Domini dicit, quibus caelum terramque mirabili dispositione fundauit, ...

A 2067: Creatura tua spectaculum mihi facta est; ... Vidi ergo, et inspexi. *o p e r a   t u a*;

521,20 C 1277: Sequitur comparatio, in qua dicit sic animam suam desiderare Deum, quemadmodum solet sicca *t e r r a* copiosas pluuias sustinere.

521,22 C 1277: Quod per nimias tribulationes solet contingere his qui passionum diuersarum pondere praegrauantur, ...

A 2068: Quae⁴ enim mora⁴ quando sic sitio, ad inflammandam sitim meam? ... Impleat me *s p i r i t u s* tuus, quia *d e f e c i t   s p i r i - t u s   m e u s*: ... comple me, confirma me, ...

521,26 A 2069: *N e ... a   m e*; quia si *a u e r t e r i s, s i m i l i s ... l a c u m*.

C 1277: *L a c u m* uero inferiorem locum intellegere debemus inferni,

---

3 CAug: *fehlt*. (WS 356ᵃ *hat es aber*)
4 CAug: Quo ... amore

ubi impii aeterna poena mergendi sunt. ... Bene autem dictum est, *d e s c e n d e n t i b u s*, quoniam ad ima merguntur qui illuc intrare merebuntur.

522,3 A 2069: *M a n e* ergo appellat, post finem saeculi, cum uiderimus quod in saeculo credimus.

Al 596 A: de quo [*lacu*] nemo[5] liberabitur nisi gratia Dei praeueniente tempus iudicii. ... et *m a n e* miserationes tuae quasi aurora lucis ueniant mihi.

522,7 C 1278: Cum a Deo petit *n o t a m* sibi *f i e r i* ùitae *u i a m*, ostendit quoniam haec *u i a* hominibus habetur incognita. ... Subiungitur quoque sollemnis illa confessio, quoniam illud nos postulata mereri facit, si *a n i m a m* nostram non carnali grauamine inclinemus ad mundum, sed spiritali iuuamine *l e u e m u s* semper *a d D o m i - n u m*.

522,12 C 1279: Dicit enim: *D o c e m e*, ... tamquam nihil de sua uirtute praesumentem.

A 2071: Si non me *d o c u e r i s, f a c i a m u o l u n t a t e m* meam, et deseret me *D e u s m e u s*.

Pr 187 (408 B): Imple, inquit, in me effectus[6] gratiae tuae, ut et hoc uelim quod uelle te noui, et non aliud sit in meo opere, quam quod in *t u a* est *u o l u n t a t e*.

522,14 C 1279: Intueamur quid sibi uelit quod dicit: *S p i r i t u s t u u s b o n u s*. Designatur enim per hoc nomen Deum esse *S p i r i t u m* sanctum; ... *S p i r i t u s* autem *b o n u s d e d u c e t*[7] nos *i n u i a m r e c t a m*, quando corpus nostrum suis regulis subdit ... Siue *t e r r a m r e c t a m*, illam significat futuri saeculi, ubi recti ambulabunt ...

522,18 A 2072: ... *i n t u a i u s t i t i a*, non *i n* mea, non quia ego merui, sed quia tu misereris.

C 1279: Hic gratia clementissimae diuinitatis ostenditur, quae nihil nostris meritis reddit, sed totum indulgentiae suae largitate concedit. Nam *u i u i f i c a n d u m* se propheta non dicit ex propriis factis, sed ex *n o m i n e D o m i n i* Christi, ...

---

5 CSg: quomodo
6 CSg: affectus
7 CSg: deducit ... terram

522,20 C 1279: *E d u c u n t u r   d e   t r i b u l a t i o n e* tamquam de carceribus *a n i m a e* sanctae, quando concessa uenia de isto saeculo praecipiuntur exire.

522,23 C 1280: Hic iam tempore iudicii per iustitiam *p e r d e n d o s* dicit esse diabolum et omnes impios qui in sua obstinatione moriuntur.

P s a l m   143

523,3 A 2073: In *D a u i d* Christus: sed sicut soletis intellegere eruditi in schola eius, Christus caput et corpus. ... [2074] ... His armatus, gratia utique armatus, et ideo praesumens non de se, sed de Domino suo, processit aduersus *G o l i a m* superbum, se iactantem, de se praesumentem. ... Et hoc fecit noster *D a u i d*, deiecit diabolum de suis; (~ C 1281) ... [2075] ... Ergo bellum gerimus aduersus ... diabolum et angelos eius, ... Hoc[1] unum proelium; alterum autem unicuique in seipso. Modo genus hoc belli ex apostolica epistola legebatur: *Caro concupiscit aduersus spiritum,* ... (Gal. 5,17).

523,6 A 2078: Quid est hoc: *M i s e r i c o r d i a*[2] *m e a* ? Praebes mihi *m i s e r i c o r d i a m*[2], et in me exsistis misericors? an: Donasti[3] mihi ut et ipse sim misericors? ... illi recte dicimus: *M i s e r i c o r d i a   m e a*, a quo habemus etiam ut misericordes simus.

523,8 C 1282: *R e f u g i u m*, quando contra[4] tam[4] immanissimum hostem consilium dedit, ut eum petra deicieret cum quo non poterat armorum pondere dimicare. Vgl. C 1289: ... *Dauid* ad uniuersum respiciat populum[5] christianum, qui inimicum suum terribilem petrae noscitur soliditate superasse.
WS 358b: *R e f u g i u m* est a quo constantiam sumit infirmitas.

523,11 C 1282: *S u s c e p t o r* fuit, quando eum fecit in generum a Saule suscipi, ut suo Domino iungeretur, qui prius fuerat seruientium conditione subiectus. ... [1283] ... Addidit *s u b i c i e n s   p o p u l o s   s u b   m e*. Siue hoc de futuro dicit, quia *p o p u l i s* imperaturus erat; siue magis *p o p u l o s* sibi memorat esse subdendos, quos in spiritu uidebat semini suo, id est, Christo Domino subiugandos, sicut

---

1 CAug: Hoc enim
2 CAug: *Der Text lautet:* Misericordiam prebes. Misericors mihi
3 CAug: donas
4 CSg: contrac tū [= contractum?]
5 CSg: *fehlt.*

in secundo psalmo ait: *Postula a me et dabo tibi gentes hereditatem tuam* (Ps 2,8).

523,12 C 1283: Quale est enim, ut ille caeli terraeque fabricator per assumpti corporis ueritatem, usque ad *h o m i n u m* dignatus fuerit uenire notitiam et rectis fide *i n n o t u e r i t* inaestimabile deitatis arcanum?

523,14 A 2080: Quid est: *f i l i u s   h o m i n i s,   q u o n i a m   a e s t i - m a s   e u m? Q u o n i a m* tanti *e u m* pendis, tanti *e u m*[6] *a e - s t i m a s*, pretiosum quiddam esse ostendis.

523,18 A 2081: Peccando *u a n i t a t i   s i m i l i s   f a c t u s   e s t.* Nam quando est primum conditus, ueritati *s i m i l i s   f a c t u s   e s t*;

523,21 C 1284: Tunc utique aspectu *innotuit homini*, quando in humilitate sanctae incarnationis apparuit: ...

523,22 C 1284: *M o n t e s* hic superbos homines debemus accipere et diabolica iniquitate praetumidos, quos Dominus *t e t i g i t*, quando eis compunctionem piae conuersionis attribuit. *F u m i g a u e r u n t* autem, dum crebris suspiriis continuisque gemitibus sua peccata plorauerunt. (∿ A 2082f.)

523,25 C 1284: *D i s s i p a u i t* autem dispersit significat;

A 2083: Sed sunt quidam conspirantes, conuenientes in unum aduersus Dominum, et aduersus Christum eius. ... Crebresce miraculis tuis, et soluetur[7] conspiratio eorum. *C o r u s c a   c o r u s c a t i o n e s, e t   d i s p e r g e s   e o s.* Iam miraculis territi, non audebunt aliquid contra te, et in ipsis miraculis expauescentes haesitabunt.

524,1 C 1284: *S a g i t t a s* apostolos significat, qui ueritate praedicationum tamquam iacula pennata hominum pectora transfoderunt, sanitatem mentium sacris uulneribus operantes.

524,3 C 1284: Hic ad Patrem uerba conuertit. *M a n u m* dicit Dominum Saluatorem; ipse enim *m a n u s* est Patris, per quem facta constant uniuersa: ...

A 2083: Quomodo uincit[8] corpus Christi? Caelesti adiutorio. Veniet enim *ipse Dominus in uoce archangeli, et in tuba Dei descendet de caelo* (I Thess. 4,15); ipse Saluator corporis, *m a n u s   D e i*[9].

---

6 CAug: *fehlt.* (= WS 359ª)
7 CAug: soluitur
8 CAug: inquit
9 R 261rb: O Deus Pater, *e m i t t e   m a n u m   t u a m*, id est, Filium *t u - u m* de caelo ad terram.

524,5   C 1285: Petit ergo se *d e*   *m u l t i t u d i n e*   *a q u a r u m* propheta *l i -*
b e r a r i, id est, a populis undosis et uelut procella saeuissima con-
citatis. *A q u a s*   enim populos significare notissimum est, ...
Pr 190 (410 B-C): Et eruit Ecclesiam suam *d e*   *a q u i s*   *m u l t i s*,
id est, *d e*   populis infidelibus siue foris oppugnantibus siue intus
insidiantibus.

524,7   C 1285: Ipsi sunt enim *f i l i i*   *a l i e n i*, qui ab Ecclesia matre
catholicorum habentur extranei.

524,8   A 2083: quid dixisti *aquas multas*? Quid dixi, audi. *De manu filiorum*
alienorum. Audite, fratres, inter quos simus, inter quos uiuamus, a
quibus erui desideremus. *Q u o r u m ... u a n i t a t e m*.
C 1285: De ipsis adhuc populis dicit a quibus se petiit debere[10] *li-*
berari, ...

524,11 A 2086: Ideo *et*   *d e x t e r a ... i n i q u i t a t i s*; ideo *os ...*
uanitatem, quia hoc in *d e x t e r a*   posuerunt, quod in sinistra habere debuerunt[11]. Quid enim in *d e x t e r a*   ponere debuerunt[11]? Deum,
aeternitatem, annos Dei non deficientes, ... Sinistra utamur ad tempus,
d e x t e r a m desideremus in aeternum.

524,14 C 1285: Venit ad ordinem secundum, in quo se ... per *n o u u m*   *c a n -*
t i c u m propheta gratias agere Domino pollicetur: ubi est noui hominis
institutio et legis ueteris plenitudo. ... *N o u u m*   enim merito dicitur, quia dum non sit a Iudaeis receptus, quibus promissus fuerat ut
ueniret, transiuit ad gentes. *N o u u m* est etiam[12], quod nos corpore
et sanguine suo saginare dignatur. *N o u u m* quod per aquam regenerationis absoluit et his similia, quae per aduentum Domini *n o u a*   in-
stitutione patuerunt.

524,18 A 2084: *canticum nouum*, Testamenti *Noui* est. ... *I n*   *p s a l t e r i o*
d e c e m   *c h o r d a r u m*, in lege *d e c e m*   praeceptorum: ibi
t i b i   *p s a l l a m*, ... quia plenitudo legis caritas est (vgl. Rom.
13,10).
C 1285: *P s a l t e r i u m*   *d e c e m*   *c h o r d a r u m* [1286] est
decalogus, qui datus est tribubus Hebraeorum. Et ut[13] ambo testamenta
unum habere manifestaret[14] auctorem, in utrisque se Christo Domino
p s a l l e r e compromisit.

---

10 CSg: *fehlt*.
11 CTur: debuerant
12 CSg: enim
13 CSg: *fehlt*.
14 CSg: manifestare

524,20 C 1286: *R e g e s*, homines iustos significat et ueraces, ...

524,22 C 1286: *L i b e r a s   D a u i d*, ad pugnam respicit *Goliae*; ... *D e   g l a d i o   m a l i g n o*, diaboli significat potestatem. Quia et Domini *g l a d i u s* legitur; sed illum benignum esse non dubium est, ... Quapropter *m a l i g n u s* est *g l a d i u s* diaboli, quia diuidit a bonis; benignus est autem *g l a d i u s* Domini, quoniam separat a malis.

525,1 C 1286: Hunc uersum et[15] in prima parte iam dixit (vgl. v. 7 und 8); (~ A 2085)

525,3 C 1286: *F i l i o s* eorum dicit, qui praui dogmatis praedicatione generantur. Isti *n o u e l l i s   p l a n t a t i o n i b u s* exaequantur, quia nulla a patribus tradita praedicatione uiguerunt, sed exquisitis *n o u e l l i s* erroribus pullularunt, male stabiliti pessima radice defiguntur. Non enim de prophetis, non de apostolis, non de aliqua diuina auctoritate firmati sunt; sed uoluntaria peruersitate nouitatis[16], a sanctae Ecclesiae unitate discreti sunt.

HT 318: Haereticorum *f i l i i* uideamus quales sint. ... *P l a n t a t i o* eorum non est uetus, sed *n o u e l l a* est. Non est enim de ueteri lege, non est de prophetis, non est de apostolis; sed de nouis magistris est. ... *I n   i u u e n t u t e   s u a*: semper iuuenes sunt. (= Br 1318 C-D)

525,7 C 1286: Consideremus quam subtiliter et frequenter [1287] a catholicis segregauit haereticos. ... Deinde dicit eas [*f i l i a s*] non naturaliter pulchras, sed hominum uoluntate *c o m p o s i t a s*. Tertio cogitationes uel praedicationes eorum, quas feminis comparauerat, non dicit habere ueram Ecclesiam, sed *s i m i l i t u d i n e m   t e m p l i*. *S i m i l i t u d o* quippe non habet ueritatem, sed alicuius[17] subsistentis rei portat imaginem.

Ht 319: Pulchre dixit, *s i m i l i t u d o   t e m p l i*: non habent ueram Ecclesiam, sed *s i m i l i t u d i n e m* Ecclesiae. (= Br 1319 B)

525,9 C 1287: *P r o m p t u a r i a* quae cellaria uulgus appellat, haereticorum corda significant, ... Ista quantum copiose[18] farcita sunt, tantum diuersas eructationes pessimae exaltationis emittunt. ... Sic merito asperis odoribus comparata sunt, quae simplicium corda fetido sermone decipiunt.

---

15 CSg: *fehlt*.
16 CSg: nouitas
17 CSg: alicui
18 CSg: copiosa

525,12 HT 320: Non dixit: *in* ingressibus *suis*; sed, *in egressi-
bus*. Non enim ingrediuntur in Ecclesiam, sed egrediuntur de Ecclesia.
... Cotidie egrediuntur de Ecclesia. (= Br 1320 B)

525,14 C 1287: *Maceria* est paries ex sola compositione saxorum, ...

525,14.16 C 1287: Hoc quoque uult ad saeculi istius felicia pertinere; ut
quando se patres familias cupiunt reficere per quietem, non sit
transitus per domos [1288] eorum, aut *clamor* oriatur
turbidus *in plateis*, ne somnus eorum importuna loquacitate
rumpatur, sed silentium sit cum uolunt quiescere, ...

525,18 C 1288: Audite, male persuasi; audite, dementes, in sinistra poni quae
putatis esse magnifica. ... Audiamus nunc quid dicatur de turba fidelium: ...

A 2087: Perdiderunt ueram *dexteram*; maligni, peruersi, beneficia Dei
inuerse[19] uestierunt. ... Quod ad sinistram erat, ad *dexteram* posuerunt:
... Quid tu *Dauid*? quid tu, corpus Christi? ... uos, quid dicitis?
Beatus ... Deus ipsius.

Psalm 144

525,24 A 2088: Et quoniam dictus est *Dauid*, qui uenit ad nos ex semine
Dauid, ipse autem *rex* noster est, regens nos et introducens nos
in regnum suum, intellegitur *laus ipsi Dauid: laus
ipsi* Christo. ... [2089] ... Forte *in saeculum*[1]. Hic[1]:
in saeculum autem *saeculi*: in aeternum.

WS 361[b]: Modo incipe *laudare*, sed in aeternum *laudaturus*, [362[a]] quia
qui *laudare* non uult in transitu huius *saeculi*, obmutescet cum
uenerit *in saeculum saeculi*[2].

526,1 A 2089: Nec mirum est si laeto *die* tuo *benedicis Deum*
tuum. Quid, si forte illuxerit aliquis tristis *dies*, sicut se habent humanae res, ... desines *laudare Deum*? ... Si desines, men-
titus es dicendo: *Per ... te, Domine*. ... [2090] ... [Hinweis
auf Iob!] Ergo *per singulos dies laudauit*, qui etiam
in *die* tam tristi *laudauit*.

---

19 CAug: inuersi se

1 CAug: seculum hic;
2 R 262[ra]: Vox prophetae ex persona omnium fidelium ad Christum. ... *Et be-
nedicam*, id est, laudabo ...

Pr 192 (412 A): Quia siue laetus de secundis siue tristis de aduersis ducatur *d i e s*, numquam a Dei laude cessandum est.

526,3 C 1291: Sed qui hic *p e r istos s i n g u l o s d i e s b e n e - d i c i t* Dominum, ibi in illo aeterno uno *d i e* qui uenturus est, cum beatis continua exultatione *l a u d a b i t*³.

526,7 A 2091: Ergo sicut *e i u s m a g n i t u d i n i s n o n e s t f i - n i s*, sic tuae laudis *n o n e r i t f i n i s*. Non enim cum mortuus fueris in hac carne, desines *laudare* Dominum⁴.

526,10 A 2092: An forte duas⁵ quasdam *g e n e r a t i o n e s* insinuare uoluit ista repetitione? Sumus enim in ista⁶ *g e n e r a t i o n e* filii Dei; erimus in alia *g e n e r a t i o n e* filii resurrectionis.

526,12 A 2092: Neque enim *opera tua laudabunt*, nisi ut *u i r t u t e m a n - n u n t i e n t*. ... Ego in *operibus* uolo *laudari* Creatorem; ... Si *u i r t u s laudatur*, quid illo poten-[2093]tius, a quo facta sunt omnia; ...? ... *Deum* in te *lauda*, non te: non quia tu es talis, sed quia ille fecit te; non quia tu aliquid potes, sed quia potest ille in te et per te.

526,17 A 2093: Non enim praedicabunt regnum tuum aeternum, et tacebunt [2094] ignem aeternum.

526,19 A 2094: Sic infinitam, sic quomodo *magnitudinis* tuae *non est finis*;

526,21 A 2094: Quid est: *m e m o r i a m ... t u a e* ? Quia nos oblitus non es, cum obliti te nos fuerimus. ... Haec *m e m o r i a* eius super nos, quia non nos oblitus est, praedicanda est, enarranda est; et quia ualde dul- cis est, manducanda et *e r u c t a n d a e s t*. ... Manducas, cum dis- cis; *e r u c t a s*, cum doces; manducas, cum audis, *e r u c t a s*, cum praedicas: hoc tamen *e r u c t a s* quod manducasti. Denique ille aui- dissimus epulator Iohannes apostolus, cui non sufficiebat ipsa mensa Domini, nisi discumberet super pectus Domini, et de arcano eius biberet diuina secreta, quid *e r u c t a u i t* ? *In principio erat Verbum, et Verbum erat apud Deum* (Ioh. 1,1).

526,26 A 2095: ... *i u s t i t i a t u a*, non sua. ... Cui ergo debemus quia sumus, illi debemus quia et iustificati sumus. Nemo quasi tribuat Deo

---

3 R 262^(ra): Si uis Deum *l a u d a r e* in futura uita, *l a u d a* illum in prae- senti. Qui enim non *l a u d a u e r i t* illum in praesenti, non *l a u d a - b i t* eum in futuro.
4 CAug: Deum
5 CAug: dicas (i *aus* u *verbessert*)
6 CAug: hac

quia est, et sibi tribuat quia iustus est. Melius est enim quod tibi uis tribuere, quam quod illi: melius enim aliquid es quia iustus es, quam quia homo es. Inferius aliquid das Deo, et[7] superius tibi[7].

527,3   A 2096: Vides ergo quid tibi debebatur, et quid dederit qui gratis dedit. Data est uenia peccatori, datus est spiritus iustificationis, data est caritas et dilectio, in qua omnia bona facias; et super haec dabit et uitam aeternam, et societatem angelorum: totum de misericordia.

527,5   A 2096: *L o n g a n i m i s*: quantos enim sustinet peccatores? ... non damnans, sed expectans, ipsa expectatione clamans: *Conuertimini ad me, et conuertar ad uos* (Zach. 1,3; Malach. 3,7); et nimia longanimitate, *Nolo*, inquit, *mortem impii, tantum ut reuertatur et uiuat* (Ezech. 33,11). C 1293: sed tolerantem dixit excessus humanos, ut qui puniri possent lege iustitiae, probentur per patientiam Domini non perire, sicut legitur: *Nolo mortem peccatoris, sed ut conuertatur et uiuat* (Ezech. 33,11).

527,6   C 1293: Dulcis enim dici non potest, nisi eis qui bona ipsius spiritaliter imbiberunt.

527,8   C 1293: Ipsum enim coronat, quod in nobis occulto iudicio gratia praerogante largitur; illud damnat, quod in nobis diabolo machinante construitur.

527,11 A 2097: Si *o m n i a* laudant, cur non *o m n i a* [2098] *c o n f i t e n t u r*? Confessio enim non peccatorum tantum dicitur, sed et laudis; ... Audi quia est et laudis confessio. ... Laudent[8] *t e o m n i a*[9] *o p e r a t u a*. ... Ista contextio creaturae, ... tota laudat Deum. Quare[10] ergo tota laudat Deum? Quia[10] cum eam consideras et pulchram uides, tu in illa laudas Deum. ... continuo tibi uenit in mentem, quia non potuit a se esse, nisi ab illo Creatore.

527,14 C 1293: Ipsa est enim sanctitas quam superius dixit, ut ei *s a n c t i* sui debeant *confiteri*, id est, boni angeli, dominationes, potestates et principatus, uel iusti homines, et quidquid beatum esse cognoscitur.

527,17 A 2099: quam potens Deus, qui dedit uitas suas proprias animalibus! quam potens Deus, qui semina diuersa dedit uisceribus terrae, ut germinarent tantam uarietatem fruticum, tantam speciem arborum!

---

7 CAug: ut ... tibi totum
8 CAug: Laudant
9 CAug: *fehlt.*
10 CAug: Quare *bis* Quia *fehlen.*

527,20 C 1294: *N o t a* quoque *f a c t a   e s t   p o t e n t i a* eius, cum
Petrus et Iohannes ex utero matris claudum ambulare fecerunt, ... Et
paulo post dicunt, quod in nomine Iesu Christi saluus sit factus (vgl.
Act. 3,1-8).

527,23 A 2099: *Adueniat regnum tuum* (Matth. 6,10). Ipsum enim *regnum* optamus ut
ueniat; hoc *regnum* uenturum sancti praedicant. Mundum istum adtendite;
d e c o r e m habet. Quem *d e c o r e m* habet terra, mare, aer, caelum, sidera! Omnia haec nonne omnem consideratorem terrent? ... Et hic
uiuunt in isto *d e c o r e*, in ista pulchritudine prope iam ineffabili,
hic uiuunt tecum et uermiculi et mures, et omnia terrae repentia[11]; ...
Quale *d e c u s* est illius *r e g n i*, ubi tecum non uiuunt nisi angeli? ... sed *m a g n i t u d i n i s   d e c o r i s   r e g n i   t u i*,
aliquid commendat quod nondum uidemus, ...

528,1 A 2100: Quod *r e g n u m* dico? ... Nam et *r e g n u m* huius saeculi
habet *decorem* suum; sed non est ibi *magnitudo* illa *decoris*, qualis est
in *r e g n o   o m n i u m   s a e c u l o r u m*.
C 1294: Venit ad septimum locum, qui trahitur a magnitudine. Nam si
magnum est ad tempus imperare, quanto magnificentius *d o m i n a -
t i o n i s* terminum non habere. ... Sunt enim *r e g n a* humana,
sed non aeterna; sunt et[12] aliorum comparatione[12] fortia, sed non diutius dominantia; et ideo perpetuitas ista commemoratur, ne *r e g n u m*
tale putares, quale in mundo forsitan esse cognoscis.

528,4 A 2100: Haec est illa repetitio, uel omnem *g e n e r a t i o n e m*
significans[13], uel[13] *g e n e r a t i o n e m*[13] illam quae erit post
hanc *g e n e r a t i o n e m*. - Vgl. A zu 526,10.

528,6 A 2100: quid enim promisit, et non dedit? ... Adhuc quaedam promisit et
non dedit; sed credatur illi ex his quae dedit. ... Si[14] dicat tibi
Deus: Chirographum meum tenes; iudicium promisi, diremptionem[15] bonorum
et malorum, *regnum* sempiternum fidelibus, et non uis credere? Ibi in
chirographo meo lege omnia quae promisi, deduc mecum rationem; certe
uel computando quae reddidi, potes me credere redditurum esse quod
debeo. In ipso chirographo habes promissum unicum Filium, cui non

---

11 CAug: serpentia
12 CSg: ad ... comparationem
13 CAug: *fehlen durch homoioteleuton.* (WS 364^b: uel omnem generationem, uel illam ...)
14 CAug: Sic
15 CAug: de redemptione

peperci (vgl. Rom. 8,32), ... Lege chirographum; promisi ibi pignus Spiritus sancti me daturum per Filium meum: computa redditum.

528,11 C 1295: Qui sicut uerax in promissionibus, ita et *sanctus i n o m n i s u a* operatione dignoscitur. Hoc quoque ad abundantiam Domini non est dubium pertinere, quando eleuantur *r u e n t e s*, absoluuntur rei, *e r i g u n t u r e l i s i*.

528,16 Pr 196 (414 C): Ex Dei largitate est quidquid benedictionis assequitur, quia nemo eam concupisceret, nisi ad incitandum ipsum desiderium manum suae bonitatis aperiret.

528,19 C 1296: *V i a e* Domini sunt dispositiones atque uoluntates, ...

528,22 A 2103: Nam multi eum *i n u o c a n t* non *i n u e r i t a t e*. Aliud ab illo quaerunt, et[16] ipsum non quaerunt[16].

C 1296: Proximus dicitur propitius, iratus uero longinquus. ... Sed quoniam et illi *i n u o c a n t*, qui sua cupiunt desideria uana compleri, additum est, *i n u e r i t a t e*, ...

529,4 C 1297: Per *c a r n e m* enim significat homines, ...

P s a l m 145

529,7 C 1299: dat sibi propheta salubre consilium, unde generalitate nouerat consulendum, ut *a n i m a l a u d a r e t D o m i n u m*, non sonus concrepantium labiorum. ... Quapropter *a n i m a m* suam psalmista hortatur *l a u d a r e D o m i n u m*, ...

529,8 C 1299: *L a u d a r e i n u i t a* est, in illa aeternitate *D o m i n o* confiteri, quae uerius *u i t a* dicitur, ... Ideo enim *l a u d a b o* dixit, ut futurum tempus ostenderet, ... De ista uero praesenti uita *p s a l l a m* dicitur, ... Sic ergo accipiendum est, ut illic perpetue, hic *p s a l l a t u r* assidue. Nam et ipsum *q u a m d i u e r o* istud saeculum significat, ...

529,14 A 2111: In uno *f i l i o h o m i n i s s a l u s*; et in ipso, non quia *f i l i u s h o m i n i s*, sed quia *F i l i u s* Dei;

529,17 C 1300: Hic *s p i r i t u m*, animam debemus accipere, ... Egressa itaque anima de claustro corporis sui, in terram remeat caro defluens, unde sumpsit initium. Ideo enim addidit *s u a m*, ut significaret inde fuisse procreatam, ... Mortis igitur tempore *p e r e u n t* humanae *c o g i t a t i o n e s*, ...

---

16 CAug: et *bis* quaerunt *fehlen durch homoioteleuton.* (= WS 365ᵃ)

529,21 A 2113: quia et ipsi *I a c o b* sic fuit *a d i u t o r*, ut de *I a - c o b* faceret Israel.

529,23 A 2113: Ideo *beatus*, quia *s p e s* ipsius *i n D o m i n u m D e u m i p s i u s*. ... in illo sit *s p e s* tua. In *d o m i n o d e o* suo est *s p e s* etiam *i l l i u s* qui colit Saturnum; ... qui colit Neptunum, ... Ergo illius deus, atque ille illius. [2114] Quis[1] huius *beati*? Quia *s p e s ... i p s i u s*. Sed quis est iste? *Q u i f e - c i t ... s u n t.*

530,1 A 2116: *Q u i c u s t o d i t u e r i t a t e m i n a e t e r n u m. ... F a c i e n t e m i u d i c i u m i n i u r i a m a c c i p i - e n t i b u s.* Vindicat *i n i u r i a m a c c i p i e n t e s*, fratres mei; *f a c i t*[2] illis *i u d i c i u m*. Quibus? Qui *a c c i p i u n t i n i u r i a m*, puniens omnes iniuriosos.

530,3 A 2118: *Beati qui esuriunt et sitiunt iustitiam, quoniam ipsi satura- buntur* (Matth. 5,6).

530,4 A 2119: Quare *e l i s i* sunt? Quia *e r e c t i e r a n t*. Quare *e r i g u n t u r*? Quia humiliati sunt. Cecidit atque *e l i s u s e s t* Adam: ille cecidit, Christus descendit. Quare descendit[3] qui[3] non cecidit, nisi ut leuaretur qui cecidit?

530,6 A 2118: ad illos *c o m p e d i t o s* referremus, qui forte propter ali- quam noxam ligantur ferro a dominis suis; ... sunt aliae compedes; ... Corpus nostrum ornamentum nobis fuit: peccauimus, et compedes inde acce- pimus. Quae sunt compedes nostrae? Mortalitas ipsa.

530,8 A 2118: noluit dicere: illuminat *c a e c o s*, ne et hoc carnaliter in- tellegeres; ... ne tale aliquid sperares, cum de spiritalibus loquitur, ostendit quamdam lucem sapientiae, qua illuminantur *c a e c i*.

HT 327: sed secundum hebraicam et graecam ueritatem quid dixit? *D o m i - n u s s a p i e n t e s f a c i t c a e c o s*. Insipientia et stulti- tia tenebrae oculorum nostrorum sunt. (∼ Br 1327 A)

Pr 199 (416 C): Talis et illuminatio *c a e c o r u m*, qui *s a p i e n - t e s* ex insipientibus fiunt.

530,10 A 2119: *D o m i n u s c u s t o d i t p r o s e l y t o s. P r o s e - l y t i* aduenae sunt. Omnis Ecclesia gentium, *p r o s e l y t a* est.

---

1 CAug: Quid
2 CAug: fac
3 CAug: descendit? quia

530,12 A 2120: *V i a   p e c c a t o r u m* placet tibi, quia lata est, ...
Lata et spatiosa est⁴ uia quae ducit ad interitum, ... (Matth. 7,13).

P s a l m   146

530,16 A 2122: Ipse *p s a l m u s   laus   D o m i n i* est. Hoc ergo ait: *L a u - d a t e   D o m i n u m*, quoniam *b o n u m* est *l a u d a r e   D o m i - n u m*. ... nam lingua tua ad horam *l a u d a t*, uita tua semper *l a u - d e t*. Inde ergo *b o n u s   p s a l m u s*. *P s a l m u s* quippe cantus est, non quilibet, sed ad psalterium. Psalterium autem quoddam organum est cantilenae, sicut lyra, sicut cythara, et huiusmodi organa, ... Qui ergo psallit, non sola uoce psallit; sed assumpto etiam quodam organo, quod uocatur psalterium, accidentibus manibus uoci concordat. Vis ergo psallere? Non solum uox tua sonet¹ *laude Dei*, sed opera tua concordent cum uoce tua.

530,23.25 A 2123: Quomodo erit *D e o   n o s t r o   i o c u n d a   l a u s*? Si bene uiuendo *laudetur*. ... Alio loco dicitur: *Non est speciosa laus in ore peccatoris* (Eccli. 15,9). Si ergo *in ore peccatoris speciosa laus non est, i o c u n d a* non *e s t*; hoc enim *i o c u n d u m*, quod *speciosum*. Vis ergo ut *D e o* tuo *i o c u n d a   s i t   l a u s*? Noli bonae cantilenae tuae obstrepere moribus malis.

531,3 A 2124: Est *I e r u s a l e m* aeterna in caelis, ubi ciues etiam angeli sunt. ... Quid enim interpretatur *I s r a e l*? Videns Deum. Omnes ergo ciues illius ciuitatis, uidendo Deum gaudent in illa magna ciuitate et ampla et caelesti; spectaculum eis Deus ipse est. ... Si *c o l - l e c t i   s u n t* dispersi, ut in manu artificis ad² aedificium formarentur, quomodo *c o l l i g e n d i   s u n t*, qui de manu artificis² inquietudine ceciderunt³? *A e d i f i c a n s   I e r u s a l e m   D o - m i n u s*.

531,8 A 2125: Qui *c o r* non *c o n t e r u n t*, non *s a n a n t u r*. ... sicut dicitur alio loco: *Prope est Dominus his qui obtriuerunt cor* (Ps 33,19). Qui *obtriuerunt cor*? Humiles.

---

4 CAug: *fehlt*.
1 CAug: sonat
2 CAug: ad *bis* artificis *fehlen durch homoioteleuton*.
3 CAug: ceciderint

531,11 A 2125: Etenim modo, fratres mei, quantae illicitae delectationes animum tangunt! ... Quid agis? *Contere cor*, confitere; age, ... Dic ergo: *Infelix ego homo, quis me liberabit de corpore mortis huius?*, ut respondeatur tibi: *Gratia Dei, per Iesum*[4] [2126] *Christum Dominum nostrum*[4] (Rom. 7,25). ... [2127] ... Nunc interea quid facit medicus? A l l i g a t   c o n t r i t i o n e s tuas, ut possis peruenire ad plenissimam firmitatem[5], donec consolidetur quod fractum est, quod *a l l i g a t u m est*. Quae sunt ista alligamenta? Temporalia sacramenta. ... quidquid in Ecclesia geritur temporaliter, alligamenta sunt c o n t r i t i o n u m. Quemadmodum enim medicus perfecta sanitate detrahit ligaturam, sic in illa ciuitate *Ierusalem*, cum aequales angelis facti fuerimus; numquid[6] putatis ibi accepturos nos esse quod hic accepimus? - Vgl. A zu 531,3.

531,18 C 1306: Nam s t e l l a s, sanctos uiros nos[7] posse intellegere Genesis locus ille testatur (vgl. Gen. 22,17), ... Scimus autem a *Domino* n o m i n a   u o c a r i posse sanctorum, quando eos in caelo legimus esse conscriptos, sicut in euangelio dicit: *Nolite gloriari quia daemonia subiecta sunt uobis; gaudete autem et exultate, quia nomina uestra scripta sunt in caelis* (Luc. 10,20).

A 2127: Sunt s t e l l a e quaedam luminaria[8] in Ecclesia consolantia[8] noctem[8] nostram[8], ... Ipsas s t e l l a s   n u m e r a t Deus; omnes secum regnaturos, omnes aggregandos[9] corpori[9] Vnigeniti sui n u m e r a t o s habet, et n u m e r a t eos. ... [2129] ... cum redirent discipuli quo missi erant, exultauerunt, et dixerunt: *Domine, ecce spiritus immundi subiecti sunt nobis propter nomen tuum*. Et ille ... *Nolite* inquit, *in hoc gaudere, quia spiritus uobis subiecti sunt; sed gaudete quia nomina uestra scripta sunt in caelo* (Luc. 10,17.20).

531,23 C 1306: admiratione completus[10] exclamat: M a g n u s   D o m i n u s   n o s t e r ! utique cuius nec facta *numerari*, nec laus praeualet apprehendi: *congregans dispersiones Israel*[11], *sanans contritos corde*, *numerans multitudinem* beatorum *et omnes nomine suo uocans*.

---

4 CAug: Dominum nostrum Iesum Christum (!)
5 CAug: sanitatem
6 CAug: Nam quid
7 CSg: non
8 CAug: lumina ... consolatio nocte nostra
9 CAug: congregandos corpore
10 CSg: complexus
11 CSg: *fehlt*.

531,26 C 1307: *M a n s u e t i* sunt quos superius dixit tribulatione *contritos*, et afflictionis[12] consuetudine patientes. ... *M a n s u e t i s u s c i p i u n t u r* in caelum, *s u p e r b i* deiciuntur in *t e r - r a m*, ...

A 2131: quos *p e c c a t o r e s*, nisi contrarios *m a n s u e t i s*? ... Reprehendunt intellegibilia, terrena sensuri sunt. ... Non sunt permissi intellegere caelestia, terrena sapuerunt.

532,4 A 2132: Te prius accusa; ... Post *c o n f e s s i o n e m* quid? Sequantur bona opera. ... non solum[12a] uoce, sed et opere.

532,7 A 2132: Cui[13] *Deo*[13] *nostro*[13]? *Q u i c o o p e r i t c a e l u m n u b i b u s*. ... Qui contegit[14] scripturam figuris et sacramentis.

C 1308: Sed cui *t e r r a e* haec *p l u u i a p a r a t u r*, utique sitienti. Ille enim uerbum Domini efficaciter suscipit, qui se ad audiendum superno munere desideranter obtulerit.

532,12 C 1308: *M o n t e s* significant uiros sanctos, ... *F e n u m* pertinet ad praedicationes[15] robustas[15], *h e r b a* ad monita molliora[16]. *F e - n u m* siquidem fuit, quando dixit apostolus: *Volo omnes homines esse sicut meipsum* (I Cor. 7,7). *H e r b a : Qui se non*[17] *continet, nubat* (I Cor. 7,9). ... Ista enim minora[18] praecepta *h e r ḥ i s* merito comparantur. Nam quod dicit: *s e r u i t u t i h o m i n u m*, significat usui humano deputata.

532,17.19 C 1308: *I u m e n t a* ecclesiasticos[19] significant greges[20], qui competenti refectione pascuntur, alii lacte, alii cibo solido (vgl. I Cor. 3,2), prout dispensatori uisum fuerit, qui solus nouit quae sunt profutura praestare. *C o r u i* sunt irreligiosi uiri, qui peccatorum nigredine inseparabiliter uestiuntur, nec aliquo splendore conuersionis elucescunt. *P u l l i* uero *c o r u o r u m* (ut physiologi uolunt) caelesti rore uescuntur et adhuc paternas *e s c a s*, id est, cadauerum fetores[21], beneficio aetatis ignorant. Quapropter paganorum filiis atque

---

12 CSg: afflictionem
12a CAug: sola
13 CAug: *fehlen.*
14 CAug: contigit (*sic*) (*WS 371*[a] *stimmt mit der Ausgabe überein*)
15 CSg: praedicatores robustos
16 CSg: meliora (*sic*)
17 CSg: *fehlt.* (*sic*)
18 CSg: mitiora (*sic*)
19 CSg: ecclesiastica
20 CSg: *fehlt.*
21 CSg: foetoribus

peruersorum *d a t   e s c a m*, qui paternam uitam innocentiae munere consequuntur. Et uide quid addidit, *i n u o c a n t i b u s   e u m*, quoniam soli ipsi *e u m   i n u o c a n t* qui regulas scripturarum nulla haeretica prauitate subuertunt.

532,19 HT 333: Non saluatur *c o r u u s*, sed *p u l l u s* qui de eo natus est. Nos *p u l l i   c o r u o r u m* sumus: de parentibus enim idolatris nascimur. ... Ego puto *c o r u o s* nigri coloris, ... daemones esse; et quicumque daemonibus seruierint, iuxta *c o r u o s* et ipsi colorem *c o r u o r u m* accipiunt. Igitur nostri parentes, sicut iam diximus, qui idolis seruiebant et daemonibus, *c o r u i* erant. ... Nos uero qui de *c o r u i s* nati sumus, non cadauera expectamus, sed rorem. *P u l l i* enim *c o r u o r u m* dicuntur de rore uiuere. Sic [334] enim physiologi dicunt, quod de rore uiuant *p u l l i   c o r - u o r u m*. (= Br 1331 B-C)

A 2136: Qui sunt *p u l l i   c o r u o r u m* ? Israelitae se solos iustos esse dicebant, quia legem acceperant; ceteros omnes omnium gentium homines peccatores dicebant. Et uere omnes gentes in peccato, in idololatria, in adoratione lapidum atque lignorum erant; sed numquid sic remanserunt? Etsi non ipsi *c o r u i* patres nostri, tamen *p u l l i   c o r u o r u m* nos ipsi *i n u o c a m u s* Deum. ... Proficientes enim *p u l l i   c o r u o r u m* qui simulacra colere uidebantur parentum suorum, conuersi sunt ad Deum. ... Quid ergo? dimisisti patrem tuum, dicis *p u l l o   c o r u i* ? Dimisi plane: ille enim *c o r u u s* non *i n u o c a n s* Deum, ego *p u l l u s   c o r u i   i n u o c o* Deum.

532,26 C 1309: nunc dicit quae ei possunt omnimodis displicere. *E q u u s* ad superbiam plerumque ponitur indicandam; nam[22] et ipsum animal ceruice praesumens, frenis semper incumbit ... Huic superbus homo atque praetumidus comparatur, cui diuinitas non potest esse placabilis, ...

A 2136: *P o t e n t a t u s*[23] *e q u i* est superbia[23]. Videtur enim *e q u u s* ueluti ad suggestum hominis accomodatus, ut altior incedat. Et reuera est in eo ceruix, indicans quamdam superbiam.

533,4 A 2137: Haeretici diuidentes se ab Ecclesiae *t a b e r n a c u l i s*, sibi *t a b e r n a c u l a* posuerunt: non *i n* ipsis *t a b e r - n a c u l i s   u i r i   b e n e   s e n t i e t* Deus. Sed *pullum coruorum* adtende dicentem: *Elegi abici in domo Domini*[24], *magis quam habitare*

---

22 CSg: *fehlt.*
23 CAug: *Der Text lautet:* Et qui est potentatus? Superbia.
24 CAug: Dei

in tabernaculis peccatorum (Ps 83,11). Etenim si alicui bono, pio, confitenti infirmitatem suam, *pullo corui inuocanti Deum*, contingit forte in Ecclesia carere honorem[25] temporalem[25]; non it[26] extra Ecclesiam, non sibi facit extra Ecclesiam *t a b e r n a c u l u m, i n* quo non *b e - n e s e n t i a t Deus*;

C 1309: Respice uim uerborum, quia *u i r o r u m* dixit *t a b e r n a - c u l a*, non diuina, id est, praesumptiones illicitas, quas sibi audaces homines propria uoluntate constituunt.

P s a l m   147

533,9 A 2142: *A g g a e u s* et *Z a c h a r i a s* prophetae fuerunt. Erant autem prophetae isti iam in captiuitate *I e r u s a l e m* illius, quae in terra portauit umbram cuiusdam caelestis. In illius ergo ciuitatis captiuitate cum essent in Babylonia, prophetauerunt prophetae isti reparationem *I e r u s a l e m*, prophetauerunt ciuitatem nouam ex reparatione ueteris, liberato populo a captiuitate. Agnoscimus[1] et istam captiuitatem, si uere[1] agnoscimus[2] nostram peregrinationem. In hoc enim mundo, in his tribulationibus saeculi, in hac turba multiplici scandalo-[2143]rum, quodam modo in captiuitate gemimus; sed erigemur: praenuntiatur ciuitas nostra noua futura aequalis. Nam et post istorum prophetationem, et uisibiliter contigit, ut totum explicaretur quod ad persoluendam imaginem pertinebat. Reparata est *I e r u s a l e m* post septuaginta annos captiuitatis. Sic Ieremias propheta septuaginta annis, septenario illo numero omnem uolubilitatem huius temporis signat; septenario enim numero uoluuntur dies hi, sicut nostis; ... Post septuaginta ergo annos, cum prophetauit[3] Ieremias reparari ciuitatem *I e r u - s a l e m* (Vgl. Ier. 25,12; 29,10), factum est, ut et ibi significaretur imago futurorum; significatum est nobis post omnem istam uolubilitatem temporis, quae septenario numero uoluitur, futuram illam ciuitatem nostram iam in aeternitate in uno die. ... Hanc cum uiderent in spiritu

---

25 CAug: honore temporali
26 CAug: id

1 CAug: Agnoscimus *bis* uere *fehlen durch homoioteleuton.*
2 CAug: Seu agnoscimus
3 CAug: prophetat

prophetae, uidebant illam, dicebant de ista. Sed haec dicebant de ista, quae in illam ducerent; ... Audiamus iam cantari ciuitatem illam, et erigamur ad eam. ... et adhuc hic positi, et in ipsa contritione conuersantes praemittunt gaudium spei, et anhelant in illam, quasi coniungentes corda sua angelis Dei, et futuro illi populo secum in gaudio permansuro. ... [2144] ... Quid ergo factura es? ... Sicut solet in titulis scribi: Vtere felix: *C o l l a u d a , I e r u s a l e m , D o - m i n u m.*

C 1310: ... propheta ad *I e r u s a l e m*, id est, supernam breuiter loquitur ciuitatem, ut secura iam reddita in ciuibus suis, *D o m i n u m* debeat iugi exultatione *l a u d a r e.*

533,20 A 2144: Quae *S i o n*, ipsa *Ierusalem*. Diuersis causis duo nomina. (~ C 1310)

533,22 A 2145: *V e c t i u m* confirmatio non est *p o r t a r u m* apertarum, sed clausarum: ... Conclusam *Ierusalem* dicit *laudare Dominum*. ... [2146] ... Nemo exeat, nemo intret. Nemo exeat, gaudemus[4]. Nemo intret, timemus[4]. Nec hoc[4] timeas; cum intraueris, dicetur: tantummodo esto in numero uirginum quae portarunt oleum secum (vgl. Matth. 25,4). ... Non timebis quod dictum est: Nemo intret. Dicitur enim hoc, et fiet hoc; sed cum intraueris, nemo contra te claudet; sed te ingresso, claudentur *p o r t a e Ierusalem*, et firmabuntur *u e c t e s p o r t a r u m* eius. Nam tu si esse uolueris aut non uirgo corde, aut, etsi uirgo, inter fatuas uirgines, foris[5] remanebis, et frustra pulsabis.

C 1310: Cum enim *s e r a s* confirmatas[6] dicit esse *p o r t a r u m*, clausas ianuas beatae ciuitatis ostendit. ... [1311] ... Quod illo tempore accidet quando sponsus intrauerit, sicut in euangelio de uirginibus dicit: *Et quae paratae erant, intrauerunt cum eo ad nuptias et clausa est ianua* (Matth. 25,10). Clausa[7] scilicet non ad custodiae poenam, sed in beatitudinem sempiternam: quia nec inde quisquam ulterius sanctus exibit, nec aliquis postea nouus intrabit.

534,1 C 1311: Ideo enim dictum est *i n t e*, quia numquam ab illa *Ierusalem* exire poterunt, qui aeterno munere consecrantur[8].

---

4 CAug: gaudeamus ... timeamus ... autem
5 CAug: foras
6 CSg: confortatas
7 CSg: *fehlt.*
8 R 264vb: *B e n e d i c i t* Deus nunc in praesenti eos qui sunt in Ecclesia uel *b e n e d i c e t* in futuro *f i l i i s* Hierusalem qui permanent in statum (*sic*) Ecclesiae usque ad mortem.

534,2.4 A 2149: *B e n e d i x i t ... t e.* Quis? *Q u i ... p a c e m. ...*
[2150]... Ecce hoc dico, o *f i l i i* dilecti, o *f i l i i* regni, o[9] ciues *Ierusalem,* quoniam in[10] *Ierusalem* uisio *p a c i s* est; ... [2156] ... *F i n e s* enim *Ierusalem p a x;* ... Quando erit plena *p a x* ? Quando corruptibile hoc induerit incorruptionem, et mortale hoc induerit immortalitatem (vgl. I Cor. 15,53): ... nihil litigat aduersus animam in homine, ... non carnis fragilitas, non indigentia corporis, non fames, non sitis, non frigus, non aestus, non lassitudo, non ... Haec omnia, fratres mei, litigant aduersum nos, nondum est plena et perfecta *p a x.* [2157] ... quia ibi saturitas et nulla indigentia, ...

C 1311: Ciuitas illa magna inaestimabilis, sub quanta laudis breuitate descripta est! Nam quid illa praestantius dici potest, cuius *f i n e s p a c i s* munere terminantur? Vnde absolute colligi potest, quia aeterna tranquillitate[11] perfruitur, quod intus habitare monstratur. ... Reuera secura *p a x* et inuiolata tranquillitas, quando indigentia nobiscum ulla[12] non litigat, nec aliquem lassitudo defatigat, non frigus contristat[13], non esuries grauat et cetera ...

534,7   A 2157: Transit fames et sitis[14] iustitiae[14], succedit saturitas. Qui[15] ibi erit *a d e p s   f r u m e n t i,* nisi panis ille qui descendit[16] de caelo ad nos[16] (vgl. Ioh. 6,41)?

C 1311: Sed quemadmodum *pax* ista proueniat[17], consequenter exponitur, dum fideles Christi Domini contemplatione saginantur. *A d i p e m f r u m e n t i* dicit ipsam contuibilem deitatem, unde sic iustorum sensus reficitur[18], ut omnem satietatem[19] superare noscatur[18]. *Ipse est uerus panis, qui de caelo descendit* (Ioh. 6,41). Nam si nos hic corporis sui participatione reficit[20], quemadmodum ibi satiabit[20], quos toto lumine suae deitatis impleuerit? - Zu *panis angelorum* vgl. Ps 77,25.

534,13 C 1312: propheta uenit ad secundum caput, in quo munera hic nobis conferenda praedicit, ut ueritas tunc futurae rei per beneficia praesentia

---

9 CAug: et
10 CAug: *fehlt.* (!)
11 CSg: beatitudine
12 CSg: illa
13 CSg: constringit
14 CAug: sitis; iustitiae
15 CAug: Quae
16 CAug: ad nos de caelo descendit (!)
17 CSg: preueniat
18 CSg: reficientur ... noscantur
19 CSg: saturitatem
20 CSg: reficiat ... satiauit (ui *übergeschrieben*)

iam possit agnosci. *E l o q u i u m* Domini Verbum Patris est, quod ad *t e r r a s* descendit, quando humilitatem piae incarnationis assumpsit. *E m i t t i t*, prophetiae spiritu praesens tempus ostendit, quamuis hoc de futuro dicere uideretur.

534,13. 15 Pr 204 (420 B): *V e r b i* missio Christi est incarnatio. Cuius euangelio *c u r r e n t e* per *t e r r a m* omnium gentium fit uocatio praeueniente gratia Dei credentium fidem.

534,15 A 2157: Etenim ille qui tunc *satiabit adipe frumenti*, quid facit in ista peregrinatione? Hoc quod sequitur: *Q u i ... t e r r a e. ...* quando leuaremur ad^{21} *adipem*^{21} *frumenti satiantem*^{21}, nisi *m i t t e - r e t   u e r b u m   s u u m   t e r r a e*, ...?

HT 339: De praedicatione loquitur euangelica, de doctrina apostolorum. Denique sequitur: *V e l o c i t e r ... e i u s*. In omni enim *t e r r a* auditus est *s e r m o   e i u s*, et in orbe *t e r r a r u m* apostolica doctrina. (= Br 1335 B)^{22}

C 1312: Huius enim omnipotentis Verbi sic *c u c u r r i t   s e r m o   u e l o c i t e r*, ut sanctae Trinitatis agnitio celerrima mirabili mundum uelocitate compleuerit, idolorum culturas^{23} ueritatis ipsius manifestatione conuertens.

534,18 C 1312: Haec igitur omnia, *n i x*^{24}, *n e b u l a*, *c r y s t a l l u m*, *f r i g u s*, mala sunt huius saeculi, quae peccatorum gelu mortalia^{25} corda constringunt et in stupore saxeo faciunt permanere, nisi *Domini* calore soluantur. ... *D a t* facit significat, ... Quapropter facit *n i u e m   s i c u t   l a n a m*, ut quod ante *t r i g o r i s* acerbitate gelatum est, in laneam mollitiem perducatur. Quod fit utique, quando frigidissima peccatis corda mortalium ad ardorem satisfactionis adduxerit.

534,22 C 1312: *N e b u l a* idem significat omne peccatum, quod semper caliginosa obscuritate peragitur; sed uelut cinis, *Domino* praestante, dispergitur, dum eius cumulus confessionis gratia dissipatur. (∿ A 2160)

534,25 C 1312: *C r y s t a l l u m* uero est in modum uitri per numerosas

---

21 CAug: adipe ... satiante
22 R 264vb: *S e r m o* Patris, id est, Filius, uel *s e r m o* euangelii cito *c u c u r r i t* per uniuersum orbem.
23 CSg: cultores
24 CSg: niuis
25 CSg: mortalium

hiemes²⁶ glacies condurata et in duritiam saxi²⁶ liquens admodum perducta substantia. Cui obstinati peccatores²⁷ merito²⁷ comparantur, ... Hos quoque Dominus *u e l u t   f r u s t a   p a n i s   e m i t t i t*, quando conuersos sua facit praedicare ma-[1313]gnalia, unde populus esuriens caelesti *p a n e* uescatur. *F r u s t a* enim partes dicimus corporis alicuius. Significant quippe doctrinae diuersa dona, quae ex peccatoribus in sanctis suis Dominus saepius monstrare dignatus est. ... Nam spiritu eius [Domini] quasi austrino flatu duritia periculosi *f r i - g o r i s* euanescit, dum acerui scelerum ... in liquores saluberrimos adducti, spiritalis beneficii fluenta profundunt. Sic factum est de persecutore Saulo, ... (∼ A 2160f.; 2163)

A 2161: Ecce *c r y s t a l l u m* erat apostolus Paulus, durus, ...

534,25; 535,4 Pr 205 (421 A): Sed tam potens est gratia Dei, ut tam annosam glaciem faciat superno igne feruescere, et eos qui crystallino *f r i - g o r e* fuerant obdurati, afflatu suo faciat concalescere. ... sicut in beato Paulo factum est, qui cum esset credentium persecutor, factus est euangelii praedicator. Quis autem poterit *s u b s i s t e r e*, quem ab hoc *f r i g o r e* non liberauit Christus?

535,4 C 1313: *A n t e* praesentiam *f r i g o r i s   e i u s* dicitur, non quod ab ipso ueniat²⁸, sed quod fieri forte permittat. Quale est illud: *Indurauit Deus cor Pharaonis* (Exod. 10,20).

535,6 HT 339: *E m i t t e t   u e r b u m   s u u m.* Quis *e m i t t e t* ? Deus Pater. (= Br 1335 D)

C 1313: Veniente *V e r b o* nulla obscuritas, nullum *frigus*, nec ipsa quoque debet desperare duritia, quoniam resoluta malis suis quae uocata fuerint, perducuntur in saluberrimum liquorem. Sic quae extiterant²⁹ peccatorum gelu constricta, pietate Domini defluunt in medelam, sicut et alibi dictum est: *Nec est qui se abscondat a calore eius* (Ps 18,7).

535,9 A 2163: flat auster, soluitur rigor captiuitatis, et currit in Deum feruor caritatis.

HT 342: *Emittit* Pater, *Verbum* mittitur, iungitur *S p i r i t u s* sanctus. ... *Frigus* non expellitur, nisi calore *S p i r i t u s* sancti. ... *A q u a e.* Quod ante durum erat, molle fiet. (∼ Br 1337 B)

---

26 CSg: hieme ... saxei
27 CSg: peccatoris merita
28 CSg: uenerit
29 CSg: extiterunt

535,12 C 1313: Per *I a c o b* et *I s r a e l* significatur Ecclesia. ... Nam et modo Israelita est quicumque fidelis est ...

A 2163: Has ergo iustificationes a Deo didicit *I a c o b*, qui fecit ipsum *I a c o b* luctari cum angelo; ... [2164] ... Nemo uos fallat: non nuntiatum est alicui genti hoc *i u d i c i u m* Dei, quomodo patiantur et iusti et iniusti; quomodo pro merito omnes; quomodo in gratia Dei, non in suis meritis liberentur ipsi iusti. Non *a n n u n t i a t u m e s t* hoc uniuersae genti; sed soli *I a c o b*, soli *I s r a e l*. ... *I u d i c i a ... e i s*. Quibus? Omnibus gentibus. - Vgl. 536,19f.[30]

Psalm 148

535,21 A 2166: Nunc ergo, fratres, exhortamur uos ut *l a u d e t i s* Deum; ... [2167] ... Verbi gratia, *l a u d a n t* Deum in *c a e l o*[1] omnia quae habent spiritum uitae, et intellectum purum ad eum contemplandum et sine fastidio et defectu diligendum. *L a u d a n t* autem Deum in terra ... homines ... et tamen omnia (sogar *pecora* und *arbores*) *l a u d a n t* Deum. ... Coepit ergo iste *d e c a e l o: l a u d a n t* omnia, et dicit: *L a u d a t e*. Quare, cum *l a u d e n t*, dicit: *L a u d a t e*? Quia delectatus est in eo quod *l a u d a n t*, et placuit ei quasi adiungere hortationem suam. ... [2168] ... Et psalmus est *A g g a e i e t Z a c h a r i a e*: sic habet titulum. Isti duo prophetae ... prophetabant iam futurum finem captiuitatis (vgl. I Esdr. 5, 1.2; 6,14), ... Significauerunt ergo nobis in mysterio uitam futuram, ubi *l a u d a b i m u s* Deum post captiuitatem uitae praesentis; ... [2169] ... *L a u d a t e ... c a e l i s; l a u d a t e ... e x c e l s i s*. Primo *d e c a e l i s* dicit, postea *de terra*: ... semper[2] *l a u d a n t* Deum beati; nos autem adhuc iusum[3] sumus, sed cum cogitamus quomodo ibi *l a u d e t u r* Deus, cor ibi habeamus, et non sine causa audiamus[4]: Sursum corda. Leuemus cor sursum, ne putrescat in *terra*; quoniam placet nobis quod ibi agunt angeli.

---

30 R 265rb: [*i u d i c i a s u a*] id est, praecepta ...
1 CAug: caelis
2 CAug: *fehlt*.
3 CAug: iosum
4 CAug: audimus

Pr 206 (421 D - 422 A): Duarum proprie creaturarum est tota ista laudatio, angelicae scilicet et humanae, quae hunc affectum ex totius mundi consideratione concipiunt, ut cum laudatoribus Dei ipsa laudis materia Deum *l a u d a r e* dicatur.

HT 343: Ad laudem Dei sola hominum natura non sufficit: iungantur et *c a e l i*. ... Non dixit, *l a u d a t e   c a e l i*; sed uos *l a u d a t e* qui estis in *c a e l i s*, hoc est, qui habitatis in *c a e l i s*, throni, dominationes, potestates, seraphin, cherubin, ... (= Br 1337 D)

536,4   C 1316: Quamuis in Genesi unum *c a e l u m* fabricatum esse legerimus (vgl. Gen. 1,1.7.8.), tamen eos plurali numero et Paulus apostolus appellauit, qui refert in tertium se *c a e l u m* raptum (vgl. II Cor. 12,2), ... *A q u a s* uero *s u p e r   c a e l o s   e s s e* Genesis (1,7) refert; ait enim: *Diuisitque aquas quae erant sub firmamento, ab his quae erant super^5 firmamentum.*

536,7   HT 345: Dei iussisse, *f e c i s s e* est: imperium fabrica est. Quia *I p s e   d i x i t ,   e t   f a c t a   s u n t*: ... (= Br 1339 A)

536,10 C 1317: Sed cum legatur de futuro saeculo: *Erit caelum nouum et terra noua* (Isai. 65,17), quemadmodum de isto saeculo dicitur: *S t a t u i t   ... a e t e r n u m* ? Sed omnia Deo^6 *s t a t u t a   e s s e* non dubium est. ... sic et *caelum* et *terra* Deo permanent cum nouantur. ... *P r a e c e p t u m*, legem dicit, siue conditionem, ... *P r a e t e r i r e* autem non potest, quod omnipotens *s t a t u i t* et ueritas repromisit.

536,15 A 2171: *A b y s s i*, profunditates aquarum sunt: maria omnia, nubilosus iste aer ad *a b y s s u m* pertinet. ... [1272] ... *D r a c o n e s* circa aquam uersantur, de speluncis procedunt, feruntur in aera; ... Sunt autem speluncae aquarum latentium, unde fontes, unde flumina procedunt; et alia^7 procedunt^7, ut^7 fluant super terram, alia occulte subter^8 eunt; et totum hoc, atque omnis ista humida natura aquarum, simul cum mari et isto infimo aere, *a b y s s u s* uel *a b y s s i* uocantur, ubi uiuunt *d r a c o n e s* et *l a u d a n t* Deum.

536,20 A 2172: ... discernere creaturam locis suis et ordine suo, sub nutu et iussu Dei agentem motus suos, ...

537,4   C 1319: *S u p e r   c a e l u m   e t   t e r r a m* dixit, quia nec caelestia nec terrena illis praedicationibus possunt aequalia reperiri. ...

---

5 CSg: supra
6 CSg: de eo
7 CAug: *fehlen*.
8 CAug: super (*sic*)

[1320] ... ibi autem *e x a l t a b i t u r*, ubi omnis gloria manifesta praestatur: primum[9], quia[9] dexteram merentur; deinde cum Domino iudicabunt; tertio[9], in aeteram pacem gaudiumque transibunt; ut merito *e x a l t a t i* dicantur, qui usque ad ipsius Domini contemplationem mirabili[10] eius pietate perueniunt[11].

537,8 C 1320: Sequitur *h y m n u s ... e i u s*. Vox ista promissio est et totius beatitudinis summa perfectio. Nam quod merebuntur *s a n c t i*, *h y m n u s* est Domini, quem tunc canunt[12] quando et[12] aeterno munere coronabuntur.

A 2177: *H y m n u s* ergo tria ista habet, et cantum, et laudem, et Dei. Laus ergo Dei in cantico, *h y m n u s* dicitur. ... Accipiant *s a n c t i* eius *h y m n u m*, dicant *s a n c t i* eius *h y m n u m*; quia hoc est quod accepturi sunt in fine: *h y m n u m* sempiternum.

Br 1341 D: ... qui nos dignetur tradere in regnum Deo Patri, ... ut iam non ei locali et transitorio cantu, sed perpetuo et immobili caelestis stationis *h y m n o*, iugi modulatione canamus, ... - Zu TE DECET ... SYON vgl. Ps 64,2.

Psalm 149

537,14 A 2178: Vetus homo, uetus *c a n t i c u m* nouus homo: *n o u u m c a n t i c u m*. ... Quisquis terrena diligit, uetus *c a n t i c u m c a n t a t*: qui uult cantare *c a n t i c u m n o u u m*, diligat[1] aeterna. Ipsa dilectio *n o u a* est et aeterna; ... Inueterauit homo per[2] peccatum, innouatur per gratiam. Omnes ergo qui innouantur in Christo, ut ad uitam aeternam incipiant pertinere, *c a n t i c u m n o u u m c a n t a n t*. Et hoc *c a n t i c u m* pacis est, *c a n t i c u m* hoc caritatis est. ... [2179] ... Si tu laudas *D o m i n u m*[3] et ego laudo *D o m i n u m*[3], quare in discordia sumus? Caritas laudat *D o m i n u m*[3], discordia blasphemat *D o m i n u m*[3]. - Zu *redemptionis ... nostro* vgl. Rom. 3,24.

---

9 CSg: prima qui ad ... tertia (qui *übergeschrieben*)
10 CSg: mirabilem
11 R 265vb: *C o n f e s s i o*, id est, laus Christi, et in *c a e l i s* est in angelis et in *t e r r a* in hominibus.
12 CSg: *fehlen*.

1 CAug: diligit
2 CAug: propter
3 CAug: Deum

537,19 C 1322: Siue istam[4] dicas, catholicam significat[5], quae reuera *s a n c -
t o r u m* est; siue illam Ierusalem caelestem, et ipsa sine dubitatione
s a n c t o r u m est. *E c c l e s i a* enim interpretatur collectio,
quod ad utramque referri posse non dubium est.

537,22 A 2181: *I n   e o   q u i   f e c i t   e u m   l a e t e t u r,* non *i n*
Ario, non *i n* Donato, non *i n* Caeciliano; non *i n* Proculiano, non
i n Augustino: ...

537,24 A 2182: Quod audistis: *Israel*, id sunt, *f i l i i   S i o n*;

537,26 A 2183: *C h o r u s* est consensio cantantium. Si *i n   c h o r o* cantamus, concorditer cantemus.

538,1 A 2183: Quare assumit *t y m p a n u m   e t   p s a l t e r i u m* ? Vt
non sola uox laudet, sed et opera. Quando[6] assumitur *t y m p a n u m
et   p s a l t e r i u m*, manus concinunt uoci. Sic et tu, si quando
Alleluia cantas, porrigas et panem esurienti, uestias nudum[7], suscipias
peregrinum, non sola uox sonat, sed et manus consonat, quia uerbis facta
concordant. ... In *t y m p a n o*[8] corium extenditur, in *p s a l t e -
r i o* chordae extenduntur: in utruque organo caro crucifigitur.

538,6 C 1323: id est, quando illum fecerit perfecta suauitate gaudentem, quando angelis parem, ...

538,8 A 2184: *E x a l t a n t u r* enim et superbi, sed non *i n   s a l u t e*[9].
M a n s u e t i   i n   s a l u t e[9], superbi in morte[9]: id[10] est[10], superbi ipsi se *e x a l t a n t*, et Dominus eos humiliat; *m a n s u e t i*
autem ipsi se humiliant, et Deus eos *e x a l t a t*.

538,12 A 2185: Non *i n* theatris, non *i n* ...; sed, *i n   c u b i l i b u s
s u i s*. Quid est: *i n ... s u i s* ? In cordibus *s u i s*. Audi apostolum Paulum *e x u l t a n t e m   i n   c u b i l i   s u o: Nam gloria
nostra haec est, testimonium conscientiae nostrae* (II Cor. 1,12).
(∼ C 1324)

538,16 A 2185: Sic *laetabuntur in cubilibus suis*, ut non sibi tribuant quod boni sunt, sed illum laudent a quo acceperunt quod sunt, a quo uocantur ut
perueniant ad id quod nondum sunt, et a quo sperant perfectionem; ...

---

4 CSg: in ista
5 CSg: *fehlt.*
6 CAug: Quare
7 CAug: et nudum
8 CAug: tympanum
9 CAug: salutem ... salutem ... mortem (!)
10 CAug: ideo

Iam uidete *sanctos*, uidete *gloriam* eorum, ... uidete quod *e x a l t a -
t i o n e s   D e i* sint *i n   f a u c i b u s   e o r u m*.

538,18 A 2185: *F r a m e a s   b i s   a c u t a s* intellegimus sermonem Domini:
... (~ C 1324) ... [2186] ... Quid fecerunt isti habentes *i n   m a -
n i b u s   f r a m e a s   b i s   a c u t a s*?
HT 351: Dominus ergo *g l a d i u m* de ore suo donat discipulis suis:
g l a d i u m   a n c i p i t e m, hoc est, sermonem doctrinae suae. ...
G l a d i o s istos quare habent *sancti*? *Ad faciendam* ... (~ Br 1343 C)
- Zum Bibelzitat vgl. Hebr. 4,12.

538,23 A 2187: Videte si non *e s t   u i n d i c t a   f a c t a   i n   g e n t i -
b u s*. ... Adtendite quomodo caesae sunt *g e n t e s* Babyloniae. Illi
redditur duplum (vgl. Apoc. 18,6): ... Quomodo redditur duplum? Bellant
sancti, educunt *frameas bis acutas*; fiunt strages, fiunt occisiones, se-
parationes: quomodo illi duplum redditur? Illa quando poterat persequi
Christianos, carnem occidebat, Deum non confringebat; modo illi duplum
redditur, et pagani exstinguuntur, et idola franguntur[11]. Quomodo, in-
quies, pagani occiduntur? Quomodo, nisi cum Christiani fiunt?

539,3 A 2188: Nouimus *r e g e s* factos Christianos, nouimus *n o b i l e s
gentium* factos Christianos. ... et non cessant *frameae bis acutae in
manibus sanctorum*. Quomodo ergo ligatos *c o m p e d i b u s* et *u i n -
c u l i s   f e r r e i s* intellegimus? ... Venit Deus Christus prodesse
omnibus: sed elegit prodesse imperatori de piscatore, non piscatori de im-
peratore; et elegit ea quae nullius momenti erant in mundo. Ipsos impleuit
Spiritu suo, dedit eis *frameas bis acutas*, praedicare praecepit euangelium,
... Fremuit[12] mundus, ... Conuersa sunt corda hominum ad timorem Christi;
... Et quid facerent? Multi elegerunt ignobilitatem, ... elegerunt paupertatem in saeculo, nobilitatem in Christo. Multi autem tenent ipsam nobilitatem, tenent regias potestates, et sic sunt Christiani. Ipsi sunt tamquam
i n   c o m p e d i b u s, et tamquam *i n   u i n c u l i s   f e r r e i s*.
Vnde hoc? Ne progrederentur ad illicita[13], *c o m p e d e s* acceperunt[13];
c o m p e d e s sapientiae, *c o m p e d e s* uerbi Dei. Quare ergo *u i n -
c u l a   f e r r e a*, et non *u i n c u l a* aurea? *F e r r e a* sunt quamdiu timent; ament, et aurea erunt. ... [2189] ... Initium sapientiae timor
Domini (vgl. Ps 110,10). Incipit ergo a *u i n c u l i s   f e r r e i s*, fi-

---

11 CAug: confringuntur (!)
12 CAug: fremit
13 CAug: illicita compedis, acceperunt

nitur ad torquem aureum(vgl. Eccli. 6,25). ... Potentes[14] autem mundi, *r e -*
g e s , n o b i l e s, nisi Deum timeant, quid timebunt? Sed praedicatur illis, et percutiuntur *framea bis acuta*. Dicitur illis quia est qui
ponat alios ad dexteram, alios ad sinistram; ut dicat eis qui a sinistris
sunt: *Ite in ignem aeternum, qui paratus est diabolo et angelis eius*
(Matth. 25,33.41). Nondum diligunt iustitiam, sed timent poenam; et timendo poenam, iam acceperunt *c o m p e d e s*, et *in u i n c u l i s*
f e r r e i s erudiuntur.

539,3 Pr 209 (424 B-C): Potentes mundi, et *r e g e s* ac *n o b i l e s*, nisi
Deum timeant, quem timebunt? Sed praedicatur illis euangelium Christi,
et percutiuntur *f r a m e a   b i s   a c u t a*. Annuntiatur illis *iudicium*, et auditis aeternis sup-[210]pliciis sinistrorum ligantur metu[15].
Et *c o m p e d e s* sapientiae ab initio timoris accipiunt, ut dura
praecepta emolliant uoluntatem. - Zu *iudicium ... pręsunt* vgl. Luc.
18,18-30.

539,5.7.11 C 1325: Exponit quid ille *gladius* faciat bis acutus. ... Hoc est
reuera *canticum nouum*, ut illi pauperes qui in mundo fuere derisui, de
principibus possint iudicare terrarum. Sequitur *u t ... c o n s c r i p -*
t u m, utique quod dicit apostolus: *An nescitis quoniam angelos iudicabimus?* (I Cor. 6,3). ... Omnes enim cum Christo iudicant, qui eius regulis non repugnant, ...

539,8 HT 352: hoc est, ut sic eos iudicent, quomodo in scripturis sanctis
digestum est. (= Br 1344 B)

C 1324 (Zu v. 7): Nam uide quid sequitur: *a d   f a c i e n d a m   u i n -*
d i c t a m   i n   n a t i o n i b u s , i n c r e p a t i o n e s   i n
p o p u l i s. Ista enim tunc uere fiunt, quando cum Domino iudicabunt.

P s a l m 150

539,13 C 1326: Dicit enim propheta, receptis in illa Ierusalem *s a n c t i s*
suis, *D o m i n u m* debere *l a u d a r e*;
Br 1344 D: *L a u d a t e ... e i u s*. Qui[1] eos post[1] celebratum iudicium
in aeternitatis gloria collocabit[1].

---

14 CAug: omnipotentis
15 CSg: *fehlt.*
 1 CSg: *quod ... per ... collocauit*

A 2194: utique in eis quos glorificauit.

539,16 C 1327: Firmitas *u i r t u t i s   e i u s* est, quia exitium[2] pro omnium salute suscipiens, mortem ipsam cum auctore nequissimo potentiae suae uirtute superauit, inferni claustra dirupit[3], haesitantes resurrectione sanauit et firmiter credentes usque ad caelorum regna perduxit (∼ A 2194f.)

539,25 C 1329: *C y m b a l a* ergo nostra sunt[4] labia percussa ad sonum uocis distinctissime[5] temperandum[6], quae tunc salutariter[7] *s o n a n t*, quando in laudes *Domini* deuotissime commouentur. *C y m b a l a* quoque *b e n e   t i n n i e n t i a,* ... acutissimum sonum delectabili consonantia restituunt.

540,1 C 1329: sed illud quod est in natura rerum sublimius, hoc *l a u d e t   D o m i n u m*.

---

2 CSg: exitum
3 CSg: disrupit
4 CSg: *fehlt.*
5 CSg: decentissime (*aus* abtissime *verbessert, cen übergeschrieben*)
6 CSg: temperantur
7 CSg: salutaria (*ursprüngliches* um *durch Unterstreichung getilgt,* a[3] *darübergeschrieben*)

C A N T I C V M   I S A I A E (Isai. 12,1-6)

Abkürzungen und Zeichen im *Notker latinus* zum *Canticum Isaiae*.
(Für weitere Angaben zu den Ausgaben und Hss vergleiche man die Einleitung
in Bd 8A, § 11.)

CSg 27   = Randglosse in dieser Hs
H   = Hieronymus, *Commentarii in Esaiam*
R   = Remigius
~   = ähnlich (vgl. den Schlußparagraphen der Einleitung in Bd 8A)

540,6 CSg 27,645: Vox prophetae ex persona Ecclesiae quae in persecutione
       posita ad Christum clamat, dicens: C o n f i t e b o r   t i b i, D o -
       m i n e, et laudabo te, non solum in prosperis, uerum etiam in aduer-
       sis ... t u o utique f u r o r e ad clementissimam pietatem tuam
       c o n u e r s o mea in tribulatione, citius consolationem a te recipio.
       H 157: C o n f i t e b o r   t i b i, D o m i n e, quoniam qui iram merui
       et f u r o r e m   t u u m, misericordiam consecutus sum;
540,12 CSg 27,645: ideo f i d u c i a l i t e r   a g a m   e t   n o n   t i m e -
       b o   quid faciat mihi homo (Ps 117,6; Hebr. 13,6).
540,15 CSg 27,645: eo quod contra hostes tua saluatione fortis in acie adsistam.
540,17 CSg 27,645: Praecinit propheta populis fidelibus qui esuriunt et sitiunt
       iustitiam (vgl. Matth. 5,6) euangelicam i n   g a u d i o assumere
       doctrinam d e   f o n t i b u s   S a l u a t o r i s ; f o n t e s
       S a l u a t o r i s septiformis gratia est Spiritus sancti, quae de uno
       f o n t e Christo Domino nostro licet diuersis donis per euangelicam
       praedicationem in totum diffunditur mundum.
540,22 CSg 27,645: i l l a   d i e s nostrum tempus est. In quos fines saeculo-
       rum deuenerunt, c o n f i t e m i n i   D o m i n o, quia illius misericor-
       dia est omne quod possumus, et clementia omne quod uiuimus. - Zu *quod
       sumus* vgl. I Cor. 15,10[1].
541,1 CSg 27,646: *narrate omnia mirabilia eius* (Tob. 12,20; Ps 104,2); e x -
       c e l s u m et immensum in omnibus operibus suis, memorandum est n o -
       m e n   e i u s.

---

1 R 266[vb]: O uos apostoli, d i c e t i s gentibus cum uestris sequacibus in
  i l l o tempore, ut laudent Deum.

541,4   CSg 27,646: quoniam mirabilis carne assumpta mundo apparuit ... - Vgl.
         540,9.
541,7   CSg 27,646: Laetare Ecclesia quae specula diceris, in sublimibus collo-
         cata, quia *m a g n u s*, id est, Christus Filius Dei regnat in te.
         (∼ H 159)

C A N T I C V M   E Z E C H I A E   (Isai. 38,10-20)

Abkürzungen und Zeichen im *Notker latinus* zum *Canticum Ezechiae*.
(Für weitere Angaben zu den Ausgaben und Hss vergleiche man die Einleitung in
Bd 8A, § 11.)

CSg 27 = Randglosse in dieser Hs
H   = Hieronymus, *Commentarii in Esaiam*
R   = Remigius
Ver   = Verecundus
=   = (faktisch) identisch
∼   = ähnlich (vgl. den Schlußparagraphen der Einleitung in Bd 8A)

541,11.19 CSg 27,646: Ezechias rex narrat quid tempore prementis angustiae
         imminentisque languoris tacitus cogitarit. *D i x i*, inquit, in corde
         meo, *i n   d i m i d i o   d i e r u m   m e o r u m*, id est, non in
         plenitudine *d i e r u m   m e o r u m*; sancti enim implent *d i e s*
         suos, ut Abraham, qui mortuus est, plenus *d i e r u m*, in senectute
         bona (vgl. Gen. 25,8); impii et peccatores *i n   d i m i d i o   d i e -
         r u m* suorum moriuntur quia non implent opera uirtutum, et ideo du-
         centur ad tartara. (∼ H 446)[1]
541,21.24 CSg 27,647: formidauit enim ne ductus ad *inferos* salutare Dei nequa-
         quam mereatur *a s p i c e r e*, et ne cum sanctis hominibus Dei non
         habitet in *q u i e t e*, [et] ne non *u i d e a t   D o m i n u m   i n
         t e r r a   u i u e n t i u m*, id est, in regione sanctorum. (∼ H 446f.)
542,1.6 CSg 27,647: Etenim formidauit ne in telae similitudinem in ipso lucis

---

1 Ver 71[a]: Ezechias, ... quum fuisset infirmitatem perpessus, et mortem sibi
  futuram aduentare Isaiae uaticinio cognouisset, conuertit faciem suam ad
  parietem et fleuit amare.

exordio *p r a e c i d a t u r* et nequaquam de semine eius Christus oriatur. (∿ H 447)

542,2 CSg 27,647: Metuit[2] ergo ne *g e n e r a t i o* illius instar *t a b e r - n a c u l i* dissoluatur. (∿ H 447)[3]

542,4 CSg 27,647: Im Text selbst (Mittelspalte) heißt es: Quieuit generatio mea . ablata est a me. Die Glosse auf dem rechten Rand lautet: Seq̄ hieroniɱ. Nam si quieuit generatio mea legeris . quieuit pro cessatione non pro requie . intellegere debebis. - Vgl. dazu die Einl. in Bd 8A, § 13[4].
H 445: *C e s s a u i t g e n e r a t i o m e a ; a b l a t a e s t e t
c o n u o l u t a e s t a m e q u a s i* ... - Vgl. H 446f.

542,8 H 447: Quod et Iob in angustia sua atque in tormentis corporis sustinuisse se dicit, quando in die expectabat noctem, et lucem praestolabatur in tenebris, mutatione temporum putans mutari posse supplicia (vgl. Iob 30).

542,12 CSg 27,647: hoc uerum esse nouit qui magnis febribus aestuat, cuius ignis internus in similitudinem *l e o n i s o m n i a o s s a* consumit. (= H 447)

542,16 CSg 27,648: Ego inquit, in similitudinem *h i r u n d i n i s* et *c o - l u m b a e* fletibus et gemitibus dies noctesque iungebam. (= H 447)[5]

542,18 CSg 27,648: A Deo enim solo qui poterat subuenire eleuatis in altum *o c u l i s* auxilium praestolabar. (= H 447)

542,19 CSg 27,648: dicebam: *D o m i n e*, plus *p a t i o r* quam mea poscunt merita, sed et si quid erraui, conuertar ad melius. Tu *r e s p o n d e
p r o m e*: *Non enim uolentis, neque currentis, sed miserentis est Dei* (Rom. 9,16). (= H 447)[6] - Vgl. 543,11.14.

542,25 CSg 27,648: *q u i d d i c a m*, ait, quidue causabor contra factorem meum, aut *q u i d m i h i r e s p o n d e b i t*, qui *f e c i t i p s e* quod uoluit? Sustinenda sunt ergo quaecumque decreuerit. (= H 447)

543,5 H 448: Nulla res longa mortalium est, omnisque felicitas saeculi dum tenetur, amittitur. Cum enim tribulationis tempus aduenerit, omne quod

---

2 CSg: Petuit (*sic*)
3 R 267[ra]: auulsa et remota *e s t a m e* ipsa *g e n e r a t i o*, sicut amouetur a loco *t a b e r n a c u l u m* (Hs: tabernaculorum) *p a s t o r u m*.
4 Vgl. R 267[ra]: Beatus Hieronymus dicit se deceptum fuisse uerbi similitudine in hoc loco, ideo posuisse *q u i e u i t* pro *q u i e t i s* (vgl. H 446f.).
5 R 267[ra]: Sicut *h i r u n d o* gemo, uel sicut *c o l u m b a*.
6 R 267[ra]: Infirmitas mea maior [267[rb]] est quam meretur iniquitas mea. Tu esto fidei iussor, ut sanitate recepta ad priora uitia non redeam, subaudiendum, cum sciam quia hoc iuste sustineo.

praeteritum est nihil adiuuat sustinentem. Vnde stulta Epicuri sententia est, qui asserit recordatione praeteritorum bonorum, mala praesentia mitigari. (= CSg 27,648:) Ergo Ezechias reputare se dicit *o m n e s   a n - n o s* regni sui, et praeteritae, ut putabat, beatitudinis *i n* praesenti *a m a r i t u d i n e*.

543,11.14 Vgl. Isai. 38,9: *Scriptura Ezechiae, ... cum aegrotasset et conualuisset de infirmitate sua.*

543,14 CSg 27,649: sed *u i u i f i c a s t i   m e , p a c e m* que tribuisti fugato Assyrio; sed *p a x* mea omni mihi *a m a r i t u d i n e* fuit *a m a r i o r*, quia tranquillitate populis reddita et urbe secura, ego solus limina mortis intraui. (= H 448f.) - Zu *angelus domini ... milia* vgl. Isai. 37,36-38.

543,22 CSg 27,649: *p r o i e c i s t i ... m e a*, ne illa tristis aspicerem, sed tuam misericordiam contemplarer. (= H 449)

543,25 CSg 27,649: *I n f e r n u s* enim et *m o r s* non *c o n f i t e b u n - t u r* neque *l a u d a b u n t   t e. ...* Qui enim in *i n f e r n o* est, *n o n   e x p e c t a t* iudicii *u e r i t a t e m*, sed misericordiam. (= H 449)

544,2 H 449 (fügt anschließend hinzu:) maxime cum Saluator ad *i n f e r n a   d e s c e n d e r i t*, ut uinctos de *i n f e r i s* liberaret. Pro *l a c u* manifestius iidem [= LXX] *i n f e r o s*[7] transtulerunt.

544,4 CSg 27,649: Hic confessio pro laudatione ponitur. (= H 449)

544,6 CSg 27,649: ut in Deuteronomio (32,7) legitur: *Interroga patrem tuum, et reliqua.* (~ H 449, der das ganze Zitat anführt, allerdings in einer von Notker abweichenden Form.)

544,10 CSg 27,649: *S a l u u m   m e   f a c ,   D o m i n e*, et omnes qui in te credimus. *... c u n c t i s   u i t a e   n o s t r a e   d i e b u s* te *c a n t e m u s* in templo. (= H 449)

---

7 CSg: *fehlt, aber auf dem Rand steht R [= require!].*

CANTICVM ANNAE (I Reg. 2,1-10)

Abkürzungen und Zeichen im *Notker latinus* zum *Canticum Annae*.
(Für weitere Angaben zu den Ausgaben und Hss vergleiche man die Einleitung in
Bd 8A, § 11.)

A	= Augustin, *De ciuitate Dei*
B	= Beda, *In primam partem Samuhelis libri IV*
CSg 27	= Randglosse in dieser Hs
HM	= Hrabanus Maurus, *Commentarii in libros IV Regum*
R	= Remigius
=	= (faktisch) identisch
~	= ähnlich (vgl. den Schlußparagraphen der Einleitung in Bd 8A)

544,15 CSg 27,650: Gratulabunda ergo Ecclesia gentium *in Domino* se dicit *exultare*, quia ipse ei multo tempore sterili permanente uuluam aperuit, ut ipsum solum dominatorem intellegeret. ... *cornu* suum dicitur Ecclesia; *in Domino exaltatum*, quia regnum eius sublimiter lateque per Christum erigitur. - Zum Motiv der *Ecclesia* als *regina* vgl. Notker zu Ps 44,10.

544,20 A 556: *Dilatatum est super inimicos meos os meum*, quia et in angustiis pressurarum sermo Dei non est adligatus nec in praeconibus adligatis. (= HM 16 C)

HM 16 B: *Exultauit ... Domino*, ut Paulus dixit: *Gaudete in Domino semper* (Phil. 4,4).[1]

544,23 CSg 27,650: *Salutare* Dei Christus est, in quo *laetata* effecta est Ecclesia. (~ A 556)

544,25; 545,4 HM 16 D: Distinctione utitur. Non dixit: nisi *Dominus*, sed: nullus est *sicut Dominus, sanctus* et sanctificans, *iustus* et iustificans. (~ CSg 27,651) ... *Non est*, inquit, *sanctus praeter te, Domine*, quia nemo fit, neque abs te. (~ A 557)[2]

---

[1] R 267ᵛᵃ: *Dilatatum est os* Ecclesiae, quia coram Iudaeis et infidelibus sine prohibitione loquitur sanctum euangelium.
[2] B 22: *Sanctos* quidem ac *fortes* et angelos legimus et homines, sed quantumcumque in sanctitate proficiat, quantumlibet perfectionis adquirat, ita *sancta fortis*que non potest esse creatura ut creator, quia ille fortitudinis et sanctitatis largitor est, ista susceptrix.

545,3.6 CSg 27,651: O Iudaei, *n o l i t e   g l o r i a r i* in lege, neque *m u l t i p l i c a r e* superbe *l o q u i* aduersum me. [*R e c e - d a n t ... u e s t r o.*] Hoc est, inaniloquium non exeat *d e   o r e   u e s t r o,* ... quoniam *D e u s* est *s c i e n t i a r u m,* arbiter est; ipse enim uidet cogitationes hominum (vgl. Ps 93,11), ... (∿ HM 17 B) - Zu *lex ... gratia* vgl. Rom. 6,14, usw.

545,9.13 A 557: Ipse uos scit, et ubi nemo scit; quoniam *qui putat se aliquid esse, cum nihil sit, se ipsum seducit* (Gal. 6,3). Haec dicuntur aduersariis ciuitatis Dei ... de sua uirtute praesumentibus, in se, non in Domino gloriantibus (vgl. II Cor. 10,17); (= HM 17 A-B)

545,13 A 557: Infirmatus est *a r c u s,* id est, intentio eorum, qui tam potentes sibi uidentur, ut sine Dei dono atque adiutorio humana sufficientia diuina possint implere mandata, et *p r a e c i n g u n t u r   u i r t u - t e,* quorum interna uox est: *Miserere mei, Domine, quoniam infirmus sum* (Ps 6,3). (∿ HM 17 C)

545,13.20 CSg 27,651: Id est, gentes quae ante *i n f i r m i* fuerant, accepta fide, uirtutum operibus roborantur.

546,16 A 557: *P l e n i   p a n i b u s,* inquit, *m i n o r a t i   s u n t, e t   e s u r i e n t e s   t r a n s i e r u n t   t e r r a m.* Qui sunt intellegendi *p l e n i   p a n i b u s,* nisi idem ipsi quasi potentes, id est, Israelitae, quibus credita sunt eloquia Dei (vgl. Rom. 3,2)? Sed in eo populo ancillae filii *m i n o r a t i* sunt (quo uerbo minus quidem latino, bene tamen expressum est, quod ex maioribus minores facti sunt), quia et in ipsis *p a n i b u s,* id est, diuinis eloquiis, quae Israelitae soli tunc ex omnibus gentibus acceperunt, terrena sapiunt. Gentes autem, quibus lex illa non erat data, postea quam per Nouum Testamentum ad eloquia illa uenerunt, multum *e s u r i e n d o   t e r r a m   t r a n s i e r u n t,* quia in eis non terrena, sed caelestia sapuerunt. (∿ HM 17 D)

545,15.21 CSg 27,651: *R e p l e t i   p r i u s, p r o   p a n i b u s   s e   l o c a u e r u n t, e t   f a m i l i* -[652]*c i   s a t u r a t i   s u n t.* (= Text, in der Mittelspalte; dazu die Randglosse:) Iudaei, doctrina legis et prophetarum *s a t u r a t i,* spiritali intellegentia carentes; *f a m i l i c i,* id est, gentes spiritaliter legem Dei intellegentes.[3]

---

3 Vgl. B 23: *R e p l e t i   p r i u s   p r o   p a n e   s e   l o c a u e r u n t, e t   f a m e l i c i   s a t u r a t i   s u n t.* Iudaei *p r i u s* scripturarum *p a n e* uiuo refecti, nunc ad conuiuium boni patris qui reducem filium iuniorem grate suscepit (vgl. Luc. 15,24) intrare dissimulantes, inter spiritales dapes egent, et hospites quondam testamentorum gentes nunc gustantes uident quoniam suauis est Dominus (vgl. Ps 33,9).

546,1   CSg 27,652: Gentilitas multos adoptiuos *f i l i o s* Deo generauit per
baptismum, Iudaea autem *i n f i r m a t a   e s t* quia in infidelitate
perdurauit.

A 558: Hic totum quod prophetabatur eluxit agnoscentibus numerum septe-
narium, quo est uniuersae Ecclesiae significata perfectio. ... *S t e -
r i l i s* enim erat in omnibus gentibus Dei ciuitas, antequam iste
fetus, quem cernimus, oriretur. Cernimus etiam, quae *m u l t a   i n
f i l i i s* erat, nunc *i n f i r m a t a m* Hierusalem terrenam;
quoniam quicumque *f i l i i* liberae in ea erant, uirtus eius erant;
nunc uero ibi quoniam littera est et spiritus non est (vgl. II Cor. 3,6),
amissa uirtute *i n f i r m a t a* est. (= HM 18 A-B)[4]

546,4   A 558: *m o r t i f i c a u i t* illam, quae *multa erat in filiis, e t
u i u i f i c a u i t* hanc *sterilem*, ... (= HM 18 B-C)

546,6   A 558: Nam qui *proprio Filio non pepercit, sed pro nobis omnibus tradidit eum* (Rom. 8,32), isto modo utique *mortificauit* eum; et quia resusci-
tauit a mortuis, eundem rursus *uiuificauit*. Et quia in prophetia uox
eius agnoscitur: *Non derelinques animam meam in inferno* (Ps 15,10),
eundem *d e d u x i t   a d   i n f e r o s   e t   r e d u x i t.* (= HM 18 D)

546,8.11 A 558: Hac eius paupertate *d i t a t i   s u m u s.* ... [559] ...
Iam uero quod adiungitur: *S u s c i t a t   a   t e r r a   p a u p e r e m,*
de nullo melius quam de illo intellego, qui *propter nos pauper factus
est, cum diues esset, ut eius paupertate* sicut paulo ante dictum est,
ditaremur (II Cor. 8,9). (= HM 18 D - 19 A)[5]

546,11 A 559: Ipsum enim de *t e r r a   s u s c i t a u i t* tam cito, ut caro
eius non uideret corruptionem (vgl. Act. 2,31). Nec illud ab illo alie-
nabo, quod additum est: *E t   d e   s t e r c o r e   e r i g i t   i n o -
p e m. I n o p s* quippe idem, qui *p a u p e r; s t e r c u s* uero,
unde *e r e c t u s   e s t,* rectissime intelleguntur persecutores Iudaei,
in quorum numero cum se dixisset apostolus Ecclesiam persecutum: *Quae
mihi fuerunt*, inquit, *lucra, haec propter Christum damna esse duxi; nec
solum detrimenta, uerum etiam stercora existimaui esse, ut Christum lucri
facerem* (Phil. 3,7-8). (= HM 19 A-B) - Zu NON ... CORRVPTIONEM vgl. Act.
13,35.

CSg 27,652 (zu *S u s c i t a t*): Id est, Christum de Iudaea uel sepulcro, qui inter homines *e g e n u s* esse humilisque uidebatur, et

---

[4] B 23: *M o r t i f i c a t* Synagogam, *u i u i f i c a t* Ecclesiam, ...
[5] B 24: Quos in praesenti *p a u p e r e s* et humiles spiritu propter se
  f a c i t, eosdem in futuro *d i t a t* in se et subleuat.

gentilem populum eleuat de corruptione carnali ad iustificationem uitae. - Vgl. 425,5.

546,20 A 559: ... *u t   s e d e a t   c u m   p o t e n t i b u s   p o p u l i*, quibus ait: *Sedebitis super duodecim sedes* (Matth. 19,28). (= HM 19 B) CSg 27,652: *V t   s e d e a t*, id est *c u m* apostolis et praedicatoribus, *e t* caeleste regnum *t e n e a t*.

546,24 CSg 27,652: *D o m i n i   e n i m   s u n t*, hoc est, quattuor plagae mundi, in quibus dilatabit orbem Ecclesiae suae quae a solis ortu usque ad occasum laudat nomen eius. (= HM 19 B) - Beda, *De natura rerum liber*[5a] (Anfang des 10. Kapitels, PL 90, 205 A): De plagis mundi. Climata, id est, plagae mundi, sunt quatuor ...

547,1 CSg 27,653: Hoc est, electorum suorum opera in uiam iustitiae dirigit. (= HM 19 C)

547,2 CSg 27,653: *e t   i m p i i*, id est, Iudaei in ignorantia sua tacent siue tabescunt. - Vgl. 544,19-22.

547,4 CSg 27,653: non *f o r t i t u d i n e* propria, sed uirtute diuina potens est *u i r*, id est, populus credentium. (= HM 19 C)

547,7 CSg 27,653: hi *f o r m i d a b u n t* eum in suo fine et in die iudicii, quando resonabit super eos, dicens: *Discedite a me, maledicti, in ignem aeternum* (Matth. 25,41), ...

547,9 CSg 27,653: Modo uniuscuiusque hominis *f i n e m*, siue finito mundo in die iudicii restituet iuxta opera sua[6];

547,12 CSg 27,653: *e t   d a b i t   i m p e r i u m*, id est, iudicium Christo in die iudicii; *e t   s u b l i m a b i t   c o r n u*, id est, regnum eius in saecula saeculorum.

5a Noch heute gibt es in der Stiftsbibliothek in St. Gallen 6 Hss (alle 9. Jahrhundert), die dieses Werk enthalten; vgl. Laistner-King, 143.

6 B 25: Sed melius intellegitur *f i n i s   t e r r a e* extrema uel uniuscuiusque hominis uel totius mundi tempora dicere, quia qualis de corpore quis exierit, talis offeretur districti iudicis examini. - Vgl. R 267vb: *D o m i n u s   i u d i c a b i t* [268ra] in die iudicii omnes habitantes in *t e r r a*, ...

C A N T I C V M   M O Y S I (Exod. 15,1-19)

Abkürzungen und Zeichen im *Notker latinus* zum *Canticum Moysi*.
(Für weitere Angaben zu den Ausgaben und Hss vergleiche man die Einleitung in
Bd 8A, § 4 i) und § 11.)

CSg 27   = Randglosse in dieser Hs
Isidor, *Et.* = Isidor von Sevilla, *Etymologiae*
R   = Remigius
Ver   = Verecundus
WS   = Walahfrid Strabo, *Pentateuch-Kommentar*
=   = (faktisch) identisch
~   = ähnlich (vgl. den Schlußparagraphen der Einleitung in Bd 8A)

547,16; 548,4 CSg 27,654: tamen *g l o r i o s e   m a g n i f i c a t u s
   e s t*, quando *g l o r i o s a* morte diabolum uicit. *E q u u m   e t
   a s c e n s o r e m*, id est, eius superbiam cum ipso et omnibus membris
   eius tradens in gehennam. (= WS 333)[1]
547,21 CSg 27,654: tam non cadunt, quam non cadit Dominus.
547,23 CSg 27,654: *I s t e   D e u s* patriarcharum, non alius in Nouo Testamento, ut haeretici uolunt, qui dicunt illum, id est, Veteris Testamenti *D e u m* iustum uel crudelem, hunc autem, Noui uidelicet, mitem
   et bonum. (= WS 333)[2]

---

[1] Notker denkt an die Taufliturgie während der Ostervigil, bei der nach der
   Segnung der Osterkerze zuerst mehrere Prophetien gesungen werden (die vierte
   ist Exod. 14 und 15), dann das Taufwasser geweiht wird, schließlich die Taufe stattfindet. Auch zu Notkers Zeiten lauteten die Fragen des Priesters und
   die Antworten des Täuflings u.a.:
      Abrenuntias satanae?   Abrenuntio.
      Et omnibus operibus eius?   Abrenuntio.
      Et omnibus pompis eius?   Abrenuntio.
   Vgl. Cyrille Vogel, *Introduction aux sources de l'histoire du culte chrétien
   au moyen âge*. Spoleto (1966), 138-141; dort 139, Anm. 78, weitere Literatur
   zur Taufe und zur *pompa diaboli*. Cf. die altdeutschen Übersetzungen (Fränki-
   sches Taufgelöbnis, Sächsisches Taufgelöbnis) etwa in Müllenhoff-Scherer,
   Denkmäler deutscher Poesie und Prosa ... 2 Bde. Berlin [3]1892 = Nachdruck 1964,
   I, 198f.; II, 316-323. Vgl. auch Ver 2[a-b] sowie R 268ra und R 268va (zu v. 3).
[2] Vgl. R 268rb: Fuerunt haeretici qui dixerunt duos esse *d e o s*, unum Veteris
   Testamenti, alterum Noui. ... Sed omnes isti mentiti sunt ostendente Moyse
   ipsum *D e u m* esse Veteris Testamenti quem et Noui, ...

548,4 CSg 27,654: Tunc *P h a r a o n e m*, nunc debellando diabolum. (= WS 333)[3]

548,4.6.9 CSg 27,655: Principalia uitia pariter cum minimis subruuntur. *A b y s - s i   o p e r u e r u n t   e o s*, id est, gehenna in quam *q u a s i   l a - p i s   d e s c e n d e r u n t*, quia et iste et ille, grauati duritia peccatorum, *l a p i d e s* uiui non erant. (= WS 333f.)[4]

548,15 CSg 27,655: Filium tuum Christum *m a g n i f i c e m u s   i n   f o r - t i t u d i n e* uictoriae qui *p e r c u s s i t   i n i m i c u m* libertatis nostrae. (= WS 334)

548,18 CSg 27,656: non tamen *i r a* deitas turbatur, *q u a e ... s t i p u - l a m*, quia sicut facile ignis *s t i p u l a m* consumit, sic facile erat Deo utrumque submergere. (= WS 334)

548,20 CSg 27,656: id est, uel maris diuisi, uel Iordanis, ut legitur (vgl. Exod. 14; Ps 113,3.5; Ps 135,13). (= WS 334)

548,23 CSg 27,656: *c o n g r e g a t a e   s u n t   a b y s s i*, ne nocerent iustos et ut necarent iniustos. (= WS 334)

548,25 CSg 27,656: Verba Pharaonis, uel diaboli, ... (= WS 334)

549,8 CSg 27,656: Magna faciens quia sanctus est, [657] *t e r r i b i l i s* iudicando atque *l a u d a b i l i s* dimittendo. (= WS 334)

549,10 CSg 27,657: Id est, uirtutem tuam, *e t ... t e r r a*, id est, arena uel peccata terrena. (= WS 334)

549,12 CSg 27,657: Ibi *d u x   f u i s t i* ad promissam terram, hic ad cae- lestem Ierusalem redemptis. (= WS 334)

549,14 CSg 27,657: Sine eius labore *e u m* aduexisti ubi tabernaculum et postea templum uideret; sic sanctos in paradisum. (= WS 334, der aber *sicut* statt *sic* schreibt.) - Vgl. CSg 27 zu 550,8.

549,17 CSg 27,657: uel ita legendum: *A s c e n d e r u n t* aduersarii contra eos *i r a t i*, ... (= WS 334)

549,26 CSg 27,658: quibus est salus iustorum inuidia, quos tamen Dominus exsu- perat. (= WS 335)[5]

---

3 R 268ra (zu v. 1): *E q u u m ... m a r e*, id est, diabolum et ministros illius deiciet in infernum, ... (∼ Ver 2a)
4 Ver 4b: Merito ipse eos Dominus dicitur submersisse, ...
5 Ver 8a: *D e c i d e t   s u p e r   e o s   t i m o r   e t   t r e m o r   m a g - n i t u d i n i s   b r a c h i i   t u i*, ut uel ... uel certe Domini po-[8b] tentia in nouissimo reuelatu terroribus quatiantur. - Zu 550,4 vgl. R 269rb: et *f i a n t   i m m o b i l e s*, ne ualeant consurgere [daemones et persecu- tores] aduersus sanctam Ecclesiam, *d o n e c   p e r t r a n s e a t   p o p u - l u s   D o m i n i* per mortem corporis ad caelestem patriam, quam ipse *p o s s i d e t* nunc per fidem et operationem.

550,8   CSg 27,658: *I n t r o d u c e t* etiam Dominus sanctos suos in Hierusalem caelestem et *p l a n t a b i t* in aeternum, id est, feliciter [659] uiuere faciet *i n   m o n t e*, id est, Sion, et *f i r m i s s i m o   h a b i t a c u l o*, hoc est, templo Hierusalem. (~ WS 335)

550,10 CSg 27,659: Hoc est, sanctimonium assumptae carnis quod non *m a n u* hominum factum est, sed *m a n i b u s* Dei paratum.

550,14 WS 335: Et *r e g n a b i t   i n   a e t e r n u m   e t   u l t r a*, si quid *a e t e r n o* ulterius est.[6]

Isidor, *Et.* I, 37,21: Hyperbole est excelsitas fidem excedens ultra quam credendum est, ... Hoc enim modo ultra fidem aliquid augetur, nec tamen a tramite significandae ueritatis erratur, quamuis uerba quae indicantur excedant, ut uoluntas loquentis, non fallentis appareat.

550,22 CSg 27,659: Qui enim Aegyptius est et sequitur *Pharaonem*, id est, diabolum, uitiorum fluctibus mergitur. Qui autem sequitur Christum ... *aquae* ei murus fiunt dextra laeuaque; ipse autem *m e d i a* uia incedit *p e r   s i c c u m* usquequo exeat ad libertatem, et hymnum uictoriae concinat, ...

C A N T I C V M   H A B A C V C (Habac. 3,1-19)

Abkürzungen und Zeichen im *Notker latinus* zum *Canticum Habacuc*.
(Für weitere Angaben zu den Ausgaben und Hss vergleiche man die Einleitung in Bd 8A, § 11.)

B	= Beda, *Super canticum Habacuc allegorica expositio*
CSg	= Randglosse in dieser Hs
H	= Hieronymus, *Commentariorum in Abacuc prophetam libri II*
R	= Remigius
Ver	= Verecundus
=	= (faktisch) identisch
~	= ähnlich (vgl. den Schlußparagraphen der Einleitung in Bd 8A)

---

6 R 269va: Si *u l t r a* aeternitatem potest homo *r e g n a r e*, *D o m i n u s* utique *u l t r a   r e g n a b i t*.

551,1 CSg 27,659 (Mittelspalte): ORATIO ABBACUC PRO IGNORATIONIBUS. (= H 618; die Vulgata hat: *pro ignorantiis*) - Vgl. H 618f., wo Hieronymus auf die Frage eingeht, inwiefern diese *oratio* auch ein *canticum* ist.

551,3 B 1237 B-D: ... exclamauit ad Dominum [propheta]: ... Verum inter haec reduxit extemplo ad memoriam dispensationem dominicae incarnationis ac passionis, quam in spiritu prophetiae cognouerat, ... Hunc ergo a u d i - t u m Domini a u d i u i t in spiritu propheta, ...

CSg 27,659: probra diuersa quae carne adsumpta pro humano genere patiar, ... hanc a u d i t i o n e m propheta in spiritu a u d i u i t e t t i m u i t.

551,6 CSg 27,660: finitoque tempore reddas Christum tuum, et o p u s quod pollicitus es u i u i f i c a, hoc est, tuum imple promissum. (∼ H 620)

551,7 CSg 27,660: Cum uenerit, inquit, plenitudo temporis et *opera*[1] promissa compleueris, monstrabis uera esse quae pollicitus es. (∼ H 621)

551,9 CSg 27,660: Et c u m peccantibus nobis i r a t u s f u e r i s, paenitentiam autem agentibus m i s e r i c o r d i a e tuae r e c o r - d a b e r i s.

551,11 CSg 27,660: P h a r a n locus est uicinus monti Sina, in quo ipse Dominus legem dedit qui per uirginem in Bethleem nasci dignatus est (∼ H 623), et inde, id est, a b a u s t r o u e n i e n s, Hierosolimam a parentibus ductus est, ... (∼ B 1239 D - 1240 A) - Zu *éinote* ... *pharan* vgl. etwa Gen. 21,21.

551,15 CSg 27,660: ut in euangelio: *Gloria in excelsis Deo, et in terra pax hominibus bonae uoluntatis* (Luc. 2,14), et alibi. (= H 624; B 1240 D - 1241 A)

551,18 B 1241 A: S p l e n d o r uirtutum et Domini Saluatoris doctrinae credentes illuminabit.

CSg 27,660: c o r n u a, id est, uexilla ac trophaea crucis, ... (= H 624)

551,20 CSg 27,660: In cruce a b s c o n d i t a e s t f o r t i t u d o e i u s, ... (= H 624) Zum Bibelzitat vgl. Matth. 27,42.

551,23 CSg 27,661: Exeunte autem Domino de aquis baptismatis occurrit m o r s, id est, diabolus, et a n t e p e d e s illius ueniebat coluber antiquus, quando temptauit eum in deserto. (∼ H 627)

551,26 CSg 27,661: S t a n s Saluator cuncta perspiciens et intuitu uniuersitatem mundi m e t i e n s, g e n t i u m infidelitatem dissipauit; m o n - t e s, id est, superbi per paenitentiam humiliati sunt.

---

1 CSg: opere

552,5 CSg 27,661: Qui ante aduentum Saluatoris superbi erant et flecti non
poterant. (~ H 627)

552,6 CSg 27,661: Qui templum Dei esse debebant, propter *i n i q u i t a t e m*
autem ... fiunt *t a b e r n a c u l u m   A e t h i o p u m*, id est,
daemonum. *T a b e r n a c u l a   t e r r a e   M a d i a n* atque *A e -
t h i o p u m* eosdem intellege; hi in nouissimo, conscii peccatorum suorum, pauebunt iudicio. (~ H 629)

552,12 H 635 (zu v. 10): De subitis [*f l u m i n i b u s*], et ad tempus cur-
rentibus [dictum est]: *Omnes torrentes* [636] *uadunt in mare* (Eccli. 40,11).
Talium enim aquarum finis, perditio est.
CSg 27,661: *F l u m i n u m* et *m a r i s* uocabulo corda exprimuntur
infidelium, quae toto intentionis impetu ad inferiora descendunt.
(= B 1244 B, der aber statt *descendunt* schreibt: *defluunt*.)
H 631: animaduerte *m a r e* super quod impetus Domini fit, ut sentiat
eius aduentum, et sciat quibus terminis et obice concludatur, et audiat:
In te conterentur fluctus tui (Iob 38,11, nach LXX). - Vgl. 552,9.[2]

552,13.19 B 1244 D - 1245 A: *A r c u m* dicit improuisum diuini examinis aduentum, quo etiam *s c e p t r a*, id est, regna mundi examinanda esse
praeuidit. (~ CSg 27,662) ... *T e n d e n s*, inquit *e x t e n d e s
a r c u m   t u u m* ... id est, comminaberis iudicium tuum subito aduen-
turum, ut quicumque ad comminationem irae quasi ad *e x t e n t u m
a r c u m* territus fuerit et pietati tuae supplicare curauerit, emissio-
nem sagittarum, id est, comminationem non sentiat perennium poenarum.

552,16.22 H 631: Quaero *e q u o s   s u p e r* quos *a s c e n d a t* Dominus,
et puto non esse alios nisi sanctorum animas, *s u p e r* quas *a s c e n -
d i t* sermo diuinus, ut et ipsas saluet, et alios per eas. ... [632] ...
Nos autem animas nostras in *e q u o s*, et in currus Domini praeparemus,
qui *a s c e n d i t* in Paulo, *a s c e n d i t* in Petro, et in huiuscemodi curribus equitans, totum lustrauit orbem.
B 1244 C: Id est, *a s c e n d e s* in corda electorum tuorum per illuminationem gratiae, per quam, te regente, iter uirtutum incedant, perque
orbem totum te euangelizando ferentes perpetuae salutis mundo uitam prae-
dicent. ... In qua *e q u i t a t i o n e   s a n i t a s* resonabat, quia

---

[2] R 270vb: Spiritaliter per *f l u m i n a* populi intelleguntur. Quando ergo
Dominus uenit in carne, *n u m q u i d* populus *i r a t u s   f u e r i t* ?
Non. Quia non uenit in primo aduentu ut iudicaret mundum, sed ut saluaret
mundum. Si enim tunc homines iudicare uellet, nullus saluari potuisset.

nimirum illorum iter spiritale signabatur, quo Domino duce per apostolos ad eius *quae sursum est Ierusalem, quae mater est omnium nostrum* (Gal. 4,26), uidenda regna ducuntur.

CSg 27,662: Et quae iurasti patribus nostris et t r i b u b u s, explebis in sempiternum[3].

552,22 H 633: Vide Petrum et Paulum, et de puteis Christi f l u u i i sque non ambiges. Cerne omnes apostolos, et iam non quattuor flumina, sed duodecim f l u u i o s intelleges[4] exire de paradiso scripturarum. ... [634] ... Vniuersus autem orbis qui erat desertus et sterilis, et aquas praedicationis dominicae non habebat, uersus est in paludes aquarum, et quot doctores emisit, tot habuit et fontes[5].

552,24 H 635: *V i d e b u n t   t e, e t   d o l e b u n t*, siue parturient *p o p u l i*: ... Consequenter rupta *t e r r a* et *f l u u i i s* manantibus, *p o p u l i* qui de fluminibus Dei[5a] biberant *u i d e b u n t* Deum atque parturient. ... *Beati*, inquit, *mundo corde, quoniam ipsi Deum uidebunt* (Matth. 5,8). Isti itaque *p o p u l i* loti a fluminibus, non iam *u i d e r u n t*, sed *u i s u r i   s u n t* Deum; - Vgl. Matth. 5,5: *Beati qui lugent, quoniam ipsi consolabuntur.*

B 1245 B-C: *V i d e b u n t   t e   a q u a e, e t   d o l e b u n t   p o p u l i. S c i s s a* quippe peccantium corda ad agnitionem confessionemque ueritatis crebra allocutione docentium, ... *u i d e n t* Deum interim per fidem, et *d o l e n t* se tamdiu ab illo recedisse per culpam, sed finito dolore paenitentiae *u i d e n t* eum plenius in futuro per speciem (vgl. II Cor. 5,7), ac de eius beata in perpetuum uisione laetantur.

CSg 27,662: *T e   u i d e r u n t* excelsa regna et sublimes huius saeculi potestates ac tremuerunt. (∼ H 634)[6]

552,26 CSg 27,662: *G u r g e s*, id est, persecutio eorum qui uexabant populum tuum *t r a n s i i t*. (∼ H 634)

---

3 R 270^(vb): In *q u a d r i g i s* Dei, hoc est, in quattuor euangelistis est *s a l u a t i o* omnium gentium. - Ver 80^b: Apostoli ergo *e q u i* sunt, qui Domino norunt dorsa supportando praebere; tales isti sunt *e q u i* quorum cursu mundum circuit uniuersum. Et omnis *e q u i t a t u s* Domini, populus scilicet beatorum, *s a n i t a s* sunt, uel quod a Domino aeternam capiunt *s a n i t a t e m*, uel quia ceteris credentibus salutem impendunt.
4 CTur: intellegis
5 Ver 82^b: Praedicatoribus quoque [*f l u m i n a*] conuenienter aptantur, ...
5a *fehlt CTur.*
6 Ver 83^a: *V i d e b u n t   t e, e t   d o l e b u n t   p o p u l i.* Per fidem Domino reuelato, peccatorum dolor uniuersos paenitentes affligit; ... Nec illud est moraliter omittendum, quod interiores sensus, tamquam *p o p u l i*, quum *t e   u i d e r i n t* per fidem compunctione repleri, *d o l e b u n t* gemendo et lugendo, si quo modo Domino quem *u i d e r i n t*, ualeant sociari.

553,2 B 1246 A: *A s p e r g e n s* ergo *a q u a s   i n   i t i n e r i b u s   d a t   a b y s s u s   u o c e m   s u a m*, cum praedicatores sancti profunda ueritatis scientia intus in corde repleti, ministerium uerbi foris audientibus exhibent[7]. - Vgl. B zu 552,24.

H 636: Si igitur in bonam partem acceperimus *a b y s s u m*, dicamus, *d i s p e r s i s   a q u i s   i t i n e r i s* pessimi *uiderunt te* sapientes tui, et *a l t i t u d i n e m* scientiae, ... in uocis suae laudibus protulerunt.

553,4 CSg 27,662: Post passionem et resurrectionem suam *e l e u a t u s* est Dominus, *s o l* uidelicet iustitiae, in caelum, et emisso Spiritu inlustrauit Ecclesiam. *S a g i t t a e*, id est, plagae tuae et eruditio populo tuo lumen praebuerunt. In *s o l e* enim Christus, in *l u n a* Ecclesia designatur[8].

553,6.9 B 1246 D: *I n   l u m i n e   i a c u l a   t u a   i b u n t, i n   s p l e n d o r e   f u l g o r i s   a r m o r u m. I a c u l a* autem Christi uerba sunt illius, quibus corda hominum compunguntur, ... Quae uidelicet *i a c u l a   i n   l u m i n e   e u n t*, qui ministerio doctorum ueritatis uerba mundo palam innotuerunt, iuxta quod ipsa Veritas eisdem praecepit, dicens: *Quae dico in tenebris, dicite in lumine* (Matth. 10,27).

H 638: *I a c u l a* Dei, id est, *s a g i t t a e   e u n t e s* atque pergentes, non ad hoc mittuntur ut interimant, sed ut inluminent[9].

553,11 CSg 27,662: Quando ergo populi tui iniuriam uindicabis, terrena regna calcabis, et omnes *g e n t e s* admirari facies. (= H 635)

B 1247 B: ... humiliabis salubriter eos qui terrena caelestibus anteponere solebant, ...[10]

553,14 CSg 27,663: Hoc Patri dictum intellegitur, quia exierit ad saluandum populum suum per Iesum Christum suum Filium; *Deus* enim *erat in Christo mundum sibi reconcilians* (II Cor. 5,19). (= B 1247 C-D)

---

7 R 271ra: *D e d i t ... s u a m*, id est, apostoli ex profunditate cordis emiserunt praedicationem suam.
8 Ver 84[b]: sicut Stephano martyri [*l u n a* assumptae carnis] paruit reuelata, quum Iesum uidisset *s t a n t e m* ad dexteram maiestatis (vgl. Act. 7,56).
9 Notker denkt natürlich an das Pfingstgeschehen und dessen Folgen. - Vgl. Ver 85[a]: Si uir proeliator est (vgl. Isai. 42,13), necesse est eum *i a c u l i s* uti, quae *i n   l u m i n e*, non in tenebris uadunt. *I a c u l a* itaque eius uerba sunt euangelii, *l u m e n* conferentia cordibus percussorum.
10 R 271rb: ... *c o n c u l c a b i s   t e r r a m*, hoc est, conteres corda terrenorum hominum.

553,17 CSg 27,663: Veniente autem Filio tuo *p e r c u s s i s t i* Antichristum *d e   d o m o   i m p i i*, id est, in hoc saeculo, quia in maligno positum est (vgl. I Ioh. 5,19). (~ H 635)[11]

553,21 H 635: siue ipsum diabolum *percussisti* qui impietatis *caput* est, et *d e n u d a s t i … c o l l u m*, id est, abscondita eius aperta fecisti, … (~ CSg 27,663)

553,24; 554,6 CSg 27,663: Non solum *s c e p t r i s*, id est, regnis diaboli *m a l e d i x i s t i*, uerum etiam *c a p i t i   b e l l a t o r u m* quod *percusseras*, qui *u e n e r u n t   u t   t u r b o* ut euerterent populum tuum. (~ H 642f.)

554,7 CSg 27,663: *E q u i*, sancti sunt praedicatores, quibus *f e c i s t i   u i a m* in populis nationum et in quorum praedicatione turbatae sunt *a q u a e*, hoc est, gentium corda. (~ B 1249 B)

554,10 CSg 27,663: ad comminationem, inquit propheta, tuam toto *u e n t r e*, id est, animo *c o n t r e m e s c o*.

554,12 CSg 27,664: in *l a b i i s* enim designatur pauor trepidae mentis. (~ H 643)

554,14 CSg 27,664: Non solum hunc tremorem libenter patior, uerum etiam quod passus est Iob libenter sustineo, id est, *p u t r e d i n e m* corporis, ita ut innumeris *s c a t e a t* uermibus. (~ H 643)

554,17 CSg 27,664: Id est, ut hic a meis expiar peccatis et *i n   d i e   t r i b u l a t i o n i s   r e q u i e s c a m* atque *a s c e n d a m* ad consortium eorum qui in Christo praecesserunt. (~ B 1251 A)[12]

554,21.26 CSg 27,664: *F i c u s, u i n e a* et *o l i u a* erat Synagoga Iudaeorum quando dulcedinem bonae operationis proferebat, sed Domino ad eam ueniente uirtutis fructum ferre neglexit. (~ B 1252 A)

554,24 H 651: Vt autem scias secundum superiorem intellegentiam, in qua de Synagoga dictum accepimus: *Ficus non faciet fructum, et non erunt genimina in uineis*, non de *fructibus* dici, sed de *o p e r i b u s* bonis, in *o l i u a* manifeste aenigma aperitur, et dicitur: *M e n t i e t u r   o p u s   o l i u a e. Fructus* enim quos afferre debuerant, in *o p e r i b u s* demonstrantur;

---

[11] R 271rb: *D e   d o m o   i m p i i*, de hoc mundo uidelicet, qui erat *d o m u s* et habitatio diaboli.
[12] Vgl. R 271va: … *a d   p o p u l u m   a c c i n c t u m*, id est, ad consortium sanctorum qui *a c c i n g u n t u r* bonis operibus in praesenti [271vb] Ecclesia ad repugnandum diabolo, ut mereantur postea in futura remunerari beatitudine.

554,24 CSg 27,664: Aliud enim promittentes, et aliud facientes; dicentes ad Moysen: *Omnia quaecumque dixerit Dominus faciemus* (Exod. 24,7; und öfter), et nolentes in eum credere, qui a Moyse praedicatus est. (∿ H 651f.)

555,3 CSg 27,664: Apud Iudaeos sunt p r a e s e p i a caelestium litterarum, sed quia pabulum caelestis intellectus in his non sapiunt, qui iugum euangelii baiolent, absunt. (∿ B 1252 D)

555,6 CSg 27,665: Id est, non in mea iustitia, sed in fide diuinae protectionis gloriabor, et e x u l t a b o in Saluatore meo, quia in illo salutem meam perpendo. (∿ B 1253 A, der statt *in illo* schreibt: *non in me, sed in illo*.)

555,9 CSg 27,665; et sicut c e r u i spinosa transiliunt, ita ego periculosa delictorum Domini uirtute transcendo.

555,11 CSg 27,665: omnem enim mundanam sublimitatem contemplatione caelestium transcendere me facit.

C A N T I C V M   D E V T E R O N O M I I   (Deut. 32,1-43)

Abkürzungen und Zeichen im *Notker latinus* zum *Canticum Deuteronomii*.
(Für weitere Angaben zu den Ausgaben und Hss vergleiche man die Einleitung in Bd 8A, § 4 i) und § 11.)

CSg 27	= Randglosse in dieser Hs
HM	= Hrabanus Maurus
Isidor, *Et.*	= Isidor von Sevilla, *Etymologiae*
Ver	= Verecundus
WS	= Walahfrid Strabo, *Pentateuch-Kommentar*
=	= (faktisch) identisch
∿	= ähnlich (vgl. den Schlußparagraphen der Einleitung in Bd 8A)

555,15 Vgl. Deut. 31,30: *Locutus est ergo Moyses, audiente uniuerso coetu Israel, uerba carminis huius,* ...

555,17 CSg 27,665: Maxima elementa in testimonium uocat, ut intentum faciat auditorem et ut significet se de magnis l o c u t u r u m. (= WS 658)

555,20.23 CSg 27,665: Sicut p l u u i a et r o s terram faciunt fructificare, sic d o c t r i n a   m e a in uobis uirtutum reuirescere fructus faciat. (= WS 658)

555,23.24 CSg 27,666: Iste uersus superioris sensum habet; q u i a ... i n u o -

c a b o, id est, de Domino mihi sermo est. (= WS 658)

555,25 CSg 27,666: Digne eum honorate fide et operibus. (= WS 658)

556,2 CSg 27,666: *e t   o m n e s   u i a e   e i u s*, id est, opera eius cum discretione rationis. (= WS 658f.)

556,5 CSg 27,666: et *n o n   f i l i i*, quia degenerati erant a uero Patre, sequentes idola. (∿ WS 659)

556,10 CSg 27,666: A contrario enim legendum est, quia primo *c r e a u e r i t* et post *p o s s i d e r e t*. (∿ WS 659)

556,12 CSg 27,667: *M e m e n t o* quomodo electus sis in patriarchis et *c o g i t a* quomodo Abraham, Isaac et Iacob et plurimos alios singulariter elegerit. (∿ WS 659)

556,17 CSg 27,667 (zu *q u a n d o   d i u i d e b a t*): Id est, in constructione turris. (= WS 659) - Zu *filios dei* und *filiis hominum* vgl. Gen. 6, bes. 1-4. Notker hat anscheinend die Auslegung dieser Stelle in Augustin, *De ciuitate Dei*, Buch 15, Kap. 22 und 23 (CC 48, 487-491) berücksichtigt; vgl. auch Ps-Methodius, *Reuelationes*[1], 62f.

556,23 Gregor der Große, *Homiliae in euangelia*, 34,11 (PL 76,1252 B-C): Sed quid prodest nos de angelicis spiritibus ista perstringere, si non studeamus haec etiam ad nostros profectus congrua consideratione deriuare? Quia enim superna illa ciuitas ex angelis et hominibus constat, ad quam tantum credimus humanum genus ascendere, quantos illic contigit electos angelos remansisse, sicut scriptum est: *Statuit terminos gentium secundum numerum angelorum Dei* (Deut. 32,8): debemus et nos aliquid ex illis distinctionibus supernorum ciuium ad usum nostrae conuersationis trahere, nosque ipsos ad incrementa uirtutum bonis studiis inflammare. Quia enim tanta illuc ascensura creditur multitudo hominum, quanta multitudo remansit angelorum, superest ut ipsi quoque homines qui ad caelestem patriam redeunt ex eis agminibus aliquid illuc reuertentes imitentur.[1a]

---

1 In: Ernst Sackur, *Sibyllinische Texte und Forschungen. Pseudomethodius, Adso und die Tiburtinische Sibylle*. Halle/Saale 1898 = Nachdruck, Turin 1963. Sackurs Ausgabe des Ps-Methodius beruht auf den 4 ältesten Hss, unter ihnen CSg 225, der wohl noch dem 8. Jahrhundert angehört.

1a Hrabanus Maurus hat das *Canticum Deuteronomii* zweimal erklärt, einmal im Rahmen seines Deuteronomium-Kommentars, einmal in seiner Sammlung von Auslegungen der *Cantica* für König Ludwig den Deutschen (vgl. die Einleitung in Bd 8A, § 11, Anm. 40). Beide Erklärungen haben an dieser Stelle dieselbe Entlehnung aus Gregor, die auch Notkers Text zugrundeliegt, und zwar ohne Namensnennung (PL 108,972 D - 973 A; PL 112,1137 B - C). Doch sind beide Erklärungen des Hrabanus für die Stiftsbibliothek in St. Gallen und andere Bibliotheken in der Nähe zu Notkers Zeiten nicht bezeugt. Obwohl Notker mit Gregors *homiliae* wohlvertraut war - vgl. seine Bearbeitung von Martianus Capella, *De nuptiis* ...

557,3 CSg 27,667: Hoc dicit ut ualidius eis beneficia Dei commendaret, qui de tanta multitudine gentium sibi eos elegisset, qui de Iacob stirpe descenderant. (= WS 660)

557,6 CSg 27,667 (zu *I n u e n i t ... d e s e r t a*): Id est, in monte Sina [668] ... *i n   l o c o ... s o l i t u d i n i s*, hoc est, Arabiae. (= WS 660)

557,8 CSg 27,668: Per uiam montis Seir duxit eum, et *d o c u i t* patientiam uel leges suas (vgl. Deut. 1; 2). (= WS 660)

557,11 CSg 27,668: Sicut enim *a q u i l a* superuolitans *p r o u o c a t   p u l l o s   a d   u o l a n d u m*, ita diuina pietas uult nos proficiscere de uirtute in uirtutem. (= WS 660)

557,16 CSg 27,668: Quae etiam *aquila* bene lassescentes in se subleuat, quia ubi nos minus sufficimus, diuinum speramus auxilium. (= WS 660f.)

557,19 CSg 27,668: Quod solum eius uirtutis erat sic glorifice populum suum educere, quod nullus aliorum deorum facere ualuit. (= WS 661)

557,22 CSg 27,668: *T e r r a* enim repromissionis uertex mundi esse dicitur. (= WS 661) - Vgl. 396,7f.²

557,25 CSg 27,669: Propter affluentiam omnium bonorum dicitur; ceterum *d e   p e t r a   m e l*, id est, de Christo dulcedo doctrinae ante passionem fidelibus ministrata est, et post resurrectionem *o l e u m* Spiritus sancti Christus effudit. (∼ WS 661)

558,2 CSg 27,669: Fortis doctrina nobis de patriarchis et prophetis ministratur; et *l a c   d e   o u i b u s*, leuior doctrina simplicium; *c u m   a d i p e   a g n o r u m   e t   a r i e t u m*, id est, per exempla magistrorum et subitorum desiderium spiritale, quod in *a d i p e* signatur. (= WS 661)

558,6 CSg 27,669: Per *h i r c o s* paenitentium exempla intellegimus. Sancti enim sic uiuunt in mundo quasi semper peccata defleant, ... *m e d u l l a   t r i t i c i   e t   s a n g u i n e m   u u a e*, corpus et sanguinem Christi significat; *m e r a c i s s i m u m*, id est, purissimum. (∼ WS 662)

558,8 CSg 27,669 (zu *I n c r a s s a t u s   e s t*): Propter rerum omnium abundantiam dicit. (= WS 662)

(Piper, 1, 780; S./St., 132) und die CCSg 204 und 221 (10. bzw. 9. Jahrhundert), die Gregors *homiliae in euangelia* enthalten -, bleibt das Zusammentreffen bei Hrabanus Maurus und dem St. Galler Mönch merkwürdig.
2 Vgl. HM, *in Deuteronomium*, zur Stelle (PL 108,975 B-C): *E x c e l s a m   t e r r a m* Palaestinam uocat, quia ad comparationem *t e r r a e* Aegypti, quae plana et irrigua est, montosa et aspera uidetur.

558,21 CSg 27,670: Id est, qui te formauit, ... (= WS 662)

558,25 CSg 27,670: et *e u m   p r o u o c a u e r u n t* in cultura deorum, quos adop-[671]tauerat in filios et filias. (~ WS 662)

559,2 CSg 27,671: Hoc est, subtrahendo auxilium, et *c o n s i d e r a b o* ad qualem finem perueniant. (~ WS 662)

559,8 CSg 27,671: ... ita et ego assumam multas gentes et hanc respuam. Significat enim gentes quae ad comparationem Israel quasi non essent reputabantur. (~ WS 662f.)³

559,13 CSg 27,671: Vindicta mea in hoc tempore incipiet et *a r* -[672]*d e b i t* usque ad aeternam damnationem. Malos uero et impios Dominus hic incipit flagellare, ut de temporali poena ad aeternam transeant; sic in Herode et Antiocho legimus. (~ WS 663)

559,17 CSg 27,672: Peccatores cum operibus *d e u o r a b i t*, et *m o n t i u m*, id est, superborum cogitationes et confidentiam destruet. (~ WS 663)

559,20 CSg 27,672: *M a l a* sunt poenae quae sufferentibus *m a l a* uidentur, sed iustae apud inferentem; *e t   s a g i t t a s*, id est, uindictas exercebor. (~ WS 663)

559,23 CSg 27,672: *c o n s u m u n t u r* etiam nunc peccatores *f a m e* uerbi Dei, et a malignis spiritibus lacerantur. (~ WS 663)

560,2 CSg 27,672: Saeuitia⁴ diaboli *i n m i t t e t u r* eis, qui in *f u r o - r e*, id est, in mundanis desideriis subruat. (~ WS 663)

560,4 CSg 27,672: Quia poenas sustinentes, conscientia propria torquentur. (= WS 663)

560,9.11 CSg 27,673: sed alios *d i c e r e* faciam cum Iudaei in terra repromissionis non apparent, uel cum iniqui communione sanctorum discernentur. (= WS 664)

560,16 CSg 27,673: Sic et nos sustinet peccatores, nec statim peccantes damnat, ne glorientur maligni spiritus in perditione nostra, et se uictoriam iactent percepisse. (= WS 664)⁵

---

3 Ver 24ᵇ: *I n   g e n t e   i n s e n s a t a   i r r i t a b o   e o s . G e n s   i n s e n s a t a* idololatriae populus appellatur, qui sensum ac sapientiam Christi necdum didicerat possidere. ... *I r r i t a r i* uero canum est proprie, qui excitati illos inseguuntur aduersus quos *f u e r i n t   p r o u o - c a t i,* ...

4 = WS; CSg 27 hat: De uitia, ᵑᵗᵉˢ so daß sich ergibt: Dentes uitia

5 HM, wie oben Anm. 2 (PL 108,979 C-D): An diuitias bonitatis eius et patientiae et longanimitatis contemnis, ignorans quoniam benignitas Dei ad paenitentiam te adducit? ... Ac ne forte maligni spiritus glorientur in perditione nostra de fortitudine sua, quasi uictoriam uiribus suis percepissent, ...

560,21 CSg 27,673: *G e n s* Iudaeorum et omnium impiorum sine *c o n s i l i o salutis* est, quia in futurum sibi praeuidere nesciunt. (= WS 664)

560,24; 561,2 CSg 27,673: Non potuisset fieri ut *u n u s* hostium *m i l l e* eorum *p e r s e q u e r e t u r*, nisi *d o m i n u s   s u u s   u e n d i - d i s s e t   e o s*, id est, a se proiecisset, et ex-[674]osos haberet, et *c o n c l u d e r e t* eos in manus inimicorum. (= WS 664)

561,3 CSg 27,674: Dominus *D e u s   n o s t e r* uerax et iustus, idola autem gentium falsa et inutilia; (= WS 664)

561,5 CSg 27,674: *i u d i c e s*, id est, approbatores. Omnes enim gentes, quamuis uaria colant idola, unius Dei potentia mundum regi confitentur. (= WS 664)

561,9 Isidor, *Et.* XV, 2,16: Suburbana sunt circumiecta ciuitatis aedificia, quasi sub urbe.

561,10 CSg 27,674: Saepe in scripturis synagoga Hierusalem Sodomae comparatur, quia sicut illi male abusi sunt donis Dei, sic et isti beneficiis Dei semper ingrati exstiterunt. (= WS 664f.)

561,14 CSg 27,674: *V i n e a* quae est domus Israel conuersa in amaritudinem, id est, in mortem Christi conspirans; et pendenti in cruce acetum felle mixtum porrexerunt ... (= WS 665)

561,19 CSg 27,674: Sicut *f e l   d r a c o n e s* et *a s p i d e s   u e n e n a* occultant, ita conscientia eorum plena est malitia. (= WS 665)

561,22 CSg 27,674: Haec sunt reseruata apud me, nec obliuioni tradita. (= WS 665)

561,24 CSg 27,675: *u t ... e o r u m*, id est, ut qui uidebantur stare pereant. (= WS 665)

562,2 CSg 27,675: Discernet sanctos suos ab impiis, ... *e t   i n   s e r u i s   s u i s* misericordiam ostendit. (∼ WS 665)

562,4.6 CSg 27,675: *V i d e b i t, u i d e r i* faciet quod opera malorum infirma fuerint; *e t ... d e f e c e r u n t*, id est, quod ab inimicis capti propriis uiribus *d e f e c e r i n t*. (= WS 665)

562,17 CSg 27,676: Intellegite quod *e g o   s o l u s   s u m   D e u s*. (= WS 665)

562,23 CSg 27,676: Id est, ostendam aeternitatem potentiae meae. (= WS 666)

563,2.6 CSg 27,676: Id est, dum uelociter uenerit *i u d i c i u m* meum, et cum inceperit iudicare potentia mea, *r e d d a m   u l t i o n e m   h o s t i - b u s*, id est, peccatoribus. [677] In peccatoribus ostendam uindictas meas, et carnales *d e u o r a b i t   i u d i c i u m* meum. (∼ WS 666)

563,7 WS 666: *D e   c r u o r e   o c c i s o r u m*, subauditur, *inebriabo sagittas meas*, ...

563,9 CSg 27,677: Secundum litteram captiuati tondebantur et uendebantur, quod

est sub corona uendere; spiritaliter autem Antichristus, impiorum c a -
p u t, per Christi potentiam destruetur uindicantis. (= WS 666)

563,13 CSg 27,677: Id est, sanctos e i u s, quia s a n g u i n e m martyrum
s u o r u m   u l c i s c e t u r. (= WS 666)

563,17 CSg 27,677: Id est, in haereticos et persecutores; atque p r o p i -
t i u s   e r i t Ecclesiae, misericordiam suam illi ostendet. (∼ WS 666f.)

O R A T I O   D O M I N I C A   (Matth. 6,9-13)

Abkürzungen und Zeichen im *Notker latinus* zur *Oratio Dominica*.
(Für weitere Angaben zu den Ausgaben und Hss vergleiche man die Einleitung in
Bd 8A, § 12.)

A	= Augustin
Am	= Ambrosius
Amal	= Amalarius
Cas	= Iohannes Cassianus
CSg 27	= Randglosse in dieser Hs
Cypr	= Cyprianus
H	= Hieronymus
HM	= Hrabanus Maurus
Ps-H	= Ps-Hieronymus
R	= Remigius
Sed,P.C.	= Sedulius, *Paschale Carmen*
Sed,P.O.	= Sedulius, *Paschale Opus*
VF	= Venantius Fortunatus
∼	= ähnlich (vgl. den Schlußparagraphen der Einleitung zu Bd 8A)

563,20 Am 66: O homo, ... Ex malo seruo factus es bonus filius. ... Dic ergo
et tu per gratiam '*P a t e r   n o s t e r*', ut filius esse merearis.
H 36: '*P a t r e m*' dicendo, se filios confitentur.
Cypr 272: Homo nouus, ... '*P a t e r*' primo in loco dicit, quia filius
esse iam coepit. ... [274] ... Quanta autem Domini indulgentia, ... ut
sic nos uoluerit orationem celebrare in conspectu Dei, ut Dominum '*P a -
t r e m*' uocemus et ut est Christus Dei Filius sic et nos Dei filii
nuncupemur: ... Meminisse itaque, fratres dilectissimi, et scire debemus quia quando '*P a t r e m*' Deum dicimus quasi filii Dei agere debemus,

Sed, P.O. 221: Dicentes igitur '*P a t e r   n o s t e r*' confitemur nos omnes in ipso fratres exsistere. Cuius nominis non debemus affectum mutuae caritatis expulsione contemnere ...

VF 222: Quisquis ergo '*P a t r e m*' illum appellat, sicut decet filium sic uitam inmaculate dispenset, quia ipse est filius qui non contribulat genitorem, non exasperat coheredem, fratris caritatem non uiolat, ...

Ps-H 565 B: *P a t e r   n o s t e r*, id est, uiuamus in terra, ut *P a t r e m* habeamus in caelo; caritatem et fraternitatem ostendimus, dum dicimus '*n o s t e r*'. ... Ergo qui unum *P a t r e m* habent, fratres sunt;

563,24 CSg 27,689: *S a n c t i f i c e t u r*, id est, non in te, sed in nobis, quoniam *n o m e n   t u u m* semper sanctum est.

Am 67: Quid est *s a n c t i f i c e t u r*? Quasi optemus, ut *s a n c t i f i c e t u r* ille, qui ait: *Estote sancti, quia ego sanctus sum* (Leu. 11,44; 19,2), quasi aliquid ei ex nostra praedicatione sanctificationis accedat! Non, sed *s a n c t i f i c e t u r* in nobis, ut ad nos possit eius sanctificatio peruenire. (∿ Cypr 274)

Sed, P.C. 60: *S a n c t i f i c e t u r* ubi Dominus, qui cuncta creando *s a n c t i f i c a t*, nisi corde pio, nisi pectore casto? Vt mereamur eum nos *s a n c t i f i c a r e* colendo, annuat ipse prior, ... (∿ P.O. 222)[1]

564,1 CSg 27,689: *R e g n u m* Dei semper fuit.

Sed, P.C. 60f.: *A d u e n i a t   r e g n u m* iam iamque scilicet illud, morte uacans et fine carens, cui nulla per aeuum tempora succedunt, quia nescit tempus habere continuus sine nocte dies: ... (∿ P.O. 222f.; VF 223)

Cas 268: uel certe illud [*r e g n u m*] quod praestituto tempore omnibus est perfectis ac Dei filiis generaliter repromissum, ... intentis illud quodammodo obtutibus ac defixis desiderans et expectans dicensque ad eum: *V e n i a t   r e g n u m   t u u m*.

VF 224: Ergo aduertamus quibus illud *r e g n u m* promittitur: *Beati pauperes spiritu, quoniam ipsorum est regnum caelorum* (Matth. 5,3). ... Vere hoc est indeficienter regnare, ... Deum sine confusione conspicere, quo praesente inueniet anima quod amauit. ... quanto magis illud *r e g - n u m* quaerendum est, ... ubi quidquid desiderat animus dat aspectus,

---

1 Vgl. HM, *Liber de sacris ordinibus* ... (PL 112, 1188 D): *S a n c t i f i c e - t u r   n o m e n   t u u m*. Hoc est, ut nos digni simus *n o m e n* sanctum eius tenere in cordibus nostris, ...

... ubi mortalitas translata in inmortalitate cum angelis sorte simili gloriatur, ...

A 110: Deinde beata uita omni ex parte perficietur in sanctis in aeternum, sicut nunc caelestes angeli sanctissimi atque beatissimi Deo solo inlustrante sapientes et beati sunt, quia et hoc promisit Dominus suis: *In resurrectione erunt*, inquit, *sicut angeli in caelis* (Matth. 22,30). - Vgl. Matth. 5,8.

564,4 H 36: Vt quomodo angeli tibi inculpate seruiunt *i n   c a e l i s*, ita *i n   t e r r a* seruiant homines. (∿ A 111; Cas 268; VF 227; CSg 27,689; usw.)

564,6 Sed, P.C. 61f.: Annonam fidei speramus *p a n e* diurno,
       ne mens nostra famem doctrinae sentiat umquam
       a Christo ieiuna, suo qui corpore et ore
       nos saturat simul ipse manens uerbumque cibusque.
(∿ P.O. 224f.)

A 113: *P a n i s   c o t i d i a n u s* aut pro his omnibus dictus est quae huius uitae necessitatem sustentant, de quo cum [114] praeciperet ait: *Nolite cogitare de crastino* (Matth. 6,34), ut ideo sit additum: *d a   n o b i s   h o d i e*; aut pro sacramento corporis Christi, quod cotidie accipimus; aut pro spiritali cibo, ...[2]

VF 228: Ergo *p a n e m   n o s t r u m   d a   n o b i s* quantus animae et carni est necessarius, spiritaliter uel corporaliter, ... - Vgl. 383,12.

564,11 Hinter Notkers Formulierung (*daz lúzzela - daz míchela*) steht die Gleichnisrede Christi vom undankbaren Knecht (Matth. 18,23-35). Auf dieses *exemplum* verweisen oder spielen an: CSg 27,690; Cypr 283; Sed, P.C. 62 (P.O. 228f.); usw.[3]

564,14 A 119: Multi autem in precando ita dicunt: *N e   n o s* patiaris *i n d u - c i   i n   t e m p t a t i o n e m*, exponentes uidelicet, quomodo dictum sit *i n d u c a s*. (∿ Cypr 285; Am 71; CSg 27,690; usw.)

Am 71: Potens est autem Dominus, qui abstulit peccatum uestrum et delicta

---

2 Vgl. Norbert Pfältzer, *Die deutschen Vaterunser-Auslegungen ...*, 58 Anm. 7.
3 R, *Excerpta ex Remigii expositione in Paschale Carmen* (CSEL 10,337): Per decies millena talenta intelleguntur maiora peccata sicut est fornicatio, adulterium, homicidium, per .C. denarios minora uelut ira, odium, et cetera. Si ergo *n o s   d i m i s e r i m u s* fratribus *n o s t r i s* minora, *d i m i t t e t   n o - b i s* Deus maiora, si non, nectemur grauius iam soluti a peccatis. Hic tangit euangelium ubi legitur: 'Homo quidam posuit rationem cum seruis suis.'

uestra donauit, tueri et custodiri uos aduersum diaboli aduersantis insidias, ...⁴

Notker hat anscheinend (*der uuirt ze húhe sînen fienden*) auch an die Iob-Bestalt gedacht. Auf sie weisen etwa Cas 271 und A 121 hin. - Vgl. auch 291,17-292,11.

564,14.18 CSg 27,690: A diabolo et a malis hominibus, uel ab omni inpugnatione diabolica.

Cypr 287: In nouissimo enim ponimus: S e d ... m a l o, conprehendentes aduersa cuncta quae contra nos in hoc mundo molitur inimicus, a quibus potest esse firma et fida tutela, si n o s Deus l i b e r e t, ...

564,19 Am 66 (nachdem er am Anfang das Vaterunser zitiert hat): Vides, quam breuis oratio et omnium plena uirtutum.

Cypr 272: Qualia autem sunt, fratres dilectissimi, orationis dominicae sacramenta, quam multa, quam magna, breuiter in sermone collecta sed in uirtute spiritaliter copiosa, ut nihil omnino praetermissum sit quod non in precibus atque orationibus nostris caelestis doctrinae conpendio conprehendatur.

Cypr 287: Quid mirum, fratres dilectissimi, si oratio talis est quam Deus docuit, qui magisterio suo omnem precem nostram salutari sermone breuiauit? - Vgl. A 126-128, der ausführlich auf die Siebenzahl eingeht und erörtert, daß die ersten 3 Bitten vor allem *aeterna* (*sempiterna*) betreffen, die letzten 4 Bitten sich auf *temporalia* beziehen.

S Y M B O L V M   A P O S T O L O R V M

Abkürzungen und Zeichen im *Notker latinus* zum *Symbolum apostolorum*.
(Für weitere Angaben zu den Ausgaben und Hss vergleiche man die Einleitung in Bd 8A, § 4 i) und § 12.)

Amal   = Amalarius
CSg 27 = Randglosse in dieser Hs
GS   = *Glossa(e) Salomonis*
Is   = Isidor von Sevilla, *De ecclesiasticis officiis*

---

⁴ Vgl. HM, wie oben Anm. 1 (PL 112,1189 B): hoc est, ne intremus i n illam t e m p t a t i o n e m in qua diabolus nos temptat, et ei non consentiamus, sed Dominus ipse nos defendat, n e   i n d u c a m u r   i n   t e m p t a t i o n e m diabolicam, ...

Isidor, Et. = Isidor von Sevilla, *Etymologiae*
Ps-VF   = Ps-Venantius Fortunatus
VF   = Venantius Fortunatus
=   = (faktisch) identisch

564,21 Is 816 A - C: Discessuri [apostoli] itaque ab inuicem, normam prius sibi futurae praedicationis in commune constituunt, ne localiter ab inuicem discendentes diuersum aliquid uel dissonum praedicarent in his qui ad fidem Christi inuitabantur. ... Symbolum autem hoc multis et iustissimis ex causis appellare uoluerunt. Symbolum enim Graece et indicium dici potest, et collatio, hoc est, quod plures in unum conferunt. Id[1] enim[1] fecerunt[1] apostoli in his sermonibus, in unum conferendo unusquisque quod sensit. ... Idcirco igitur istud indicium posuere, per quod agnosceretur is qui Christum uere secundum apostolicas regulas praedicaret. Denique et in bellis ciuilibus hoc[2] obseruari ferunt, quoniam et armorum per habitus, et sonus uocis idem et mos unus est[2], atque eadem instituta bellandi[3]; sed[4] ut nequa doli subreptio fiat[4], symbola discreta[5] unusquisque dux suis militibus tradit, quae Latine uel signa, uel indicia nuncupantur, ut si forte occurrerit quis de quo dubitetur, interrogatus symbolum prodat si sit hostis an socius. ... Discessuri[6] itaque[6] (ut dictum est) ad praedicandum istud unanimitatis et fidei suae apostoli indicium posuere. (= GS 913a-b; der Text ist aber sehr fehlerhaft)

565,5 VF 254: *I e s u s* Hebraice saluator dicitur; ... *C h r i s t u s* dicitur a chrismatis unctione, ... quod sit unctus pontifex [255] in aeternum. Amal 242: *E t ... e i u s*, in saluatorem unctum, ... - Vgl. u.a. 573,11.

565,10 GS 753b: Pontius [Pilatus] ... Pontius autem dictus quia de Ponte (*sic*) prouincia oriundus fuit, ... Pontus, prouincia, mare uel regio, regio Asiae iuxta Constantinopoli, ...
Amal 242: id est, sub praeside *P i l a t o* qui de Ponti insula fuit, siue de regione.
Isidor, *Et*. I, 7, 2.3.24: Cognomen, quia nomini coniungitur, ut 'Scipio'.

---

1 CSg 222: *fehlen.*
2 CSg 222: obseruari ferunt, quoniam et armorum habitus par et sonus uocis idem motus unus est.
3 CSg 222: bellandis
4 CSg 222: sed *bis* fiat *fehlen.*
5 CSg 222: decreta
6 CSg 222: discessum. Itaque

Agnomen uero quasi accedens nomen, ut 'Metellus Creticus', quia Cretam subegit. Extrinsecus enim uenit agnomen ab aliqua ratione. Cognomentum autem uulgo dictum eo, quod nomini cognitionis causa superadiciatur, siue quod cum nomine est. Appellatiua nomina inde uocantur, quia communia sunt et in multorum significatione consistunt. Haec in uiginti octo species diuiduntur, ... Patriae [nomina] a patria descendunt, ut 'Atheniensis', 'Thebanus'.

565,17 CSg 27,691: *d e x t e r a m*, uita aeterna intellegitur. Sinistram, uita praesens.

565,20 VF 257: Aliqui dicunt *u i u o s* iustos, *m o r t u o s* uero iniustos; aut certe *u i u o s* quos in corpore inuenerit aduentus Dominicus et *m o r t u o s* iam sepultos; nos tamen ...

565,22 CSg 27,691: *I n   S p i r i t u m* utique *s a n c t u m* qui ex Patre et Filio procedit, qui Patri et Filio est[7] coaequalis. - Vgl. 572,1.

565,23 Ps-VF 28 (Anfang): *C a t h o l i c a* uniuersalis dicitur, ... *E c - c l e s i a* [29] dicitur congregatio Christianorum siue conuentus populorum.

CSg 27,691: non dicit *c r e d o* in *s a n c t a m   E c c l e s i a m*, sed *c r e d o* ipsam esse *s a n c t a m*.

VF 257: *S a n c t a*, quia una est *E c c l e s i a* sine ruga, sicut [258] una fides, unum baptisma, in qua unus Deus, unus Dominus, unus Spiritus sanctus creditur; de qua in Canticis (6,8) legitur: *una est columba mea*: nam haeretici congregant ecclesiam ubi ruga et perfidiae macula conprobatur.

566,5 Daß *a m e n* 'uere' oder 'fideliter' heißt, ist Gemeingut der patristischen Exegese und so von Isidor, *Et.* VI, 19, 20, festgehalten worden. - Vgl. CSg 27,691: absque ulla dubitatione [692] fatemur nos *u i t a m a e t e r n a m* consecuturos si haec quae exposita sunt sacramenta fideliter teneamus, ac bonis operibus conseruemus. - Amal 243: *A m e n, uere, absque ulla dubitatione ita credimus*.

---

7 CSg: .i. [= id est]

HYMNVS ZACHARIAE (Luc. 1,68-79)

Abkürzungen und Zeichen im *Notker latinus* zum *Hymnus Zachariae*.
(Für weitere Angaben zu den Ausgaben und Hss vergleiche man die Einleitung in
Bd 8A, § 11.)

B   = Beda
CSg   = Randglosse in dieser Hs
=   = (faktisch) identisch
∼   = ähnlich (vgl. den Schlußparagraphen der Einleitung in Bd 8A)

566,9 CSg 27,685: In quibus profecto uerbis notandum, quia beatus Zacharias quod proxime faciendum cognouerat spiritu, prophetico more quasi iam factum narrat. (∼ B 41)

566,13 CSg 27,685: *C o r n u   s a l u t i s* firmam celsitudinem *s a l u t i s* dicit; ossa omnia carne inuoluta sunt, *c o r n u* excedit carnem, et ideo *c o r n u   s a l u t i s* regnum Saluatoris Christi uocatur, quo mundus spiritalis et quae carnis gaudia superet altitudo nuntiatur. (= B 42)

566,17 CSg 27,685: Iungendum est superiori uersiculo *Erexit* [686] *nobis*, id est, *erexit nobis   s a l u t e m* (= B 42)

566,17.20.23 CSg 27,686: Dixerat enim Dominum iuxta eloquia *p r o p h e t a - r u m* in domo Dauid nasciturum, dicit eundem nos esse liberaturum ad explendum *t e s t a m e n t u m* quod *A b r a h a e* disposuit, quia uidelicet his praecipue patriarchis de suo semine uel congregatio gentium uel Christi est incarnatio promissa. (= B 42)

567,4 CSg 27,687: ... et laetentur quod Christum Dominum quem Iohannes prophetando *p r a e i b a t, a l t i s s i m u m   u o c a t.* (= B 43)

567,12 CSg 27,687: Et propheta de Domino loquens, *Ecce uir*, inquit, *oriens nomen eius* (Zach. 6,12); qui ideo recte *o r i e n s* uocatur, quia nobis ortum uerae lucis aperiens. (= B 44)

567,13.16 B 44: *S e d e n t i b u s* quippe *i n   t e n e b r i s   e t   i n   u m b r a   m o r t i s* Domino *i l l u m i n a r e* est his qui in peccatis et ignorantiae caecitate uixerint agnitionis amorisque sui radios infundere. ... *P e d e s* autem *n o s t r i   i n   u i a m   p a c i s   d i r i g u n t u r* cum actionum nostrarum iter per omnia redemptoris illuminatorisque nostri gratiae concordat. (∼ CSg 27,687) Congrue sane ordine primo *i l l u m i n a n d a* corda et post opera *dirigenda* testatur quia nemo quam non ante didicerit *p a c e m* ualet operari.

CANTICVM SANCTAE MARIAE (Luc. 1,46-55)

Abkürzungen und Zeichen im *Notker latinus* zum *Canticum sanctae Mariae*.
(Für weitere Angaben zu den Ausgaben und Hss vergleiche man die Einleitung in Bd 8A, § 11.)

B   = Beda
CSg 27 = Randglosse in dieser Hs
=   = (faktisch) identisch

567,21 CSg 27,688: Tanto, inquit, me Dominus tamquam inaudito munere sublimauit, quod nullo linguae officio explicari, sed ipso uix intimi pectoris affectu ualeat comprehendi, et ideo totas animae uires in agendis gratiarum laudibus offero. (= B 37)

567,26 CSg 27,688: Decebat enim ut sicut per superbiam primae nostrae parentis Euae mors in mundum intrauit, ita denuo per *h u m i l i t a t e m* Mariae uitae introitus panderetur. (= B 37, nur fehlt 'Euae'; der Name erscheint aber 2 Zeilen früher.)

568,3 CSg 27,688: Huius *h u m i l i t a s r e s p i c i t u r*, recte *b e a t a* ab omnibus cognominanda gratulatur. (= B 37)

568,3.7.9 CSg 27,688: A specialibus se donis ad generalia Dei iudicia conuertens totius humani generis statum describit et quid superbi, quid humiles mereantur. Non ergo, inquit, soli *m i h i f e c i t m a g n a q u i p o t e n s e s t*, sed et *in omni gente* et progenie *qui timet eum et operatur iustitiam acceptus est illi* (Act. 10,35). (= B 38)

568,17 CSg 27,689: Pulchre *p u e r u m* Domini appellat *I s r a e l* qui ab eo ad saluandum sit *s u s c e p t u s*, oboedientem uidelicet et humilem, iuxta quod Osee dicit: *Quia puer Israel et dilexi eum* (11,1). (= B 38)

568,22 Zum Bibelzitat vgl. Gen. 22,18; 26,4.

FIDES SANCTI ATHANASII EPISCOPI

Abkürzungen und Zeichen im *Notker latinus* zur *Fides sancti Athanasii episcopi*. (Für weitere Angaben zu den Ausgaben und Hss vergleiche man die Einleitung in Bd 8A, § 4 i) und § 12.)[1]

BOS	= Boethius, *Opuscula sacra*
CSg 27	= Randglosse in dieser Hs
GS	= *Glossa(e) Salomonis*
Isidor,Et.	= Isidor von Sevilla, *Etymologiae*
Ps-VF	= Ps-Venantius Fortunatus
Rand	= Glosse zu den *Opuscula sacra* des Boethius in E.K. Rand, *Johannes Scottus*. München 1906, 28-80. Diese Glosse steht in den Fußnoten *kursiv*.
=	= (faktisch) identisch
~	= ähnlich (vgl. den Schlußparagraphen der Einleitung in Bd 8A)

569,2.8 Vgl. 565,23-26.

569,10.17-570,25 BOS 14: Non uero ita dicitur 'Pater ac Filius et Spiritus sanctus' quasi multiuocum quiddam; nam mucro et [16] ensis et ipse est et idem, Pater uero ac Filius et Spiritus sanctus idem[2] equidem est, non uero ipse.

BOS 24: Age nunc de relatiuis speculemur pro quibus omne quod dictum est sumpsimus ad disputationem; ... Age enim, quoniam dominus ac seruus relatiua sunt, uideamus utrumne ita sit ut secundum se sit praedicatio an minime. Atqui si auferas seruum, abstuleris et dominum; ... At in domino, si seruum auferas, perit uocabulum quo dominus uocabatur; sed non accidit seruus domino ut albedo albo, sed potestas quaedam qua seruus coercetur. Quae quoniam sublato deperit seruo, constat non eam per se[3] domino accidere sed per seruorum quodam modo extrinsecus accessum. Non igitur dici potest praedicationem relatiuam quidquam rei de qua dicitur secundum se[4] uel addere uel minuere uel mutare. Quae tota

---
1 Für allerlei Einzelprobleme vgl. meinen Beitrag in der Festschrift für Edward H. Sehrt.
2 Rand 39: *Notanda est differentia inter idem et idem, inter ipse et ipsum, inter masculinum et neutrum genus. Masculino enim genere persona ostenditur, neutro substantia. Ergo alius est Pater quam Filius, sed non aliud. Hoc est igitur Pater quod Filius, sed non idem est Pater qui Filius.*
3 Rand, 44: Per se . *id est substantialiter.*
4 Rand, 44: Secundum [se]. *id est secundum suam substantiam.*

non in eo quod [26]est esse consistit, sed in eo quod est in comparatione[5] aliquo modo se habere, nec semper ad aliud sed aliquotiens ad idem. ... Quare quae secundum rei alicuius in eo quod ipsa est proprietatem non faciunt praedicationem, nihil alternare uel mutare queunt nullamque omnino uariare essentiam. Quocirca si Pater ac Filius ad aliquid dicuntur nihilque aliud ut dictum est differunt nisi sola relatione, relatio uero non praedicatur ad id de quo praedicatur quasi ipsa sit et secundum rem de qua dicitur, non faciet alteritatem rerum de qua dicitur, sed, si dici potest, quo quidem modo id quod uix intellegi potuit interpretatum est, personarum[6]. ... [28] ... Sed quoniam nulla relatio ad se ipsum[7] referri potest, idcirco quod ea secundum se ipsum[7] est praedicatio quae relatione caret, facta quidem est trinitatis numerositas in eo quod praedicatio relationis, seruata uero unitas in eo quod est indifferentia uel substantiae uel operationis uel omnino eius quae secundum se dicitur praedicationis. Ita igitur substantia continet unitatem, relatio multiplicat trinitatem; atque ideo sola[8] singillatim proferuntur atque separatim quae relationis sunt. Nam idem Pater qui Filius non est nec idem uterque qui Spiritus sanctus. Idem tamen Deus est Pater et Filius et Spiritus sanctus, ... Sane sciendum est non semper talem esse relatiuam praedicationem, ut semper ad differens praedicetur, ut est seruus ad dominum; differunt enim. Nam omne aequale aequali aequale est et simile simili simile est et idem ei quod est idem idem est; et similis est relatio[9] in trinitate Patris ad Filium et utriusque ad Spiritum sanctum ut eius quod est idem ad id [30] quod est idem. Quod si id in cunctis aliis rebus non potest inueniri, facit hoc cognata caducis rebus alteritas. ... [32] ... Quaero an Pater et Filius ac Spiritus sanctus de diuinitate substantialiter praedicentur an alio quolibet modo;

---

5 Rand, 44: in comparatione . *relatione*
6 Rand, 45: s[ubaudiendum] . *relatio, non alteritas substantiarum.* (CSg 171: *sed relatio, ...*)
7 CSg 173: *ipsam* (auch in der Glosse).
8 Rand, 46: Ideo sola . s[ubaudiendum] . *ista tria* (*tria* fehlt CSg 173) *relatiua: Pater Filius Spiritus sanctus.*
9 Rand, 46: Similis est relatio . *quia aequales sunt. Sed sciendum quod ipsa Spiritus sancti relatio non ita reciprocatione conuerti potuit sicut Pater et Filius. Nam Pater Filii Pater et Filius Patris dicitur; Spiritus uero sanctus non ita reciprocatur, sed uniformiter dicitur Patris et Filii Spiritus sanctus, ne si diceremus ordine conuerso 'Pater Spiritus sancti Pater est uel Filius Spiritus sancti Filius est' putarentur duo filii et duo patres.*

uiamque indaginis hinc arbitror esse sumendam, unde rerum omnium manifestum constat exordium, id est, ab ipsis catholicae fidei fundamentis. Si igitur interrogem, an qui dicitur Pater substantia sit, respondetur esse substantia. Quod si quaeram, an Filius substantia sit, idem dicitur. Spiritum quoque sanctum substantiam esse nemo dubitauerit. Sed cum rursus colligo Patrem Filium Spiritum sanctum, non plures sed una occurrit esse substantia. Vna igitur substantia trium nec separari ullo modo aut disiungi [34] potest nec uelut partibus in unum coniuncta est, sed est una simpliciter. Quaecumque igitur de diuina substantia praedicantur, ea tribus oportet esse communia; idque signi erit quae sint quae de diuinitatis substantia praedicentur, quod quaecumque hoc modo dicuntur, de singulis in unum collectis tribus singulariter praedicabuntur. Hoc modo si dicimus: 'Pater Deus est, Filius Deus est, Spiritus sanctus Deus est', Pater Filius ac Spiritus sanctus unus Deus. Si igitur eorum una[10] deitas una substantia est, licet Dei nomen de diuinitate substantialiter praedicari. ... [36] ... sed trinitas quidem in personarum pluralitate consistit, unitas uero in substantiae simplicitate. Quod si personae diuisae sunt, substantia uero indiuisa sit, necesse est quod uocabulum ex personis originem capit id ad substantiam non pertinere; at trinitatem personarum diuersitas fecit, trinitas igitur non pertinet ad substantiam. BOS 80: Sed de persona maxime dubitari potest, quaenam ei definitio possit aptari. ... [82] ... Quoniam praeter naturam non potest esse persona quoniamque naturae aliae sunt substantiae, aliae accidentes et uidemus personam in accidentibus non posse constitui (quis enim dicat ullam albedinis uel nigredinis uel magnitudinis esse personam?), relinquitur ergo ut personam in substantiis dici conueniat. Sed substantiarum aliae sunt corporeae, aliae incorporeae. ... Ex quibus omnibus neque in non uiuentibus corporibus personam posse dici manifestum est ... neque rursus eorum uiuentium quae sensu carent ... [84] ... nec uero eius quae intellectu ac ratione deseritur ... at hominis dicimus esse personam, dicimus Dei, dicimus angeli. ... Sed in his omnibus nusquam in uniuersalibus persona dici potest, sed in singularibus tantum atque in indiuiduis; animalis enim uel generalis hominis nulla persona est, sed uel Ciceronis uel Platonis uel singulorum indiuiduorum personae singulae nuncupantur. Quocirca si persona in solis substantiis est atque in his rationalibus substantiaque omnis natura est nec in uniuersalibus sed in

---

10 CSg 177: *fehlt*.

indiuiduis constat, reperta personae est definitio: 'naturae rationabilis indiuidua substantia'. Sed nos hac definitione eam quam Graeci ὑπόστασιν dicunt terminauimus. Nomen enim personae uidetur aliunde[11] traductum, ex his scilicet personis[12] quae in comoediis tragoediisque [86] eos quorum[13] interest[14] homines repraesentabant. Persona uero dicta est a personando circumflexa paenultima. Quod si acuatur antepaenultima, apertissime a sono dicta uidebitur; idcirco autem a sono, quia concauitate ipsa maior necesse est uoluatur sonus. Graeci quoque has personas πρόσωπα[15] uocant ab eo quod ponantur in facie atque ante oculos obtegant uultum: ... Sed quoniam personis inductis[16] histriones indiuiduos homines quorum intererat[17] in tragoedia uel in comoedia ut dictum est repraesentabant, id est, Hecubam[18] uel Medeam uel Simonem uel Chremetem, idcirco ceteros quoque homines, quorum certa pro sui forma esset agnitio, et Latini personam et Graeci πρόσωπα[15] nuncupauerunt.

569,20 Die Trias *abraham isaac iacob* ist allgemein biblisch (z.B. Luc. 13,23), kommt aber auch einige Male in Augustins *De trinitate* vor, ein Werk, das Notker im CSg 175, 9. Jahrhundert, vorlag. Vgl. meinen Aufsatz über Notkers Erklärung des Athanasianischen Glaubensbekenntnisses in der Sehrt-Festschrift, 227 Anm. 36.

569,26 GS 1013[a]: Tragoedia, historia tragoedi siue cantilena, luctuosum carmen, ... - Vgl. Isidor, *Et.* XVIII, 45: Tragoedi sunt qui antiqua gesta atque facinora sceleratorum regum luctuosa carmine spectante populo concinebant[19].

---

11 Rand, 63: *ab alio Graeco quam a substantia.*
12 Rand, 63: *id est laruis. Apud enim antiquos mos fuit histrionum, ut in theatris hominibus quibuscumque uellent nuda facie illuderent, sed hoc cum displicuisset, adhibitae sunt laruae, in quibus et maior sonus propter concauitatem ederetur et nulli aperte illudetur. Hae ergo laruae personae dictae sunt, eo quod histriones in his singulorum hominum substantias repraesentabant. Vnde et personae quasi per se sonantes* (CSg 218: *personantes* statt *per se sonantes*) *sunt dictae. Et sciendum, quia quorum substantias repraesentabant, eorum dictis et factis fabulis et gesticulatione corporis illudebant. Ab his itaque personis, id est, laruis, translatum est, ut omnium hominum substantiae indiuiduae personae uocarentur.*
13 CSg 218: quorum sexus (sic)
14 Rand, 63: *id est, inter quos* (CSg 218: *In quos*) *distat sexus uel qualitas* [64] *uel ad quos pertinet ipsa praesentatio* (CSg 218: *repraesentatio*).
15 CSg 219: prosopa
16 Rand, 64: *intromissis, assumptis*
17 CSg 219: intererat sexus (sic; vgl. Anm. 13)
18 Rand, 64: *uxor Priami* (CSg 219: *uxorem hectoris*; vgl. Rands Lesarten zu dieser Stelle: *uxor priami* (aber über der Zeile *uel hectoris*) *F*, *uxor* (*mater V*) *hectoris CUBMEPV;* ...)
19 Vgl. Notkers *Consolatio*, Piper I, 12; 62; 77; S./St., 13; 70; 86.

570,15 Isidor, *Et.* I, 8, 2.5: Pronomina autem aut finita sunt, aut infinita. Finita pronomina dicta eo, quod definiunt certam personam, ut 'ego'; me enim statim intelligis. Infinita dicuntur, quia non sunt certae personae. ... Finita tria: 'ego', 'tu', 'ille'.

570,28 Zum Bibelzitat vgl. Matth. 22,16.

571,4 CSg 27,694: Id est, in deitate et omnipotentia. (= Ps-VF 30)

571,10 CSg 27,694: Non est mensurabilis in sua natura, quia inlocalis est, et incircumscriptus, ubique totus, ubique praesens, ubique potens. (= Ps-VF 30)

571,13 CSg 27,694: ... u n u s Deus a e t e r n u s, qui sine initio et sine fine a e t e r n u s permanet. (= Ps-VF 30)

571,20 Ps-VF 30: Ergo si omnia potest, quid est quod non potest? Hoc non potest quod o m n i p o t e n t i non competit posse. Falli non potest quia ueritas est; infirmari non potest quia sanitas est; mori non potest quia inmortalis uita est; [31] finiri non potest quia infinitus et perennis est[20].

573,8.10 Ps-VF 33: *I e s u s* hebraice, latine saluator dicitur (= CSg 27,697). *C h r i s t u s* graece, latine unctus uocatur. - Vgl. 565,5.

573,15 Ps-VF 34: *I n s a e c u l o*, id est, in isto sexto miliario in quo nunc sumus.

573,19 Ps-VF 34: *P e r f e c t u s D e u s ... r a t i o n a l i*: et non ut Apollinaris haereticus dixit primum quasi deitas pro a n i m a fuisset in c a r n e Christi. Postea cum per euangelicam auctoritatem fuit conuictus, dixit: 'Habuit quidem a n i m a m quae uiuificauit corpus sed non r a t i o n a l e m.' E contrario dicit qui catholice sentit, *e x* [35] *a n i m a r a t i o n a l i e t h u m a n a c a r n e s u b s i s t i t*, id est, plenus h o m o atque p e r f e c t u s. CSg 27,697: p e r f e c t u s h o m o in humanitate unus et uerus propriusque Dei Filius.

574,1 CSg 27,698: Non quod d i u i n i t a s quae incommutabilis et inconuertibilis est c a r o, sed ideo u n u s eo quod h u m a n i t a t e m adsumpsit. Incipit esse quod non erat, et non amisit quod erat. Incipit esse *homo* quod antea non fuerat, non amisit deitatem quia inmutabilis in aeternum permanet. (∼ Ps-VF 35)

---

20 *In CSg 27,694, steht nach dem 2. potest:* quia sanitas est, *das aber durch Punkte darunter getilgt wurde;* infirmari *bis* sanitas est *fehlen, während* Hoc *bis* ueritas est *mit Verweisungszeichen auf dem Rand nachgetragen worden sind.*

574,3.7 Mit der Frage von *persona/natura* in Christus befaßt sich das ganze fünfte *opusculum* des Boethius, *Liber contra Eutychen et Nestorium* (Stewart-Rand, 72-127). Vgl. daraus (BOS 106): Si uero [corpus Christi] adsumptum est ex Maria neque permansit perfecta humana diuinaque natura, id tribus effici potuit modis: aut enim diuinitas in humanitatem translata est aut humanitas in diuinitatem aut utraeque in se ita temperatae sunt atque commixtae, ut neutra substantia propriam formam teneret. Alle drei Möglichkeiten werden dann von Boethius als unhaltbar erweisen. Gegen Ende zieht er die *conclusio* (BOS 120): ... restat ut ea sit uera quam fides catholica pronuntiat geminam substantiam [= naturam] sed unam esse personam.

574,20 Der Gedanke ist ein Gemeinplatz christlicher Lehre; vgl. Denzinger, Index systematicus, 55; M.J. Rouët de Journel, *Enchiridion Patristicum. Loci ss. Patrum, Doctorum, Scriptorum Ecclesiasticorum* ... Barcelona, Freiburg i.Br., ...²³ 1965, Index theologicus, 800.

CSg 27,699: Reddent autem in die iudicii rationem ...[21]

---

[21] 575,5-14 stammen wahrscheinlich von Ekkehard IV. Vgl. die Neuausgabe des Psalters zur Stelle.

ANHANG

Die lateinischen Quellen zu den Interpolationen im Wiener Notker

Die Bearbeitung von Notkers Psalter, die im sogenannten *Wiener Notker*[1] (die Hs stammt aus dem Kloster Wessobrunn) vorliegt, weicht an drei Stellen fast ganz von der St. Galler Fassung ab[2]. Der Bearbeiter hat vielleicht aus eigenem Antrieb geändert, oder wohl eher Lücken in seiner Vorlage selber ausgefüllt[3]. Dabei hat er zum Teil die Psalmenkommentare Augustins und Cassiodors benutzt, wie schon Henrici, 26f., gezeigt hat. Da wir nicht wissen, in welchem Kloster diese Interpolationen angebracht wurden, habe ich auf Handschriften- und Bibliotheksuntersuchungen verzichtet.

Es handelt sich um folgende drei Stellen: Ps 10,8-13,3; 17,3-26; 107,13-108,23 (Heinzel-Scherer, 24-27; 35-38; 186-191; Piper 3, 29-32; 41-45; 217-223). In A und C habe ich mehr Entsprechungen gefunden als Henrici[4]; darüberhinaus fand ich einige mögliche Parallelen im *Breuiarium in psalmos* sowie in dem echten Psalmenkommentar des Remigius[5]. Einiges habe auch ich aus den mir bekannten Psalmenkommentaren zur Stelle nicht belegen können; das hängt wohl damit zusammen, daß vor allem die beiden ersten Interpolationen zum Teil einen starken Predigtton aufweisen (vgl. etwa Ps 10,8; 11,8; 12,1-5; 17,7-24); der Bearbeiter hat für seinen besonderen Zweck offensichtlich aus allgemeinem exegetischen und religiösen Wissen geschöpft.

---

1 Richard Heinzel und Wilhelm Scherer (Hrsg.), *Notkers Psalmen nach der Wiener Handschrift*. Straßburg und London, 1876; auch Paul Piper hat den *Wiener Notker* im 3. Bd seiner Notker-Ausgabe ediert.
2 Vgl. Heinzel in der Einleitung zur Ausgabe, XXXV.
3 Vgl. Heinzel, *ibidem*, XXXVII; Henrici, 26.
4 Henrici, 62; 71; 281-285.
5 Leider fehlen in der Wolfenbütteler (Weißenburger) Hs Erklärungen zu Ps 11-13 und zu Ps 17,15-41.

Abkürzungen und Zeichen.
(Für weitere Angaben zu den Ausgaben und zur Remigius-Hs vergleiche man die Einleitung in Bd 8A, § 3 und § 4.)

A   = Augustin
Br   = Ps-Hieronymus, *Breuiarium in psalmos*
C   = Cassiodor
R   = Remigius
∼   = ähnlich (vgl. den Schlußparagraphen der Einleitung in Bd 8A)

Ps 10,8   Der erste Gedanke ist allgemein biblisch; vgl. auch den vorhergehenden Psalm und Ps 108 bei Notker und im *Wiener Notker*.
C 111 (zu Ps 9,39): Sequitur quoque definitiua promissio, ideo illa quae dicta sunt fieri, ut ulterius a nullo hominum permittatur excedi. Tunc siquidem omnia mala finienda sunt, quando auctor omnium peccatorum cum sua plebe damnabitur.

Ps 11,2   C 117: Nam cum hoc saeculum respiceret animas multiformiter ingrauare, *s a l u u m* se petit a *D o m i n o   f i e r i*, apud quem ueram medicinam nouerat inueniri, ... Et ne haberetur ambiguum, quod dixit: *d e f e c i t   s a n c t u s*, consequitur: *d i m i n u t a s* [118] *e s s e   u e r i t a t e s   a   f i l i i s   h o m i n u m*. Aliter enim *s a n c t u s   d e f i c e r e* non poterat, nisi fuisset inter *h o m i n e s   u e r i t a s* imminuta. ... Et intuendum quod plurali numero sunt positae *u e r i t a t e s*, cum una sit *u e r i t a s*. ... Potest etiam et ad iudaeum populum competenter aptari, qui donis caelestibus uacuatus credere non uoluit, quem tantorum uidentium turba prophetauit.

Ps 11,3.5 Der Gedanke, daß den Wächtern am Grabe Christi Geld gegeben wurde, damit sie sagen sollten, daß die Jünger den Leichnam aus dem Grabe gestohlen hätten, findet sich ganz am Schluß des Matthäusevangeliums (28,11-15). In den apokryphen Schriften, vor allem im *Euangelium Nicodemi* (Pilatusakten), wird diese Bestechung dann sehr viel lebhafter dargestellt; vgl. Edgar Hennecke, *Neutestamentliche Apokryphen in deutscher Übersetzung*. 3., völlig neubearbeitete Auflage, hg. v. Wilhelm Schneemelcher. I. Bd: *Evangelien*. Tübingen, 1959, 330-358, hier 342.

Ps 11,4   C 118: *L i n g u a* uero *m a g n i l o q u a* est quae sibi aliquid magnae potestatis assumit, ...
A 83: *L i n g u a m   m a g n i l o q u a m,   l i n g u a m* superbam.

Ps 11,5   Zu den Bibelzitaten vgl. Ioh. 19,19.15.

Ps 11,6   C 119: In his duobus uersibus subtiliter Patris et Filii inspiciendae personae sunt, ut nobis intellegentiae confusio possit auferri. Nam postquam arguit eos qui de Domini fundendo sanguine tractauerunt, uenit ad secundam partem, in qua propheta uoce Patris resurrectionem promittit Domini Saluatoris. ... Intellegamus autem quae sit hic pietas Creatoris, quando *propter ... pauperum* clarificatus est Dominus Christus, ne eius fideles diutina tribulatione grauarentur. ... Sed *exsurgam* dicit, apparebo et manifestabor in Filio. Vna enim uirtus et indiscreta maiestas est.

A 83: Hoc autem ex persona Dei Patris accipiendum est, qui *propter inopes et pauperes*, id est, inopia et paupertate bonorum spiritalium egentes, Filium suum dignatus est mittere.

C 119: *Salutare* suum dicit Pater Verbum suum, quod est caro [120] factum, per quod uita mortalibus uenit, dum omnis credens salutem copiosa largitate consequitur. Et quid *super* eum *ponit*? Consolationem scilicet, quam superius dixit *inopum et pauperum*, quod Domino Saluatore resurgente, fidelibus prouenisse manifestum est. (∾ A 83)

Ps 11,7   A 83: *Casta* dicit, sine corruptione simulationis. Multi enim praedicant ueritatem non *caste*, quia uendunt illam pretio commoditatum huius saeculi.

C 120: *eloquia casta*, ... quae nullum mendacium corrumpat, nulla macula falsitatis inficiat.

Ps 11,8   Vgl. Ps 11,5.

C 121: Sicut superius dixit: *Disperdat Dominus uniuersa labia dolosa* (v.4), ita hic conseruaturum Dominum promittit, qui *eloquiis* eius pura mente crediderunt.

Ps 11,9   Vgl. Ps 11,2.6.

Ps 12,1-3 Vgl. Gen. 3.

C 123 (Diuisio psalmi): Cum respiceret propheta proxima parte genus humanum mortiferis superstitionibus occupari, nec ad culturam ueri Domini puris sensibus festinare, credulitatem suam aduentu sanctae incarnationis magno desiderio deprecatur expleri, ut uel tunc confusa gentilitas salutariter deuios errores abiceret. Secundo membro ad nostras petitiones efficaciter instruendas illuminari fidem suam uehementer expostulat, ne inimici aliqua fraude succumberet, qui semper se in eius dicit misericordia fuisse confisum.

C 123: *In finem* hic tempus significat quo incarnationem Domini

praeuidebat esse uenturam. Talis enim querela fideles animas pulsat,
ut et sine fine caelestia cupiant et de Domini semper promissione con-
fidant.

Ps 12,2 C 124: Hic ardor maximus sustinentis exprimitur. Dicit sibi deesse
c o n s i l i u m, ut uidendi mitigare possit affectum, quando inaestimabilis anxietas est concupiscere bonum et diutius sustinere uenturum.

Ps 12,3 Br 899 C: *V s q u e q u o ... m e* ? Quamdiu ad te conuersus non fuero
erigitur aduersus me diabolus, qui est humani generis *i n i m i -
c u s* ? *V s q u e q u o e x a l t a b i t u r i n i m i c u s
m e u s s u p e r m e* ? Quasi dicat: Quamdiu habet aduersarius dominationem Ecclesiae? Vsque in finem.

C 124: Venit [propheta] ad secundum membrum deprecationis suae.

Ps 12,4 C 124 (zu v.3): *I n i m i c u s m e u s* de diabolo dicit, qui ante
aduentum Domini *e x a l t a t u s* humana captiuitate gaudebat.

Ps 12,5 A 85: *Q u i ... f u e r o*. Diabolus et angeli eius. *Q u i* non
e x u l t a u e r u n t de iusto uiro Iob (vgl. Iob 1,22), cum eum
t r i b u l a r e n t, quia non *e s t m o t u s*, id est, de stabi-
litate fidei non recessit.

C 124: Nam quod dicit: *s i m o t u s f u e r o*, significat infidelis animae mutabilitatem, [125] quia necesse est ut in laqueum diaboli
pedem mittat, si se quispiam uestigio mentis a Domini firmitate sub-
ducat. ... *I n t u a* enim *m i s e r i c o r d i a* dicit, quoniam
qui aliter putat, omnem spem suae credulitatis euacuat.

Ps 12,6 A 85: ... *i n s a l u t a r i t u o*: in Christo, in sapientia Dei. -
Vgl. Notker und die Glosse zur Stelle.

Vgl. oben C zu Ps 12,1-3. - C 125 (Conclusio psalmi): Respiciamus prophetam in contemplatione beata positum, quanto desiderio gloriosam incarnationem Domini sustinebat; - C 126 (Diuisio psalmi [13]): *Facies
illa Domini*, quae in duodecimo psalmo desiderabili supplicatione petebatur, hic iam introducitur aduenisse.

C 126 (zu Ps 13,1): Videns populus Iudaeorum Christum humiliter in assumpta carne uenisse, insipienter dixit: *N o n e s t D e u s*.

Ps 13,3 C 128: Merito ergo *s e p u l c r u m* dictum est *g u t t u r e o -
r u m* qui mortifera loquebantur; nam sicut illa cum patent fetidos
odores exhalant, ita et istorum *g u t t u r* pestiferos sermones proferebat; et ne soli pereant, *l i n g u i s s u i s d o l o s a* dis-
seminant.

A 87: *V e n e n u m* dolum dicit; *a s p i d u m* autem, quia nolunt

audire praecepta legis, sicut *a s p i d e s* nolunt audire uerba in-
cantantis, ... (∼ Br 902 A)

Ps 17,4   C 152: Nam de futuro fiducialiter *s p e r a r e* se dicit, qui *e u m*
[= Dominum] in praeteritis senserat *a d i u t o r e m*.
R 29vb: *S p e r a b o   i n   e u m* dicit in futuro, qui de praeteritis
metuit incommodis. Praeteritorum quippe exhibitio est futurorum certi-
tudo.

Ps 17,7   R 30rb: Ideoque posita [Ecclesia] in calamitatibus et miseriis huius
uitae, *i n u o c a b a t* eum, sciens quia non est in alio aliquo salus. *E t   a d   D e u m   m e u m   c l a m a u i. C l a m a u i*, totis
uidelicet uiribus et omnibus medullis cordis. (∼ C 153)

Ps 17,7   C 153: Hoc de consuetudine nostra figuraliter dicitur, quod *c l a -
m o r* eius quasi aliquid corporale *i n   a u r a s* dominicas *i n -
t r o i s s e t*, cum ille totum spiritaliter sentiat et antequam [154]
fiant, uniuersa cognoscat. Illi enim actuum nostrorum qualitas, quasi
quibusdam uultibus semper assistit; et quod apud nos occultum, illi noscitur esse manifestum.

Ps 17,7.8 C 154: Decursa tristitia, quam de aduentu Domini beatus populus sustinebat, prophetiae spiritu ad incarnationis eius secreta peruenit, ...
Congrue siquidem ad aduentum Christi *t e r r a   c o m m o t a   e s t*,
quoniam praesentia iudicis dignum fuit *c o n t r e m i s c e r e*
peccatores. ... *I n   i r a   e i u s*: tempore quo hic peccatores futuri
iudicii timore conturbat, ut eos ad remedium conuersionis adducat.

Ps 17,12 C 156: *T e n e b r a s*, incarnationis eius mysterium dicit, ut qui in
natura deitatis suae uideri non poterat, incarnationis uelamine humanis conspectibus Redemptor piissimus appareret. ... Omnia enim diuina,
quae ignoramus, nobis tenebrosa, id est, profunda atque obscura sunt;
R 31rb: *T e n e b r o s a* ergo *a q u a* est *i n   n u b i b u s
a e r i s*, id est, obscura scientia in prophetis. (∼ Br 917 C)

Ps 17,14 Vgl. Ps 17,13.
R 31rb: *G r a n d o* autem terrorem significat iudicii et comminationem
[31va] atque obiurgationem peccatorum.

Ps 17,16 Br 918 B: Et aliter: *F o n t e s   a q u a r u m*, illi qui per baptismi
sacramentum facti sunt peccatoribus *f o n s   a q u a e* uiuae salientis in uitam aeternam (vgl. Ioh. 4,14).
C 158: Per has igitur parabolas sublucentes propositionesque uerborum
hucusque prophetiae spiritu fidelium populus, qui est sancta Ecclesia,
aduentum Domini nuntiauit.

Ps 17,17 C 158: Hinc iam mater Ecclesia loquitur de temporibus christianis. ... *Multitudines* autem *aquarum*, siue innumerae gentes intellegi possunt; ... Siue hoc dicit de *fontibus* sacris, quando Ecclesia catholica *multitudinem* filiorum baptismatis regeneratione conquirit.

Ps 17,19 Zu *do daz suert ... muoter* vgl. Luc. 2,34f.

A 97: *Et eduxit me in latitudinem*. Et quia carnales patiebar angustias, *eduxit me* in spiritalem latitudinem fidei.

Br 919 A: *Eduxit me in latitudine. Eduxit* Ecclesiam de tribulatione, quasi de angustia: *In latitudine*, quae est spes futuri, uel remuneratio uitae aeternae.

Ps 17,20 Vgl. Ps 17,18.

A 97: *Eruit me, quoniam uoluit me*. Antequam illum ego *uellem, eruit me ab inimicis meis potentissimis*, qui [98] mihi inuidebant iam *uolenti* eum, *et ab his qui oderunt me*, quia *uolo* eum.

Ps 17,22 C 159: Impietatis uerbo notati sunt, qui iussa Domini [160] declinare praesumunt.

Ps 17,23.24 C 160: Addidit *et iustitias ... a me*. Quod faciunt carnis fragilitate superati, qui longa obseruatione deficientes, aequitatem interdum deserunt, quam coeperant custodire. ... *Et ero ... mea*. Fructum beatitudinis suae reddidit et quid proficiat si *iustitias Domini non repellat*, scilicet ut *sit immaculatus*. Verum non ut ille Dominus, qui peccata non habuit; sed ut iste quem lacrimae supplices a contractis sordibus abluerunt. ... Sequitur: *Et obseruabo ... me a*. Subtiliter beati uita describitur, qui quando ad aliquam se gratiam Domini peruenisse cognoscit, cauet ne iterum iniquitatis antiquae calamitatibus innodetur.

Br 919 C: *Et ero ... me a*. Perseuerabo in illa innocentia, in qua uocatus sum. *Et obseruabo ... me a*, id est, non conuertar ad illam *iniquitatem*, ubi prius fui in infidelitate. - Vgl. unten C zu Ps 108,5.

Ps 17,26 C 160: Conuersatio enim nostra ex prioribus aut ducibus [161] suis maxime similitudinem trahit; dum unusquisque tali ingenio gaudet quali fuerit praeditus ille quem sequitur. Hinc est quod nobis salutaris et moralis regula data est, quod cum *sancto* uiro, id est, Domino

Saluatore, ipso praestante, *s a n c t i   e s s e* possimus; -
Zur zweiten Hälfte der Erklärung vgl. Notker zur Stelle.

Ps 107,13 R 223ra: *S a l u s* quae a Deo est firma est, quae autem ab *h o - m i n e   u a n a* est, et infirma.
C 991: Et ne in potestatibus mundi spes ulla remaneret, adiecit *e t u a n a   s a l u s   h o m i n i s*, quia reuera firma talis est et caduca praesumptio.

Ps 107,14 C 991: Haec et Domini Saluatoris et cunctorum fidelium uox est, quoniam spiritalibus atque carnalibus inimicis efficaciter diuinis uirtutibus obuiatur.

Ps 108,2 C 993: Dominus ac Saluator noster petit per id quod formam serui est dignatus assumere, ut laudem eius resurrectionis silere non faciat Pater, qui secundum carnis humilitatem Iudaeorum erat conuicia dura passurus. Hoc est enim: *l a u d e m   m e a m   n e   t a c e a s*, id est, *n e   t a c e r e* facias. Est enim decora diuersitas, ut quoniam inimici mendacia loquebantur, contra eos toto orbe ueritatis testimonia canerentur. Sic enim illos per gloriam suae resurrectionis conuinci desiderat, ut reatum propriae peruersitatis agnoscant, et celerius recurrant ad remedia confessionis, ne in aeternum perire debeant contumaces. ... *A p e r t u m* itaque *o s*, contumelias designat quas pertulit a Iudaeis.

Ps 108,3 C 993: *L o c u t i   s u n t* igitur *l i n g u a   d o l o s a*, quando sanctam Domini simplicitatem uerbis captiosissimis appetebant, dicentes: *Licet tributum dare Caesari?* (Marc. 12,14) ... Dicendo, *s e r m o n i b u s   o d i i   c i r c u m d e d e r u n t   m e*, tempus illud significat quando iniqua conspiratione Pilato dixerunt: *crucifige, crucifige* (Luc. 23,21; Ioh. 19,6). Nam *s e r m o n e s* utique *o d i o r u m*, non ueritatis fuerunt, qui mortem immaculati expetere uidebantur. ... [994] ... *E x p u g n a u e r u n t* autem *g r a t i s*, quando ante praesidem innocentis sanguinem falsis accusationibus impetebant.

Ps 108,5 C 994: Tribus igitur modis peccatum omne contrahitur. ... Tertium extremum est uitiorum, tribuere *m a l a   p r o   b o n i s*. ... Et nota quoniam sicut Iudaei extremam illam uitiosissimam partem facere decreuerunt, ut cum *d i l i g e r e* debuissent, ad *o d i a* iniqua prosilirent: ita Dominus summum illud *b o n u m* perfecta pietate restituit, ut in cruce positus pro illis oraret qui eum decreuerunt impia uoluntate trucidare (vgl. Luc. 23,34).

Ps 108,6 A 1589: Cum igitur hic Iudam traditorem secundum scripturam Actuum Apostolorum (vgl. Act. 1,20) supplicio debito praenuntiet puniendum, quid est: *Constitue super eum peccatorem*, nisi eum quem sequenti uersu indicat, cum dicit: *Et diabolus stet a dextris eius* ? Hoc itaque meruit, ut super se habeat *diabolum*, id est, *diabolo* subditus sit, qui Christo subditus esse noluit. *Stet* autem *a dextris eius*, dictum est, quia opera *diaboli* praeposuit operibus Dei. ... *Diabolus* ergo *stetit a dextris eius*, quando praeposuit auaritiam sapientiae, et pecuniam saluti suae, ut eum traderet, a quo debuit possideri, ...

C 994: ... *et diabolus* ... *eius*, scilicet quia nulla meruit confessione saluari, sed desperatione malorum laqueo praefocatus occubuit;

R 223vb: *Et diabolus* ... *eius*, id est, ut felicitatem prosperitatis eius, quae per *dexteram* signatur, uertat in aduersitatem damnationis, sicut et illi contigit.

Ps 108,7 C 995: Hoc dicitur de futuro iudicio, quando peccatores iustissima pronuntiatione damnantur, ut est illud euangelii: *Discedite a me, maledicti, in ignem aeternum, qui paratus est diabolo et angelis eius* (Matth. 25,41). ... *Oratio* uero *eius*, quam inter alios apostolus susceperat peragendam, *in* grauissimum illi *peccatum* probatur esse conuersa, quando ibi continetur: *Et dimitte nobis debita nostra, sicut et nos dimittimus debitoribus nostris* (Matth. 6,12). Sed quid ille debentibus *dimitteret*, qui beneficiorum omnium tradebat auctorem?

Ps 108,8 C 995: Sic dicit *paucos dies* Iudae *fieri* debere, quasi longa aetas eius per crudelissimum peccatum imminuta esse uideatur, ... Et ne numerus ille sacratissimus apostolorum Iuda mortuo rumperetur, iam tunc praedictus est in eius loco *alter* fieri, ut duodenarius calculus custodita integritate constaret.

R 223vb: *Et episcopatum eius*, id est, dignitatem apostolicam *accipiat alter*, id est, Matthias.

Ps 108,9 C 996: Quamuis alibi non legatur Iudam *uxorem* habuisse uel *filios*, tamen ex ista prophetia eum maritum patremque fuisse datur intellegi. Illo enim occumbente, affectibus eius sine dubio talia contigerunt, ut *uidua fieret uxor* relicta et *filii orphani* cum patre caruissent. Quod si ad spiritalem sensum uelis referre, *f i l i i* possunt intellegi qui eum in illa traditione secuti sunt; *u x o r*, uoluntas, quae nobis tamquam coniux semper adiuncta est, de qua *f i l i o s* parimus, cum operas nostras quasi quodam uentre generamus.

Ps 108,10 C 996: Ad utrumque quod dictum est poterit pertinere, siue ad carnales *f i l i o s*, siue ad opera nostra. *C o m m o t i* significat uiolenter expulsi, ut hoc grauiter doleant, quod patiuntur inuiti. *M e n d i - c e n t*, bonarum rerum indigentiam significat, ut omnibus pateat nullam eos opem habuisse rationis, qui talia sunt secuti. *E i c i u n - t u r* uero *d e h a b i t a t i o n i b u s s u i s*, quando de congregatione Dominici populi redduntur alieni, ...

Ps 108,11 C 996: Debitor quando ad persoluendum idoneus non est, *f e n e r a - t o r* eius, a iudice percepta [997] fiducia, ingreditur domum obnoxii et omnia quaecumque habere potest *d i r i p i t* et satisfacit sibi pro pecunia mutuata: sic et diabolus, quando peccata hominibus multa congregauerit et in eis obstinata uoluntate perstiterint, accipit potestatem, ut obnoxii *s u b s t a n t i a m d i r i p i a t* et pro libito suo de humana sibi laceratione satisfaciat. Hoc nunc optatur Iudae, ut datus in potestate diaboli bonis omnibus enudetur. *A l i e n i* quoque sunt spiritus immundi, quibus diabolus tamquam mancipiis imperat ad nocendum. Et bene dicti sunt *a l i e n i*, qui a regno Domini probantur extranei. Isti *l a b o r e s d i r i p i - u n t* mandata Domini transgredientium, dum eos bonis omnibus priuauerint, percepta licentia.

Ps 108,12 C 997: Quoniam et boni uiri diaboli quidem temptatione pulsantur; sed Dominum *a d i u t o r e m* habere non desinunt, ut ab imminenti periculo liberentur. Malos dicit tali adiutorio deserendos, ut remaneat iniquitas desperata, cui subtrahitur saluberrima medicina.

Ps 108,13 C 997: Siue magis *u n a g e n e r a t i o* illa dicenda est, quando nascimur in peccatis. Et ideo petit ut ad secundam, id est, regenerationem non perueniant (qui tamen in praedestinatione repulsi sunt), ut in prima peccatorum suorum faece dispereant, nec secundae natiuitatis beneficio laqueum mortis euadant.

Ps 108,14 C 997: Per tropologiam dicitur, *i n m e m o r i a m* Domini peccata *r e d i r e* maiorum, ut et nouis delictis nefarius Iudas et parentum erroribus torqueatur. Priscorum enim peccatis (sicut saepe diximus) ita quis reus est, quando eorum sceleribus sequacissimus inuenitur. *I n c o n s p e c t u D o m i n i*, id est, in disceptatione iudicii, quoniam dum peccata *D o m i n u s* respicit, auctores eorum sine dubitatione percellit.

Ps 108,15 C 998: *F i u n t* ergo peccatores *c o n t r a   D o m i n u m   s e m - p e r*, quando a regno eius alienati in gehennae contrarietatem, iustitia faciente, mittendi sunt. Nam cum *D o m i n u s* sit aeterna beatitudo, *c o n t r a* ipsum *f i e r i* bene dicitur, qui perenni ultione damnatur. *D i s p e r i t* autem *d e   t e r r a* uiuentium, qui in beata patria non uidetur.

Ps 108,16.17 C 998: Dicit iustissimae ultionis causam: quoniam pietatem non potest inuenire qui eam aliis contempsit impendere, sicut scriptum est: *Beati misericordes, quoniam ipsis miserebitur Deus* (Matth. 5,7). Sed quamuis ad singularem numerum reuersus sit, adhuc tamen intellegere debemus populum Iudaeorum, qui *m i s e r i c o r d i a m   n o n   f e c i t* apostolis uel fidelibus Christi, ... *E t   p e r s e c u - t u s   e s t   h o m i n e m   p a u p e r e m   e t   m e n d i c u m   e t   c o m p u n c t u m   c o r d e   m o r t i   t r a d i d i t.* Et istud adhuc de Iudaeorum est populo sentiendum, qui et Christum et discipulos eius nefanda praesumptione trucidauit. ... More autem suo a natura humanitatis assumptae *p a u p e r e m* se Dominus et *m e n - d i c u m* esse [999] commemorat. *M e n d i c u s* de nostro, diues de suo, sicut dicit apostolus: *Qui propter nos pauper factus est, cum esset diues, ut illius inopia nos diuites essemus* (II Cor. 8,9). ... Sed magis *c o m p u n c t u m* ad peccatorem aestimo referendum, qui delictorum recordatione *c o m p u n g i t u r*, ut ad satisfactionem redire mereatur; ... Populus enim Iudaeorum *c o m p u n c t o s   c o r d e* persecutus est, sicut de beato Stephano uel Paulo apostolo constat effectum.

A 1594: *P r o   e o ... r e c o r d a t u s*, uel ille Iudas, uel ipse populus, *f a c e r e   m i s e r i c o r d i a m.* Sed melius de populo accipitur quod ait: *n o n   e s t   r e c o r d a t u s*; ... [1595] ... Ideo dicit quia *p e r s e c u t u s ... m e n d i c u m.* Potest quidem accipi de Iuda;

Ps 108,18 C 999: Adhuc de perfido populo dicit, quia *d i l e x i t   m a l e - d i c t i o n e m*, tunc scilicet quando ait: *Sanguis huius super nos et super filios nostros* (Matth. 27,25). ... *N o l u i t* autem *b e n e d i c t i o n e m* praedictus populus, quando a caeco illuminato interrogatus est: *Numquid et uos uultis discipuli eius fieri?* At illi quasi maledicto acerrimo prouocati responderunt: *Tu sis dis-*

cipulus eius; nos autem Moysi discipuli sumus. (Ioh. 9,27.28) Quo dicto *p r o l o n g a t a   e s t   a b* eis *b e n e d i c t i o*, quando illis derelictis uenit ad gentium fidem, sicut dicit apostolus: *Vobis quidem oportebat loqui uerbum Dei; sed quia repulistis illud, et indignos uos iudicastis aeternae uitae, ecce conuertimur ad gentes* (Act. 13,46). ... Primo *i n d u i t   s e* praedictus populus *m a l e d i c t i o n e m   s i c u t   u e s t i m e n t u m*, quando instigante diabolo consensum praebuit, ut Dominum Pontio Pilato tradere maluisset. Ibi enim quodam onere uestis *i n d u t u s   e s t*, ubi tali uoluntate noscitur inuolutus. Secundo *i n t r a u i t   m a l e d i c t i o   i n   i n t e r i o r a   e i u s   s i c u t   a q u a*, quando deliberauit facere quod ei fuerat iniquissima inspiratione suggestum. *A q u a* enim quando uisceribus uitiosis recipitur, semper ingreditur ad nocendum. Tertio influxit iniquitas *s i c u t   o l e u m   i n   o s s i b u s   e i u s*, quando effectum rei inaudita peruersitate compleuit, ut iam non *i n t e r i o r a* carnis, sed etiam ipsa *o s s a* penetrasse uideretur.

Ps 108,19 C 1000: nunc dicit, *o p e r i t u r*, quod uidetur pallio conuenire, ut geminata uestis ingentium significet onera peccatorum. ... *Z o n a* hic, non illa muliebris accipienda est, sed istud balteum quo nostros lumbos accingimus, ... Hoc enim nomen utraque significatione dotatum est; qua similitudine dicit sic peccatis illigantibus fuisse constrictum, ut numquam suis oneribus exueretur, obstinationis perfidia praegrauatus.

Ps 108,20 C 1000: *A p u d* Deum Patrem *d e t r a h u n t* Ariani, quando ei Filium minorem esse testantur, et impudenter inferiorem dicunt quem Creatorem omnium communiter confitentur. Apollinaristae quoque *l o q u u n t u r   m a l a   a d u e r s u s   a n i m a m* Domini, cum dicunt deitatem eius solam carnem hominis sumpsisse, non *a n i m a m*;

Ps 108,21 C 1000: Venit ad tertiam narrationem, in qua precatur a parte qua passus est, ut gloriam resurrectionis acceleret ... Dum dicit *e t   t u,   D o m i n e*, subiungitur superioribus dictis, hoc est, si Iudas tradidit, si Iudaeus crucifixit, *e t   t u   f a c   m i s e r i c o r d i a m*, ut contra illa quae facta sunt resurrectio gloriosa [1001] proueniat.

Ps 108,22 C 1001: Sequitur *l i b e r a   m e*, a passione saeuissima utique Iudaeorum. ... *E g e n u m* se dicit *e t   p a u p e r e m* humilitate carnis, sicut superius constat expositum (vgl. oben C zu Ps

108,16.17). ... *C o r* denique eius potuit *c o n t u r b a r i*, cuius caro pro nobis cognoscebatur exstingui, sicut ipse uicina passione professus est: *Tristis est anima mea usque ad mortem* (Matth. 26,38).

Ps 108,23 C 1001: Hic facilitatem persecutionis ostendit, quia tanta celeritate de medio discipulorum raptus est a turba Iudaeorum, quanta solet uelocitate *u m b r a* noctis solis lumine ueniente discedere. *E x - c u s s u s   e s t* autem *s i c u t   l o c u s t a*, dum persecutionibus crebris loca uidebatur diuersa mutare; scilicet quando de Nazareth uenit ad Capharnaum, de Capharnaum in Bethsaida, de Bethsaida in Ierusalem, quae loca prospiciendo magis peccatoribus circumibat, ne scelus suum populus persecutor impleret.

Ps 108,24 C 1002: Cum euangelio teste doceatur quadraginta diebus et quadraginta noctibus Christum Dominum ieiunasse, *g e n u a* tamen eius *i n f i r - m a t a   e s s e* non legimus, sed tantum esuriisse declaratur. Vnde si hanc esuriem ad *g e n u a* referas, id est, corporis stabilitatem, quibus semper insistimus, potest congruenter aptari minus: nisi hoc scrupulum mouet, melius *g e n u a* ad ipsius membra referantur, quae reuera *i n f i r m a t a   s u n t*, quando apostoli eius passione dispersi sunt. Quid enim plus esse potuit infirmius quam ut Petrus negaret et reliqua fidelium turba latuisset?

NACHTRÄGE UND BERICHTIGUNGEN ZU DEN BÄNDEN 8A, 9A, 10A.

Durch ein Versehen wurden folgende Werke im Literaturverzeichnis (Bd. 8A, S. XIf.) nicht aufgenommen:

Denzinger, Henricus, *Enchiridion symbolorum, definitionum et declarationum de rebus fidei et morum* ... denuo edidit Carolus Rahner S.I. Barcelona, Freiburg i.Br., Rom ^{31}1960

Pfältzer, Norbert, *Die deutschen Vaterunser-Auslegungen von den Anfängen bis ins zwölfte Jahrhundert. Vergleichende Studie auf Grund von quellenkritischen Einzelinterpretationen.* Diss. Frankfurt am Main 1959 (rotaprint)

Zu Bd. 8A, S. XV, Fn. 2: In S. Harrison Thomson, *Progress of Mediaeval Studies in the United States and Canada, Bulletin No. 13* (Boulder, Colorado 1937) findet sich S. 60-75 "A List of Doctoral Dissertation in Progress or Completed January 1, 1935 - December 31, 1936"; dort ist auf S. 66 verzeichnet: HAYES, A.S., The Sources of Notker's Commentary on the Psalms. *Harvard.* Vgl. auch Thomsons *Bulletin No. 14* (ebda 1939), S. 62. Bevor ich meine Einleitung schrieb, hatte ich Herrn Professor Starck schon gefragt, ob er etwas von der Arbeit von Hayes wüßte; er erinnerte sich nicht. Auf Grund der Angabe Thomsons, daß Hayes' Dissertation eine Harvarder Arbeit sei, fragte ich Herrn Professor Starck im Frühling 1972 nochmals; diesmal erinnerte er sich seines Doktorkandidaten, aus der Dissertation sei aber nichts geworden. -- Stegmüller hat wohl Thomsons Angabe im Sinne von "completed" mißverstanden.

Zu Bd. 9A, S. 467: Vgl. zu

366,14.16: Pr 3 (278 A): *A n t e   o c u l o s* habentur quae diliguntur, et in quibus delectatur animus, in his moratur aspectus. A *r e   ergo   m a l a   o c u l o s* auertere est quidquid Deo displicet non amare. [4] ... Diligendi sunt homines, ut *o d i o   h a b e a n t u r   p r a e u a r i c a t i o n e s*, quia aliud est amare quod facti sunt, aliud odisse quod faciunt.

S. 468: Vgl. zu

367,2 : Pr 4 (278 A): Bona persecutio quae non hominem sed peccatum hominis insectatur.

S. 468: Vgl. zu

367,13 : Pr 4 (278 B): *A m b u l a n s* ... *m i h i   m i n i s t r a b a t. M i h i* ait, non sibi. Multi enim non sinceri praedicatores euangelii sibi *m i n i s t r a n t*, sua quaerentes, non quae Iesu Christi (vgl. Phil. 2,21).

Allerlei kleinere technische Unvollkommenheiten bitte ich zu entschuldigen; dazu gehört, daß in einigen wenigen Fällen die Kursivierung und/oder Sperrung (vgl. die Einleitung in Bd. 8A, § 15b)) unterblieben sind.

Berichtigungen (das Unrichtige steht in Klammern):

In Bd. 8A:

S. XI, Z. 11 v. unten: Gaar (Gaer)

S. XXI, Z. 2: weicht (wicht)

S. XXIII, Z. 14: Erklärungen (Erklärung)

S. XXVI, Fn. 21, Z. 3: Luxeuil (Luxueuil)

S. XXVIII, Z. 7 v. unten: Ps 118,13 (Ps 118,49)

S. XXIX, Z. 1: AVGVSTINVM (AVGVSTNVM)

S. XXXIII, Z. 10: Konkordanzverfahren (Koncordanzverfahren)

S. XXXVIII, Z. 2 v. unten: 560,2 (556,23)

S. XLVI, Z. 5 v. unten: CSg 27 (CSg)

S. IL, Z. 13: "Doloses" -- gemeint ist der Bereich der List (*dolus*) und des Listigen (*dolosum*).

S 120, A 306 zu 109,13, Z. 4: resistit (restitit)

S. 133, C 332 zu 121,1, Z. 1: iudicii (iudicci)

S. 199, A 579 zu 171,13, Z. 1: u e n i e t (u e n i t^2)

In Bd. 9A:

S. 229, A 685 zu 192,5, Z. 2: c a l c a n e u m (c a l c a n e u n)

S. 234, A 705 zu 195,16, Z. 12: minentur (inentur)

S. 251, A 761 zu 205,8, Z. 3: non (nom)

S. 256, A 772 zu 208,2, Z. 4: uenias (uenias[5])

S. 265, A 807 zu 213,25, Z. 1: Iudaei? (Iudae?)

A 808 zu 214,5, Z. 1: timentes (tementes)

S. 272, A 833 zu 218,18, Z. 4: potestates (potestas)

S. 273, A 833 zu 218,21, Z. 2: fortitudinem (fortitudiuem)

S. 275, A 837 zu 220,4, Z. 1: d i c e n t (d e c e n t)

S. 277, A 847 zu 221,9, Z. 10: subuertat (supuertat)

S. 295, C 601 zu 233,2.5, Z. 4: nigredine (nigretudine)

S. 303, A 918 zu 238,24, Z. 3: fit, (fit.)

A 919 zu 239,1, Z. 11: fronti (fronte)

S. 304, A 921 zu 239,25, Z. 6: f e l (uel)

S. 305, A 923 zu 240,9, Z. 3: s c a n - (s c a n)

S. 312, A 947 zu 246,2, Z. 1: p u e - (p u e)

S. 333, A 1010 zu 261,7.9, Z. 2: suas (sua)
S. 352, A 1064 zu 275,1, Z. 1: *o r -* (*o r*)
S. 369, A 1114 zu 292,4, Z. 2: Christum (Chris, Rest ist verwischt)
S. 389, A 1160 zu 308,22, Z. 9: coronam (coranam)
S. 467, A 1410 zu 366,20, Z. 4: resistit (restitit)

INHALT DER BÄNDE 8A, 9A, 10A

Zur neuen Ausgabe VII
Vorwort IX
Literaturverzeichnis XI
Abkürzungsverzeichnis XIII
Einleitung XV
    I. Allgemeines (§ 1-2) XV
    II. Die Psalmen (§ 3-9) XIX
    III. Die *Cantica* und die katechetischen Texte (§ 10-13) XXV
    IV. Forschungsprobleme (§ 14) XLVII
    V. Zur technischen Einrichtung des *Notker latinus* (§ 15) . . . L

Notker latinus
Die Quellen zu den Psalmen 1
Die Quellen zum *Canticum Isaiae* 713
Die Quellen zum *Canticum Ezechiae* 714
Die Quellen zum *Canticum Annae* 717
Die Quellen zum *Canticum Moysi* 721
Die Quellen zum *Canticum Habacuc* 723
Die Quellen zum *Canticum Deuteronomii* 729
Die Quellen zur *Oratio Dominica* 734
Die Quellen zum *Symbolum apostolorum* 737
Die Quellen zum *Hymnus Zachariae* 740
Die Quellen zum *Canticum sanctae Mariae* 741
Die Quellen zur *Fides sancti Athanasii episcopi* 742
Anhang: Die Quellen zu den Interpolationen im *Wiener Notker* . . . 749

Nachträge und Berichtigungen zu den Bänden 8A, 9A, 10A 761

www.ingramcontent.com/pod-product-compliance
Lightning Source LLC
Chambersburg PA
CBHW060418300426
44111CB00018B/2896